现代哲学发展趋势

刘放桐◎著

大家学术经典文库

上海人民出版社

编写说明

上海是哲学社会科学重镇。一直以来,上海社科界群星璀璨、名家辈出,为我国哲学社会科学的发展作出了巨大贡献,也是上海这座城市深厚的文化底蕴之所在。

上海市哲学社会科学学术贡献奖,主要奖励中华人民共和国成立以来公开发表、出版或播放的哲学社会科学类具有原创性、基础性和广泛影响,并被实践证明对学科建设、学术发展具有重大价值,对经济、社会发展也已产生重大影响的学术观点和学术思想。历届获奖者,都是新中国成立以来在上海社科界辛勤耕耘、潜心治学,为哲学社会科学繁荣发展作出重大贡献,在学界具有广泛影响和享有崇高声誉的名家大师,他们的研究涉及政治、历史、哲学、社会、经济、教育、文学、语言学等多个领域,他们是上海社科界的学术丰碑,他们用思想标注了时代。

本文库主要遴选上海市哲学社会科学学术贡献奖获得者的代表作,展示新中国成立以来上海哲学社会科学取得的卓越成就,传承接续学术大家的人格精神和治学风范,以激励后学不断开拓创新,为构建中国特色哲学社会科学、推动上海哲学社会科学繁荣发展作出更大贡献,进一步打响上海文化品牌。

本文库的编纂得到上海市社会科学界联合会、上海社会科学院、复旦大学、华东师范大学、上海师范大学等单位的鼎力支持。

目　录

第二篇

西方哲学的近现代转型

第三篇

马克思主义哲学与现代西方哲学的比较研究

第四篇

马克思主义如何评价现代西方哲学

第五篇

现当代西方哲学发展趋势及其对中国的影响

前　言

　　上海哲学社会科学规划办公室计划出版一套上海哲学社会科学学术贡献奖获奖者的代表性论著选辑。我是此项奖第一届(2004)获奖者之一,属应出选辑者之列。但我在此之前已经出版过多部选辑了,若现在再出一部,一些重要内容必有重复,所以我曾考虑不再出。后来复旦文科处告诉我,上海社科规划办并不要求出新著作,可以用出版过的书重出,其他获奖者也有与我类似的情况。既然如此,我也可以再出,但我仍希望不简单重复。2009年,我曾应北京师范大学出版社之约,将我一些与实用主义等现代西方哲学研究及其与马克思主义哲学的比较研究相关的论文编辑成册,以《探索、沟通和超越》为名,作为他们的"当代中国哲学家文库"中的一本出版。2012年该社还出版了我的《马克思主义哲学与现代西方哲学研究》,作为袁贵仁和杨耕教授主编的一套"马克思主义哲学基础理论研究"丛书中的一本。这两部书中已有一些重复的内容,现在编的这部书更难以做到完全避免与这两部书重复。毕竟我最有代表性的论文是不能不选的。为了使新的选本尽可能有些新意,这次编选时我删除了多篇过去选本中入选,但不是最有代表性的重要论文,新选了几篇当时未入选的论文,包括近些年来新发表的几篇论文。在编排上也作了一些改变,以此突出现当代哲学发展趋势这个主题。

　　记得上海最初设立学术贡献奖时,提出的要求是必须有在1949年以来对某个学科的建立和发展上做出了得到全国学界公认的创新性成果。我个人才智平庸,按理达不到这样的水平。但是,由于历史的机遇,加上我个人为从事学术研究设定的目标较为符合我国学术发展的长远趋势,我又有较坚定的毅力,能够克服各种困难(包括非政治和学术性的)将其实现。这样,在我所从事的现代西方哲学研究上,倒确是做了一些在国内领先的事。其中最重要的是编写了三个版本的《现代西方哲学》教材。它们对我国现代西方哲学研究的恢复和发展都具有标志性意义。另外,还写有一些与这三个版本的教材相适应的论著。它们有的是为编写的某一版本做准备,有的是发挥或者补充教材中的观点。其中《重新评价实用主义》(1987)和《西方哲学的现代转型与马克思主义哲学和当代中国哲学发展的道路》(1996)两文都是首次颠覆了过去以维护"马克思主义"为名、实则背离马克思主义,并流行了近百年的权威观点,这对学界按照马克思主义的求实原则重新研究和评价现代西方哲学具有开拓性意义。上海市社科学术贡献奖评委会以在"现代西方哲学领域开拓性的持续研究及学科建设的重大贡献"肯定了我的工作,这大概既与《现代西方哲学》教材的影响相关,也与包括上述两篇文章在内的一系列论著的影响相关。

按照上海市社科规划办出这套选辑的意图,我的选辑的内容应当是与获奖相关的论著。这首先应当是三个版本的《现代西方哲学》教材。但从教材中选择具体的章节很难作到有代表性;另外,这三个版本加在一起共印刷了几十万册,读者很容易找到,似乎没有必要选来重出。我想还是在此对三个版本的《现代西方哲学》的来龙去脉作简单介绍,正文则选编我这一时期较有代表性的论文,特别是与关于实用主义等现代西方哲学流派与马克思主义哲学比较研究的论文。下面简单介绍三个版本的《现代西方哲学》,同时提及与之相关的两篇最有代表性的论文的来龙去脉。

《现代西方哲学》于1981年初版。它是我国学界1949年以来出版的第一部全面系统地评介现代西方哲学的教材式的论著,从一个方面填补了本学科30余年来事实上的空白,为这门学科的教学和研究提供了第一个可资参考的框架。当时各大学哲学系都开始开设现代西方哲学课程,其他学科的师生在经历长期的封闭后也殷切希望通过这个窗口来了解外界,本书的出版正好适应了这种需要,很快成了畅销书。教育部举办第一次高校教材评奖时本书获得一等奖。香港《壹周刊》甚至将其列入 20 世纪 80 年代国内影响最大的 20 本书之一。

其实这本书的编出并非由于我有什么过人之处，而是由于上面提到的历史机遇等原因。在此还应提及全增嘏教授的贡献。当国内其他大学都未被允许开设现代西方哲学课程时，他却以"现代外国资产阶级哲学批判"的名义获准开设。我 1961 年代初到复旦后，他得知我有过一段接触现代西方哲学的经历后，就把讲授和进一步建设这门课程的任务交给我，我由此在这门课程的建设上起步较早。另外，我深信马克思主义的求实原则终将得到尊重，国内对现代西方哲学全盘否定的态度也必将改变。尽管我的学术水平远不及前辈学者，甚至也不及一些同辈学者，但如果在他们因受到限制而难以展开工作的情况下，我能利用复旦相对宽松的条件，敢冒一定政治风险，并尽自己最大努力编出一部相对系统的现代西方哲学书稿出来，那也许会对这门学科在我国的建设具有一定的开拓作用。后来我也正是这样做的。"文革"以前我已完成过半，"文革"中虽被迫中断，改革开放以后还是得以立即全面恢复，并在一些朋友的帮助参与下较快地完成并出版。

我对《现代西方哲学》初版存在的缺陷在出版前就有自知之明。除了因受学识浅薄而未能对现代西方各派哲学作出精确的阐释以外，最主要的是未能摆脱长期流行的简单化的批判模式。记得教育部为这部书稿开审稿会时，有两位前辈专家曾建议我抛弃这种批判。我未敢这样做。当时"左"的错误思想的影响还还相当严重。稍有不慎，就可能被人指责为背离马克思主义、宣扬西化和资产阶级自由化。其实，在此之后十多年国内出版了众多现代西方哲学教材，也都未敢摆脱这种批判模式。

但我还是一直在寻找克服这种批判模式的途径。考虑到实用主义在现代西方各派哲学中最有代表性，在中国的影响也最大，长期以来对它的批判的片面性又最明显，于是就决定从严格按照马克思主义的实事求是的原则写一篇"重新评价实用主义"的文章等着手。我思考准备了几年，直到 1986 年才写出。其中以分节标题的形式明确地提出"不能把实用主义归结为帝国主义的反动哲学"、"实用主义不是十足的主观唯心主义"、"不能把实用主义归结为市侩哲学"、"不能把实用主义归结为诡辩论"。这种观点与在教条主义的马克思主义者中流行了半个多世纪的对现代西方哲学,特别是实用主义全盘否定的观点针锋相对。公开发表这样一篇文章敏感性很大,要冒较大的政治风险。我把文章先提交现代外国哲学学会的年会小范围讨论,1987年才在以书代刊的《现代外国哲学》上发表。想不到此文受到了同行专家的高度赞赏,学会1988年还顺势在成都举行了较大规模的全国性实用主义学术讨论会。与会专家就抛弃长期流行的简单否定的批判模式、按照马克思主义的实事求是原则重新评价实用主义取得了很大的共识。既然对实用主义应当重新评价,那么对其他现代西方哲学流派也应这样。因此成都会议实际上成了我国学界评价现代西方哲学流派的重要转折点。

正是由于破除这种简单否定的批判模式已得到广泛认可,我在1990年出版的《现代西方哲学》修订本(分上下两册)中对各个现代西方哲学流派的阐释就比较符合马克思主义的实事求是的观点了。与20世纪80年代中期以来国内出版的大量同类教科书相比,我的修订本在坚持马克思主义指导的同时,在摆脱旧的批判模式的制约上在国内又明显领先了,由此也得到了读者和同行专家更多的欢迎,他们仍将其当作对同题材教材的首选。人民出版社的同志告诉我,中央军委有关部门还一次买了几万套,发给团以上干部参考。

仅仅作客观介绍远未达到在我国研究现代西方哲学的主要目的。中国是一个以马克思主义为指导思想的国家,中国学界从事这方面的研究的使命是促进中国特色社会主义的建设。在中国研究现代西方哲学的主要目的并不是发展现代西方哲学,也不是建立现代西方哲学的中国学派,而是通过对这些哲学的是非功过和成败得失的分析来吸取理论思维的经验教训,用来克服我们对马克思主义哲学认识上可能的失误和片面性,特别是更好地丰富和发展马克思主义哲学。为此,就应当在对现代西方各派哲学的实际所是作尽可能全面和深刻的认识的同时,将它们与发展着的马克思主义作比较研究。因此,在以相对客观的介绍为特征的《现代西方哲学》修订本出版后,我的注意力就转向这样的比较研究,力图使现代西方哲学研究达到与马克思主义哲学研究相结合的新阶段。

在做了几年准备后,1996 年我在《天津社会科学》发表了《西方哲学的近现代转型与马克思主义哲学和当代中国哲学的发展道路(论纲)》。其中提出了如下两个观点:第一,西方哲学从近代到现代的转化,不能像以往那样简单归结为由唯物主义转向唯心主义、辩证法转向形而上学、进步转向反动,而是西方哲学发展史一次具有整体性的哲学思维方式的转型,即由近代哲学思维方式转向现代哲学思维方式,它标志着西方哲学发展到了一个更高的新阶段。第二,马克思在哲学上的革命变革与西方哲学的近现代转型的关系不能仅仅被简单归结为绝对对立的关系,在超越近代哲学思维方式、建立现代哲学思维方式上,二者有着重要的共同之处,在一定意义上甚至可以说是殊途同归(为了不至于被理解为混淆这两种哲学,本文还明确揭示了马克思在哲学上的革命变革与西方哲学的近现代转型无论从理论形态还是阶级基础上说都有原则的区别,马克思的哲学既超越西方近代哲学,也超越西方现代哲学)。上述两个观点同样是对在教条主义的马克思主义者中长期流行的权威观点的颠覆。由于立论有据,一些反对它们的人并未发声,学界中绝大多数人则高度赞赏,这对我又是一个很大的鼓舞。2000 年出版的《新编现代西方哲学》也由此进入将这两种哲学结合起来进行研究的新阶段。它除了继续获得教育部优秀教材一等奖外,还获得了哲学学科当届唯一的国家级优秀奖。复旦大学的现代西方哲学也由此被评定为第一批国家级精品课程。

从更广泛的目的说,提出上述新观点既是为《新编现代西方哲学》把现代西方哲学研究与马克思主义哲学研究相结合作准备,更是希望能促使我国哲学界对马克思主义哲学和现代西方哲学的研究提高到将二者结合在一起的新阶段。正因为如此,我在编写《新编现代西方哲学》的同时,竭力从事一些促进这方面研究的工作,主要有两个方面:

一方面是我一直努力从事现代西方哲学与马克思主义哲学的比较研究工作。从各种不同角度对上述观点加以论证和发挥。在 1996 年《论纲》发表以后这些年,我就这方面的问题写过几十篇文章,其中《新华文摘》全文或大幅转载的就有十多篇。另外,我还编著有《马克思主义与西方哲学的现当代走向》(人民出版社,2001)、《中国的现代哲学历程:西方哲学与马克思主义》(RVP,英文版,2004)、《西方近现代过渡时期的哲学:马克思主义哲学与现代西方哲学比较研究》(人民出版社,2009)、《探索、沟通与超越:马克思主义哲学与现代西方哲学比较研究》(北京师范大学出版社,2010)、《马克思主义哲学与现代西方哲学研究》(北京师范大学出版社,2012)、《现代哲学的变更与后现代主义和西方马克思主义》(华东师范大学出版社,2016)、《杜威哲学的现代意义》(复旦大学出版社,2017)等书。这些论著对19世纪中期马克思在哲学上的革命变革和西方各国哲学从近代到现代的转型以及二者之间的关系、它们在后来的演变等问题作了较为细致的阐释。就我个人能力所能及的,我都已做了。

另一方面是促进和推动学界关注这方面的研究。早在20世纪80年代中期,我就曾和哲学界的几位著名专家发起举行从事马克思主义哲学研究和从事西方哲学研究的学者的对话会。虽出于种种原因未能成功,但我们一直未放弃。经过多年的努力,终于在2000年经教育部批准,以全国高校哲学学科教学指导委员会的名义在上海开了马哲和西哲的对话会。高校系统从事马哲和西哲研究的著名专家几乎都出席了。会议的主题正是如何在更深入和客观地研究马克思主义哲学和现代西方哲学的基础上开展对这两种哲学的比较研究,重新从不同层面揭示它们之间的关系,以期从现代西方哲学的成败得失中吸取经验教训,更好地丰富和发展马克思主义哲学。与会专家经过认真讨论在这方面达成了广泛共识,我在上述"论纲"中提出的观点也得到了大家一致的赞许。这次会议对推动我国马克思主义哲学研究和现代西方哲学研究都起了重要作用,特别是推动了对这两种哲学的比较研究。

通过各种可能的途径丰富和发展马克思主义哲学是马克思主义哲学工作者的根本使命,而将马克思主义哲学与现代西方哲学作比较研究是完成这种使命的重要途径之一。为了更好地促进这方面的工作,需要对比较研究的合法性和必要性作更多的研究,在坚持马克思主义基本立场的前提下达成更广泛的共识。其次,要对敌对势力用西化和资产阶级自由化对我们腐蚀与研究现代西方哲学可能产生的消极和积极影响严格区分开来,杜绝其消极影响,借鉴其积极影响。第三,要深入研究各种现代西方哲学思潮之间和联系和区别,特别是探讨它们的变化与由发展着的马克思主义哲学为主导的现当代哲学发展的总的趋势的联系,以便在发展着的马克思主义哲学的主导下,借鉴现代西方哲学思潮中符合当代哲学发展趋势的因素,促进马克思主义哲学更好地体现当代哲学发展的趋势。总的说来,我在本学科上的一个核心观点是:在马克思实现了哲学上的伟大变革的前提下用真正的马克思的观点来重新认识西方哲学从近代到现代的转型;在西方哲学出现了从近代到现代的重大转型的条件下重新更深刻地理解马克思在哲学上的革命变革的伟大意义。在对革命变革和近现代转型都有了新的认识的基础上对它们进行比较研究,并由此探索现当代哲学的发展趋势及其在中国的表现和影响。

我个人虽已是耄耋之年,但我仍希望在这方面做一些力所能及的工作。目前我正以"当代哲学发展趋势:实用主义还是发展中的马克思主义"为题,试图用实用主义来汇通现代西方各派哲学,然后将其与发展着的马克思主义,特别是中国化了的马克思主义进行比较研究,由此揭示只有发展着的马克思主义哲学才能真正体现当代哲学发展的趋势。由于实用主义不仅是美国资本主义的哲学,同时也在一定程度上体现了整个现代资本主义的特征,而中国化了的马克思主义又最能体现发展着的马克思主义的特征,因此将美国实用主义与中国化了的马克思主义作比较在一定程度上具有将资本主义与社会主义作比较的意义。正像只有以中国化的马克思主义为代表的发展着的马克思主义,而不是以美国实用主义为代表的现代西方哲学才能体现现当代哲学的发展趋势一样,只有以中国特色社会主义为代表的社会主义,而不是以美国为代表的资本主义才是当代社会发展的方向。这个课题很大,以我的年龄和精力,未必能够圆满完成,但我至少寻求在这方面做一些启示性的工作。我希望现在这部选辑的出版能在这方面起到一定的促进作用。

重新认识马克思在哲学上的革命变革的伟大意义

第一篇

哲学上的革命变革和现代转型的社会历史背景

在分析马克思在哲学上的革命变革与西方哲学从近代到现代的转型时,我曾明确提出二者虽有原则区别,但在超越近代哲学思维方式、转向现代哲学思维方式上有重要的共同之处。我从历史和理论背景等方面对此作过一些论证。由于重点关注的是革命变革和现代转型本身,对二者的共同和特殊背景都说得较为笼统,需要进一步阐释。二者的共同背景的直接表现是西方近代哲学已越来越陷入严重的困境和深刻的危机之中,如果不在具有整体性意义的思维方式上进行革命性的变革或根本性的转型,就不可能进一步发展,甚至发生倒退,并由此变成科学和文化、特别是社会发展的阻力。而近代哲学陷入这种困境和危机的原因也正在于 19 世纪西方社会历史、自然科学和思想文化等诸多方面的发展都突破了近代哲学思维方式的界限、要求建立与之相应的哲学思维方式。关于自然科学发展方面的情况,我在《西方哲学现代转型的科学背景》一文中已作了论述,本文主要对变革和转型的社会历史背景问题进一步作些分析。这方面的历史材料早已在众多哲学和历史论著中被反复陈述。我在此重提这些众所周知的材料,是试图说明它们不仅是马克思在哲学上的革命变革的重要背景,在一定意义上也是西方哲学从近代到现代转型的重要背景。

一、19 世纪上半期西方社会的变革及其
对哲学等思想文化变更的影响

马克思在哲学上的革命变革与西方哲学家在哲学上实现的现代转型大

体上都发生在 19 世纪。革命变革和现代转型都有一个准备过程,在研究马克思主义哲学史和西方现代哲学史时应当分别加以考察。但作为革命变革和现代转型的转折点的时期都在 19 世纪中期,二者的社会历史背景都是 19 世纪西方社会历史条件,特别是社会阶级关系的变革。尽管这种变革对二者有不同意义,但这种变革对二者的发生都有决定性影响却是不容否定的事实。

从西方社会历史发展来说,19 世纪是一个社会制度和社会关系都发生了激烈动荡的极为重要的世纪。这特别表现在西方各国大都在不同程度上处于由封建主义到资本主义的决定性的转折过程中。在此以前,资本主义在这些国家都已有几个世纪的孕育和成长的历史。在资本主义最早兴起的英国,早在 1688 年就进行过一场非暴力的"光荣革命"。它实际上是以向封建贵族妥协的方式进行的资产阶级政治革命。这一革命的直接积极后果是为资本主义产业革命(或称工业革命)的兴起开辟了道路,使得英国资本主义的发展远远走在了西方各国前面。1793—1815 年,英国在英法战争中取得胜利,由此在工业和海上贸易方面进一步占据支配地位。但在 1789—1794 年法国大革命爆发以前,从总体上说西方各国在政治上还处于封建贵族的统治之下。较晚发展资本主义的德国甚至还没有改变长期存在的严重的封建割据状态,未能形成一个统一的民族国家。资本主义在西方各国虽然都已有一定发展,但还未形成一个具有统一市场的资本主义世界。

然而 18 世纪末法国大革命的爆发不仅标志着法国资产阶级正式走上政治舞台、确立了资本主义在法国的主导地位、为法国继英国之后进行产业革命创造了必要的前提,而且对先行的英国和后起的德国的资本主义发展都产生了重要的促进作用,由此使西欧各国先后正式进入资本主义时代。正是在法国大革命的鼓舞下,因实行产业革命而壮大起来的英国资产阶级的政治要求有了进一步的增长,他们在 19 世纪 20 和 30 年代推动了有利于资产阶级参政的选举制度和议会的改革;长期处于封建割据状态的德国也开始出现了通过资本主义革命实现统一的曙光。正如恩格斯所指出的,法国革命"像霹雳一样击中了这个叫德国的混乱的世界"[1]。软弱的德国资产阶级在很长一段时期内在行动上不敢发动革命,但他们在思想上已开始向往革命。18 世纪末和 19 世纪上半期出现的德国古典哲学正是从哲学理论上体现了德国资产阶级的革命要求,是法国革命的德国的理论形态。1848 年在德国终于发生了资产阶级的革命。尽管革命以向容克地主所代表的封建贵族投降而告终,但德国毕竟也由此在经济上走上了独特的资本主义发展道路。

在此还应当简单提一下美国的情况。美国是一个由英国等欧洲移民为主组成的年轻的国家,在 1776 年独立以前是英国的殖民地。欧洲移民包括了封建贵族和贫民等不同阶级和阶层的人士。正像在欧洲一样,在美国,封建贵族也曾占支配地位,新兴的资产阶级同样具有反封建的任务。但是北美的封建根基毕竟没有欧洲深厚,在 19 世纪 60 年代以北方的资产阶级为一方、以南方的封建领主为一方所进行的国内战争,即著名的"南北战争"(1861—1865)后,新兴资产阶级越来越牢固地取得了政权,并由此开创了所谓美国式的资本主义发展道路。

资本主义制度的确立,特别是与之相伴随的产业革命的进行,使西方各国的社会生产力在不长的历史时期内取得了比以往许多世纪都大得多的发展。与封建专制制度相比,资本主义制度的确立无疑意味着社会发展上的重大进步。致力于反封建的革命的新兴资产阶级自然也在一定程度上体现了先进生产力和社会其他各个方面发展的前进方向。

但与此同时,资本主义所固有的矛盾,特别是生产社会性和生产资料及劳动产品私人占有这个基本矛盾同样会随着资本主义的发展而越来越激化。这突出地表现在作为占有者的资产阶级与作为劳动者的无产阶级的矛盾越来越激化。如果说在反封建的斗争中,无产阶级尚未形成独立的阶级力量、而只能充当资产阶级的同盟军,二者之间的矛盾尚不是社会的主要矛盾;那么,在资本主义确立以后,面对着外表上标榜自由平等、实质上剥削和压迫比以往都更为

---

[1]《马克思恩格斯全集》第 2 卷,人民出版社 1957 年版,第 633—634 页。

深重的资本主义的奴役制度,无产阶级越来越发觉为了求得自身的解放,既要反对封建专制制度,更要反对代之而起的资本主义制度。他们必须发展成为一支与资产阶级处于直接对立地位的独立的阶级力量。至于资产阶级,为了巩固自己的既得利益,最重要的已不是反封建,而是反对与资本主义制度处于直接对立地位的无产阶级。这样资产阶级和无产阶级的矛盾就必然上升为社会的主要矛盾,它与旧有的社会矛盾相互交织,使这一时期西方各国的社会矛盾和冲突呈现出错综复杂的状态。

上述情况在英法德美等国都先后出现,只是各国的具体表现有所不同。在资本主义政治革命最早发生、产业革命最早进行的英国,资产阶级尽管在 19 世纪上半期还曾就选举制度和议会制度等的改革提出了进一步的要求,但面对着在 30—40 年代的"宪章运动"中争取普选权和提出提高工资等要求的无产阶级的越来越迅猛的解放运动,他们更宁肯与封建贵族妥协,对无产阶级的斗争进行残酷镇压。日益尖锐的劳资矛盾和冲突在整个 19 世纪都体现着英国社会的基本动向。法国资产阶级在大革命后期即已为革命浪潮的进一步发展而惊恐不安,导致了 1799 年路易·波拿巴发动的雾月反革命政变,出现了封建王朝的复辟。在整个 19 世纪,法国一直处于复辟与反复辟的过程之中。封建复辟者与资产阶级反复辟者在与工人阶级对抗上是一致的,这激起了工人阶级的反抗,从 1831、1834 年里昂工人的两次武装起义发展到 1871 年发生的具有无产阶级的第一次武装起义性质的巴黎公社的革命,使这个世纪成了法国无产阶走向革命的世纪。至于德国,资产阶级在反封建上表现得更为软弱,尽管他们也企图实现国家的统一,并在此基础上求得资本主义的发展,但他们害怕工人阶级远甚于害怕封建贵族,宁愿对后者屈膝投降,而在反对和镇压工人阶级反抗上则更为残酷。这突出地体现在他们在著名的 1844 年西里西亚织工起义中以及后来在 1848 年的资产阶级民主革命中都与封建贵族相勾结来镇压无产阶级。而这反过来使德国工人运动把反对封建贵族和资产阶级的斗争结合起来,革命立场表现得更为坚定。正如恩格斯指出的,当法国无产阶级的斗争因巴黎公社革命失败而受到严重挫折时,德国工人正"处于无产阶级斗争的前列"[1]。美国在南北战争后扫除了封建农奴制,资本主义因取得了决定性的胜利而得到飞速发展,资产阶级和无产阶级的矛盾也转化成了国内主要的社会矛盾。

19 世纪英、法、德、美等西方各国社会制度和阶级关系的这种变化,必然对包括哲学在内的思想文化的各个领域产生深刻的影响。其中最重要的是:作为适应资本主义制度和资产阶级要求的以理性主义和理性批判为旗号的理论体系,在因资本主义制度的确立而达到了顶点(德国古典哲学的兴盛,特别是黑格尔哲学体系一度占有德国哲学中的主导地位就是其标志)后,由于与变革了的现实社会的状况严重冲突而越来越失去昔日的光辉,特别是它日益暴露出其虚幻性和欺骗性而失去了存在的合理性。

在资产阶级准备和进行革命的时代,适应反对封建专制及其意识形态的需要,他们的思想家大都竭力讴歌理性,并以理性为工具对以往的一切社会形式和国家形式、一切传统观念,都作了无情的批判,把它们"当作是不合理的东西而扔到垃圾堆里去了"。在他们看来,"一切都必须在理性的法庭面前为自己的存在作辩护或者放弃存在的权利。思维着的知性成了衡量一切的唯一尺度。"[2]正是对理性和理性批判的这种肯定和颂扬,使他们在哲学和其他思想文化领域取得了具有划时代意义的成就。在理性主义旗帜下实现的所谓认识论的转向是西方哲学在近代发展中的一次重大变革,标志着西方哲学发展到了一个新的阶段。

然而,西方近代思想家所讴歌的理性一开始就因为不能越出资产阶级的狭隘眼界而不能不存在严重的局限性。正像恩格斯所指出的:"现在我们知道,这个理性的王国不过是资产阶级的理想化的王国;永恒的正义在资产阶级的司法中得到实现;平等归结为法律面前的资产阶级的平等;被宣布为最主要人权之一的是资产阶级的所有权;而理性的国家、卢梭的社会契约在实践中表现为,而且也只能表现为资产阶级的民主共和国。18 世纪的伟大思想家们,也和他们的

---

[1] 《马克思恩格斯选集》第 2 卷,人民出版社 1995 年版,第 636 页。
[2] 《马克思恩格斯选集》第 3 卷,人民出版社 1995 年版,第 355—356 页。

一切先驱者一样,没有能够超出他们自己的时代使他们受到的限制。"[1]

以倡导理性为特色的近代思想家的局限性在理论形态上突出地表现为把仅仅是作为人的意识和精神状态的形式之一,从而必然存在很大局限性的理性(主要是作为认识理性或者说理论理性)绝对化和理想化,以为只要依据这样的理性,不仅可以建立起关于整个世界的完美无缺而绝对可靠的理论体系、掌握全部真理,还可以据以解决资本主义现实社会存在的一切问题,将这样的社会建造成一个完美无缺的理想社会。对理性的这种绝对化和理想化导致了理性的独断和对理性的迷信。而这反而使本来对人的认识和实践有着重要积极作用的理性既偏离了人的意识和精神的现实的认识功能,又与西方社会的现实发展脱节。这样的理性当然不能解决哲学和认识发展的问题,也不能解决西方社会发展的现实问题。事实上,以尊重理性为标榜的西方思想家和哲学家的理论在理论和现实层面都存在着严重的矛盾,甚至由此陷入严重的困境和危机。恩格斯在谈到资本主义的"理性社会"的真实状况时指出:"和启蒙学者的华美的诺言比起来,由'理性的胜利'建立起来的社会制度和政治制度竟是一幅令人极度失望的讽刺画"。[2]

用被绝对化的理性来论证的资本主义制度及与之相应的思想文化所必然导致的矛盾早在17—18世纪就已出现,意大利哲学家维柯、法国哲学家帕斯卡尔等一些敏锐的思想家也早已对此有所揭示。不过当时西方各国尚处于资本主义发展的成长期,人们往往还只是把这种矛盾现象当作成长中的个别特例,并未引起充分的重视,至于克服这种矛盾的现实手段,更未为当时的思想家所认真思考和探索。在19世纪初期,德国哲学家叔本华和丹麦哲学家克尔凯郭尔对以黑格尔为代表的西方理性主义传统及其所论证的社会都作了激烈的批判。他们后来被许多西方哲学家认为是现代哲学的先驱。但在他们自己的时代,他们的理论并未产生显著的影响,甚至很少为人所知。19世纪上半期先后在法国和英国出现的孔德和密尔等人的实证主义对启蒙思想家倡导的理性并

---

[1]《马克思恩格斯选集》第3卷,人民出版社1995年版,第356页。
[2] 同上书,第607页。

未笼统反对,但对以黑格尔为代表的绝对理性主义同样采取批判态度。他们要求用实证事实取代抽象的理性原则作为人的认识和行动的标准。他们的主张在当时就已产生了一定影响,但真正作为一种广泛的思潮产生影响则是19世纪中下期的事。

在此我们还应当提一下19世纪上半期在英法等国出现的空想社会主义思潮。他们对资产阶级学者所倡导的理性主义的片面性和欺骗性也作了尖锐的批判,对摆脱资本主义剥削和压迫的未来的美好社会作了不少有价值的描绘。但是他们不理解资本主义社会发展的规律和无产阶级的历史使命。他们把对未来美好社会的实现寄托于伟大人物的设计和主观想象。恩格斯由此指出,空想社会主义这种"不成熟的理论,是同不成熟的资本主义生产状况、不成熟的阶级状况相适应的。"[1]

从19世纪上半期起,特别是随着1825年英国第一次爆发经济危机,由资本主义的固有矛盾所导致的这种危机在资本主义各国定期爆发。这种危机既暴露了资本主义制度给广大无产阶级所造成的深重灾难,也暴露了资本主义制度本身的腐朽和走向没落的趋势。这种状况使无产阶级对用理性主义包装起来的资本主义理想社会完全失望,他们越来越认识到有必要进一步开展反对资本主义的斗争。代表无产阶级利益的思想家正是由此去探索推翻资本主义制度、建立共产主义新社会的道路,为无产阶级制定革命的世界观,并进一步探索制定正确的革命斗争的战略和策略。马克思在哲学上实现革命变革正是为他们的这种探索奠定理论基础。关于这方面的问题,在马克思主义哲学界早有共识,此处无须多谈。

我想在此补充指出的是:19世纪上半期以来以理性为旗号的资本主义固有矛盾的暴露及其所陷入的困境和危机,也使资产阶级中越来越多的人察觉到了现存的资本主义社会秩序已难以为继。为了挽救资本主义,必须在不动摇其根本制度的前提下对之进行某种程度的调整和改造。一些较敏锐的资产阶级思

---

[1] 《马克思恩格斯选集》第3卷,人民出版社1995年版,第724页。

想家也正由此去探索改造和维护资本主义的途径、建立相关的理论。在哲学上突出地表现为在一定程度上要求批判和超越作为近代资本主义制度的理论基础的绝对化了的理性主义。事实上,正是从这个时候起,无论是在先行的英法两国还是在后起的德国,对近代西方理性主义哲学体系的反思和改造,甚至带有不同程度的否定性的批判越来越成为广泛的思潮。由于各国的具体历史条件不同,特别是无产阶级反对资产阶级的斗争条件不同,原有的文化传统和现实的思想文化发展的趋势不同,对各国社会的变革应当朝什么方向走、各国的思想文化应当采取怎样的新的形式的回答也都表现得各不相同。但是,在要求超越用理性主义包装起来的原有的资本主义制度上,在要求超越按不同方式构建起来的理性主义哲学体系上,则有着重要的共同之处。正是这种共同之处促使西方哲学家开始寻找新的哲学方向,在不同程度上准备进行由近代哲学到现代的转向。西方哲学的现代转型与马克思在哲学上的革命变更有着原则性的区别,这点在任何情况下都不能忽视。但我们也必须按照马克思主义的求实的原则,肯定在超越脱离实际的绝对理性主义等近代哲学思维方式的局限性上,革命变革和现代转型毕竟存在着重要的共同之处。而这种共同之处主要在于二者有上述共同的社会历史背景,或者说,共同的社会历史背景使这两种哲学都必然各以自己的方式在哲学上实现某种变革。

二、19 世纪中期以后资本主义发展形态的变化及其
对哲学等思想文化变革的影响

在认识马克思在哲学上的革命变革和西方哲学家实现的哲学上的现代转型的历史背景时,特别需要关注欧洲 1848 年革命、1871 年德国统一以及巴黎公社革命等具有标志性的事件对西方资本主义及国际共产主义运动的发展所产生的深刻和广泛的影响,因为后者对包括马克思主义哲学在内的整个西方哲学的变革和发展产生了深刻和广泛的影响。

1848 年前后西方资产阶级,特别是尚未实现资本主义政治革命的德国资产

阶级既向往进行这种革命,又因害怕当时已兴起的工人阶级彻底消灭剥削和压迫的革命要求而向封建贵族妥协,甚至屈膝投降。与此大体上相适应,在哲学上出现了既要求变革,特别是反对与封建专制有着内在联系的绝对理性主义和独断论,又表现出动摇和折衷,甚至倒退的思潮。当时在德国开始露头的非理性主义思潮就是这样的。它批判了绝对理性主义许多的确存在的弊端,同时又往往走向相对主义和虚无主义,甚至宗教神秘主义。类似的思潮在英法美等国也在不同程度上存在。例如在英法两国流行的实证主义本来是以强调科学和科学方法为己任的,但他们在理论上仍然在一定程度上追求建立近代哲学那种无所不包的理论体系,甚至向传统宗教妥协,公开主张调和科学与宗教、理性与信仰。至于这些国家中(特别是法国)普遍存在的折衷主义,甚至复辟唯灵论等宗教唯心主义的思潮,则更为突出地体现了这一时期西方哲学发展新旧交替和前进中又存在倒退的特色。这些我们在具体考察当时德英法美等国的哲学时都会发觉充分的例证。这种情况正是西方哲学由近代到现代的转型的曲折过程的体现。

这一时期的欧洲工人阶级已由资产阶级反封建的同盟军逐渐发展成一支既反对封建势力又反对资产阶级,并由此争取自身和全人类的彻底解放的独立的阶级力量,或者说已由自在阶级发展成了自为阶级,列宁把 1848 年 6 月法国工人的起义称为“无产阶级和资产阶级之间的第一次伟大的国内战争”[1]马克思和恩格斯正是适应着无产阶级的革命斗争的需要建立了马克思主义学说,特别是无产阶级在政治和意识形态领域与资产阶级进行革命对抗的理论。他们在《共产党宣言》等许多论著中都明确指出资本主义连同一切剥削和压迫制度都应当彻底推翻和消灭,一种没有剥削和压迫、能保证人的彻底解放和全面发展的新社会,即共产主义社会必将出现。他们把自己的全部精力,特别是他们的全部理论创造奉献给推翻资本主义制度、建立共产主义新制度的崇高和伟大的事业。也正因为如此,马克思和恩格斯这一时期在建立和论证自己的理论

[1] 《列宁全集》第 29 卷,人民出版社 1961 年版,第 276 页。

时,总是把各种资产阶级的思潮,特别是同时代那些涉及现实的政治运动的思潮当作敌对阶级的意识形态而给予坚定的揭露和批判。在无产阶级和资产阶级处于你死我活的尖锐对立的时期,为了坚持和贯彻无产阶级的革命立场和新唯物主义(实践的唯物主义、唯物史观、唯物辩证法)的哲学路线,他们也只能采取这种态度。至于资本主义制度是否经过自我调节还有一定的发展余地,资产阶级学说在某些方面是否还可能存在现实和合理的因素,这在当时并无明显的征兆,因此必然难以引起,事实上也很少引起他们的特别关注。

1871年以后,西方各国资产阶级民主革命的激荡时期已经过去,无产阶级反对资本主义的革命斗争也在巴黎公社起义失败后落入低潮。西方资本主义进入了一个相对"和平发展"的时期。如果以第一次世界大战爆发为其终点,它持续了40多年。期间西方各国资本主义经济都获得了飞速的发展。例如,德国在1871年统一后产业革命迅速兴起,由此从一个封建割据的落后国家发展为一个发达的资本主义强国。美国在经历南北战争后扫清了封建障碍,社会生产力获得了飞速发展,一跃取代英国而居于资本主义各国之首。西方资本主义经济在这一段时期普遍而迅速的发展,说明资本主义在经过一定的改革和调整后还继续存在较大的活力。对于西方资本主义社会在19世纪下半期以来的变化,马克思和恩格斯都有所揭示。恩格斯在《卡·马克思〈1848年至1850年的法兰西阶级斗争〉一书导言》(1895年3月6日)中更是将欧洲各国资本主义19世纪下半期的发展情况和40年代的情况作了对比,明确地肯定了资本主义仍然存在的发展余地以及这种发展为通向新的社会制度创造了更好的条件。

作为社会意识形态的思想文化的发展大体上总是与社会经济的发展相适应,因此这一时期西方各国的思想文化也同样能表现出一定活力。尽管随着代表新的先进阶级无产阶级的革命世界观的马克思主义哲学的产生,资产阶级哲学已不能再代表西方哲学发展的前进方向,但这并不意味着它们已全面走向腐朽没落而不可能存在某些积极因素,在某些情况下,它们还能适应着社会、经济科学技术等条件的变革而出现相应的变革,因而能取得新的进步。

19世纪下半期西方哲学发展的事实也正是如此。当时西方资本主义各国发展中出现的种种新情况不仅引起了作为无产阶级革命导师的马克思和恩格斯的密切关注,也引起了归根到底体现了西方资产阶级要求的西方学者的密切关注。他们从各自不同立场出发重新研究西方资本主义社会的矛盾及其可能的发展,总结在对待和处理这些矛盾上的方案和经验教训,并由此出发探索未来社会发展的方向及可能和应当采取的对策。这些当然会直接影响到他们的哲学取向,并在一定程度上决定了这一时期西方哲学在发展形态上必然具有一些与以往哲学不同的特性。这种特性突出地表现在对思辨和严密完整的理论体系的沉湎让位于对现实问题的解决,对抽象原则的强调让位于行动方策的制定,对不变的基础和本质的寻求被代之以对现实生活和实践的关注。而这些都体现了由近代哲学向现代哲学的转向。

　　正是适应着这一时期西方资产阶级在相对"和平"的条件下发展资本主义的要求,西方各国许多学者在哲学上强化了对与早期资本主义相应的传统理性主义的批判,叔本华、克尔凯郭尔、孔德等人在 19 世纪上半期早已提出的一些反传统形而上学的见解这时得到广泛流行,并为他们的一些后继者所发挥。例如,尼采、柏格森和德奥法各种类型的生命哲学家对非理性主义的发挥,马赫主义者对实证主义的发挥,都表现出了更明显的反思辨形而上学和强调现实生活和实践的特色。与此相适应,这一时期许多西方哲学家纷纷由对超越的物质实体和精神实体的追问而转向对现实的物质和精神对象及其不断流变的过程的描述,各种类型的进化论由以盛行;由对抽象的理性概念的思辨转向对人的现实生活和实践的关注,各种关于哲学应以实践和行动为中心的理论层出不穷;由个体化的主体性转向超越个人界限的社会化的主体间性,以个性代替普遍人性、以具有独特个性的个人之间的社会交往代替封闭的个体的主张得到相当普遍的认同。这些转向都具有由近代哲学转向现代哲学的意义。当时在英法德美等国的哲学中都有一些流派和哲学家具有诸如此类转向的倾向。尽管就个别哲学流派和个别哲学家来说这类转向往往并不明确,其中往往混杂着种种与之相反的倾向,表现出这一时期的哲学作为近现代过渡时期的哲学必然具有的新旧混杂、调和折中等不彻底的特性。但这种不彻底性并不意味着当时的西方哲学发展中不存在向新的哲学思维方式转向的倾向。

上面曾经提到,由于把当时的资产阶级看作是与无产阶级处于你死我活的敌对状态等特殊历史原因,直到巴黎公社时代,马克思和恩格斯对于西方哲学中出现的与对现存资本主义改革和调整相关的现象尚没有特意肯定,更没有充分强调。但他们对于当时许多西方哲学家越来越鄙弃建构以康德和黑格尔为代表的那种关于整个世界的理性主义的哲学体系,而更加关注现实生活这种变更还是有所察觉的。恩格斯在谈到 1848 年后德国哲学中的状况时指出:"随着1848 年革命而来的是,'有教养的'德国抛弃了理论,转入了实践的领域。……但是,思辨在多大程度上离开哲学家的书房而在证券交易所筑起自己的殿堂,有教养的德国也就在多大程度上失去了在德国最深沉的政治屈辱时代曾经是德国的光荣的伟大理论兴趣——那种不管所得成果在实践上是否能实现,不管它是否违反警章都照样力于纯粹科学研究的兴趣。"[1]尽管恩格斯是从贬义的角度来谈论当时德国哲学领域所发生的这种变更的,但这毕竟从一个角度揭示了当时的德国哲学与以德国古典哲学为代表的传统形而上学决裂的相当普遍的倾向。

值得注意的是:马克思和恩格斯后来对这一时期资本主义发展中出现的新现象作了认真的研究和反思,对他们关于资本主义的命运和无产阶级革命的前途的学说作了新的阐释,对个别不完全符合后来的现实发展情况的原有观点作了某些改变,并由此对他们在哲学上实现的革命变革的内容作了更为符合现实发展的阐释。关于这方面的问题,我在其他地方已作过较多阐释,这里只简单地提出如下几点:第一,马克思和恩格斯敏锐地察觉了 19 世纪中下期西方资本主义所发生的重大变化,特别是西方各国从整体上已经确立了资本主义秩序,由此使得社会矛盾和社会关系发生了深刻变化。第二,马克思和恩格斯对巴黎公社以后资本主义的较长期和平发展的现象作了深刻的研究,分析了机器大工业的出现所导致的积极和消极后果,特别是指出了随着资本的积聚和集中建立

---

[1]《马克思恩格斯选集》第 4 卷,人民出版社 1995 年版,第 257—258 页。

起来的联合的生产方式打破了原有的资本主义私有制的界限,为过渡到未来的公有制社会创造了更为有利的前提。第三,马克思和恩格斯以与时俱进的态度重新审视了他们在 40 年代提出的关于资本主义发展的前途和消灭资本主义的结论,在坚持基本观点的前提下对具体途径和时机的说法作了重要的补充和修正。第四,马克思和恩格斯这一时期不仅进一步发展了他们自己的唯物辩证法(唯物史观、实践的唯物主义),对同一时期的资产阶级在哲学上可能取得积极进展也有所提示。恩格斯说:"资本主义生产越发展,它就越不能采用作为它早期阶段的特征的那些小的哄骗和欺诈手段。……这些狡猾手腕在大市场上已经不合算了,那里时间就是金钱,那里商业道德必然发展到一定的水平"。[1]这一点在一定意义上就是肯定同时代的资产阶级在道德理论上可能取得进步。

总的说来,马克思在哲学上的革命变革和西方哲学的现代转型都是一个曲折而复杂的过程。这一过程既要受到自然科学的发展、哲学等思想文化本身的发展等的制约,更要受到社会历史条件、即西方资本主义现实社会发展过程各个方面的制约。社会历史条件的复杂性和曲折性在很大程度上决定了革命变革和现代转型同样存在相应的复杂性和曲折性。对于马克思主义哲学发展中的复杂性和曲折性,马克思主义者通过批判右倾修正主义和"左"倾教条主义等偏离马克思主义的思潮,特别是通过对共产主义运动中的一些重要成败的总结,不断取得了新的认识。对于与马克思主义哲学处于同时代的西方哲学发展的复杂性,在马克思主义学者中也越来越引起了关注,以往简单否定的情况已不多见,扎实的个案研究成果显著。然而,如何从重新认识 19 世纪中期以来西方各国资本主义发展的复杂性来更全面、具体地认识与之相应的西方现代哲学发展的复杂性,还待学界作出新的努力。

最后应当提到:在认识马克思在哲学上的革命变革以及西方哲学的现代转型的社会历史背景时,必须将其与阶级背景(根源)既联系又区别开来。任何一种哲学的变革和进步都有其特定的社会历史根源和认识论根源,这两种根源又

---

[1]《马克思恩格斯选集》第 4 卷,人民出版社 1995 年版,第 419 页。

都是诸种条件的复杂的统一。人们在谈论哲学的社会历史根源时往往特别强调其中的阶级根源无疑是合理的,因为社会历史根源的确突出而集中地表现为阶级根源。在哲学研究中如果忽视了这一点,就无法掌握所研究的哲学的本质,因为在同样的社会历史条件下,不同阶级的人们的世界观、人生观、价值观、方法论等诸多方面必然有很大差异。但也不能把社会历史根源简单地归结为阶级根源,把一切社会历史现象直接地或简单地归结为阶级现象。社会历史根源比阶级根源要广泛得多。每一社会历史时代都有着多方面的、复杂的内容。作为社会构成的经济基础和上层建筑,作为社会生产方式的生产力和生产关系,本身也都包含着复杂的内容,不能简单用阶级关系来概括。即使就阶级关系来说,也不能简单地归结为阶级对立关系。同处一个历史时代的不同阶级都要在不同程度上受到这一时代的社会、经济、思想文化等各种共同条件的制约。这些其实都属于历史唯物主义的重要原则。在认识马克思在哲学上的革命变革和西方哲学的现代转型时同样应当依据这些原则。这两种哲学变更是在同一社会历史时代发生的变更。历史时代发展的大趋势决定了 19 世纪是西方哲学酝酿并实际发生具有划时代意义的哲学思维方式变革的世纪。革命变革和现代转型都是在这种大趋势下发生的,因而它们之间在某些方面必然相通,即存在共同之处。但革命变革和现代转型又有原则区别,它们是在不同的阶级背景下发生的。总之,近现代西方历史时代变革的大背景决定了整个近现代西方哲学变革的大趋势,无产阶级和资产阶级对变革西方社会的不同要求决定了马克思在哲学上的革命变革和西方哲学家进行的现代哲学转型具有不同方向。

(原载《学术月刊》2007 年第 6 期)

西方哲学现代转型的科学背景

从哲学与科学产生的时候起,如何从研究的对象、方法和目标等方面看待二者的关系的问题一直是哲学家和科学家密切关注的重大问题。哲学在上述方面是与科学相一致,甚至从属于科学呢还是凌驾于科学之上或超越于科学之外？对这些问题的不同回答会得出不同的哲学结论,决定着不同的哲学倾向、体现着不同的哲学路线。具有不同哲学观点的人对哲学与科学的关系的解释往往不同。一个时代与另一个时代的哲学的区别,特别是具有总体性意义的哲学思维方式的区别,除了受到社会历史等众多因素制约外,与不同时代的科学发展的状况以及人们对当时的科学的理解也往往存在着密切的联系。当我们谈到马克思在哲学上实现革命变革和西方哲学家实现由近代哲学到现代哲学的转型的背景时,不仅要分析二者所处的 19 世纪的社会历史背景,也要分析二者所处的 19 世纪的科学发展背景。关于 19 世纪的科学发展状况,众多有西方科学史论著已有相当详尽具体的介绍,我在此不拟过多引述。我关注的主要是分析当时的科学发展状况与当时发生的哲学上的革命变革和现代转型的联系。

一、19 世纪成为科学时代真正开始的世纪

与以往的时代相比,19 世纪的科学发展最为迅猛。分门别类地对各个领域进行研究已蔚为潮流,科学研究越来越扩及到人类活动的更广阔的领域,包括社会历史领域,甚至也扩及到以往很少涉足的意识和精神领域。这些领域的知

识由此越来越具有科学意义。社会学和心理学作为用实证科学的方法分别研究社会现象和意识精神现象的科学都是在这个世纪开始出现的,它们在人类科学思想发展上都具有重要的创新意义。

科学在研究领域的普遍化往往与科学知识的专门化相伴随。科学研究越是扩及到众多领域,科学家就大都越是只能专注于某一或某些专门领域,成为这些领域的专家。这种专门化是科学发展取得具体成果的必要条件。19世纪一系列具体科学技术的发明、发现和运用大都以这种专门化为前提。纺织机的改进,铁路、电报、无线电等的出现就都是科学家进行专门研究的成果的运用。科学研究的这种专门化使科学能转化为应用的技术,并在人类生活中发挥具体的和现实的作用;而这反过来加强了科学在人类整个学术和研究领域的地位,促使科学研究扩及到更多的领域,促进了科学研究的普遍化。

但是19世纪科学研究的专门化也有明显的缺陷。这突出地表现在一些科学家把专门科学的研究绝对化和片面化。由于19世纪科学家面对的问题主要是以往科学研究中的理想化和抽象化倾向,这理所当然地使他们更为关注具有较高现实性的专门化的研究,他们在这方面确有丰富的成果。但他们中许多人往往走向另一个极端,即忽视具有普遍和一般意义的理论思维,由此在科学的发展上缺乏敏锐的眼光,对科学中的新事物、新思想、新理论也往往反应迟钝,在遇到与他们所熟悉的理论相冲突的新理论时茫然不知所措。当19世纪后期新的科学革命开始出现后,他们的这种表现就更是突出。对于19世纪科学研究中的这种缺陷,怀特海等一些西方学者早已指出。

在20世纪著名的西方哲学家中,怀特海是对19世纪科学发展史最有研究的学者之一。作为一位力图改造旧的实体性形而上学、建立以活动和过程为支柱的新的形而上学哲学体系的哲学家,怀特海很是关注科学发展的形而上学意义,以及与之相关的超越于专门科学狭隘界限以外的一般和普遍意义。他由此批判19世纪存在的片面强调科学发展中的专门化的倾向。他肯定科学的专门化在人类文明发展上的必要性,但认为科学越是朝专门化方向发展,各个个人的知识可能会变得更加狭窄。如果他们对这种狭窄性的弊端认识不足,甚至反而把它看做是进步的标志,那就会使他们对具有普遍性和本质意义的东西、对存在的本性和存在物之间的内在联系的研究和理解缺乏兴趣。他说:"文明的思想发展所必要的专门化在上一世纪对于学者的哲学见解、从而对于促进学术工作的机构的发展,发生了最为不幸的影响。大学中各个系都自此强调各自的独立性。一个大学所获得的声望,也与它的这种专门化的扩大成正比。""随着科学的发展,人们理解的宽度变窄了。19世纪是一个取得了伟大成就的时期,这些成就可谓数不胜数。但它未能产生对于各种各样的兴趣、各种各样的潜在的东西都有敏锐的认识的学者。它在应当力求理解的地方却作了批判和推翻的工作。……为了理解存在的本性,我们必须把握一种深度的本质特征,这种深度超出一切错误的细节,它是这一时代可以识别的生活的上升的主要原因。"[1]怀特海后面这段话的主要意思正是批评19世纪的学者们在需要理论思维的地方忽视了理论思维,未能理解当时大量的科学成就中的"潜在的东西",即超越一切错误的细节的存在的本性,或者说,未能从理论的高度去总结和概括具体的、多种多样的科学成就。

怀特海作为一个科学哲学家的杰出之处,在于他既肯定科学的专门化所取得的各种重要成就,又要求把握这些专门化的研究及其成就的"深度的本质特征",揭示它们的"潜在"意义,特别是其方法论意义。怀特海认为,19世纪的科学研究超出以往抽象和理想化的研究的范围而致力于分门别类的研究,特别是把确立抽象的科学概念与探究具体的技术和发明结合起来,是科学史上的重大进步,它彻底改变了人类生活条件。怀特海谈到,19世纪不同于以往的独特和新颖之处是对工程技术的关注。但这不只是采用了几个孤立的大发明,而是关注获得这些发明的方法。"19世纪最大的发明就是找到了发明的方法。一种新方法进入人类生活中来了。如果要理解我们这个时代,有许多变化的细节,如铁路、电报、无线电、纺织机、综合染料等等,都可以不必谈,我们的注意力必须集中在方法本身。这才是震撼古老文明基础的真正的新鲜事物。……在科学

---

[1] A.H.Whitehead: *Modes of Thought*, Cambridge, 1938, p.61.

概念与发明中间隔着一个绞尽脑汁的构思设计阶段。新方法中有一个因素便是设法把科学概念与最后成果之间的鸿沟填起来。这是有组织、有步骤地向一个又一个的困难进攻的过程。"[1]

怀特海对 19 世纪科学发展状况的描绘在一定程度上揭示了这一时期西方科学发展中开始凸显出用科学技术和科学方法来促进人的现实生活和实践的倾向,科学理论和实际相结合的倾向。科学已不仅仅被看作是一些抽象的理论和概念,而是发展到抱着实践的目的来对作为人类生活对象的各个领域(包括自然和社会、物质和精神等的广泛领域)进行分门别类的专门化的研究。科学的功能已不只是理论上的满足,而首先是要促进工程技术等的发展,也就是促进社会生产力的发展。从这种意义上可以说,与以往历史时代相比,19 世纪是真正的科学的世纪。19 世纪英国学者梅尔茨谈到,"本世纪可以恰当地称为科学的世纪,就像上世纪称为哲学的世纪,或者 16 世纪称为宗教改革的世纪,15世纪称为文艺复兴的世纪。"[2]

二、19 世纪自然科学的新变革与形而上学自然观的危机

但是,19 世纪同时又是自然科学处于危机的世纪。这是因为以往被奉为经典的一系列科学原理为科学发展中的新概念和新理论所动摇和取代,或者说当时自然科学的一系列新发现否定了 17、18 世纪发展起来的形而上学自然观。这种否定经历了一个复杂而曲折的发展过程。

西方自然科学的发展同哲学的发展一直相伴随。在古希腊早期,各个人类知识领域尚未明确区分为不同学科,哲学与科学对自然的观察和研究也并未分离开来,哲学家大都同时是自然科学家。正像当时的哲学主要借助于简单的经验观察和自发猜测一样,人们对自然的研究也还处于萌芽状态。从研究的对象、内容、方法和形式等方面来说,在不同历史时期,自然科学都有不同的特征。

[1] 怀特海:《科学与近代世界》,商务印书馆 1959 年版,第 94 页。
[2] 梅尔茨:《十九世纪欧洲思想史》,商务印书馆 1999 年版,第 79 页。

恩格斯指出:"精确的自然研究只是在亚历山大里亚时期的希腊人那里才开始,而后来在中世纪由阿拉伯人继续发展下去;可是,真正的自然科学只是从 15 世纪下半叶才开始,从这时起它就获得了日益迅速的进展。"[1]

自然科学从开始出现到形成有系统的理论、能成为反映自然对象和过程的内在联系和规律的科学经历了漫长的过程。期间发生过程度不同的变革。在相当长时期内,自然科学主要是从事收集和整理经验材料,并未形成完整的理论体系,但为后者准备了必要条件。恩格斯接着说:"把自然界分解为各个部分,把各种自然过程和自然对象分成一定的门类,对有机体的内部按其多种多样的解剖形态进行研究,这是最近 400 年来在认识自然界方面获得巨大进展的基本条件。"[2]这四百多年指的是 15 世纪下半叶到 19 世纪下半叶。这一段时期西方自然科学发生了一系列变革。其中有两次被认为具有划时代意义。一次发生在 17 世纪,以牛顿力学的形成为标志,另一次开始于 19 世纪,以能量守恒和转化定律和进化论等自然科学的重大发现的提出为标志。

牛顿在综合开普勒的行星运动三定律的基础上进一步提出的万有引力定律以及他对物体运动的三定律的阐释和论证,奠定了经典物理学的理论基础,是人类自然知识的一次大综合。如果说开普勒定律还只是经验描述,那么牛顿的万有引力定律则已是具有一般意义的理论形态。由开普勒定律到万有引力定律标志着由经验描述向理论建构的方向的发展。牛顿力学不仅在 17—18 世纪欧洲自然科学的发展上具有标志性意义,以致这个科学时代可以称之为牛顿时代,而且对往后科学的发展一直发生着深刻的影响。爱因斯坦明确提出:"牛顿的成就的重要性,并不限于为实际的力学科学创造了一个可用的和逻辑上令人满意的基础;而且直到 19 世纪末,它一直是理论物理领域中每个工作者的纲领。"[3]牛顿学说在哲学上同样具有时代标志性的意义,它为 17—18 世纪的机械的自然观提供了科学根据。这种机械自然观尽管存在着种种缺陷,但对刚刚走出中世纪、宗教迷信还相当盛行的欧洲来说,无疑起着促使人们面向自然、认

[1][2] 《马克思恩格斯选集》第 3 卷,人民出版社 1995 年版,第 734 页。

[3] 《爱因斯坦文集》第 1 卷,商务印书馆 1976 年版,第 223 页。

识和尊重自然规律的进步作用。

从自然科学发展史来说,18世纪基本上是延续着17世纪的方向前进,一些科学家对牛顿物理学有所发展和深化,但没有越出其理论的基本框架;另一些科学家在物理、化学、生物等诸多领域积累了丰富的材料,但尚未提出具有划时代意义的新理论。18世纪可以说是在发展17世纪成果的基础上为19世纪的新的发展准备条件。

西方各国的科学在19世纪出现了新的转折性的变革。恩格斯在谈到这一时期自然科学发展的特点时指出:"经验的自然研究已经积累了庞大数量的实证的知识材料,因而在每一研究领域中系统地和依据其内在联系来整理这些材料,简直成为不可推卸的工作。同样,在各个知识领域之间确立正确的关系,这也是不可推卸的。于是,自然科学便走上了理论领域。"[1]恩格斯在1886年还曾谈到:"直到上一世纪末,自然科学主要是搜集材料的科学,关于既成事物的科学,但是在本世纪,自然科学本质上是整理材料的科学,是关于过程、关于这些事物的发生和发展以及关于联系——把这些自然过程结合为一个大的整体——的科学。研究植物机体和动物机体中的过程的生理学,研究单个机体从胚胎到成熟的发育过程的胚胎学,研究地壳逐渐形成过程的地质学,——所有这些科学都是我们这个世纪的产儿。"[2]

恩格斯在此把自然科学从17和18世纪到19世纪的转折的主要内容看作是由收集材料到整理材料。因为收集和整理虽然相互包含,不可分割,但毕竟属于认识的两个不同阶段,存在着性质上的区别。"收集"虽然也需要进行总结和概括(整理),但往往尚未能涉及自然事物的内在联系、本质和过程,因而从整体上说仍然局限于经验描述范围。"整理"则主要涉及自然事物发生和发展的过程以至它们在整体上的联系,这显然涉及自然事物的本质了。更为重要的是:这里所谓本质不是指抽象的、纯概念上的本质,而是活动、过程中的本质。换言之,不是形而上学意义上的本质,而是辩证法意义上的本质。

---

[1] 《马克思恩格斯选集》第4卷,人民出版社1995年版,第284页。
[2] 同上书,第245页。

就 19 世纪重要的科学发现说,它们所关涉的事实上也都不是以往哲学和科学中所讲的那种不变的、抽象的本质,而是具有活动性、可变性、过程性、历史性(时间性)等特征的本质。例如,1803—1808 年英国科学家道尔顿(John Dalton, 1766—1844)建立了原子论,1811 年意大利科学家阿佛伽德罗(Amedeo Avegadro, 1776—1856)提出了分子论,二者使人类对物质结构的认识进入了一个新阶段,人们由此得以把声、光、电、热等以往被认为是异质的过程联系起来,看到了它们之间相互转化的可能性和现实性。又如,1817—1821 年间英国科学家托·扬(Thomas Young, 1773—1829)论证和完善了光的波动说,推翻了牛顿物理学所持的光的微粒说。尽管波动说并不全面(20 世纪量子论又将波动说和微粒说统一起来),但它毕竟对以牛顿为代表的经典物理学至少在一定程度上提出了质疑。还可以举出其他一些例证。它们的一个共同特征是对活动、过程、变化(转化和进化)等的肯定。

恩格斯在谈到在 19 世纪科学的诸多新发现时,特别强调了细胞学说、能量守恒和转化定律和生物进化论这三大发现。他指出:"三大发现使我们对自然过程的相互联系的认识大踏步地前进了";"由于这三大发现和自然科学的其他巨大进步,我们现在不仅能够说明自然界中各个领域内的过程之间的联系,而且总的说来也能说明各个领域之间的联系了。"[1]恩格斯在此所涉及的既包括各门自然科学之间的联系,也包括自然界各个不同领域之间的联系。换言之,无论是各门自然科学还是自然界本身,都不是固定不变和互不相关的,而是可以相互联系和转化的。

恩格斯对 19 世纪自然科学的进步所作的评价完全符合 19 世纪自然科学本身发展的实际。总的说来,这一时期自然科学发展所显露的共同特性最主要的就是自然事物的变化(分化)、生长(繁殖)、转化、过程、进化以及与之相关的时间性和历史性。对这些与辩证法的思维方式相联系的特性的肯定必然导致对以 17、18 世纪所代表的传统的形而上学思维方式的否定。正因为如此,恩格

---

[1]《马克思恩格斯选集》第 4 卷,人民出版社 1995 年版,第 245、246 页。

斯在为他写作《自然辩证法》而制定的"1878 年计划"中一开始就指出:"在自然科学中,由于它本身的发展,形而上学的观点已经成为不可能的了。"[1]而这种"不可能"意味着在此以前受形而上学支配的自然科学遇到了危机。

三、19 世纪自然科学的新变革与西方哲学的现代转型

由此说来,19 世纪既是科学时代真正开始的世纪,又是近代科学发展开始出现危机的世纪。前者主要表现为科学的普遍化和专门化,后者主要表现为一系列曾被奉为经典的科学理论和概念为科学变革中提出的新理论和新概念所动摇甚至推翻。二者从不同方面对当时的哲学发展产生了深刻影响。马克思在哲学上实现革命变革和西方哲学家所进行的从近代哲学到现代哲学的转型都受到这种影响,并以这种影响为重要的理论背景。

从 19 世纪作为科学时代真正开始的世纪来说,它使当时的各种哲学流派都必须直接面对科学,表明自己对科学的态度,重新思考和对待哲学与科学的关系问题。

在近代哲学中,哲学往往首先被看作是穷究一切存在的本性的形而上学。由于这种形而上学超越现实经验和生活的范围,带有浓厚的思辨性,因而成了思辨形而上学;又由于它企图凌驾于科学之上,充当科学的指导原则,因而被认为是"科学的科学"。近代哲学创始人之一的笛卡尔曾经把全部知识体系比作一棵树,树根是形而上学,树干是物理学(关于自然的科学),其他一切科学都是树干上长出的树枝。形而上学由此被当作一切科学之源。近代哲学的最后和最大代表黑格尔构建出了一个无所不包的思辨形而上学体系。一切自然科学都从属于他的自然哲学,后者是他关于绝对精神自我运动的整个唯心主义体系的组成部分。黑格尔作为一个辩证法家在论述自然现象时显露出了一些辩证法的火花,但他把整个自然界看作是绝对精神的外化,把一切自然科学都归结

---

[1] 《马克思恩格斯选集》第 4 卷,人民出版社 1995 年版,第 259 页。

为对绝对精神的显露,必然从根本上扭曲自然界,从而必然与自然科学的发展处于对立地位。

从笛卡尔到黑格尔的近代哲学家大力倡导理性,实现了西方哲学发展中的认识论的转向,这对近代自然科学的形成和发展起了不可或缺的促进作用。然而,他们将哲学变成脱离现实生活和实践的思辨形而上学、变成凌驾于实证科学之上的"科学的科学",又使自己实际上站到了自然科学的反面,成了自然科学发展的严重障碍。自然科学为了求得自身的发展,必须摆脱对作为"科学的科学"的思辨形而上学的束缚。19世纪自然科学的重大进步正是在形而上学束缚下的一种解放,而这也意味着必然对哲学中的思辨形而上学造成重大冲击。西方哲学为了继续发展和进步,必须顺应自然科学科学发展的反形而上学要求,重新确定自己的发展方向。这意味着西方哲学在近代实现了认识论的转向之后要有新的转向。事实上,随着19世纪之成为科学的世纪,无论在科学界和哲学界,都发出了反对以黑格尔为最大代表的近代思辨形而上学的呼声。这种呼声体现了在科学时代到来之际重新思考哲学与科学的关系的客观需要,而这种需要也正是西方哲学实现新的转向,或者说转型的需要。

究竟如何顺应科学世纪的到来而重新思考哲学与科学的关系,实现哲学上的新的转向,还要受到社会历史条件和思想文化传统等多方面因素的制约,因此必然出现不同的思潮。在马克思主义哲学以外的西方哲学思潮中,从其与科学的关系的角度说,主要的有如下三种。

一种是将哲学实证科学化的思潮。实证科学在19世纪所取得的重大成就,特别是在促进产业革命、改变人的现实生活和实践上的成就使当时许多学者把实证科学理想化。他们由此认为,实证科学不仅不应当受到作为哲学的形而上学的束缚,而且应当成为使哲学摆脱形而上学的根据。不是实证科学应当遵照形而上学的原则来建立,而是哲学应当按照实证科学的原则来建立。这是一种科学主义思潮。当时先后在法国和英国出现的实证主义哲学典型地体现了这种思潮,在德国出现的马赫主义和庸俗唯物主义也可归属于这种思潮。科学主义思潮继承了近代哲学倡导理性的传统,其革新之处是用科学理性取代了近代哲学的形而上学理性。

另一种是将哲学与科学分离开来的思潮。这种思潮的拥护者大都仍然坚持哲学的形而上学意义;但面对着实证科学的盛行和所发生的现实影响,特别是实证科学对传统形而上学的冲击,他们不再把哲学当作科学的科学,而是把哲学归属于超越科学的研究领域。科学局限于理性(而且主要是理论理性和工具理性)范围,哲学则应以人本身的存在为出发点和归宿,因而必须超越理论理性的界限,而及于人的本能、情感、意志和信仰等非理性的领域,后者更能体现人的本真的存在。这种思潮由此被称为人本主义、非理性主义。当时德法等国出现的意志主义、生命哲学等流派都属于这种思潮。

还有一种是对传统形而上学加以现代化的改造,使之能与科学的新发展相融合的新的形而上学思潮。这种思潮的哲学流派往往坚持传统唯心主义的基本立场,认为哲学应当是研究存在的本性以及宇宙和人生问题的理论。它们往往把科学和人都纳入哲学之中,又使哲学居于科学和人之上;哲学既应当包含理性,又应当超越理性。从它们的理论往往与宗教和唯心主义相关来说,可以将其看作是现代化的宗教和唯心主义。新康德主义、新黑格尔主义、新托马斯主义、人格主义等流派在一定程度上都可归属于这种思潮。由于它们的理论与上述两种思潮有一定联系,往往可以在不同意义上将它们归属于上述两种思潮之内。

哲学思潮的划分是相对的,人们完全可以根据不同标准对19世纪中期以来的西方哲学作出不同划分。上述划分主要是说明这一时期的西方哲学家在科学时代到来之际对待哲学和科学的关系的三种不同态度,也可以说是当时科学发展对哲学发展产生影响的三种不同的反应。这些反应彼此在范围、程度等方面虽有不同,但都在不同意义上体现了西方哲学发展在认识论的转向之后出现新的转向的趋势。

19世纪以来自然科学发展对西方哲学新的转向的影响,随着自然科学中不断出现新的、具有革命性意义的变革而更加明朗。这些变革既然动摇了许多在17、18世纪被奉为经典的科学理论,使经典的自然科学陷入危机之中,就势必动摇以这些理论为重要根据的形而上学自然观。由于形而上学自然观与整个近代哲学的形而上学思维方式联系在一起,这些变革也从一个方面动摇了整个近代哲学的形而上学思维方式,由此揭示了在哲学中形成辩证法的思维方式的必然趋势。马克思通过提出唯物辩证法在哲学上实现的革命变更最为明确和科学地体现了这种趋势;上述三种主要哲学思潮在不同程度和意义上也都有这种趋势,因为它们都在不同程度和意义上反对传统形而上学思维方式的某些特征,也在不同程度和意义上接受或接近辩证法的思维方式的某些特征。我们上面提到的怀特海就是一个仍然试图建立一个形而上学体系的现代哲学家,但他对活动性、过程、进化等的强调又使他与辩证法的思维方式的某些特征接近。

这里需要说明的是:人们平常所说的形而上学一词的两种意义(即对超乎经验和现象范围的存在本身进行研究的意义和与辩证法相对立的意义,或者说本体论意义和方法论意义)在 17、18 世纪以至整个近代哲学中大体上是相通的。本体论意义的形而上学企图从某些所谓绝对可靠的理性或先验原则出发去建立关于整个世界的全面、完整的哲学体系。这种形而上学体系脱离经验和实践、脱离现实,带有很大思辨性,从整体上说是思辨形而上学。由于其体系被认为是完满的、绝对的、因而必然是封闭的,最后必然排斥变化、发展和过程,排斥时间性和历史性(辩证法家黑格尔的绝对观念发展到绝对精神阶段后就到了顶点,其发展、变化、时间性和历史性也都终结了),而这些正是反辩证法意义上的形而上学的根本特点。

因此,19 世纪自然科学的变革之成为马克思在哲学上的革命变革和西方哲学的现代转型的重要背景,主要就在于这种变革不仅动摇了形而上学自然观的基础,也动摇了以形而上学为根本特征的整个近代哲学思维方式的基础,使之陷入困境和危机之中,而这正好是为以强调现实生活和实践的辩证法为根本特征的新的哲学思维方式的形成开辟了道路。对唯物辩证法的强调是马克思主义哲学的理论核心,马克思主义的哲学思维方式就是以唯物辩证法为根本特征的哲学思维方式。对近代哲学思维方式进行批判的西方哲学家并不都是辩证法家,但由于他们都在不同程度上受到 19 世纪以来自然科学的革命变革的影响,往往能够在不同程度上接受这种革命对变化、发展和过程、时间性与历史性的强调,从而也都在不同意义上接近以辩证法为特征的哲学思维方式。

为了更好地从 19 世纪以来自然科学的新变更来认识由以形而上学为根本特征的近代哲学思维方式转向以唯物辩证法为根本特征的新的哲学思维方式的必然趋势,我们再援引恩格斯的有关论述进一步作些说明。

西方近代哲学所实现的认识论的转向的确为自然科学的发展开辟了道路,但西方近代哲学所陷入的思辨形而上学思维方式又把自然科学归属于其具有很大封闭性的体系之内,使自然科学的发展受到这种体系的制约。恩格斯指出,旧的自然哲学只能这样来描绘自然界:"用观念的、幻想的联系来代替尚未知道的现实的联系,用想象来补充缺少的事实,用纯粹的臆想来填补现实的空白。它在这样做的时候提出了一些天才的思想,预测到一些后来的发现,但是也发表了十分荒唐的见解,这在当时是不可能不这样的。"[1]因此,为了使哲学和自然科学进一步向前发展,关键就是突破具有很大思辨性、封闭性的形而上学思维方式。而 19 世纪自然科学发展的突出贡献就在于它的一系列重大发现使整个自然科学观念发生了根本性的变革,而这种变革要求从根本上超越近代哲学的形而上学思维方式。

为了认识 19 世纪自然科学的变革怎样要求从根本上超越近代哲学的形而上学思维方式,恩格斯特别强调当时自然科学中的三大发现的革命性作用。他说:"第一是发现了细胞,发现细胞是这样一种单位,整个植物体和动物体都是从它的繁殖和分化中发育起来的。这一发现,不仅使我们知道一切高等有机体都是按照一个共同规律发育和生长的,而且使我们通过细胞的变异能力看出有机体能改变自己的物种从而能完成比个体发育更高的发育的道路。""第二是能量转化,它向我们表明了一切首先在无机界中起作用的所谓力,即机械力及其补充,所谓位能、热、辐射(光或辐射热)、电、磁、化学能,都是普遍运动的各种表现形式,这些运动形式按照一定的度量关系由一种转变为另一种,因此,当一种

---

[1] 《马克思恩格斯选集》第 4 卷,人民出版社 1995 年版,第 246 页。

形式的量消失时,就有另一种形式的一定的量代之出现,因此,自然界中的一切运动都可以归结为一种形式向另一种形式不断转化的过程。""最后,达尔文第一次从联系中证明,今天存在于我们周围的有机自然物,包括人在内,都是少数原始单细胞胚胎的长期发育过程的产物,而这些胚胎又是由那些通过化学途径产生的原生质或蛋白质形成的。"[1]

我们在前面已经引述了恩格斯从这三大发现所得出的辩证法的结论。在此补充的是:当时自然科学的许多其他发现同样证实了强调事物的运动变化、发展、分化、变异、转化、生长、过程等为特征的辩证法的结论。而所有这些发现都动摇了在17、18世纪占支配地位的形而上学自然观。例如,我们上面提到的英国科学家道尔顿根据试验,发现原子具有原子量和按倍比关系结合的化学属性,因而他的理论不仅克服了古代原子论的朴素性,而且克服了17—18世纪原子论的机械性(原子被看成是具有各种齿轮状和粗糙不平的物体)。又如,德国科学家弗里德里希·维勒(Friedrich Wöler,1800—1882)在1824—1828年研究成功用人工方法合成尿素就打破了关于有机界和无机界存在不可逾越的界限的旧的观念。

所有这些都说明,19世纪自然科学的变革从根本上动摇了旧的形而上学的自然观,而这也意味着从根本上动摇了在近代占支配地位的形而上学(包含它的两种意义)思维方式。西方哲学如果不突破形而上学思维方式,不仅无法求得进一步的发展,还必然会陷入深刻的危机。马克思的哲学变革以及西方哲学家所进行的从近代哲学向现代哲学的转型既有深刻的社会历史背景,又有19世纪自然科学发展出现划时代意义的变更的背景。

（原载《江海学刊》2006年第3期;《新华文摘》2006年第18期转载）

---

[1] 《马克思恩格斯选集》第4卷,人民出版社1995年版,第245—246页。

马克思的哲学变革的特殊背景与费尔巴哈的中介作用

马克思在哲学上的革命变更和西方哲学家在哲学上进行的从近代到现代的转型都发生于西方社会,都是对西方传统哲学的继承和超越,又大致上处于同一历史时代,因此二者从社会历史背景和理论背景方面来说都必然存在着密切的联系和重要的共同之处。但是这两种哲学分属革命无产阶级和失去革命性的资产阶级的思想体系,二者必然存在着原则性的区别,同样的历史时代和理论背景在某些方面对二者必然具有不同的意义。关于二者的共同之处,本书已另有阐释[1]。为了更具体地理解马克思在哲学上的革命变更的独特意义,我们还需要关注并明确这一变更对这一时期的社会历史背景和理论背景的特殊的依存关系。本文将从马克思哲学产生的社会历史条件的特殊性以及马克思哲学产生的理论来源与费尔巴哈的中介作用两方面加以分析。

一、马克思的哲学变革的特殊背景

马克思的哲学既然是无产阶级革命世界观的理论形态,其产生必然以无产阶级发展成为一个具有高度的革命自觉性的阶级、能够深刻地意识到自己的阶级使命、从而能够形成革命世界观为根本条件。因此,为了理解马克思的哲学变革的社会历史条件的特殊性,最为关键的是全面理解无产阶级是怎样发展成

---

[1] 参见本书《西方哲学现代转型的科学背景》《哲学上的革命变革和现代转型的社会历史背景》。

为一个意识到了自己阶级使命的革命阶级的。

无产阶级是与资产阶级相对立而存在的。从资产阶级由一般的市民等级发展成为一个占有生产资料和劳动产品的剥削阶级时起,作为它的对立面的被剥削阶级无产阶级就已产生了。马克思和恩格斯指出:"随着资产阶级即资本的发展,无产阶级即现代工人阶级也在同一程度上得到发展。"[1]资产阶级本身是一个长期发展过程的产物,是生产方式和交换方式一系列变革的产物。与此相适应,无产阶级在与资产阶级的斗争中形成为一个独立的阶级同样经历了一个长期的过程。

当无产者作为个别的工人,或者某一工厂和某一地区的工人与资产阶级作斗争时,他们实际上还未正式形成为一个独立的阶级。在这个阶段上,"工人的大规模集结,还不是他们自己联合的结果,而是资产阶级联合的结果,当时资产阶级为了达到自己的政治目的必须而且暂时还能够把整个无产阶级发动起来。"[2]尽管当时无产阶级已是资产阶级的对立面,但是他们自己还未能联合起来去进行反对资产阶级的斗争,而是被资产阶级联合起来去反对封建专制等资产阶级的敌人。这意味着无产阶级还只是充当资产阶级反封建的同盟军,而尚未发展成为以反对资产阶级和资本主义制度、建立消灭剥削和压迫的新的社会制度为自己的使命的独立的阶级力量;还只是一个"自在"的阶级,而不是"自为"的阶级。他们当然还不可能形成革命的世界观,更不可能产生体现这种世界观的理论形态。无产阶级之发展成为一个意识到自己的阶级使命的自为的阶级,既要有社会政治方面的条件,又要有经济和物质方面的条件。

所谓社会政治方面的条件是欧洲各国资本主义制度正式确立、资产阶级成为统治阶级。因为在这种情况下,资产阶级已不再需要利用无产阶级作为同盟军去反对封建势力,而仅仅把他们当作创造为自己所攫取的物质财富的工具,也就是使资本最大限度地增殖的工具。为了使经济上的剥削得以顺利进行,他们还需要从政治上对无产阶级进行压迫。资产阶级对无产阶级的这种剥削和

［1］《马克思恩格斯选集》第 1 卷,人民出版社 1995 年版,第 278—279 页。
［2］同上书,第 280 页。

压迫必然激起无产阶级的阶级觉醒,越来越意识到自己和资产阶级在阶级地位和利益上的根本对立。历史的事实也正是如此。在英法德等国先后进行资产阶级革命、各国的资产阶级在不同程度上成了统治阶级以后,那里的社会阶级斗争主要都表现为无产阶级反对资产阶级的斗争,而且这种斗争尽管还带有很大的自发性,但又越来越具有明显的政治意义。例如,在我们上面提到的 19 世纪 30—40 年代英国的宪章运动、1831 年和 1834 年法国里昂工人的起义以及 1844 年德国西里西亚的工人起义中,无产阶级都提出了自己的独立的政治要求,发出了消灭私有制的呼声,并为此进行了有组织的大规模的斗争。这是无产阶级走向成为自觉的革命阶级的重要标志。

所谓经济和物质方面的条件是资本主义制度正式确立以后产业革命在西方各国的普遍兴起以及与之相随的机器大工业的出现。正是产业革命从根本上动摇了以手工技术为基础的工场手工业,开辟了以工厂制度为主的机器大工业的时代。后者集中地体现了资本主义的内在矛盾。正是机器大工业的社会化大生产使资本主义的生产力获得了飞速的发展,使它在不到一百年内创造出的财富超过了以往历史时代的总和。然而在资本主义私有制的条件下,这些财富却被资产阶级占为己有,而用自己的劳动创造财富的工人却反而受到这些财富的制约。他们的劳动异化了。劳资之间的矛盾必然激化。我们还应当看到,产业革命所导致的机器大工业的出现不仅使工人人数大大增加,而且使他们越来越超出了仅仅作为个人的地位,使他们越来越在共同的阶级地位以及反对资产阶级的剥削和压迫的共同要求下联合起来,这使以往那种个别工人和资本家之间的冲突越来越发展成为无产阶级和资产阶级两个阶级之间的阶级斗争。

无产阶级形成为独立的、自为的阶级的政治和经济条件是相互依存的。如果资本主义制度没有确立、资产阶级没有发展成为一个统治阶级,就无法推动产业革命,无法使资本主义在经济上获得前所未有的进步。反过来说,如果没有产业革命所导致的资本主义在经济上的进步,资本主义制度就难以巩固,资产阶级与封建势力争夺统治权的斗争就不可能取得最后胜利,资产阶级难以成为一个真正的统治阶级。资产阶级在政治和经济上所取得的空前的胜利意味着他们对无产阶级的剥削和压迫也空前加剧,而这在同样程度上促进了无产阶级反对资产阶级的剥削和压迫的斗争,促进了他们的阶级觉醒,并由此形成彻底批判资本主义旧世界、建设没有剥削和压迫的新世界的革命世界观。

无产阶级为了建立批判旧世界、建设新世界的革命世界观,除了要有对自己的阶级地位和生存条件以及资本主义制度的内在矛盾有深刻认识外,还要有对整个社会历史发展趋势的深刻认识。19世纪30年代以后欧洲资本主义社会所发生的变革,特别是由产业革命所导致的统一的资本主义世界市场的建立和国际交往的扩大,打破了以往一直存在的民族和地域的局限性和狭隘性,大大地开拓了人们的社会和历史视野,而这为无产阶级认识历史发展的客观规律提供了现实的条件。

欧洲各国资本主义制度的确立和产业革命的开展以及由此导致的无产阶级的觉醒和他们反对资本主义的斗争的发展既是统一的,又存在某些不平衡性。就资产阶级革命和产业革命的历史进程来说,英国开始最早,法国紧随其后,德国则明显滞后。尽管在19世纪30年代也已开始了产业革命,但软弱的德国资产阶级直至1848年才在工人运动的强大推动下发动了以妥协投降为结局的政治革命。与德国资产阶级的软弱形成鲜明对照,德国无产阶级成了当时欧洲工人运动的先锋队,德国也由此成为欧洲无产阶级革命运动的中心。这种状况决定了德国无产阶级能最早形成革命的世界观。作为这种世界观的理论体现的马克思主义哲学也由此以德国为故乡。

二、马克思哲学产生的理论来源与费尔巴哈的中介作用

德国之成为马克思主义哲学的故乡,除了上述特定的政治和经济条件外,还有思想文化、特别是哲学本身发展的条件。马克思主义哲学作为无产阶级革命世界观的理论形态,其思想内容必然以体现这种革命世界观、总结无产阶级革命斗争的经验、揭示无产阶级的阶级使命为根本取向。而为了使这种取向具有科学的理论形态,既能全面地体现时代精神的动向,又能深刻地体现西方,甚

至整个人类哲学发展的必然趋势,马克思主义哲学除了总结当代自然科学和社会科学的成就外,还必须批判地继承以往哲学发展的全部丰富的遗产。由于以黑格尔和费尔巴哈为代表的 19 世纪德国哲学集近代西方哲学之大成,这在很大程度上为马克思实现哲学上的革命变更准备了充分的理论前提。列宁在他的著名的《马克思主义的三个来源和三个组成部分》一文中指出:"马克思的全部天才正是在于他回答了人类先进思想已经提出的种种问题。他的学说的产生正是哲学、政治经济学和社会主义极伟大的代表人物的学说的直接继续。"[1]列宁所说的哲学上的"伟大代表"指的正是黑格尔和费尔巴哈。事实上,列宁在上文中对马克思怎样批判地继承了以黑格尔和费尔巴哈为代表的德国古典哲学、以亚当·斯密、大卫·李嘉图为代表的英国古典经济学以及英法空想社会主义作了精辟的分析。由于这是人所共知的,我就不在此更多引述了。

列宁所讲的三个来源当然是马克思主义产生的三个主要的来源。但也应当看到,主要来源并不是全部来源。马克思的哲学、政治经济学和科学社会主义学说中还有其他许多来源,甚至是相当重要的来源。马克思在哲学上就继承了古希腊哲学以来西方哲学的全部最优秀的成果。例如他早在《博士论文》中就已揭示了伊壁鸠鲁的原子偏离学说的深刻意义。后来他在《神圣家族》、《德意志意识形态》等论著中对笛卡尔以来的近代哲学的优缺点作了精辟的分析,对洛克以来的政治哲学,特别是卢梭关于平等和自由等激进的政治学说给予了高度评价。应当提到,马克思对梯叶利、基佐、米涅等法国"复辟时期"(1815—1830)的一批历史学家对英雄史观的批判和对人民群众的作用的强调以及他们的历史决定论和阶级斗争等学说都作了充分的肯定。此外,马克思还深深受到欧洲古典文艺思潮,特别是法德启蒙思想家和浪漫派作家的作品中所显示出来的那种深厚的人文主义精神的感染。还应当提到,马克思后期对美洲的关注、对东方社会的深刻研究更表明他的视野远远超越了欧洲的界限。这一切都说

---

[1]《列宁选集》第 2 卷,人民出版社 1995 年版,第 309 页。

明我们应当从更广泛的视野来看待马克思的学说,特别是他的哲学思想的理论来源。

我国学者撰写的许多马克思主义哲学和哲学史论著对马克思的哲学思想的理论来源,特别是马克思对黑格尔的辩证法和费尔巴哈的唯物主义的批判继承,都作了相当具体的阐释。我没有新的具体补充,也不想过多重复大家都讲过的那些话。下面只拟结合学习恩格斯和列宁的有关论述,就费尔巴哈哲学作为马克思的哲学变革的理论来源的中介作用表示一些想法。这部分是考虑到我国哲学界对费尔巴哈哲学的评价似乎还存在一定分歧。

从马克思的哲学变革的思想准备来说,他参加青年黑格尔派是一个重要环节。在此以前,马克思接受过康德和费希特哲学,但当时他尚未明确揭示他们在肯定主体的能动性上的合理性,他们的理论对他也未立即产生明显的积极影响。青年黑格尔派则在如下两点上当时就得到了马克思的肯定。一是割断了黑格尔的绝对理性与宗教神学的联系,由此使理性从天国转向人间;二是强调了作为普遍理性的人的自我意识的创造性,由此体现了黑格尔的辩证法对能动作用的强调。这两点对马克思后来实现哲学上的革命变更显然起了促进作用。

青年黑格尔派把自我意识作为纯粹精神活动的唯心主义却又是马克思实现哲学上的革命变革的障碍,而这一障碍在很大程度上为费尔巴哈排除了。恩格斯指出:"对现存宗教进行斗争的实践需要,把大批最坚决的青年黑格尔分子推回到英国和法国的唯物主义。他们在这里跟自己的学派的体系发生了冲突。"[1]这种返回中最突出的人物是费尔巴哈。恩格斯后来谈到,费尔巴哈"在好些方面是黑格尔哲学和我们的观点之间的中间环节",在马克思和恩格斯的哲学的根本性的转折期,费尔巴哈对他们的影响"比黑格尔以后任何其他哲学家都大"[2]。马克思和恩格斯从青年黑格尔派走向费尔巴哈,可以说是他们实现哲学上的革命变革的最重要的思想准备。

马克思和恩格斯之所以高度肯定费尔巴哈,直接原因是费尔巴哈把黑格尔

---

[1] 《马克思恩格斯选集》第4卷,人民出版社1995年版,第221页。
[2] 同上书,第211—212、212页。

的唯心主义抛在了一边，"它直截了当地使唯物主义重新登上王座"[1]。恩格斯和列宁对此都作过明确的论述，许多马克思主义哲学史论著也是这样阐释的。我对此毫无异议。但我体会到，无论是恩格斯还是列宁，都认为费尔巴哈不只是简单恢复18世纪的唯物主义，而是在吸取以黑格尔为代表的德国唯心主义辩证法的基础上、或者说是在吸取法国唯物主义被德国唯心主义所战胜的教训的基础上而恢复唯物主义的。

列宁在《马克思主义的三个来源和三个组成部分》一文中说："马克思并没有停止在18世纪的唯物主义上，而是把哲学向前推进了。他用德国古典哲学的成果，特别是用黑格尔体系（它又导致了费尔巴哈的唯物主义）的成果丰富了哲学。这些成果中主要的就是辩证法，即最完备最深刻最无片面性的关于发展的学说……。"[2]

列宁说"马克思并没有停止在18世纪的唯物主义上"，是指马克思并未停留于肯定18世纪的法国唯物主义者所明确肯定的唯物主义的一般原则。如果马克思只是坚持唯物主义的一般原则，那难以谈得上"把哲学向前推进"。列宁在此所特别强调的是马克思"用德国古典哲学的成果，特别是黑格尔体系（它又导致了费尔巴哈的唯物主义）的成果丰富了哲学"，并指出"这些成果中主要的就是辩证法"。这意味着没有黑格尔体系的丰富成果，没有辩证法，就不可能产生费尔巴哈的唯物主义。反过来说，如果费尔巴哈没有吸取法国唯物主义被黑格尔等德国唯心主义战胜的教训，他不可能真正驳倒黑格尔，不可能"使唯物主义重新登上王座"。

因此，费尔巴哈哲学作为马克思哲学的理论来源的作用，在于费尔巴哈不只是重新肯定了唯物主义的一般原则，而是在吸取18世纪唯物主义被黑格尔的辩证法驳倒的教训的基础上恢复了唯物主义的权威。尽管费尔巴哈未能把唯物主义和辩证法统一起来，但他毕竟超越了18世纪的停留于纯粹自然主义的唯物主义的界限，后者的根本缺陷在于使唯物主义完全脱离现实的人的存在

---

[1]《马克思恩格斯选集》第4卷，人民出版社1995年版，第222页。
[2]《列宁选集》第2卷，人民出版社1995年版，第310页。

(生成)及其活动(实践),使唯物主义抽象化了,使它必然被德国唯心主义所战胜。费尔巴哈在批判黑格尔唯心主义的体系时在一定程度上吸取了其中关于发展和变化的辩证法的成分。他用人本主义取代自然主义实际上已蕴含着承认人的生存和实践对于肯定唯物主义一般原则的不可或缺的意义。这一点从其代表作《未来哲学原理》的"引言"就可看出。其中明确提到:"未来哲学应有的任务,就是将哲学从'僵死的精神'境界重新引导到有血有肉的、活生生的境界,使它从美满的神圣的虚幻的精神乐园下降到多灾多难的现实人间。"[1]费尔巴哈在此所主张的"有血有肉的、活生生的境界"、"多灾多难的现实人间"都蕴含着自然界的人化意义,与被马克思形容为"敌视人"的机械唯物主义,或者说自然主义的唯物主义显然有所不同。

如果我们较具体地分析费尔巴哈哲学的理论取向,可以更明显地看到这一点。

费尔巴哈原来属于青年黑格尔派,他在批判青年黑格尔派的纯粹自我意识的始源性的唯心主义并与之决裂时,保留了其中对主体的能动性的肯定。他不是笼统地否定自我意识以及一般理性、包括黑格尔的理性的存在的合理性,而只是要求将自我意识、理性归属于以自然为根据、具有自然属性的人,也就是把自我意识、理性归结为人的存在的属性。在他看来,"旧哲学的自我意识是与人分离的,乃是一种无实在性的抽象。人才是自我意识"[2]。"只有人才是费希特的'自我'的根据和基础,才是莱布尼茨的'单子'的根据和基础,才是'绝对'的根据和基础。"[3]这意味着只要不离开人的存在而是归属于人的存在,那费希特的"自我"、莱布尼茨的"单子"、黑格尔的"绝对"具有的那种能动性,就都是可以肯定的。

正是基于这种认识,当费尔巴哈克服青年黑格尔派的唯心主义而转向唯物主义时,他不是简单地返回到那种仅仅肯定自然界的首要性而忽视其与人的联

---

[1] 《费尔巴哈哲学著作选集》,三联书店 1959 年版,第 120 页。
[2] 同上书,第 117 页。
[3] 同上书,第 118 页。

系的自然主义的唯物主义(17世纪英国和18世纪法国唯物主义以及与费尔巴哈同时代的德国庸俗唯物主义都属于这种唯物主义)。为了与他们划清界限,费尔巴哈甚至避免使用唯物主义这个名词,而把他的哲学叫做人本学。这固然反映出他没有看到唯物主义的一般原则和其纯粹自然主义的表现形式之间的区别,但这毕竟体现了他既企图克服唯心主义、又企图与自然主义的唯物主义区分开来的基本哲学倾向。费尔巴哈明确肯定作为其哲学核心的人的存在以自然为基础,认为"自然是与存在没有区别的实体,……自然是人的根据"[1]。他将人作为哲学的核心蕴含着肯定自然的实在性。所以他说"新哲学将人连同作为人的基础的自然当作哲学唯一的、普遍的、最高的对象"[2]。这无疑意味着他肯定了自然界作为一切存在的基础的唯物主义基本原则。但费尔巴哈同时又肯定人具有自我意识等超越单纯的自然属性的精神属性,后者意味着人是具有能动性的存在。人是自然(物质、肉体)和精神的统一,是"一切对立和矛盾、一切主动的和被动的东西、精神的和感性的东西、政治的和社会的东西的实际上的(并非想象是的)绝对同一"[3]。物质和精神、思维和存在也只有在人所实现的统一中才有现实意义。"思维与存在的统一,只有在将人理解为这个统一的基础和主体的时候,才有意义,才是真理。"[4]换言之,只有人这种同时具有物质和精神属性的存在才能将它们统一起来,并使它们具有现实意义。"具有现实性的现实事物或作为现实的东西的现实事物,乃是作为感性对象的现实事物,乃是感性事物。"[5]如果脱离了与人的存在的联系,无论是物质世界、自然界还是意识和精神世界,都只能是抽象的、没有现实意义的存在。

费尔巴哈这种把人当作哲学的出发点、通过人,或者说通过人的感性活动来统一思维和存在、精神和自然界的对立的观点,显然超越了近代哲学中把二者割裂开来、并各执一端的自然主义的唯物主义和各种形式的唯心主义。他的这种超越在一定程度上体现了西方哲学从近代到现代的转向的基本趋势,这一

---

[1][3] 《费尔巴哈哲学著作选集》,三联书店1959年版,第116页。
[2] 同上书,第184页。
[4] 同上书,第181页。
[5] 同上书,第166页。

趋势的重要特征之一是使哲学由脱离了人的纯粹的、实体性的自然或精神转向处于活动和过程中的人。因此费尔巴哈的人本主义的唯物主义在一定程度上（当然也只是在一定程度上）已有超越近代哲学思维方式的界限的表现。在一定意义上我们可以把他看作是一个处于向现代转向过程中的哲学家。

也正因为如此，马克思和恩格斯在脱离黑格尔学派以后，不是去简单恢复法国自然主义的唯物主义，而是倒向费尔巴哈的人本主义的唯物主义。马克思对以德国古典哲学为顶点的传统哲学的批判继承在一定意义上是以对费尔巴哈的这种思想的批判继承为前提的。因此，马克思对黑格尔的辩证法等传统哲学的批判继承与对费尔巴哈的人本主义的唯物主义的批判继承是一个内在地统一的过程。在一定意义上可以说，费尔巴哈哲学是马克思实现他的哲学变革的中介和桥梁。

马克思走向费尔巴哈意味着他已为进一步进行哲学上的革命变更做了重要的理论准备。但为了在这种准备的基础上实现哲学上的革命变革，他们必须克服费尔巴哈由于脱离现实生活和实践而必然存在尚存在的严重的局限性，立足于人的现实生活和实践，建立与无产阶级的现实革命运动相统一的新的哲学理论。这一过程是他们在 19 世纪 40 年代在《〈黑格尔法哲学批判〉导言》、《1844 年经济学哲学手稿》、《关于费尔巴哈的提纲》、《神圣家族》、《德意志意识形态》、《共产党宣言》等论著中完成的。

（原载《江海学刊》2008 年第 5 期）

关于马克思主义哲学理论形态问题的几点思考
——从对近代西方哲学的批判继承的观点看

对马克思主义哲学的理论形态究竟怎样理解、应当用什么名称来表达它？在马克思主义者内部,这曾经是不成问题的问题。因为无论是在马克思主义哲学论著和教科书中还是在有关党政文件中,都明确指出马克思主义哲学是辩证唯物主义和历史唯物主义。过去也有一些西方学者表示他们并不笼统反对马克思的哲学,但反对用辩证唯物主义来指称它,理由是辩证唯物主义不是马克思本人的学说,而是后来的马克思主义者强加于马克思的。这些西方学者中最有代表性,并最为中国学界熟知的有美国实用主义哲学家胡克和法国存在主义哲学家萨特[1]。他们的这类议论当时被当作对马克思主义的歪曲和攻击而受到我国哲学界的坚决驳斥。

然而,最近十多年来,随着对长期以来曲解马克思主义的各种思潮,特别是"左"的思潮的反省和批判,哲学界也在认真检讨和总结过去在这方面存在的种种片面性,其中包括那些以辩证唯物主义和历史唯物主义的名义对马克思主义哲学所作的各种曲解或误解;对外开放政策的实行也使大家得以更多地接触到国外马克思主义哲学研究的新材料,特别是过去未正式完整翻译出版的马克思本人的一些重要哲学著作,从而大大扩展了人们对马克思哲学的认识的视野;同一时期国内西方哲学研究,特别是对与马克思主义哲学处于同一时代的现当

---

[1] 胡克在《从黑格尔到马克思》(1936)和《马克思和马克思主义者:含糊的遗产》(1956)中、萨特在《辩证理性批判》(1960)中对此都作了大量论述。

代西方哲学研究的重大进展也为哲学界更好地理解马克思主义哲学提供了更广阔的背景;作为马克思主义中国化的当代形态的邓小平理论在指导我们建设有中国特色社会主义的事业中所显示的伟大力量更是促使人们进一步突破以往哲学教科书关于马克思主义哲学理论框架,更加关注现实生活和实践。

这一切都使人们感到对马克思主义哲学的本来意义和它的理论形态(包括马克思本人的理论以及后来的伟大的马克思主义者所作的发展)都有必要重新加以思考:马克思主义哲学是否就是辩证唯物主义和历史唯物主义? 如果是,又怎样将马克思和恩格斯所赋予它的意义与后来它被教条化和僵化的意义区分开来? 马克思主义哲学还可以作哪些其他表述,怎样具体表述? 这些不同表述之间的关系(特别是与辩证唯物主义的关系)又怎样? 至于马克思以后的马克思主义者如何进一步发展马克思主义哲学,更是需要专门研究的问题。对这些问题,哲学界近些年来一直在认真讨论。就对马克思主义哲学的本来意义和理论形态(包括它们的指称)的回答说就形成了几种不同见解(除原有的辩证唯物主义和历史唯物主义外,还有实践唯物主义、实践哲学、类哲学等提法)。各方都对自己的观点作了较具体和详细的表述,但彼此之间似乎缺乏充分理解,因而远未达成共识。这其实也是很自然的事。因为有关这方面的问题不仅是复杂的理论问题,而且具有极为重要的实践和现实政治意义。要妥善解决它们,既要有突破旧的过时的理论框架、提出具有创新意义的见解的理论勇气,又要坚持马克思主义哲学的基本原则,防止出现新的偏向。一些人提出的新见解可能是对过去被僵化和教条化的理论框架的突破,但也可能被持不同意见的人怀疑为是对马克思主义哲学基本原则,或者说其本来意义的偏离。对此人们的具体认识一时难以完全一致,需要不断进行多层次、多视角、多方面的探索。在这方面任何一方都应善待不同意见,更不要简单地以政治评判代替哲学理论评判。

重新学习、领会和把握马克思主义哲学,这不仅是马哲界的任务,也是一切信仰马克思主义、愿意把它当作自己的实践和研究的指导思想的人的任务。现代西方哲学是与马克思主义哲学处于同一时代的哲学,无论从对本学科有更为深刻的理解来说还是使本学科研究更好地为丰富和发展马克思主义哲学服务说,本学科的研究者都应当同时认真研究马克思主义哲学。马哲界探讨的关于马克思主义哲学的本来意义等问题也是西方哲学研究者应当认真研究的问题。正因为马克思主义哲学是在西方哲学发展的大背景下产生和发展的,无论是就其所取得的进步或受到的扭曲说,都与西方哲学本身的状况以及对西方哲学的研究状况密切相关,因此在研究马克思主义哲学、揭示它的本来意义的实际所是上,西方哲学研究者可以以自己的方式作出贡献。我正是抱着这种态度近年来较为关注西方哲学与马克思主义哲学的比较研究,其中包括重新认识马克思对近代西方哲学的批判继承,企图由此对当前我国哲学界所讨论的马克思主义哲学的本来意义及其理论形态问题也作出一些思考。

从马克思对近代西方哲学,特别是对黑格尔和费尔巴哈等人的批判继承的方向,在一定程度上也可以看出他自己所要建立的新哲学是一种什么样的哲学。马克思所肯定的思想理论当然会为他在建立自己的哲学时借鉴和利用,或者说继承,但并不表明它们一定会成为马克思主义哲学中最重要、最关键的内容,因为马克思主义哲学作为一种实现了哲学上的革命变革的哲学不可能是对原有哲学的简单继承,而必然具有根本性变革意义的理论创新。至于马克思所否定的思想理论,特别是那些为他尖锐批判过的思想理论,显然会被他排除于他本人的哲学之外,更不可能成为他的哲学中的主要内容。如果这种推理能够成立,如果我关于马克思对以往哲学,特别是近代哲学的批判继承的说法也能够成立[1],那么对于马克思本人的哲学的理论形态和真实意义,大致可以提出如下几点设想:

一、马克思主义哲学是将唯物主义和辩证法有机统一的哲学, 它从不同角度可以有不同指称,其基本含义一致

作为对以费尔巴哈为代表的唯物主义和以黑格尔为代表的辩证法的批判

---

[1] 这些说法在《对西方哲学近现代转型的历史与理论分析》、《超越近代哲学的视野》以及我近年来发表的其他一些文章中都有所涉及,为了避免过多重复,本文只在某些地方较为简略提及。

继承,马克思的哲学必然是一种既坚持唯物主义,又具有辩证法特征的哲学。但它并不只是上二者的批判继承,更不是上二者的简单综合。马克思在哲学上的变更之具有伟大的革命性意义,在于他在对全部以往哲学批判继承的基础上作出了具有根本性的思维方式变更意义的创新,后者主要表现在他把社会化的人(或者说处于现实社会关系中的人)的生活和实践当作他的全部哲学的出发点和基础,对以往哲学,特别是近代哲学中的唯物主义和辩证法都作了根本性的改造,不仅将它们有机地统一起来,而且作出了具有划时代意义的发展。这使他不仅克服了包括黑格尔和费尔巴哈在内的近代哲学家由于将唯物主义和辩证法分离开来在哲学理论上必然存在的各种片面性和局限性,实现了哲学理论发展上的质的飞跃;更重要的是,正是由于这种统一立足于现实生活和实践,从而使他的兼有唯物主义和辩证法特征的哲学能与人们的现实生活和实践密切地结合起来,实现了从理论(认识)到实践的飞跃。这种哲学的使命不只是解释世界,更重要的是改造世界。马克思的哲学之被认为是无产阶级世界观的理论形态,就在于它与无产阶级的现实生活和实践,特别是他们反对资本主义制度、建立新的社会制度的现实斗争紧密联系在一起。

马克思的哲学既是一种彻底的唯物主义,又是一种革命的辩证法;既是一种体现了时代精神的精华的完整的哲学理论,又代表了现实社会发展的前进方向,也就是体现了无产阶级改造旧世界、建设新世界的实践的需要。马克思和恩格斯在"现代唯物主义"、"新唯物主义"、"唯物主义历史观"、"历史唯物主义"等名称下所指称的哲学正是将彻底的唯物主义和革命的辩证法有机统一起来、将认识世界和改造世界统一起来的哲学。尽管马克思本人没有使用过辩证唯物主义或辩证唯物主义和历史唯物主义这种名称,只要这种名称符合马克思和恩格斯所赋予他们的哲学的上述含义,那后来的马克思主义者把马克思的哲学称为"辩证唯物主义"或"辩证唯物主义和历史唯物主义"显然是有充分理由的,这也正是这一名称得以流行的根本原因。

然而,在马克思主义的发展中出现过一些偏离,甚至完全背弃马克思主义的思潮,其中影响最大的是"左"的思潮。这些思潮在哲学上往往打着"辩证唯物主义"或"辩证唯物主义和历史唯物主义"的旗号,实际上却偏离了(至少是在某些方面偏离了)马克思哲学的真实意义。这种偏离的最突出的表现,是按照马克思所批判和超越的近代哲学思维方式来解释马克思的哲学。例如马克思强调对事物、现实要当作人的感性活动、当作实践去理解,而他们却只是将其当作客体的或者直观的形式去理解,这样就把马克思的基于人的实践的唯物主义扭曲为旧唯物主义者的单纯自然主义的唯物主义;马克思通过对德意志意识形态的批判而超越了具有明显的独断论特征的体系哲学,而他们却仍然试图去建构关于整个世界的无所不包的体系,事实上仍把哲学当作科学的科学。马克思强调他的哲学最关注的是改造世界,而他们却停留于解释世界,把马克思主义哲学当作体系哲学也正是使之停留于解释世界的表现。

正是由于"左"的思潮对"辩证唯物主义"或"辩证唯物主义和历史唯物主义"的解释往往偏离了马克思主义哲学的实际所是,败坏了这个名称的声誉,因此最近20年来,一些哲学家在清算"左"的思潮对马克思主义哲学的影响时,很自然地想到要对原有的"辩证唯物主义"和"辩证唯物主义和历史唯物主义"概念加以重新思考,甚至设想是否可以采用其他名称来指称马克思主义哲学。我想,不应当简单地把这种思考看作是否定辩证唯物主义和历史唯物主义,更不应当简单将其看作是背离马克思主义哲学的思潮。在大多数情况下大家都是为了探讨如何更好地排除对马克思主义哲学的扭曲,以便对它的实际所是有更为深刻的认识。既然马克思本人没有使用过"辩证唯物主义"(或"辩证唯物主义和历史唯物主义")这个名称,而往往是使用"新唯物主义"、"实践的唯物主义"、"唯物史观"等名称,那至少表明辩证唯物主义或辩证唯物主义和历史唯物主义不是马克思主义哲学的专名,人们还可以用其他名称(至少是马克思和恩格斯使用过的那些名称)来指称它。

同样的道理,既然"辩证唯物主义"和"辩证唯物主义和历史唯物主义"概念符合马克思和恩格斯将彻底的唯物主义和革命的辩证法有机地统一起来、将认识世界和改造世界统一起来这个基本含义,而且经过列宁等无产阶级的革命导师和许多杰出的马克思主义者的倡导和使用,已被广泛采用并已在不同范围得到确认,那我们也不能因为"左"的思潮对这种名称作了扭曲或者使用过这种名称的人后来背离了马克思主义哲学而笼统地将其否定。

是否坚持和维护马克思主义哲学的标志在于是否坚持和维护马克思主义哲学的基本精神,而不在于使用了什么名称。持不同观点的人对同一个名称完全可以作出极不相同的具体解释。并非使用了辩证唯物主义或辩证唯物主义和历史唯物主义名称的就是坚持了马克思主义哲学。我们不要忘记极左思潮是怎样在这种名称下背离马克思主义的。同样,使用其他名称来指称马克思主义哲学也并不一定能更好地表达马克思主义哲学,它们同样可以被解释为与马克思主义哲学的实际所是格格不入的东西。例如,如果对马克思主义的实践概念作出偏离唯物主义基础的解释(例如离开人与自然和社会的交互活动,特别是生产活动来谈论实践),那把马克思主义哲学称为实践唯物主义也同样会陷入脱离客观实际的唯心主义,从而偏离马克思主义哲学。因此,我们应当特别认真研究的是如何做到更好地领会、把握和坚持马克思主义哲学的精神实质。究竟使用什么名称较好当然也可讨论,但这毕竟不是原则问题,不应以使用什么名称来作为是否坚持马克思主义哲学的分界线。既然辩证唯物主义、辩证唯物主义和历史唯物主义名称曾长期被普遍认可,人们已习惯于使用它们,更容易接受它们,那只要排除各种对它们的真实含义的各种扭曲,使它们更完整地、更准确地体现马克思主义哲学的本来意义,那么继续使用这样的名称未尝不是一种较好的选择,但不能因此将其当作唯一的选择。

上面曾谈到,我国马哲界近几年来为应当称马克思主义哲学为辩证唯物主义和历史唯物主义还是实践唯物主义或实践哲学等展开了热烈的讨论。这些讨论对加深人们对马克思主义哲学的认识当然很有意义。但在讨论中似乎也出现了一些彼此相互排斥的情况。在没有充分了解对方的情况下简单地指责对方是保守派或背离马克思主义的事例时有发生。这既不利于大家的团结,更不利于通过讨论使问题得到更好的解决。我国马克思主义哲学研究虽然已取得了很大成果,但尚未解决的问题还很多。在过去"左"的影响下当作定论的一些关于马克思主义哲学的概念和提法有的可能有片面性,需要重新认识。但不见得都错了,仍然可以使用、甚至应当坚持。这就需要大家一道来具体地分析研究,不宜匆忙下结论,更不宜简单地相互指责。

二、马克思主义哲学是革命无产阶级世界观的
理论体系,但不是一种体系哲学

马克思主义哲学作为革命无产阶级世界观和方法论的理论形态,有着严密的内在逻辑,这意味着它必有自己的理论体系。但它又是在反对以思辨形而上学、独断论、基础主义和本质主义等为特征的近代体系哲学的斗争中形成和发展起来的,与后者有着根本区别。体系与体系哲学是两个完全不同的概念。任何一种思想、理论、学说都必有自己的逻辑系统(或者说至少是要有条理),否则持这种思想、理论、学说的人就无法明确说出它们,其他人更无从理解它们,从哲学上说就会陷入相对主义,甚至虚无主义。至于体系哲学,通常是用来指称那种将某种哲学的理论体系绝对化、教条化和僵化的哲学。近代西方哲学,特别是那些具有思辨形而上学特征的哲学大都具有这种倾向。

近代西方哲学的一个相当普遍的突出特征是试图从与客体绝对分离的主体,即主观意识或者作为其普遍化和绝对化形态的理性概念(表现在唯心主义者、特别是理性派形而上学家那里)出发,或者从与主体完全分离的抽象的物质(客体)出发(表现在抽象的、或者说自然主义的唯物主义者那里),去构造关于整个宇宙的图景的无所不包的知识体系,这类哲学由此被称为体系哲学。由于它们被宣称为体现了一切存在的本质和知识的基础,对一切知识和科学具有始源意义和支配地位,因而往往被当作"科学的科学"。许多现当代西方哲学家,特别是当代后现代主义者则往往就此以批判的眼光把坚持和倡导体系哲学的倾向称为基础主义和本质主义。

不过我们应当看到,近代西方哲学在其发展的早期,由于强调理性(及与之相关的科学)和人的现实生活,反对基督教信仰主义和经院哲学的独断论,对当时的社会和科学的发展起过重要的推动作用。只是到后来,由于许多近代哲学

家越来越企图建立严密完整的哲学体系,他们的哲学理论才越来越被绝对化和僵化,演变成了与它们原来所反对的经院哲学类似的体系哲学,从而越来越与西方现实社会和科学发展的实际脱节,与人们的现实生活和实践脱节;它们不仅不能缓解,反而往往加剧了当时西方各国的社会危机,这使它们本身也越来越陷入困境。于是,即使在资产阶级哲学界内部,它们也越来越受到尖锐的批判。19世纪中期以来兴起的"科学主义"哲学思潮以"拒斥形而上学"为旗号、"人本主义"哲学思潮以改造或重建形而上学为旗号,都竭力反对近代体系哲学倾向。他们的这种拒斥、改造和重建都标榜要改变近代西方哲学的发展方向。尽管这种改变往往具有各种片面性,毕竟在一定程度上意味着重新以与科学或现实生活和实践相结合的哲学来取代与之相反的体系哲学,因而具有一定的进步作用。

在要求反对传统形而上学(或者说反体系哲学)上,马克思与上述要求"拒斥"、"改造"或"重建"形而上学的思潮既有根本性的区别,又有某些共同之处。一些西方哲学流派在"拒斥形而上学"、反对基础主义、本质主义等口号下不仅取消哲学对世界观、本体论问题的研究,而且也取消对认识论和方法论问题的研究,甚至对哲学本身也采取极端相对主义和虚无主义态度,也就是企图从根本上否定哲学。与此不同,马克思不仅没有忽视、更没有反对对世界观和本体论问题的研究,反而高度重视这方面的问题的研究,并且把这种研究与认识论和方法论问题的研究统一起来。他的哲学的根本目标就是为无产阶级确立革命的世界观和方法论。

但是,与许多现代西方哲学家相仿,马克思有关这方面的研究具有明显的反作为体系哲学的传统形而上学,特别是理性派思辨形而上学的性质。马克思哲学的突出特点之一就是与这样的形而上学决裂。他在《黑格尔法哲学批判》以及和恩格斯合著的《德意志意识形态》、《神圣家族》等最有代表性的批判论著中直接批判的虽然主要是黑格尔、费尔巴哈、布鲁诺·鲍威尔、施特劳斯等人的理论,但这些人在哲学上存在的问题(特别是从绝对、自我意识或抽象的人出发建构思想体系)也正是许多近代哲学家的共同问题。因此他对黑格尔、费尔巴哈以及整个德意志意识形态的批判实际上就是对全部西方形而上学的批判。

正因为如此,当马克思对黑格尔、费尔巴哈等传统形而上学作了全面、彻底的批判,并由此出发来构建自己的新唯物主义哲学理论时,他主要是为它提出了一系列纲领性的原则,而并未去构建全面完整的新的哲学体系。这使他从根本上改变了黑格尔等人由于体系的需要而去杜撰某种脱离现实的理论的独断论和思辨形而上学倾向,使他的哲学始终充满了现实生活和实践的气息。这不意味着马克思不重视对于世界观和本体论问题的研究,如上所说,他的哲学的根本使命就是为革命无产阶级确立科学的世界观和方法论。问题在于:这样的世界观和方法论完全不是近代体系哲学家那种被绝对化和僵化了的无所不包的思辨体系,而是处于不断发展中、与现实生活和实践紧密相联的体系。马克思由此从根本上改变了对世界观和本体论问题的研究的方向。例如他所关注的世界不是旧唯物主义者所关注的那种抽象的自然界,而是与人类社会,或者说社会化的人发生关系的自然界,也就是社会化了的,或者说展现于人类社会历史过程中的、具有历史性的自然界。在马克思那里,世界观、自然观和历史观是统一的。

马克思曾经计划写一部系统地阐述他的哲学理论的著作,但他后来并未写。这似乎不能完全归结为他与恩格斯的分工,更不能简单地说是由于他忙于其他工作而未来得及写。为革命无产阶级制定科学的世界观和方法论是马克思理论研究的根本课题,没有比这更重要的工作了。马克思不可能放下最要紧的工作而去从事相对次要的工作。实际情况只能是:马克思后来所写的其他许多著作已经充分阐释了他要阐释的哲学原则。例如,马克思的《资本论》在直接形态上是一部划时代的经济学经典著作,但它同时实际上又是一部最具现实生活和实践特征、最具世界观和方法论意义的哲学经典著作。根本原因还是:马克思在哲学上不是试图去全面具体地描绘无所不包的世界观的图景,不是去构建严密完整的哲学体系,而是关注人的现实生活和实践所牵涉到的现实的世界。因此,当他提出了那些革命性的新的哲学原则以后,他的工作方向就是转向研究当时的现实社会,特别是转向研究他所代表的无产阶级在那个社会中存在和遇到的问题以及解决这些问题的道路。

我这样说一点也不是认为马克思主义哲学没有科学的理论体系、更不是否定在新的条件下构建马克思主义哲学理论新形态的重要性和意义,而只是不赞成脱离现实生活和实践去构建关于马克思主义哲学的严密和完整的理论体系。因为这样的体系容易使马克思主义哲学封闭化、僵固化、教条化,其后果可能是使马克思主义哲学倒退到近代体系哲学的理论框架中去。

三、马克思主义哲学是一种以唯物主义为基础、以主客统一为特征的实践哲学

说马克思主义哲学是一种以唯物主义为基础的实践哲学,这是相对于以脱离现实生活和实践为特征的传统的体系哲学而言的。建构体系哲学的人并不都是直接意义上的唯心主义者。18 世纪的法国唯物主义者就几乎都试图构建自己的完整的哲学体系(如霍尔巴赫的"自然体系"),但不能由此说他们是直接意义上的唯心主义者。然而,脱离人的实践,甚至脱离了与人的牵涉去构建纯粹自然的体系最终必将陷入唯心主义,或者被唯心主义所战胜。所以马克思说:"抽象的唯灵论是抽象的唯物主义;抽象的唯物主义是物质的抽象的唯灵论"。[1]在 18 世纪法国唯物主义以后不久之所以出现唯心主义的"富有内容的复辟",正是因为那种唯物主义是以纯粹的,从而是抽象的自然界为出发点的唯物主义,它不仅无法抵制唯心主义的进攻,本身也会落入唯心主义。所以马克思说它只是一种"物质的抽象的唯灵论"。唯心主义在 19 世纪得以复辟是一点不奇怪的。

我之所以说这些话是想表明:是否能真正坚持唯物主义重要的不在于建立全面完整的唯物主义理论体系,而在于是否尊重现实生活和实践。法国唯物主义那种完整的自然体系之最终倒塌是一个应当记取的教训。正因为如此,马克

---

[1]《马克思恩格斯全集》第 1 卷,人民出版社 1960 年版,第 355 页。

思在批判了传统哲学之后提出自己的哲学原则时,他所最关注的就是使人们认识到人的社会实践在整个哲学中的决定性作用。他的《关于费尔巴哈的提纲》的核心思想就是强调实践的现实性和社会性。他在《德意志意识形态》中同样明确指出:"实际上和对实践的唯物主义者,即共产主义者说来,全部问题都在于使现存世界革命化,实际地反对和改变事物的现状。"[1]

近年来,马哲界围绕着应当用"辩证唯物主义"还是"实践唯物主义"来指称马克思主义哲学的问题的争论很是激烈。各方都引述了不少马克思关于实践及其在哲学中的地位的话来为自己的观点立论,并作为对对方观点的反驳。从我的理解看,只要承认并肯定马克思本人对旧唯物主义的抽象的自然主义的批判以及他关于人的现实社会生活和实践在整个哲学中的决定作用的论断,那说他的哲学是辩证唯物主义或实践唯物主义都是可以成立的,二者之间并没有实质性的区别。因为马克思的唯物主义与他所批判的旧唯物主义、即抽象的和自然主义的唯物主义的根本区别,就在于他是用人的社会生活和实践的观点来看待事物和现实(世界)。如果用辩证唯物主义来指称马克思的哲学,那这里的辩证法就不是黑格尔那种离开人的社会实践的概念体系的辩证法,而这里的唯物主义也不是旧唯物主义者那种关于离开人的社会实践的自然体系的唯物主义。马克思对这二者的改造的关键之点就在于把现实生活和实践的观点放在了哲学的首位,而撇开了与社会生活和实践无关的自在的自然体系和概念体系。无论是对唯物主义还是辩证法,马克思都是通过人的现实生活和实践来获得理解的。这些,在他的《关于费尔巴哈的提纲》中,甚至在第一条中就有非常明确的论述。如果我这种理解能够成立,那说马克思主义哲学是辩证唯物主义与说马克思主义哲学是实践唯物主义有着同样、至少是类似的根据,二者同为马克思主义的唯物主义,不应成为对立面。作为二者的真正的对立面的是脱离现实社会生活和实践的体系哲学,后者在理论上必然导致神秘主义,马克思正是把自己的理论与之相对立。《提纲》中指出:"全部社会生活在本质上是实践的。凡

---

[1] 《马克思恩格斯全集》第 3 卷,人民出版社 1956 年版,第 48 页。

是把理论引向神秘主义的神秘东西,都能在人的实践中以及对这个实践的理解中得到合理的解决。"[1]因此对我们说,重要的不是概念之争,而是更加关注实践以及对实践的合理理解。

马克思的哲学作为一种实践哲学既以关注实践的唯物主义为基础,又以主客统一为特征。

西方近代哲学从理论上说是通过认识论的转向而建立起来的。这一转向以主客、心物等分立为前提。只有把主体作为具有认知(感觉和思维等)能力的自我意识存在而与客体区分开来,才能谈得上主体对于作为客体(对象)的世界的认识。近代西方哲学中唯物主义和唯心主义、经验论和唯理论等不同思潮之间存在着种种对立,但它们在以主客分立为理论前提、以主体所固有的认知能力(感性和理性等等)为手段,以认知与主体相对立,或者说处于主体之外的客体(对象)并由此而建立关于整个世界的理论体系为目标上则是一致的。它们大体上都是作为一种认识和解释世界的理论,近代西方哲学所实现的哲学上的转向正是由此才被称为认识论的转向。这一转向对推动西方哲学和科学的发展起过重要的作用。

然而,由于这一转向把作为世界观的哲学主要局限于认识和解释世界的范围,没有发现和肯定人的社会生活和实践的决定作用并由此上升到将认识世界与改造世界结合起来,停留于作为一种认识(认知)哲学,因而不能不存在严重片面性和局限性。正是由于忽视了人的社会实践,即使在认识(认知)领域它们也是不彻底的。例如,独断论和怀疑论曾是近代西方哲学中两种具有不同的片面性,而影响又都极为深远的认识论思潮。二者外表上各执一端,实际上都以主客分离为特征。怀疑论的主体被客体压倒,因主体无法确切地认知客体而怀疑主体的认识的可靠性。独断论的客体被主体吞没,因主体不能通过感性认知的方式达到客体而求助于超感知的主体,即上帝或某种超越的力量,以后者的权威来作为认知的来源和标准。一旦移去这种超越力量,它同样会落入怀疑

---

[1]《马克思恩格斯选集》第 1 卷,人民出版社 1995 年版,第 56 页。

论。这两种认识思潮实际上属于同一种思维方式,它们的根本性失误正在都未能看到、甚至有意抹杀人的现实社会生活和实践的作用。

马克思的哲学作为一种实践哲学不同于以往哲学、特别是近代认知哲学的突出特点就在于发现和肯定了人的社会实践不仅在认识领域、而且在整个哲学中的决定作用。他通过对社会实践的作用的强调不仅使分立的主客心物统一起来,而且把认识世界和改造世界统一起来,因而得以克服近代哲学中各种不同思潮(例如经验论和唯理论、怀疑论和独断论等等)的片面性和局限性。马克思关于这方面的观点,早在《关于费尔巴哈的提纲》中就已有明确的论述。例如《提纲》第一条中就明确指出包括费尔巴哈在内的以往一切唯物主义的主要缺点是"对对象、现实、感性,只是从客体的或者直观的形式去理解,而不是把它们当作感性的人的活动,当作实践去理解","能动的方面却被唯心主义抽象地发展了,当然,唯心主义是不知道现实的、感性的活动本身的"。[1]在往后的各条中,马克思分别从认识与真理、环境的改造和人的活动、宗教和世俗生活、个人与社会等各个方面强调了社会化的人的实践在其中的决定作用。最后一条指出:"哲学家们只是用不同的方式解释世界,问题在于改变世界"[2]这不仅是《提纲》的结论,也是他的整个哲学的主要结论。它标志着马克思在哲学上已超出了西方哲学发展上认识论的转向所确立的思维方式,开辟了向现实生活和实践转向的全新的道路。马克思在哲学上的革命变革在理论上的主要意义也正在此。

四、历史唯物主义是马克思主义哲学的核心

关于马克思如何从《〈黑格尔法哲学批判〉导言》和《巴黎手稿》中对家庭、市民社会、国家的分析开始,通过《关于费尔巴哈的提纲》、《德意志意识形态》等的进一步论证,发展到在《政治经济学批判》中明确提出历史唯物主义的基本理论

---

[1] 《马克思恩格斯选集》第1卷,人民出版社1995年版,第54页。
[2] 同上书,第57页。

的过程,许多专家作过非常具体而有说服力的论证。我个人在这方面的研究无论在广度和深度上都很逊色,没有必要,也不应当在此低水平地重复他们早已作过的论证。我试图作出的补充只是:从把西方哲学的近现代转型作为参照系来看,同样可以发觉历史唯物主义在马克思主义哲学中应当具有核心地位。

西方哲学的近现代转型的重要方面(也可以是重要成果)之一是它企图扭转由抽象的物质或抽象的意识(观念、精神)出发去构建无所不包的关于世界图景的完整体系的潮流,这也就是促使哲学研究超越作为脱离现实的形而上学(特别是理性派思辨形而上学)的近代哲学的视野,而转向现实社会生活中的人及其所牵涉的世界。就哲学所研究的存在的意义而言,这种转向在一定程度上就是从把存在当作实体、基础、本质转向当作活动、趋势和过程。后者具有明显的时间性和历史性特征。所谓科学主义思潮和人本主义思潮各派哲学在不同程度上都有这种特征。在生命哲学、现象学、存在主义、过程哲学等流派那里,这方面的特征就非常明显。例如柏格森认为真实的存在是生命之流(生命冲动),后者不是实体,而是过程,是时间的绵延,后者也正是真实的历史的体现。怀特海、狄尔泰、胡塞尔、海德格尔、雅斯贝尔斯、萨特、伽达默尔等人同样以各自独特的方式强调时间性和历史性是一切真实存在的根本属性。孔德等人的实证主义具有较多的传统体系哲学的特点。但他同样企图用人类精神(智力)的历史发展来作为建立他的实证哲学的理论支柱。从批判理性主义以降的西方科学哲学的发展史更是具有越来越强烈的历史主义特征。但是,所有这些西方思潮对过程、时间性和历史性等的强调往往偏离了唯物主义基础,脱离了现实的人的社会实践,特别是脱离了作为人的一切实践的基础,甚至使人得以作为人存在、使人类社会得以发展的生产劳动,因而实际上不可能深刻地揭示作为哲学研究的对象的人的存在及其与世界的关系的真相。他们有关这方面的理论都有很大片面性和局限性,最后必然转向唯心主义。

马克思在哲学上的革命变革与西方哲学的近现代转型之具有本质区别,主要就因为马克思对人的存在及其与世界的关系作出了历史唯物主义的解释。作为无产阶级的革命导师的马克思以他深邃的眼光深刻地揭示了人的存在及其与世界的关系的社会性和历史性。他早在《提纲》中就明确指出："人的本质不是单个人所固有的抽象物。在其现实性上，它是一切社会关系的总和"[1]。马克思所说的社会关系不是抽象的，而是具体的，即处于一定历史时代中的、以物质资料的生产关系为基础的人们之间的各种具体的联系。所以他说费尔巴哈所分析的"抽象的个人，是属于一定的社会形式的"[2]。当他在《提纲》中谈论"人的感性活动"、"实践"时，其所指正是具有社会性和历史性的现实的人的活动。正是由于马克思深刻地揭示了人的存在，特别是"人的感性活动"、"实践"的社会性和历史性，使他能在唯物主义的基础上重新正确地认识和解释人与世界（包括自然和社会等诸多领域）的关系，实际上就是重新正确认识作为哲学基本问题的主客、心物、思有之间的关系问题，实现了哲学上的革命变革。马克思的历史唯物主义当然适用于解释社会历史，它在一定程度上可以说是马克思主义的社会历史观。但是既然马克思正是由建立历史唯物主义出发而实现了哲学上的革命变革，那他的历史唯物主义就不只是社会历史观，而是他的全部哲学的基石或者说出发点。

在相当长一段时期内，人们由于受到一种权威观点的影响，把历史唯物主义看作只是把辩证唯物主义的原理运用于社会历史领域的结果。这种观点近年来受到一些人士的质疑是可以理解的。这不仅是因为马克思在哲学上首先提出的是历史唯物主义、恩格斯《在马克思墓前的讲话》中提到的马克思在哲学上的贡献也是历史唯物主义，还因为后来的马克思主义者提出的辩证唯物主义概念必须以历史唯物主义为前提。作为关于世界观、本体论的理论，马克思主义的辩证唯物主义不同于传统的唯物主义（如费尔巴哈）和唯心主义（如黑格尔）的根本之点，就在于它既不是以抽象的物质，也不是以抽象的精神为出发点，而是以生产劳动为基本形式的社会的人的实践为出发点的。在马克思的哲学中，人与自然的关系不是抽象的人与脱离人的抽象的自然的关系，而是社会化的人与人化的自然的关系。换言之，人被社会化、自然被人化。人与自然的

---

[1][2]《马克思恩格斯选集》第1卷，人民出版社1995年版，第56页。

关系问题的解决以人与人的关系问题的解决为前提,这些都表明历史唯物主义在整个马克思主义哲学中具有怎样的核心地位。从辩证唯物主义的原理的建立以历史唯物主义为前提,并与历史唯物主义相一致来说,二者作为世界观和本体论的理论是相互包容的,既可以说历史唯物主义具有辩证唯物主义的意义,又可以说辩证唯物主义可以纳入历史唯物主义之中。

(原载《学术研究》2002 年第 1 期)

深化对马克思主义哲学基础理论的认识

——从西方哲学背景的观点看

加强对马克思主义哲学基础理论的研究,深化对它们的认识,是当前哲学研究的重要课题之一。不仅对专业从事马克思主义哲学研究者如此,对从事其他哲学学科,特别是西方哲学的研究者也是如此。没有对马克思主义哲学的真实意义的准确理解,我们在其他方面的研究就很难有顺利的发展,更难充分发挥这些研究的现实作用。为了深刻认识马克思主义哲学的基础理论并在新的历史条件下促进它的丰富和发展,需要从各方面做出努力。马克思在哲学上的革命变革怎样在西方哲学发展的理论背景下发生,这种变革的主要意义或者说马克思哲学的根本意义是什么,怎样看待马克思哲学的发展过程,怎样从与同时代的西方哲学思潮的比较研究中更好地理解马克思哲学的意义,这些都是应当探讨的问题。下面就此谈些个人想法。

一、马克思在哲学上的革命变革的理论背景

关于马克思主义哲学产生的理论来源,以往较为流行的说法是:马克思批判了黑格尔的唯心主义,继承了其辩证法的合理内核;批判了费尔巴哈的形而上学,继承了其唯物主义的基本内核。正如许多专家早已指出的,这种说法虽然符合事实,但并不全面。在西方哲学中,马克思所批判继承的不只是德国古典哲学,更不只是黑格尔和费尔巴哈,而是古希腊罗马以来的所有重要的优秀

思想遗产。就马克思哲学产生的更为广义的理论背景说,还包括马克思对其他思想文化发展,特别是自然科学发展所作的科学的总结和概括。

其实,在理论来源上批判地继承了以往哲学和科学文化中的优秀遗产只是马克思在哲学上的革命变革的一个方面,更为重要的方面是他在此基础上建立了一种与以往哲学有着根本性区别的新哲学,从而超越[1]了这些遗产。这种超越不只是对他以前的个别哲学家、个别哲学流派或者个别国家和个别时代的超越,而是对从古希腊罗马哲学到德国古典哲学的整个西方哲学的超越;这种超越也不只是个别哲学观点和哲学理论的超越,而是具有划时代意义的根本性的哲学思维方式的超越。正是由于有这样的超越,我们才能说马克思在哲学上所实现的变革是革命性的变革。而这种变革又适逢其会地适应了西方哲学发展的内在规律。换言之,马克思在哲学上的革命变革科学地体现了西方哲学发展的客观趋势。

为什么这样说呢? 这是因为在马克思所处的时代,西方哲学已陷入深刻的困境和危机之中,为了得以进一步发展,需要进行根本性的变革。

在西方哲学发展中,由笛卡尔肇始的近代哲学所实现的认识论转向被公认为是具有划时代意义的转向。这一转向具有丰富的内容,在不同哲学家和哲学流派那里有不同的表现形式。例如经验论和唯理论、18 世纪法国唯物主义和19 世纪德国唯心主义都各有其特点,也存在各种各样的争论。其中唯物主义和唯心主义的争论就一直很是激烈,无论从理论上说还是从社会阶级背景说都有不同的内涵。但它们又有着重要的共同之处。这突出地表现在如下三点上。第一,它们都撇开了中世纪经院哲学和宗教神学的信仰主义限制,肯定人本身具有以不同方式、在不同程度上认知其所面对的世界的能力,后者就是广义的人的理性。对理性和理性能力的肯定和倡导,是近代哲学的认识论的转向的前提。第二,它们都把心灵和身体、自我(主体)和对象(客体)、精神和物质、思维和存在明确区分开来(这就是所谓主客二分),并由此出发而把主体通过什么途

---

[1] 本文所谓超越都是指超出界限,并非全盘否定。

径、采用什么方法以及在什么程度上认识客体(人所面对的世界)当作它们的哲学活动的基本内容。以充分发挥主体的能动性的主体性原则由此得以建立,哲学基本问题更是突出地表现为主客、心物、思有的关系问题,它为整个近代哲学的发展,特别是唯物主义反对唯心主义以及科学反对宗教开辟了道路。第三,它把在理性的旗帜下从主客二分出发建立一个完整的认识论体系,并进而建立一个关于整个世界图景的无所不包的理论体系当作其哲学研究的根本目标。这种体系,特别是认识论体系的建立促进了人的认识,特别是对自然界的认识以及与之相关的实验自然科学的发展。

上述近代哲学的三个突出特点可以说是近代哲学作为一种具有划时代意义的哲学思维方式的主要特点,在哲学发展的一定历史时代都起过重要的进步作用。然而,由于三者在后来的发展中都越来越脱离人的现实生活和实践,都被绝对化而转向其反面,以致以之为特征的近代哲学思维方式成了西方哲学进一步发展的严重障碍。例如,对理性的倡导转化成了对理性的迷信或者说绝对理性主义,似乎不仅一切认识问题,而且一切社会问题,都可以在理性的光环下获得解决。最可靠的科学是理性的科学、最理想的社会是理性社会。实际上,这种绝对理性主义从认识论说反而堵塞了人们通过实践和经验进一步获得真知的道路;从社会上说掩盖了资本主义制度下现实的社会矛盾和危机,成了社会进步的障碍。又如,主客的区分导致主客分离的二元论,而二元论本身就蕴含着脱离人的现实生活和实践,无法解释人的认识中主客的相互作用和转化,从而也无法使人获得真知,最后必然倒向怀疑论。休谟的怀疑论是彻底发挥二元论的必然结局。笛卡尔以来的唯理论者外表上肯定知识和真理的可靠性,但那不是依据人的现实生活和实践,而是依据所谓万能的上帝所赋予的观念(天赋观念)或者作为上帝的理念化的绝对观念的保证,因而他们的理论在本质上是一种独断论。一旦排除了上帝或抽象的绝对观念,独断论同样必然转向怀疑论。再如,近代哲学家在理性主义前提下从二元分立出发所建立的哲学体系,由于被绝对化由促进科学发展的认识论和方法论变成了凌驾于科学之上的思辨形而上学,即所谓科学的科学,而成了科学发展的阻力。这种体系本来是由人所建立的,然而由于体系被绝对化,人就成了体系中的一个次要环节,人的主体性、能动性也就消融于封闭的体系之中了。

怀疑论、独断论和思辨形而上学的内涵当然有所不同,但它们又是密切相关的。思辨形而上学内在地蕴含着独断论,而独断论如失去上帝或绝对观念的支撑就必然倒向怀疑论,反过来说,在脱离现实生活和实践的条件下,为了克服怀疑论,必然走向独断论。因此,近代西方哲学在其发展中所陷入的根本性的局限性集中地表现于其思辨形而上学性。

西方哲学发展到 19 世纪上半期,其思辨形而上学性达到了顶点。黑格尔的绝对唯心主义体系可谓集西方近代哲学的思辨形而上学之大成。他的哲学中尽管有丰富的辩证法,但终究被其唯心主义的体系所窒息,在现成的形式上是不适用的。西方哲学为了求得进一步的发展,必须克服独断论和二元论,特别是将二者包容在内的思辨形而上学的局限性。我们平常所说的唯心主义和反辩证法意义上的形而上学也包含在这种局限性之内。但是,这种局限性并非唯心主义所特有。一切脱离人的现实生活和实践的唯物主义,或者说纯粹自然主义的唯物主义同样有这样的局限性。

因此,克服近代哲学中的思辨形而上学的局限性,集中地表现为对黑格尔绝对唯心主义体系的批判,但其意义远不局限于黑格尔,它同时应当是对全部传统哲学、特别是近代哲学中的以脱离人的现实生活和实践为特征的思辨形而上学的批判。换言之,这不只是对个别流派、个别哲学家的哲学理论的变革,而应是对一切具有上述局限性的哲学流派和哲学家的理论的变革,或者说是具有划时代意义的哲学思维方式的变革。

马克思在哲学上的革命变革正是在上述哲学发展的理论背景下发生的这种哲学思维方式的变革。其实,与马克思同时代的西方哲学家也在寻找实行某种程度的变革,以超越近代哲学的困境和危机的道路。不过由于他们与马克思有着完全不同、甚至根本对立的社会阶级背景,因而在实现哲学变革的社会目标和理论取向上也与马克思有着根本性的区别。

二、马克思主义哲学的根本观念和基础理论

西方近代哲学因思辨形而上学等片面性而陷入困境和危机既然是马克思在哲学上实现革命变革的理论背景,因此批判和超越思辨形而上学等片面性必然成为这一变革的前提和出发点。事实上马克思在19世纪40年代开始实现这种变革时,就把他的哲学批判的主要矛头指向以思辨性、独断性等为主要特征的传统形而上学,特别是近代哲学的形而上学。他在《黑格尔法哲学批判》、《1844年经济学哲学手稿》、《关于费尔巴哈的提纲》、《神圣家族》、《德意志意识形态》等著作中所作的哲学批判虽然具有多方面的内容,但其中最主要的是对以德意志意识形态为代表的传统形而上学的批判。马克思也正是在这样的批判中形成和阐释他的哲学的根本观念的。

马克思在哲学上的革命变革包括世界观、价值观、认识论、方法论等多方面的丰富内容。但马克思不是体系哲学家。他在哲学上最为关注的不是按照某种固定的架构去建立一个无所不包的哲学体系,而是针对他以前的哲学发展陷入困境和危机的症结所在、并按照他所代表的革命无产阶级改造世界的要求,使哲学摆脱思辨形而上学等的束缚,回到现实社会和现实生活中来。现实生活和实践的观念由此成了马克思哲学的根本观念。在马克思的哲学中,对传统形而上学的批判与对已陷入困境和危机的资本主义制度的批判、他所追求的哲学的解放与人的解放(首先是无产阶级的解放)是统一的。这种统一的基础正是现实生活和实践。马克思哲学中的各个部分的丰富的内容也正是通过现实生活和实践而联系为一个统一整体。

关于现实生活和实践的观念是马克思哲学的根本观念,马克思本人在19世纪40年代开始实现他在哲学上的革命变革时所写的那些著作中,特别是在《关于费尔巴哈的提纲》中已有明确的阐释。恩格斯由此称《提纲》是"包含着新世界观的天才萌芽的第一个文件"[1]。

---

[1]《马克思恩格斯选集》第4卷,人民出版社1995年版,第213页。

马克思在《提纲》第一条指出:"从前的一切唯物主义(包括费尔巴哈的唯物主义)的主要缺点是:对对象、现实、感性,只是从客体的或者直观的形式去理解,而不是把它们当作感性的人的活动,当作实践去理解,不是从主体方面去理解。因此,和唯物主义相反,能动的方面却被唯心主义抽象地发展了,当然,唯心主义是不知道现实的、感性的活动本身的。"[1]

这段话大家都很熟悉。问题在于如何结合《提纲》的其他部分以及马克思的其他著作,并在西方哲学的大背景下较为全面地理解它的深刻意义。我想,至少应当承认这段话中包含了马克思对唯心主义和旧唯物主义的否定以及对"人的感性活动",即实践的肯定。

关于马克思对唯心主义的否定,很少有人表示异议,甚至也较少存在误会。因为马克思几乎在所有的场合都旗帜鲜明地反对一切形式的唯心主义,维护唯物主义。马克思虽然对黑格尔等唯心主义哲学家的理论作过许多肯定。例如在《神圣家族》中,马克思就曾生动地描绘了德国唯心主义如何战胜18世纪的唯物主义。但他在所有这些场合都不是肯定唯心主义本身,而是肯定某些唯心主义哲学家的理论中包含了辩证法这种符合现实生活的合理内核,正是这种合理内核能战胜形而上学的唯物主义,而辩证法既然与现实生活相符合,从本质上说与唯物主义必然是相统一的。

至于马克思对旧唯物主义的否定,大家在具体理解上往往存在着较多差异、有时甚至是很大的差异。关于旧唯物主义的缺陷,流行的说法是它的机械性、形而上学性和社会历史领域内的唯心主义。这种说法当然可以找到恩格斯等权威的根据,无疑是正确的。问题是人们有时没有进一步追问旧唯物主义为什么存在这些局限性。其实在马克思上面这段话中已有答案,那就是:"对对象、现实、感性,只是从客体的或者直观的形式去理解,而不是把它们当作感性的人的活动,当作实践去理解,不是从主体方面去理解。"这段话的一个主要意思就是包括费尔巴哈在内的旧唯物主义把对象、现实、感性只是看作客体本身,

---

[1]《马克思恩格斯选集》第1卷,人民出版社1995年版,第54页。

而没有看到人的感性活动、实践对这些客体的作用。换言之,只是看到了对象、现实等的物质性,而没有看到这种物质性与感性的人的活动、实践的关系。在马克思看来这正是旧唯物主义的根本缺陷所在。在《神圣家族》一书中的《对法国唯物主义的批判的战斗》一节中,马克思具体论述了18世纪的唯物主义如何战胜17世纪的形而上学,而后来又怎样发生德国唯心主义的"富有内容"的复辟。这里关键的东西就在于唯物主义能否与"生活实践"相结合。18世纪法国唯物主义之战胜17世纪形而上学并不是它抽象地肯定了物质第一性,而在于其理论体现了"当时法国生活的实践性质"[1]。至于德国唯心主义之得以复辟,就在于它富有与生活实践相符合的内容。

总之,在评价唯物主义和唯心主义时,马克思所最为关注的不在抽象地提出物质第一性还是精神第一性,而在是否具有与"生活实践"相符合的内容。如果与生活实践脱节,那即使肯定了物质第一性,仍可能被唯心主义战胜;而如果能富有生活实践的内容,唯心主义也能战胜那些与生活实践相脱离的唯物主义。一切唯物主义作为唯物主义都肯定物质第一性。但并不是肯定了物质第一性就能坚持唯物主义。恰恰相反,如果脱离了与现实生活和实践的联系而仅仅抽象地肯定物质第一性,那在一定条件下还会倒向唯心主义。马克思曾多次讲到纯粹的自然主义、或者说抽象的唯物主义将转向唯心主义。"抽象的唯灵论是抽象的唯物主义;抽象的唯物主义是物质的抽象的唯灵论。"[2]这样,作为马克思的哲学的理论基础,或者说出发点的,不能是旧唯物主义者早已肯定了的抽象的物质、即直观形式下的物质,而是通过"人的感性活动"、"实践"所理解到的物质。因此,马克思唯物主义哲学的根本观念、或者说根本观点不是抽象的物质观点,而是现实生活和实践的观点。

在马克思一生的哲学思考中,现实生活和实践的观点一直是他始终关注的核心观点。对现实生活和实践的强调既蕴含着马克思对事物、现实、感性的肯定,或者说对世界的物质性的肯定;又蕴含着对主观方面,即人的能动性的肯

---

[1]《马克思恩格斯全集》第2卷,人民出版社1957年版,第161页。
[2]《马克思恩格斯全集》第1卷,人民出版社1960年版,第355页。

定。从而把唯物主义和辩证法有机地结合起来了。在马克思看来,只有这种将唯物主义和辩证法统一起来的生活实践的观点才能解决处于社会生活中的现实的人所面对的各种现实问题。他在《提纲》第八条中指出:"全部社会生活在本质上是实践的。凡是把理论引向神秘主义的神秘东西,都能在人的实践中以及对这个实践的理解中得到合理的解决。"《提纲》最后一条指出:"哲学家们只是用不同方式解释世界,问题在于改变世界。"如果说"解释世界"要靠系统的认识理论,那末"改变世界"还必须通过社会实践对世界进行能动的改造,由此可见,《提纲》中已从各种角度明确地指出了马克思的哲学的出发点和基石,或者说马克思哲学的根本观念是现实社会中的人的现实的感性活动,即实践。

被马克思作为生活和实践的主体的人不是脱离与他人和社会的联系的孤立的个人,而是现实社会中的人,处于各种社会关系中的人。马克思指出:"人的本质不是单个人所固有的抽象物。在其现实性上,它是一切社会关系的总和"[1]。如果说旧唯物主义的立脚点是把个人孤立起来的"市民"社会,马克思所主张的"新唯物主义的立脚点则是人类社会或社会的人类"[2]。

总之,马克思在《提纲》中已从各种角度指出了他的哲学的出发点并非脱离人的现实存在的抽象的物质存在,后者早已为旧唯物主义者提出,并因其片面性而被富有辩证法内容的唯心主义所战胜;而是同时蕴含了唯物主义和辩证法原则的社会的人的现实生活和实践。

由于人的生活和实践是一个历史过程,因而马克思这种以强调人的现实生活和实践为特征的唯物主义可以说是一种历史唯物主义。事实上,马克思在后期的更为成熟的著作(例如著名的《政治经济学批判》序言)中将自己的观点作为历史唯物主义而作了更为明确和完整的阐述(这些是人所共知的,在此就不引证了)。因此,如果说现实生活和实践的观点是马克思哲学的根本观点,那么由这种观点出发所建构出的历史唯物主义理论就成了马克思哲学的基础理论。

---

[1] 《马克思恩格斯选集》第1卷,人民出版社1995年版,第56页。
[2] 同上书,第57页。

值得指出的是,恩格斯在概括马克思在哲学理论上的贡献时,也明确指出是历史唯物主义。他在著名的《马克思墓前演说》中提到马克思在理论上有两大发现:唯物史观和剩余价值学说。剩余价值学说是政治经济学上的,唯物史观则是哲学上的。

恩格斯以后的许多马克思主义者(例如在马克思主义哲学的发展中很有影响的普列汉诺夫)较多地把马克思主义哲学称为辩证唯物主义和历史唯物主义。由于辩证唯物主义这个名称较好地概括了马克思对黑格尔辩证法和费尔巴哈等旧唯物主义的批判继承,更由于在列宁等马克思主义经典作家的论著中也可以找到根据,因此辩证唯物主义和历史唯物主义这种称谓便成了更为通行的对马克思主义哲学的称谓。

这两种提法是否一致呢?关键在于如何具体解释"唯物史观"以及"辩证唯物主义和历史唯物主义"的含义。按照"左"的影响的理论框架下写出的众多马克思主义哲学教科书的解释,历史唯物主义是把辩证唯物主义的一般原理应用于解释社会历史。这种提法的最大根据是斯大林在《联共(布)党史简明教程》第四章第二节中的论断。苏联的许多哲学家对这种论断作了大量论证,以致被认为是正统的论断。按照这种论断,历史唯物主义就难以说是整个马克思主义哲学的基础理论,而只能说它只是其中的一部分,而且是从辩证唯物主义中派生的部分。这种对历史唯物主义的解释与马克思赋予历史唯物主义的本来意义以及恩格斯把唯物史观当作是马克思两大贡献之一的论断显然有不同之处。

然而,如果具体分析马克思和恩格斯关于历史唯物主义的本来意义的论述、特别是具体分析马克思在哲学上实现革命变更的背景,就不难发现,这两种说法并不存在实质性的差别。

如果我们有理由把马克思从《关于费尔巴哈的提纲》到《政治经济学批判》序言中的那些论断看作是对历史唯物主义的一种阐述,那么这种历史唯物主义指的显然不只是把辩证唯物主义运用于社会历史领域的结果,而是作为他的整个哲学的基础,其中本身也包含了辩证唯物主义的基本原理。因为正是由于马克思揭示并强调了现实的人的能动的活动、实践的决定性作用,才使他得以将从黑格尔等人那里批判继承的辩证法和从费尔巴哈等旧唯物主义者那里批判继承的唯物主义有机地统一起来,才有唯物辩证法或者说辩证唯物主义。在此,历史唯物主义不只是解释狭义的社会历史过程,它同时也把人与自然的关系的过程当作是一个历史过程。历史唯物主义同时具有辩证唯物主义的意义。反过来说。辩证唯物主义既可以用来解释自然现象,也可以用来解释社会历史现象。从马克思实现哲学上的革命变更的具体历史过程来分析也是这样。从这种观点来认识马克思主义哲学的基础理论,那说它是唯物史观与说它是辩证唯物主义和历史唯物主义完全一致。

最近一些年来,我国哲学界就马克思主义哲学的理论形态是辩证唯物主义和历史唯物主义、实践唯物主义还是历史唯物主义,已进行过较多讨论,至今似乎还未较好地达成共识。我个人的研究方向是西方哲学,对马克思主义哲学的研究不深,在这方面没有独到见解,我只是主张在全面理解马克思唯物史观的真实含义的前提下兼容这些不同的提法。如果单提历史唯物主义,那就应当把辩证唯物主义的内容包含在内。如果提辩证唯物主义和历史唯物主义,就要注意不能把历史唯物主义看作只是辩证唯物主义的运用,应当充分认识历史唯物主义在马克思主义哲学中的关键作用。如果提实践唯物主义,就应当避免与辩证唯物主义和历史唯物主义等的内容发生抵触。这个问题还应当作更深入的探讨,不宜仓促地把不同意见政治化。

这里附带作点说明:在我作的国家社科基金课题《马克思主义与西方哲学的现当代走向》的书稿(已于 2002 年由人民出版社出版)中,曾明确赞同把历史唯物主义看作是马克思主义哲学的理论基础(这一观点有的专家早已提出),并从西方哲学由近代到现代转型的角度作了论证。有的专家在这一课题的结项评审中提出历史唯物主义只是把辩证唯物主义的原理运用于社会历史,因而不能把它看作是马克思主义哲学的理论基础。对此我很难苟同。原拟专门作出回答。既然上面所作的论证大体上已讲明了我的观点,似乎不必另外作答了。

三、马克思主义哲学基础理论的发展

当前提出加强马克思主义哲学基础理论的研究,从根本上说,就是要加强把马列主义、毛泽东思想、邓小平理论和"三个代表"重要思想当作一个整体来研究,特别是要深刻理解"三个代表"重要思想与马克思主义、毛泽东思想、邓小平理论是一脉相承的。所谓一脉相承,就是在新的历史条件下,根据新的实践的要求,继承和发展马克思主义原有的基本原理。"三个代表"重要思想分开来说,其基本点马克思主义经典作家都有论述。但把三者同坚持共产党的先进性联系在一起构成一个完整的体系,上升到党的指导思想的高度,这是当代中国共产党人对马克思主义哲学的创造性运用和发展。"三个代表"重要思想既坚定不移地坚持了马克思主义的世界观和方法论,又使它们具有鲜明的时代性和实践性。

马克思和恩格斯以后的许多伟大马克思主义者以及坚持马克思主义的各国共产党人,都在不同程度上创造性地发挥了马克思的理论。他们的理论都是在新的历史条件下提出的,总结了新的革命实践的经验,因此在具体提法上都与马克思当年的提法存在某些差异,这种差异的存在往往正是他们对马克思的理论作了创造性的发展的具体表现。如果看不到这些差异,而只是片面强调他们的完全一致,那就会抹杀后来的伟大的马克思主义者和共产党人的创造性发展。

这种创造性发展当然只能是在坚持马克思主义的基本原理的基础上的发展。这个基本原理是马克思主义的世界观和方法论。对这种世界观和方法论的内容可以广义或较为狭义地来加以阐释。上面提到的恩格斯所概括出的唯物史观应当说是其中的核心内容。马克思以后的马克思主义者对马克思主义哲学的创造性发展最突出地表现在对唯物史观上的发展上。例如,毛泽东思想在哲学上的最突出的贡献是它结合中国民主革命和社会主义建设初期的具体实践对历史唯物主义的创造性发展。邓小平理论在哲学上最突出的贡献是结合在中国社会主义初级阶段的具体实践对历史唯物主义的创造性发展。"三个代表"重要思想对马克思主义基本原则的继承和发展同样最突出地表现在对唯物史观的继承和发展上。胡锦涛在 2003 年七一讲话中就提到,"始终代表中国先进生产力的发展要求,是对马克思主义关于生产力和生产关系、经济基础和上层建筑的辩证关系这一基本原理的运用和阐发;始终代表中国先进文化的前进方向,是对马克思主义关于物质生活和精神生活、社会存在和社会意识的辩证关系这一基本原理的运用和阐发;始终代表中国广大人民的根本利益,是对马克思主义关于人民群众是推动历史前进的动力这一基本原理的运用和阐发。"这里所讲的三个方面都与唯物史观密切相关。

正确理解马克思主义哲学的基础理论应当关注马克思主义哲学的发展。这不仅要关注不同时期的马克思主义者在理论形态上的差异,也要关注马克思本人在不同时期的具体提法上的差异。

马克思早期的观点与他后来的观点在具体提法上的确存在某些差异。国内外许多学者对此都是肯定的。在一个相当长的时期内,由于种种原因,我国学者对马克思早期的一些重要著作(主要是《1844 年经济学哲学手稿》)未能作深入具体的研究。近些年来许多学者在这方面作了大量研究,并由此对马克思哲学的形成和发展过程有了更为全面而真切的理解。这特别表现在认识到了马克思对人的现实生活和实践、对人化世界、对人的全面发展在哲学上的首要意义的强调,对纯粹自然主义和体系哲学的批判。这些对克服以往哲学教科书对马克思哲学的理解的模式的片面性很有意义。

但也由此在马克思主义哲学界中引起了一些意见分歧。有的专家可能认为马克思早期的观点不够成熟,还较多地受到费尔巴哈人本主义的影响,从而认为应当更为关注马克思的中后期的思想。这种提法当然是有道理的。问题在于究竟应当怎样看待马克思观点前后期的区别。国外以阿尔都塞为代表的一些西方马克思主义者认为马克思前后期之间存在着思想"断裂",但也有不少人不承认有这样的断裂。国内的情况也是这样。这是一个较为复杂的问题,需要具体探索讨论。就把唯物史观当作整个马克思哲学的核心来说,我个人倒是觉得马克思前后期并无本质的不同。马克思在《手稿》、《〈黑格尔法哲学批判〉导言》、《关于费尔巴哈的提纲》、《德意志意识形态》、《神圣家族》等论著中已相当明确地阐述了他的唯物史观的基本思想,他在《政治经济学批判》、《资本论》等中后期著作中并没有改变这个思想,而只是对它作了更为具体、更为完整、更为系统的论述,特别是将唯物史观具体运用于分析资本主义社会,并用以为无产阶级的革命斗争制定战略和策略。研究马克思哲学的发展过程将会使我们对他的观点有更为深入、完整和具体的理解,似乎不应由此而把马克思的思想割裂开来。

四、从比较研究中深化对马克思主义哲学基础理论的认识

马克思主义哲学是作为无产阶级的革命世界观和方法论的理论形态而产生的,它的基础理论是放之四海而皆准的普遍真理,当然具有世界历史意义。但它不仅是在西方资本主义制度内在矛盾激化、以致陷入深刻的危机的特定的社会历史环境下产生的,也是在西方近代哲学发展陷入深刻的危机的特定思想理论背景下产生的。马克思是无产阶级的革命导师,又是生活在西方资本主义社会的思想家。他在哲学上实现的革命变革既体现了无产阶级推翻资本主义的现实的革命要求,又适应了西方哲学发展的客观趋势。这种趋势要求超越近代西方哲学在本身的范围内不可克服的思辨形而上学等局限性,实行具有普遍意义的哲学思维方式的变更。马克思在哲学上的革命变革正是这种变更的最彻底的形式。

与马克思在哲学上实现革命变革同时,为了挽救资本主义制度,西方资产阶级思想家也在寻找克服,至少暂时缓和资本主义社会矛盾的方策,他们在哲学上同样要在某种程度上超越近代哲学的局限性,以某种形式进行哲学思维方式的变革(或者说从近代到现代的转型)。近现代西方哲学发展的实际状况也正是这样。尚在 19 世纪前期,在法英两国,先后出现了以孔德和密尔、斯宾塞为代表的实证主义哲学,在德国及其影响下的丹麦,出现了以叔本华和克尔凯

郭尔为代表的非理性主义哲学。这两种哲学虽彼此有别,但都有在一定程度上超越近代哲学的特征。19世纪40年代以后,它们越来越引人注目,以致逐渐发展为现当代西方社会中两种影响最大的哲学思潮,也就是一直延续至今的所谓科学主义和人本主义思潮。尽管它们从阶级背景说与马克思主义哲学处于对立地位,但由于它们面对的哲学遗产同样是陷入危机和困境的西方近代哲学,并且也企图对近代哲学有所超越,从而与马克思主义哲学除了对立外还必然存在着某些相通之处。更为重要的是,它们的产生和发展与马克思主义哲学处于同样的历史时代,它们必然会以自己特定的方式对这个时代的物质和精神动向有所反映。只要作为它们的社会支撑的现代西方资本主义社会还有存在和发展的余地,它们所作的反映就必然存在某些现实的、合理的因素。

上面这种状况说明马克思主义哲学与它同时代的西方哲学,即现代西方哲学无论从产生和发展上说,都有着密切的联系。为了更为深刻和全面地认识马克思主义哲学的基础理论,很有必要将其与现代西方哲学进行比较研究。其中最重要的有两个方面。一是比较马克思主义哲学和现代西方哲学怎样超越已陷入困境的西方近代哲学,二是比较这两种哲学怎样在超越近代哲学的基础上建立和发展自己的哲学。这种比较研究还可以而且应当从不同层次上进行。例如对现代西方哲学的整体的比较,对各个具体的哲学流派和哲学家的理论的比较,对各种哲学理论和概念、范围的比较,等等。这类比较研究不仅有利于划清马克思主义哲学与现代西方哲学的原则界限、加深对马克思主义哲学的基础理论认识,还有利于通过剖析现代西方哲学在克服传统哲学的局限性以及体现时代精神的动向上的是非成败,来促进马克思主义哲学的丰富和发展。我的有关意见已在《马克思主义与西方哲学的现当代走向》一书以及后来发表的一些文章中作过较多论述,这里就不多说了。

在很长一段历史时期内,由于种种原因,我国哲学界只承认马克思主义哲学是对他们以前的西方哲学的批判继承,对于现代西方哲学基本上笼统否定,似乎它们只能作为马克思主义哲学的反面材料而存在,因而很少有人去作深入具体的研究,更谈不到将其与马克思主义哲学作求实和具体的比较研究。

改革开放以来,这方面的状况有了很大改变。哲学界许多人对于西方现当代哲学已不再简单否定,而是承认它们之中有的可能存在合理因素。不少中青年马克思主义哲学家甚至已在利用西方哲学思潮的某些思想来阐释和论证马克思主义哲学的某些理论(例如用海德格尔的生存哲学来论证与传统本体论根本不同的马克思主义哲学的存在论),取得了不少成就。

但究竟如何从产生和发展上、从整体上和个案上来看待马克思主义哲学和现代西方哲学的关系,深入具体的研究还较少,哲学界在这方面更远未达成共识。许多人(例如一部分从事马克思主义哲学研究的人和有关方面的领导人)对现代西方哲学在当代中国可能产生的积极和消极影响,往往还缺乏具体分析。例如,对于社会上还存在的自由化和极端个人主义思潮,他们往往还笼统地将其归咎于某些特定的现代西方哲学流派(例如杜威等人的实用主义和萨特等人的存在主义),这就可能有失于偏。因为这些流派的哲学理论的实际所是与他们的理解往往存在较大距离[1]。如果仅仅根据这些不实的理解、却又以马克思主义哲学的名义去进行批判,效果并不好,甚至可能适得其反,使人们对马克思主义哲学产生错误认识。我的意思当然不是反对将自由化、个人主义等错误思潮与西方哲学思潮联系起来,而只是认为在作这样的联系时要对这些哲学思潮做具体的研究和分析,有具体的事实根据和理论根据,不应脱离它们的理论的实际所是以及它们发生作用的具体条件来谈论其消极影响。

由于对马克思主义哲学和现当代西方哲学的关系在哲学界尚未有共识,特别是还有人至今在一定程度上仍然是按照以往教科书的理论模式来理解马克思主义哲学,这使一些研究现当代西方哲学的学者回避谈论与马克思主义哲学的关系的问题(在这种条件下来谈论二者的关系容易脱离西方哲学流派的实际所是),倾向于仅仅从西方哲学本身的角度对它的具体派别或哲学家的理论作个案研究。他们在这方面的研究取得了不少出色的成果,但这些成果往往不为广大从事马克思主义哲学研究的人所理解,也难以充分发挥其本来可以发挥的

---

[1] 例如,杜威提倡个人主义意在充分发挥人的个性和能动性,以服务于社会。就个人与集体和社会的关系说,他明确主张私利要服从公益。对利己主义意义上的个人主义,他一直采取批判态度。

作用。

马克思主义哲学和现当代西方哲学之间的密切关系是客观存在的,双方都不能回避。研究西方哲学的目的固然包含了在哲学研究上与国际接轨、掌握世界哲学发展的脉络,更为重要的是促进中国马克思主义哲学的丰富和发展。研究马克思主义哲学者如果缺乏对现代西方哲学的了解,就难以对前者的产生和发展有全面、深刻的理解。在求实的前提下加强对马克思主义哲学和现代西方哲学的比较研究,是哲学界共同的课题,它对促进我们对马克思主义哲学基础理论的认识不仅是有益的,而且是必要的。

(原载《湖南社会科学》2004 年第 1 期,中国人民大学报刊复印资料《哲学原理》2004 年第 3 期转载)

马克思在哲学上的革命变革的意义重释

——从西方哲学研究的观点看

马克思在哲学上实现了伟大的革命变革,这为马克思主义者以及其他相信马克思主义哲学的人士所一致肯定。但这一变革的涵义究竟是什么? 由于人们视界不同(例如从近代哲学视野出发还是从现当代哲学视野出发)、观点各异(例如坚持发展着的马克思主义观点还是以往视之为正统的"马克思主义"观点),对此历来存在不同的解释。近年来马哲界对马克思主义哲学从名称到其根本观点和核心内容及其在现当代的变革和发展等各方面的问题都曾进行过广泛讨论。大部分哲学家、特别是中青年哲学家在克服以往对马克思主义哲学的理解的片面性上取得了广泛共识。但是也有少数哲学家似乎仍然习惯于以往流行过的某些观点。例如认为马克思主义哲学只能称为辩证唯物主义和历史唯物主义,历史唯物主义只能是将辩证唯物主义运用于社会历史,不能用来指称整个马克思主义哲学;又如实践的观点只能是马克思主义认识论的基本观点,而不能说是整个马克思主义哲学的基本观点。究竟应当怎样看待这些问题,还需哲学界进一步讨论。我不是专业的马克思主义哲学家,但一直从西方哲学研究的角度关注着我国马克思主义哲学研究的状况。因为我国的西方哲学研究必须用正确的马克思主义观点作指导,也应为更好地理解马克思主义哲学作出贡献。也正因为如此,经过较长时期的思索,从 1996 年起,我结合与近现代西方哲学的比较研究,对马克思主义哲学的一些重要问题陆续发表过一些见解。我从来无意介入马哲界内部的各种派系争论,更从未跟随其中任何一派。我的见解主要来自我对这两种哲学所从事的比较研究。由于发觉我的见解受到某些误解和质疑,感到应当作出一定回应。本文拟从几个方面对我关于马克思在哲学上的革命变革的意义的理解重新加以阐释。

一、马克思主义哲学的名称

关于马克思在哲学上的革命变革的基本含义,从其社会和阶级基础来说,国内外马克思主义哲学家都肯定它是马克思和恩格斯适应着无产阶级革命斗争的需要为其所制定的革命世界观,属于革命无产阶级的意识形态。从其理论形态来说,大家都肯定它是马克思和恩格斯在批判继承以黑格尔为代表的近代哲学的辩证法和以费尔巴哈为代表的近代唯物主义以及其他优秀哲学和文化遗产的基础上,将唯物主义和辩证法有机统一起来建立的一种崭新的哲学。关于马克思主义哲学作为革命无产阶级的意识形态,马克思和恩格斯早已明确宣布过。凡是真正相信和拥护马克思主义的学者对此都不会存在异议。正因为这一点可谓早已为众所公认,大家在这方面的具体讨论也不多。但是,关于马克思的哲学的理论形态究竟是什么? 马克思和恩格斯在批判继承以往的哲学遗产的基础上建立的新哲学究竟是什么样的哲学? 大家的理解就可能有所不同,有时甚至可能存在重要的分歧。

为了与传统哲学,特别是与旧唯物主义区分开来,揭示和概括他们所建立的新哲学的基本意义,马克思和恩格斯按照他们所强调的方面,在不同情况下分别称这种新哲学为"新唯物主义"、"现代唯物主义"、"实践的唯物主义"、"历史唯物主义"、"唯物辩证法"。毫无疑问,这些名称都能如实地表达马克思和恩格斯所要强调的马克思主义哲学的基本意义。但是,正是因为这些名称都有某种特指的含义,它们并不排斥在其他情况下使用其他概念,只要这些概念能表达马克思主义哲学的基本含义。

普列汉诺夫等后来的马克思主义者也正是为了在新的条件下概括马克思哲学的基本原理,提出了辩证唯物主义和历史唯物主义概念。这个概念为列宁所接受,并在他的《唯物主义和经验批判主义》等论著中作了高度肯定。其后一些苏联哲学家又纷纷对马克思主义哲学作为辩证唯物主义和历史唯物主义作了很多论证,逐渐形成了一个关于后者的主要内容的理论框架。接着斯大林在《联共(布)党史》(1938)第4章第2节中把马克思主义哲学归结为辩证唯物主义和历史唯物主义。这个概念由此获得了更大的权威性,几乎被认为与马克思主义哲学同义,从而具有排他的地位。应当承认,辩证唯物主义和历史唯物主义这个概念由于能较全面和明确地表达马克思主义哲学的基本原理,它的提出和被采用对促进马克思主义哲学的发展和传播起过重要的积极作用。中国马克思主义者大都是在辩证唯物主义和历史唯物主义这个名称下接受马克思主义哲学的。本文更不是对辩证唯物主义和历史唯物主义这个名称的合理性表示质疑。

但是,从马克思主义经典作家和马克思主义者对马克思主义哲学的命名的历史过程可以看出,用辩证唯物主义和历史唯物主义指称马克思主义哲学不应有排他的意义。马克思主义哲学除本身以外,不需要,也不应有排他性名称。马克思和恩格斯从来没有把他们所使用的那些名称看作是排他的,他们总是在不同背景下使用了不同的名称,而这使他们能对其哲学有更为全面,也更为深刻的表达。马克思主义哲学的这些名称(包括辩证唯物主义和历史唯物主义)如果运用适当,不仅不相互排斥,反而可以起到相互印证的作用。例如,在使用辩证唯物主义和历史唯物主义概念时如果同时肯定它就是实践的唯物主义,就能使我们更好地理解到前者的实践性,易于避免教条主义的扭曲;如果像恩格斯那样用唯物史观来表征整个马克思主义哲学,那就能促进我们更为全面和深刻地认识历史唯物主义对马克思主义哲学的决定性作用。如果在使用实践的唯物主义概念时同时肯定它就是辩证唯物主义和历史唯物主义,就能使我们更好地理解其辩证性和历史性,便于划清其与各种西方的实践哲学的界限。相反,如果把它们孤立起来,甚至看作是相互排斥的概念,那反而会妨碍人们正确和全面地理解马克思主义哲学的真正含义。

对指称马克思主义哲学的概念的适用性都不应当绝对化因为人们对它们

都可以作出不同的解释。辩证唯物主义和历史唯物主义当然是一个受到最多肯定的概念,但人们完全可以在强调辩证唯物主义和历史唯物主义的名义下对它的实际所是作出面目皆非的解释。当人们按照近代哲学思维方式来理解它,并企图为它制定无所不包的理论体系时,或者说当人们把辩证唯物主义和历史唯物主义看作是为近代哲学家所追求的那种具有绝对意义的理论体系时,他们实际上已经开始偏离马克思的哲学的根本观点了。马克思主义队伍中"左"和右的思潮虽然大都声称拥护辩证唯物主义和历史唯物主义,但他们的理论观点实际上都偏离了马克思的哲学的真实意义。

有人援引党和国家的重要文件和领导人对马克思主义哲学的论述来证明马克思主义哲学只能称为辩证唯物主义和历史唯物主义。这种援引当然有一定根据。因为这些论述的确大都将马克思主义哲学指称为辩证唯物主义和历史唯物主义。但是,它们都是在马克思主义哲学的本来意义的前提下来使用辩证唯物主义和历史唯物主义概念的,并无排他之意。仅仅援引这些论述并不意味着人们对这些论述就有准确的认识,有时同样可能存在种种扭曲。人们是否坚持了马克思主义哲学不能仅仅由他们是否表示赞成辩证唯物主义和历史唯物主义这个名称以及能否援引经典论据来判断。

至于马克思和恩格斯本人使用过的"新唯物主义"、"现代唯物主义"、"唯物辩证法"、"历史唯物主义"、"实践的唯物主义"等概念,它们的使用同样不能绝对化。因为人们同样可能对它们作出偏离其真实意义的解释。例如,人们在使用历史唯物主义时可能将其局限于社会历史领域的唯物主义,而在使用唯物辩证法概念时可能忽略其历史性意义。事实上,一些西方马克思主义者和西方哲学家正是由此而扭曲了马克思主义哲学。

近来,有的专家可能是为了避免传统的解释的含混,突出马克思主义哲学的唯物主义的辩证性和历史性,提出马克思主义哲学是"辩证的、历史的唯物主义"。这种提法过去曾经有人提出过。我觉得这是一种较好的提法。据说有的马克思主义哲学家坚决反对,担心这会偏离辩证唯物主义和历史唯物主义概念。不过我倒是认为这种提法也许能更好地突出辩证唯物主义和历史唯物主义的真实含义。这就要求对这个名称作出更为妥善的解释，以便在哲学界能取得更多共识。我们既可以从马克思主义哲学是唯物辩证法的自然观和历史观的统一，而辩证法本身是一个历史发展过程来指称马克思主义哲学是辩证的、历史的唯物主义；又可从马克思主义哲学既是在自然和社会历史领域都坚持唯物辩证法，又深刻和科学地体现了现当代哲学所揭示的自然和社会发展的时间性和历史性等辩证法的特征，而称其为辩证的、历史的唯物主义。在此，辩证的具有历史意义、历史的具有辩证意义。我多年来所倡导的也正是这种观点。哲学界好像对前一种解释较有共识、对后一种解释存在较多异议，其实这两种解释并无原则区别，只是角度有所不同，可以相互补充。

用什么名称来指称马克思主义哲学当然很重要，但由于人们可以从不同角度来看待马克思主义哲学，或者说对马克思主义哲学可以在不同情况下强调不同的重点，因而完全可以使用不同的名称。任何形式的排他的用法都是不全面的，甚至由此可能产生某些片面性。更为重要的还是真正越出近代哲学的眼界，正确理解马克思通过实现哲学上的革命变革所建立起来的新哲学的根本意义。

二、马克思在哲学上的革命变革的根本观点

尽管马克思的哲学变革是哲学史上最伟大的革命变革这一事实得到了所有马克思主义者的认同，但究竟怎样正确认识和解释这一变革的内涵，各家说法有时并不一致。关键问题是如何全面和准确地理解这一变革的根本观点。从这一变革的社会历史条件、思想和理论背景以及变革的过程都可看出，这一变革根本之点在于把社会实践的观点引入哲学、并当作哲学的根本观点。

作为革命无产阶级世界观的体现，马克思哲学的根本使命就是为革命无产阶级提供精神武器，用来指导无产阶级进行反对旧世界、建设新世界的现实斗争。为此它必须摆脱一切独断论和怀疑论的界限，把实践作为中心环节来将认识和行动、认识世界和改造世界统一起来。作为对传统哲学的扬弃，马克思在

哲学上也必须在费尔巴哈以人本主义的唯物主义扬弃黑格尔唯心主义的辩证法的基础上进一步扬弃费尔巴哈,这只有将社会实践范畴当作整个哲学的基本范畴的条件下才能实现。马克思实现哲学上的革命变革的过程也正是他把现实生活和实践的观点当作哲学的基本观点的发展过程。马克思在《关于费尔巴哈的提纲》中之宣布"哲学家们只是用不同的方式解释世界,问题在于改变世界"[1]标志着他在哲学变革上走出了决定性的步伐,他所说的"改变世界"的观点正是现实生活和实践的观点。

从马克思哲学的理论形态来说,不管是叫它为辩证唯物主义和历史唯物主义还是新唯物主义、现代唯物主义、实践的唯物主义、历史唯物主义、辩证的和历史的唯物主义,其最重要的特征都在于把唯物主义和辩证法有机地统一起来,并由此超越资产阶级思想家从来都无法真正超越的抽象思维和感性直观、绝对理性主义和狭隘经验主义等的界限,而这种统一和超越只有在强调现实生活和实践的决定作用的前提下才能实现。正因为如此,马克思明确地把唯物主义和辩证法都与人的"感性活动"、即现实生活和实践联系起来。这一点,从马克思的《关于费尔巴哈的提纲》第一条中的那段著名的话中就可看出。其中讲到:"从前的一切唯物主义(包括费尔巴哈的唯物主义)的主要缺点是:对对象、现实、感性,只是从客体的或者直观的形式去理解,而不是把它们当作感性的人的活动,当作实践去理解,不是从主体方面去理解。因此,和唯物主义相反,能动的方面却被唯心主义抽象地发展了,当然,唯心主义是不知道现实的、感性的活动本身的。"[2]

马克思在此指出以往唯物主义的主要缺陷在于不是从人的感性活动的观点、实践的观点去看事物、现实,这明白无误地证明他的唯物主义的根本特点是从感性、实践的观点去看事物。他的唯物主义的出发点不是离开实践的、纯粹的、自在的物质(自然),而是与物发生关系的人的现实的实践。肯定物质第一性、意识第二性,这当然是唯物主义的一条根本原则。离开了物质的先在性,人

---

[1]《马克思恩格斯选集》第1卷,人民出版社1995年版,第57页。
[2] 同上书,第54页。

类的实践活动以及以之为基础的一切其他活动都不可能存在。但是,物质的先在性的原则得以确立又必以人的感性活动、实践为前提和中介。因为不与人的感性活动、实践发生关系的纯粹的、自在之物本身不可能与意识、精神发生关系,当然也谈不上存在对意识、精神的先在性的问题。马克思就此指出:"只有当物按人的方式同人发生关系时,我们才能在实践上按人的方式同物发生关系。"[1]也正因为如此,马克思一再明确地指出他不赞成那种脱离人的实践的纯粹自然主义的,或者说抽象的唯物主义,并认为后者实际上不能坚持唯物主义,反而会落入唯灵论等形式的唯心主义。正是在这种意义上,他说:"抽象的唯灵论是抽象的唯物主义;抽象的唯物主义是物质的抽象的唯灵论。"[2]马克思在《神圣家族》中谈到法国唯物主义被德国唯心主义所战胜的原因时也指出正是由于法国唯物主义之停留于自然主义水平。总之,不是从纯粹的、抽象的物出发,而是从人的现实生活和实践(人的感性活动)出发,这是马克思的唯物主义不同于旧唯物主义(包括费尔巴哈人本主义的唯物主义)的区别的根本之点。相对于旧唯物主义之为自然主义的唯物主义,马克思的新唯物主义是一种实践的唯物主义。

马克思的辩证法不仅与以黑格尔为最大代表的唯心辩证法根本不同,也与以往某些唯物主义哲学家理论体系中存在的辩证法因素不同。这种不同的根本之点同样在于马克思是通过人的现实的感性活动、即客观的实践来理解辩证法的,因而既能揭示主观的辩证法,又能揭示客观的辩证法,并在实践的基础上达到主客观辩证法的统一。正是这种统一使马克思的辩证法具有充分的现实性和具体性。在马克思哲学中,通过感性活动、实践对辩证法的揭示与通过感性活动、实践对物质的客观性和先在性的揭示是统一的。因此马克思的辩证法是唯物主义的辩证法,而他的唯物主义则是辩证法的唯物主义。黑格尔等唯心主义哲学家阐释的辩证法,尽管能在一定程度上具有丰富性和系统性,并因此而受到马克思和恩格斯及其他杰出的马克思主义者的高度肯定。但由于他们

---

[1] 《马克思恩格斯全集》第 42 卷,人民出版社 1979 年版,第 124 页。
[2] 《马克思恩格斯全集》第 1 卷,人民出版社 1960 年版,第 355 页。

"不知道真正现实的、感性的活动本身",不会通过人的现实的感性活动、实践去
理解和揭示辩证法,因而他们的辩证法必然带有浓厚的思辨性,无法达到主观
辩证法和客观辩证法的统一,无法使辩证法具有现实性和具体性。正因为如
此,黑格尔等唯心主义哲学家尽管能胜过旧唯物主义而发展了辩证法这个能动
的方面,但他们"只是抽象地发展了"。至于包括费尔巴哈在内的以往唯物主义
者,虽然肯定了物质世界的客观性和先在性这个唯物主义的基本原则,但由于
他们不是从社会化的人的感性活动的观点、实践的观点去看物质世界,自然无
法理解和揭示物质世界的辩证法的意义。尽管有的唯物主义哲学家的思想中
可能包含某些辩证法的因素,它们也只能是直观的、素朴的(如早期希腊哲学
家)或者思辨的(如斯宾诺莎)、抽象的(如费尔巴哈),最后必然被唯心主义和形
而上学所取代。

　　总之,现实生活和实践的观点是整个马克思哲学的根本观点。它不仅因强
调人的实践在认识中的决定作用而具有认识论意义,而且还因强调人的实践使
物质、自然的存在成为具有现实意义的存在而具有存在论(生存论)意义。它不
仅因促使人与自然界的相互作用得以发生而具有自然观的意义,还因促使人在
与自然的相互作用中与他人结成一定关系而具有社会历史观的意义。因此,不
管是用辩证唯物主义和历史唯物主义还是用其他名称来指称马克思哲学都不
能离开现实生活和实践的观点,否则都会划不清马克思的唯物主义与旧唯物主
义、马克思的辩证法与黑格尔等人的辩证法的界限,都会偏离马克思哲学的真
实意义、偏离马克思在哲学上的革命变革的真实意义。列宁在《唯物主义和经
验批判主义》中曾提出"生活、实践的观点,应该是认识论的首要的和基本的观
点"。[1]这个论断曾经被一些人当作生活、实践的观点只是认识论的基本观点
的理论根据。其实,无论在列宁的理论中还是其他马克思主义经典作家的理论
中,认识论和唯物主义及辩证法都是统一的。肯定实践在认识论中的首要和基
本的意义同时也是肯定它在整个马克思主义哲学中的首要和基本的意义。

---

[1]《列宁全集》第18卷,人民出版社1988年版,第144页。

在马克思主义哲学的发展中,"左"右倾机会主义在理论上的错误都突出地表现在脱离了现实生活和实践。而坚持马克思主义正确路线的马克思主义者的突出优点也正在他们坚持了现实生活和实践的观点。因为这个观点不是马克思主义理论中的某一特殊的观点,而是其根本观点。脱离或坚持这个观点就是从根本上脱离或坚持马克思主义。30 年前在我国开展的关于真理标准问题的讨论之具有伟大历史意义,正在于是否肯定实践是检验真理的唯一标准所涉及的是能否坚持现实生活和实践的观点这个马克思主义哲学的根本观点。批判了"两个凡是"、肯定了真理的实践标准,就是从根本上纠正了脱离实践的方向和路线上的错误,从根本上重新肯定了马克思主义的正确方向和路线。

还要提及的是:马克思在哲学上对社会化的人的现实生活和实践的强调高度地体现了西方哲学由近代到现代发展的必然趋势。而这种趋势标志着西方哲学的发展必然出现具有划时代的意义的哲学思维方式的转型。与马克思大致同时代的一些西方哲学家也在以他们特有的方式、通过迂回曲折的道路致力于实现这种转型。而马克思在哲学上的革命变革比任何其他西方现代哲学流派更为明确、深刻地揭示了这种趋势,更为全面、彻底地实现了这种转型。关于这方面的问题,我在近些年来发表的一些论著中已作过较多论证,此处从略。

三、马克思在哲学上的革命变革的核心内容

现实生活和实践是人与自然、人与社会、主观与客观相互作用的过程。就整个人类来说,这是一个永无止息的发生和发展的过程,因而这一过程的根本特征在于其时间性和历史性。马克思的哲学变革以现实生活和实践为其根本观点,他所建立的新哲学必然是一种肯定以人与自然、人与社会、主观与客观相互作用为根本特征的哲学,从这种相互作用都是一个历史发展过程来说,这也就是以时间性和历史性为根本特征的哲学。这种哲学由于肯定自然和社会存在的先在性而是唯物主义,这种唯物主义因与辩证法相统一而是辩证的唯物主

义;而唯物辩证法是一个历史发展过程,从其以时间性和历史性为根本特征来说就是历史的唯物主义。当恩格斯谈到马克思以"关于现实的人及其历史发展的科学"[1]来超越费尔巴哈而建立新哲学时,后者指的正是历史唯物主义。因为他所说的"现实的人"正是通过实践而处于一定的自然和社会环境中并与这种环境发生相互作用的人,关于这种人的"历史发展的科学"当然就是历史的唯物主义。建立历史唯物主义正是马克思的哲学变革的核心内容。

关于马克思如何从《〈黑格尔法哲学批判〉导言》和《巴黎手稿》中对家庭、市民社会、国家的分析开始,通过《关于费尔巴哈的提纲》、《德意志意识形态》等的进一步论证,发展到在《政治经济学批判》中明确提出历史唯物主义的基本理论的过程,许多学者作过非常具体而有说服力的论证。我个人在这方面并无深刻和独到的研究,不应在此重复这些论证。我试图作出的补充只是:从把西方哲学的现代转型作为参照系来看,可以发觉肯定时间性和历史性在哲学中的核心地位是现当代哲学发展的普遍趋势。如果说各派西方哲学家都只是在某一方面以不彻底的方式体现了这种趋势,马克思在哲学上的革命变更则全面而高度地体现了这种趋势,因而他的历史唯物主义在他的整个哲学中必然具有核心地位。

西方哲学由近代到现代转型的重要方面(也可以说是西方哲学发展在现当代的普遍趋势)之一是它在不同程度上企图扭转由抽象的物质(脱离与人的牵涉的自在的物质)或抽象的意识(脱离现实的观念、精神)出发去构建无所不包的关于世界图景的完整体系的潮流,超越脱离现实的形而上学(特别是理性派思辨形而上学)的近代哲学的视野,而转向超越绝对化的理性界限的人及其所牵涉的世界。就哲学所研究的存在的意义而言,这种转向在一定程度上就是从把存在当作实体、基础、本质转向当作活动、趋势和过程。后者具有明显的时间性和历史性特征。所谓科学主义思潮和人本主义思潮各派哲学在不同程度上都有这种特征。在生命哲学、现象学、存在主义、过程哲学等流派那里,这方面

---

[1]《马克思恩格斯选集》第4卷,人民出版社1995年版,第241页。

的特征都非常明显。例如柏格森认为真实的存在是生命之流(生命冲动),后者不是实体,而是过程,是时间的绵延;而过程、绵延也正是真实的历史性的体现。怀特海、狄尔泰、胡塞尔、海德格尔、雅斯贝尔斯、萨特、伽达默尔等人同样以各自独特的方式强调时间性和历史性是一切真实存在的根本属性。孔德的实证主义具有较多的传统体系哲学的特点,但他同样企图用人类精神(智力)的历史发展来作为建立他的实证哲学的理论支柱。从批判理性主义以降的西方科学哲学的发展史更是具有越来越强烈的历史主义特征。但是,所有这些西方思潮对过程、时间性和历史性等的强调往往偏离了唯物主义基础,脱离了现实的人的社会实践,特别是脱离了作为人的一切实践的基础、甚至使人得以作为人存在、使人类社会得以发展的生产劳动,因而实际上不可能深刻地揭示作为哲学研究的对象的人的存在及其与世界的关系的真相。他们有关这方面的理论都有很大片面性和局限性,最后必然转向唯心主义。

马克思在哲学上的革命变更与西方哲学的现代转型之具有本质区别,主要就因为马克思对人的存在及其与世界的关系作了历史唯物主义的解释。马克思深刻地揭示了人的存在及其与世界的关系的社会性和历史性。他早在《提纲》中就明确指出:"人的本质不是单个人所固有的抽象物。在其现实性上,它是一切社会关系的总和"。[1]马克思所说的社会关系不是抽象的、而是具体的,即处于一定历史时代中的、以物质资料的生产关系为基础的人们之间的各种具体的联系。所以他说"抽象的个人,是属于一定的社会形式的"[2]。当他在《提纲》中谈论"人的感性活动"、"实践"时,其所指正是具有社会性和历史性的现实的人的活动。正是由于马克思深刻地揭示了人的存在、特别是"人的感性活动"、"实践"的社会性和历史性,使他能在唯物主义的基础上正确地揭示和解释人与世界(包括自然和社会等诸多领域)的关系,实际上就是重新正确认识作为哲学基本问题的主客心物思有之间的关系问题,实现了哲学上的革命变革。马克思的历史唯物主义当然适用于解释社会历史,它在一定意义上可以说是马克

---

[1][2]《马克思恩格斯选集》第1卷,人民出版社1995年版,第56页。

思主义的社会历史观。但是既然马克思正是由建立历史唯物主义出发而实现了哲学上的革命变革,那他的历史唯物主义就不只是狭义的社会历史观,而是他的全部哲学的核心内容。

在相当长一段时期内,人们由于受到一种长期被当作权威观点的影响,把历史唯物主义看作只是把辩证唯物主义的原理运用于社会历史领域。二者的关系是部分与整体的关系。历史唯物主义是部分,辩证唯物主义是整体。前者不能与后者相提并论。这显然是一种贬低历史唯物主义的意义的观点,这种观点近年来越来越受到哲学界许多人的质疑是可以理解的。这不仅是因为马克思在哲学上首先提出的是历史唯物主义、恩格斯《在马克思墓前的讲话》中提到的马克思在哲学上的贡献也是历史唯物主义,还因为后来的马克思主义者提出的辩证唯物主义概念实际上必须以历史唯物主义为前提。作为关于世界观、本体论的理论,马克思主义的辩证唯物主义不同于传统的唯物主义(如费尔巴哈)和唯心主义(如黑格尔)的根本之点,就在于它既不是以抽象的物质,也不是以抽象的精神为出发点,而是以生产劳动为基本形式的社会的人的实践为出发点。在马克思哲学中,人与自然的关系不是抽象的人与脱离人的抽象的自然的关系,而是社会化的人与人化的自然的关系。换言之,人被社会化、自然被人化。人与自然的关系问题的解决以人与人的关系问题的解决为前提,这些都表明历史唯物主义在整个马克思主义哲学中具有怎样的核心地位。从辩证唯物主义的原理的建立以历史唯物主义为前提,并与历史唯物主义相一致来说,二者作为世界观和本体论的理论是相互包容的,既可以说历史唯物主义具有辩证唯物主义的意义,又可以说辩证唯物主义可以纳入历史唯物主义之中。换言之,这种唯物主义是辩证的、历史的唯物主义。

四、马克思哲学的理论体系及其与体系哲学的对立

马克思通过在哲学上的革命变革所建立的马克思主义哲学作为革命无产阶级世界观和方法论的理论形态,有着严密的内在逻辑,这意味着它必有

自己的理论体系。但马克思的变革又是在反对以思辨形而上学、独断论等为特征的近代体系哲学的斗争中发生和发展起来的，与后者必然有着根本的区别。

体系与体系哲学是两个不同概念。任何一种思想、理论、学说都必有自己的逻辑系统(或者说至少是要有条理)，否则持这种思想、理论等等的人就无法明确说出它，其他人更无从理解它，从哲学上说就会陷入相对主义，甚至虚无主义。至于体系哲学，通常是指那种将哲学的理论体系僵化、教条化和绝对化的哲学。西方近代哲学、特别是那些具有思辨形而上学等特征的哲学大都具有这种倾向。

西方近代哲学的一个相当普遍而突出的特征是试图从与客体绝对分离的主体、即主观意识或者作为其普遍化和绝对化形态的理性概念(表现在唯心主义者，特别是理性派形而上学家那里)出发，或者从与主体完全分离的抽象的物质(客体)出发(表现在抽象的，或者说自然主义的唯物主义者那里)，去构造关于整个宇宙的图景的无所不包的知识体系，这类哲学由此被称为体系哲学。由于它们被宣称为体现了一切存在的本质和知识的基础，因而被一些当代西方哲学家称为本质主义和基础主义；又由于它们声称对一切知识和科学具有始源意义和支配地位，因而往往被当作"科学的科学"。

不过我们应当看到，近代西方哲学在其发展的早期，由于强调理性(及与之相关的科学)和人的现实生活，反对基督教信仰主义和经院哲学的独断论，对当时的社会和科学的发展起过重要的推动作用。只是到后来，由于许多近代哲学家越来越企图建立严密完整的哲学体系，他们的哲学理论才越来越被绝对化和僵化，演变成了与它们原来所反对的经院哲学类似的体系哲学，从而越来越与西方现实社会和科学发展的实际脱节，与人们的现实生活和实践脱节；它们不仅不能缓解、反而往往加剧了当时西方各国的社会危机，这使它们本身也越来越陷入困境。于是，即使在资产阶级哲学界内部，它们也越来越受到尖锐的批判。19世纪中期以来兴起的"科学主义"哲学思潮以"拒斥形而上学"为旗号、"人本主义"哲学思潮以改造或重建形而上学为旗号，都竭力反对近代体系哲学倾向。他们的这种拒斥、改造和重建都标榜要改变近代西方哲学的发展方向。尽管这种改变往往具有各种片面性，毕竟在一定程度上意味着重新以与科学或现实生活和实践相结合的哲学来取代与之相反的体系哲学，因而具有一定的进步作用。

在要求反对传统形而上学（或者说反体系哲学）上，马克思与上述要求"拒斥"、"改造"或"重建"形而上学的思潮既有根本性的区别，又有某些共同之处。一些西方哲学流派在"拒斥形而上学"、反对基础主义、本质主义等口号下不仅取消哲学对世界观、本体论问题的研究，而且也取消对认识论和方法论问题的研究，甚至对哲学本身也采取极端相对主义和虚无主义态度，也就是企图从根本上否定哲学。与此不同，马克思不仅没有忽视，更没有反对对世界观、本体论、价值论等问题的研究，反而高度重视这方面的问题的研究，并且把这种研究与认识论和方法论问题的研究统一起来。他的哲学的根本目标就是为无产阶级确立革命的世界观和方法论。

但是，与许多现代西方哲学家相仿，马克思有关这方面的研究具有明显的反对作为体系哲学的传统形而上学，特别是理性派思辨形而上学的性质。马克思哲学的突出特点之一就是与这样的形而上学决裂。他在《黑格尔法哲学批判》以及和恩格斯合著的《德意志意识形态》、《神圣家族》等最有代表性的批判论著中直接批判的虽然主要是黑格尔、费尔巴哈、布鲁诺·鲍威尔、施特劳斯等人的理论，但这些人在哲学上存在的问题（特别是从绝对、自我意识或抽象的人出发建构思想体系）也正是许多近代哲学家的共同问题。因此他对黑格尔、费尔巴哈以及整个德意志意识形态的批判实际上就是对全部西方形而上学的批判。

正因为如此，当马克思对黑格尔、费尔巴哈等传统形而上学作了全面、彻底的批判，并由此出发来建立自己的新唯物主义哲学理论时，他主要是为它提出了一系列纲领性的原则，并将这些原则贯彻于现实生活的各个方面，特别是贯彻于对资本主义制度的分析和批判以及为无产阶级的革命斗争制定战略和策略等方面，而并未在此之外去建立全面完整的纯粹的哲学体系。这使他从根本上改变了黑格尔等人由于体系的需要而去杜撰某种脱离现实的理论的独断论和思辨形而上学倾向,使他的哲学始终充满了现实生活和实践的气息。这不意味着马克思不重视对于世界观和本体论问题的研究,如上所说,他的哲学的根本使命就是为革命无产阶级确立科学的世界观和方法论。问题在于:这样的世界观和方法论完全不是近代体系哲学家那种被绝对化和僵化了的无所不包的思辨体系,而是处于不断发展中、与现实生活和实践紧密相联的体系,也就是与对现实的资本主义制度的分析批判以及为无产阶级制定革命斗争的战略和策略等相联系的理论体系。马克思由此从根本上改变了对世界观和本体论问题的研究的方向。他所关注的世界不是旧唯物主义者所关注的那种抽象的自然界,而是与现实的人类社会,或者说社会化的人发生关系的自然界,也就是社会化了的,或者说展现于人类社会历史过程中的、具有历史性的自然界。在马克思那里,不仅世界观、自然观和历史观是统一的,而且这种世界观、自然观和历史观与现实生活和实践是密切相关的。

马克思曾经计划写一部系统地阐述他的哲学理论的著作,但他后来并未写。对他为什么未写的具体原因,我没有作过专门考察,按说对此没有发言权。作为一种猜测,我觉得这似乎不能完全归结为他与恩格斯的分工,更不能简单地说是由于他忙于其他工作而未来得及写。为革命无产阶级制定科学的世界观和方法论是马克思理论研究的根本课题,没有比这更重要的工作了。马克思不可能放下最要紧的工作而去从事相对次要的工作。实际情况可能是:马克思后来所写的其他许多著作已经充分阐释了他要阐释的哲学原则。例如,马克思的《资本论》在直接形态上是一部划时代的经济学经典著作,但它同时实际上又是一部最具现实生活和实践特征、最具世界观和方法论意义的哲学经典著作。还有一个重要原因是:马克思在哲学上最关注的并不是去全面系统地描绘无所不包的世界观的图景、去构建严密完整的哲学理论体系,而是从哲学上关注人的现实生活和实践所牵涉到的现实的世界。因此,当他提出了那些革命性的新的哲学原则以后,他的工作方向就是转向研究当时的现实社会,特别是转向研究他所代表的无产阶级在那个社会中存在和遇到的问题以及解决这些问题的道路[1]。

我这样说一点也不是认为马克思主义哲学没有科学的理论体系,更不是否定在新的历史条件下重新研究马克思主义哲学理论形态的重要性。过去长期流行的马克思主义哲学教科书体系中包含了大量积极内容,对马克思主义哲学教育起过积极作用,但它们毕竟存在着许多片面性,特别是不能适应改革开放以来现实生活和实践发展的新形势。因此需要坚持马克思主义哲学的基本原理,深入研究和学习毛泽东思想、邓小平理论、三个代表重要思想,落实科学发展观,掌握发展着的马克思主义哲学的基本路向,编出能反映当代中国社会主义现实生活和实践的要求新的马克思主义哲学教科书。这种教科书在理论上当然应当力求做到尽可能严密和完整。我所不赞成的是把严密完整绝对化,因为它会导致僵化、封闭等弊病,反而导致背离马克思主义的原则。如果我们追求的严密完整具有开放性,特别是贯彻科学发展观的要求,那这种追求当然应当得到充分的肯定。

(原载《河北学刊》2008 年第 6 期,《新华文摘》2009 年第 6 期转载)

---

[1] 其实恩格斯同马克思一样摒弃了脱离实际的抽象、思辨的哲学体系。他的《费尔巴哈与德国古典哲学的终结》是对他和马克思与费尔巴哈和德国古典哲学的关系的清理,他的《反杜林论》也不是建构这样的哲学体系,而是作为对杜林等论敌的批判和回应。

从经典马克思主义到西方马克思主义

关于从经典马克思主义到西方马克思主义,至少可以有两种论述方式。一种是按历史发展顺序讲述从前者到后者的演变的具体过程,另一种是按理论特征对二者进行比较研究,揭示它们的联系和差异。这两种论述方式也可以结合起来进行。本文为篇幅所限,无法多涉及具体的历史发生过程,只能大体上按第二种论述方式有选择地谈几个相关问题。

一、经典马克思主义哲学的歧义

经典马克思主义哲学通常指马克思和恩格斯等马克思主义经典作家的哲学。由于马克思主义经典作家在一些问题上的观点和提法有所不同,人们对经典马克思主义哲学就可以有不同解释。在一个相当长的时期内,为了强调马克思和恩格斯以及其他马克思主义经典作家学说的统一性,在被认为是直接继承了经典马克思主义的正统的或占主流地位的马克思主义阵营中,大家往往回避谈论经典作家之间的差别。倒是西方一些研究马克思主义的学者一再指出存在这种差别。美国实用主义哲学家胡克在这方面就表现得特别突出。他把马克思和包括恩格斯、列宁在内的马克思主义者严格区分开来,认为在强调人的感性活动还是自然界本身上,马克思在《关于费尔巴哈的提纲》(以下简称《提纲》)等论著中的观点和恩格斯在《反杜林论》、《自然辩证法》等论著的观点以及列宁在《唯物主义和经验批判主义》(以下简称《唯批》)等论著中的观点有着很大的不同。他大体上赞同他所理解的马克思的观点而反对他所谓马克思主义者的观点。与胡克大致在同一时期活动的一些西方马克思主义者也抱类似的立场。

西方哲学家和西方马克思主义者在看待马克思主义经典作家之间的区别问题上当然存在着许多片面性和曲解。这特别表现在他们夸大和曲解这种区别，并由此而抹煞马克思主义经典作家在马克思主义根本原则上的统一。但他们所指出的马克思主义经典作家之间在某些观点上存在着差别，这在一定意义上符合事实。不同的马克思主义经典作家所处的环境、时期不同，关注和面对的问题不可能完全一致，他们个人的其他条件也有差异，这使他们在无产阶级革命世界观一致的前提下，彼此之间在某些具体的理论观点上必然存在着某些差别。这一点应当看作是很正常的现象。其实即使在他们个人不同时期之间，在理论观点上也往往会有不同之处。像阿尔都塞等人那样认为马克思前后期之间存在着"断裂"也许言过其实，那样会抹煞马克思思想理论的统一性。但马克思前后期之间在某些方面的确存在差别（恩格斯等人也一样），这大概是不争的事实，不然又怎么谈得上他们的学说会适应不同时期的时代特征而不断发展呢！马克思和恩格斯本人就曾一再谈到不要把他们在特定条件下提出的理论当作教条，而应当看到他们会根据现实条件的变化而不断调整自己的理论。说他们彼此之间和个人在不同时期之间的观点在所有方面完全一致，这显然不符合马克思主义的求实观和发展观。

如果承认马克思主义经典作家之间以及他们个人在不同的时期在理论观点上可能存在差异，或者说肯定对经典马克思主义可以有不同解释，那我们在谈论和评价从经典马克思主义转向西方马克思主义时，就应当尽可能正确认识和分析这些差异，把握经典马克思主义的经典所在，也就是马克思主义作为一种无产阶级革命学说的实际所是和关键所在。马克思主义哲学是整个马克思主义的理论基础。为了正确理解经典马克思主义，首先要正确理解经典马克思主义哲学的实际所是和关键所在。

二、经典马克思主义哲学的经典所在

一提到以马克思和恩格斯为创始人的经典马克思主义哲学之实际所是,通常都说它是辩证唯物主义和历史唯物主义,在党和政府的有关文件以及领导人的许多言论中也都提到是辩证唯物主义和历史唯物主义。然而对于究竟什么是辩证唯物主义和历史唯物主义,历来有着不同解释。例如党内的各种机会主义往往都声称拥护辩证唯物主义和历史唯物主义,但他们的理论观点实际上偏离了经典马克思主义哲学。因此人们是否坚持了马克思主义哲学不能由他们是否在字面上表示赞成辩证唯物主义和历史唯物主义来判断。与此相关,近些年来在学术讨论中有的专家主张在指称马克思主义哲学时也可使用马克思和恩格斯本人使用的其他一些名称,例如"新唯物主义"、"唯物辩证法"、"历史唯物主义"或者说"唯物史观",特别是"实践的唯物主义"。这些名称本身与辩证唯物主义和历史唯物主义并无原则区别,人们对它们也有不同解释。因此,最重要的并非使用哪一个名称,而是如何正确理解马克思通过实现哲学上的革命变革所建立起来的新哲学的根本意义,这也就是理解经典马克思主义哲学的经典所在。只要对上面这些名称的解释适当,能准确地体现马克思主义哲学的根本意义,它们都是可以使用的。

马克思和恩格斯本人没有使用过辩证唯物主义和历史唯物主义概念。这个概念是普列汉诺夫等后来的马克思主义者为概括马克思和恩格斯哲学的基本观点而提出的。在列宁的《唯批》等著作中这个概念一再得到确认,其后一些苏联哲学家又纷纷对马克思主义哲学作为辩证唯物主义和历史唯物主义作了很多论证,并逐渐形成了一个关于辩证唯物主义和历史唯物主义的主要内容的理论框架,它们在马克思主义队伍中很是流行,对促进马克思主义哲学的发展和传播起过积极的作用。关于这段历史,黄楠森教授做过非常认真和可信的考证,我个人很是受到他的启发。不过我还是认为,辩证唯物主义和历史唯物主义这个概念虽不是斯大林首创,但它获得与马克思主义哲学几乎同义,甚至排他的地位,在很大程度上是由于斯大林以经典作家的权威地位在《联共党史》(1938)第4章第2节中把马克思主义哲学归结为辩证唯物主义和历史唯物主义。

正是因为辩证唯物主义和历史唯物主义这个名称既能体现马克思主义哲学的真实含义,又可能因对它的片面解释而偏离马克思主义哲学的真实意义。因此人们既完全可以继续使用它,又不应当把它当作一个排他性的概念,更为重要的是要对它作出符合马克思主义哲学的实际所是,特别是其根本意义的解释。这要求我们更为深刻地认识马克思在哲学上的革命变革的根本意义。

马克思在哲学上实现革命变革究竟是什么样的变革?这可以从阶级基础和理论形态两方面来思考。前者主要表现为由资产阶级世界观转变为无产阶级革命世界观。在这点上大家似乎没有明显的分歧。我们在此略而不论。分歧主要在后者。按以往最流行的说法:马克思和恩格斯批判地继承了黑格尔的辩证法,摒弃了其唯心主义;批判地继承了以费尔巴哈为代表的近代唯物主义,摒弃了其形而上学,由此建立了将唯物主义和辩证法统一成为一个整体的唯物辩证法或者说辩证唯物主义。我个人从来没有怀疑过这种说法的正确性。

然而我认为至此为止还没有完全澄清马克思和恩格斯在哲学上的革命变革的深层意义。我们还应当进一步追问:他们是怎样实现上述批判继承并将辩证法和唯物主义统一起来的。历史和理论的考察使我们明白,这个变革的决定性环节在于他们通过批判地总结近代哲学陷入困境和危机的教训,特别是他们作为无产阶级的革命导师对无产阶级的现实生活和实践的意义的深刻分析和总结而由此摆脱了抽象思维和感性直观、绝对理性主义和经验主义等的界限,强调了现实生活和实践在哲学中的决定性作用。他们对以物质资料生产的劳动为基础的无产阶级的现实生活和实践的意义的深刻分析使他们对唯物主义和辩证法有了与以往资产阶级哲学家根本不同的认识。这突出地表现在马克思把唯物主义和辩证法都与人的"感性活动"、实践联系起来。这一点,从马克思的《提纲》第一条中的那段话就可看出。其中讲到:"从前的一切唯物主义(包括费尔巴哈的唯物主义)的主要缺点是:对对象、现实、感性,只是从客体的或者直观的形式去理解,而不是把它们当作感性的人的活动,当作实践去理解,不是从主体方面去理解。因此,和唯物主义相反,能动的方面却被唯心主义抽象地发展了,当然,唯心主义是不知道现实的、感性的活动本身的。"[1]

马克思在此指出以往唯物主义的主要缺陷在于不是从人的感性活动的观点、实践的观点去看事物、现实,这明白无误地证明他的唯物主义的根本特点是从感性、实践的观点去看事物。他的唯物主义的出发点不是离开实践的纯粹的、自在的物(自然),而是与物发生关系的人的现实的实践。肯定物质第一性、意识第二性,这当然是唯物主义的一条根本原则。但这条原则得以确立又必以人的感性活动、实践为前提和中介。因为不与人发生关系的纯粹的、自在的物本身不可能与意识、精神发生关系,当然也谈不上存在对意识、精神的先在性的问题。马克思就此指出:"只有当物按人的方式同人发生关系时,我们才能在实践上按人的方式同物发生关系。"[2]也正因为如此,马克思一再明确地指出他不赞成那种脱离人的实践的纯粹自然主义的,或者说抽象的唯物主义,并认为后者实际上不能坚持唯物主义,反而会落入唯灵论等形式的唯心主义。正是在这种意义上,他说:"抽象的唯灵论是抽象的唯物主义;抽象的唯物主义是物质的抽象的唯灵论。"[3]马克思在《神圣家族》中谈到法国唯物主义被德国唯心主义所战胜的原因时也指出正是由于法国唯物主义之停留于自然主义水平。总之,不是从纯粹的、抽象的物出发,而是从人的现实生活和实践(人的感性活动)出发,这是马克思的唯物主义不同于旧唯物主义(包括费尔巴哈的唯物主义)的区别的根本之点。相对于旧唯物主义之为自然主义的唯物主义而言,马克思的新唯物主义是一种实践的唯物主义。

马克思的辩证法不仅与以黑格尔为最大代表的唯心辩证法根本不同,也与以往某些唯物主义哲学家的理论体系中存在的辩证法因素不同。这种不同的根本之点同样在于马克思是通过人的现实的感性活动,即客观的实践来理解辩

---

[1] 《马克思恩格斯选集》第1卷,人民出版社1995年版,第54页。
[2] 《马克思恩格斯全集》第42卷,人民出版社1979年版,第124页。
[3] 《马克思恩格斯全集》第1卷,人民出版社1995年版,第355页。

证法的,因而既能揭示主观的辩证法,又能揭示客观的辩证法,并在实践的基础上达到主客观辩证法的统一。正是这种统一使马克思的辩证法具有充分的现实性和具体性。在马克思哲学中,通过感性活动、实践对辩证法的揭示与通过感性活动、实践对物质的客观性和先在性的揭示是统一的。因此马克思的辩证法是唯物主义的辩证法,而他的唯物主义则是辩证法的唯物主义。黑格尔等唯心主义哲学家阐释的辩证法,尽管能在一定程度上具有丰富性和系统性,并因此而受到马克思和恩格斯及其他杰出的马克思主义者的高度肯定。但由于他们"不知道真正现实的、感性的活动本身",不会通过人的现实的感性活动、实践去理解和揭示辩证法,因而他们的辩证法必然带有浓厚的思辨性,无法达到主观辩证法和客观辩证法的统一,无法使辩证法具有现实性和具体性。正因为如此,黑格尔等唯心主义哲学家尽管能胜过旧唯物主义而发展了辩证法这个能动的方面,但他们"只是抽象地发展了"。17、18 世纪的唯物主义者虽然肯定了物质世界的客观性和先在性这个唯物主义的基本原则,但由于他们不是从社会化的人的感性活动的观点、实践的观点去看物质世界,自然无法理解和揭示物质世界的辩证法的意义。尽管有的唯物主义哲学家的思想中可能包含某些辩证法的因素,它们也只能是直观的、素朴的(如早期希腊哲学家)或者思辨的(如斯宾诺莎),最后必然被唯心主义和形而上学所取代。费尔巴哈比以往唯物主义者高明之处在于他肯定了对物质的先在性的肯定要通过人的感性直观。他由此把 17、18 世纪的自然主义的唯物主义改造为人本主义的唯物主义。但他把人的本质看作是单个人所固有的抽象物,而未能将其看作是一切社会关系的总和。因此尽管他"不满意抽象的思维而喜欢直观;但是他把感性不是看作实践的、人的感性的活动"。[1]这样他实质上还是停留于以脱离现实生活和实践为特征的旧唯物主义的范围。

上述马克思的观点实际上也正是恩格斯和列宁等马克思主义经典作家所坚持的观点,只是由于特殊的历史原因使他们对这种观点阐释的方面和方式与

---

[1]《马克思恩格斯选集》第 1 卷,人民出版社 1995 年版,第 56 页。

马克思有所不同,甚至因此产生了许多误会和扭曲,这点我们下面将要具体谈到。

总之,现实生活和实践的观点是整个经典马克思主义哲学的根本观点。它不仅因强调人的实践在认识中的决定作用而具有认识论意义,而且还因强调人的实践使物质、自然的存在成为具有现实意义的存在而具有存在论(生存论)意义。不管是用辩证唯物主义和历史唯物主义还是用其他名称来指称马克思哲学都不能离开现实生活和实践的观点,否则都会划不清马克思的唯物主义与旧唯物主义、马克思的辩证法与黑格尔等人的辩证法的界限,都会偏离马克思哲学的真实意义、偏离马克思在哲学上的革命变革的真实意义。

值得提及的是:马克思在哲学上对社会化的人的现实生活和实践的强调体现了西方哲学由近代到现代发展的必然趋势。而这种趋势意味着西方哲学的发展必然出现具有划时代的意义的哲学思维方式的转型。与马克思大致同时代的一些西方哲学家也在以他们特有的方式、通过迂回曲折的道路致力于实现这种转型。而马克思在哲学上的革命变革比任何其他西方现代哲学流派更为明确、深刻地揭示了这种趋势,更为全面、彻底地实现了这种转型。关于这方面的问题,我在近些年来发表的一些论著中已作过较多论证,此处从略。

三、恩格斯、列宁与马克思在哲学上的差异和统一

毋庸讳言,恩格斯和列宁在他们的几部最有代表性的哲学论著中更加关注的是维护唯物主义的一般原则,而不是作为确立这一原则的前提的人的现实生活和实践。例如恩格斯在《路德维希·费尔巴哈和德国古典哲学的终结》(以下简称《终结》)中着重论证的是思维和存在的关系这个"全部哲学,特别是近代哲学的重大的基本问题","哲学家依照他们如何回答这个问题而分成了"唯物主义和唯心主义"两大阵营"[1]。在《反杜林论》、《自然辩证法》等论著中所着重

---

[1]《马克思恩格斯选集》第 4 卷,人民出版社 1995 年版,第 223、224 页。

关注的同样是哲学家是否肯定物质第一性、自然界本身存在和发展的辩证法规律的客观实在性。列宁在《唯批》等论著中所强调的也是如此。恩格斯和列宁在这些著作中也提到了实践的决定性作用,但往往是出于认识论和方法论的视角。恩格斯在《终结》中曾谈到,对不可知论"以及其他一切哲学上的怪论的最令人信服的驳斥是实践,即实验和工业。既然我们自己能够制造出某一自然过程,按照它的条件把它生产出来,并使它为我们的目的服务,从而证明我们对这一过程的理解是正确的,那么康德的不可捉摸的'自在之物'就完结了。"[1]恩格斯在此所谈的实践显然只是出于认识论视角,而且限定在"实验和工业"这个范围。列宁就恩格斯的观点指出:"对恩格斯说来,整个活生生的人类实践是深入到认识论本身之中的,它提供真理的客观标准。……在人类实践中表现出来的对自然界的统治是自然现象和自然过程在人脑中客观正确地反映的结果。它证明这个反映(在实践向我们表明的范围内)是客观的、绝对的、永恒的真理。"[2]列宁本人在《唯批》中对此也作了大量类似的论述。例如他说:"生活、实践的观点,应该是认识论的首先的和基本的观点。这种观点必然会导致唯物主义……。"[3]在恩格斯和列宁的上述论著中都有大量这类论述。它们的主旨都是证明认识论中的唯物主义。这些可谓是众所周知,不必更多引述。

恩格斯和列宁的这些论述与马克思在《提纲》等论著中的论述在着重点上显然有所不同。《提纲》强调的是人的感性活动、实践。正如我们上面曾谈到的。马克思在此所讲的实践不仅具有认识论意义,也具有存在论意义。正是通过对实践的强调,马克思把他的唯物主义和辩证法统一起来并与旧唯物主义和唯心辩证法明确区分开来。而恩格斯和列宁在上述论著中所强调的主要是坚持物质第一性、意识第二性(例如真理的客观性),划清唯物主义和唯心主义的界限。他们的直接目标也正是维护唯物主义的一般原则,驳斥唯心主义的攻击。即使在他们谈论生活和实践的观点时,目标也是这样。

[1]《马克思恩格斯选集》第4卷,人民出版社1995年版,第225—226页。
[2]《列宁全集》第14卷,人民出版社1957年版,第195—196页。
[3]《列宁全集》第14卷,人民出版社1988年版,第142页。

　　为什么恩格斯和列宁与马克思存在这种差别(而且应当说这是明显的差别)呢? 为什么恩格斯和列宁把自己的论述主要着眼于维护唯物主义的一般原则呢? 这是需要马克思主义者从各方面认真研究的问题。我认为,这并不由于他们在根本哲学观点上与马克思有原则性的区别,而只是由于特定的历史原因,他们在哲学理论上关注的问题与马克思有所不同,阐释的方面和方式上与马克思也存在差异。其中最重要的一个因素是他们写这些论著的时期,马克思主义的唯物主义受到了工人运动内外的唯心主义思潮的攻击,而这些唯心主义思潮中有的流派(例如尼采哲学和各种类型的生命哲学以及在工人运动中发生过重要影响的新康德主义和马赫主义)还具有强调生活和实践的特征。因此,不是强调现实生活和实践、而是强调唯物主义的一般原则成了维护整个马克思主义哲学中的一项最为迫切的任务。

　　对于这种情况,只要分析一下他们写这些著作的背景就可看出。例如,1878 年问世的《反杜林论》的主旨就是批判当时在工人运动中已产生很大危害的杜林的学说。恩格斯在批判中比较连贯地阐释了他和马克思主张的辩证方法和共产主义世界观,而且全书都得到了马克思的赞同,然而批判杜林的体系的需要使恩格斯在许多地方"不得不跟着杜林先生走"。杜林的体系在哲学领域是陈旧的唯心主义的翻版,恩格斯的阐释的重点必然是维护唯物主义、批判唯心主义。至于恩格斯的《终结》的宗旨,正如他在"1888 年单行本序言"中所指出的,是为了对他和马克思怎样受到黑格尔和费尔巴哈的影响而又超越他们作出简要的说明。重点自然也是划清唯物主义和唯心主义、辩证法和形而上学的界限。列宁的《唯批》也是一部论战性著作,其背景是俄国的修正主义者对马赫主义作了唯心主义的解释,并企图用它来取代马克思主义的唯物主义。批判唯心主义、捍卫唯物主义不仅是当时理论斗争的需要,也是挽救革命的政治斗争的需要。

　　由此可见,恩格斯和列宁在一些论著中之着重于阐释唯物主义的一般原则而未着重进一步探讨作为确立唯物主义一般原则的前提的现实生活和实践,并不意味着他们的根本哲学立场与马克思有原则性的分歧,而主要是由于在某些特定的历史时期内,阶级斗争和工人运动内部的斗争的形势要求他们首先要让人们划清唯物主义和唯心主义的一般界限。其实,马克思本人在这一时期的许多论著中重点也在维护唯物主义,反对唯心主义。其论述风格与《提纲》等较早期的论著也有所不同。这并不是马克思本人的思想发生了阿尔都塞等人所说的那种断裂,而是由于批判唯心主义和捍卫唯物主义的需要使他的论述的重点有所不同。关于这种情况,恩格斯本人作过非常明确的说明。这从他晚年在致约·布洛赫(1890 年 9 月 21 日、22 日)、康·施米特(1890 年 10 月 27 日)、瓦·博尔吉乌斯(1894 年 1 月 25 日)等人的关于历史唯物主义的一些信件中可以明显看出。他在这些信件中指出,他和马克思在创立历史唯物主义理论(这种理论正是整个马克思主义哲学的核心理论)之时,正值黑格尔派解体、唯心主义盛行之际。为了批判唯心主义,在物质与精神、经济基础与上层建筑相互关系中,他们更多地强调了物质对精神、经济基础对上层建筑的决定作用,而对精神对物质、上层建筑对经济基础的反作用则阐述得不够。例如恩格斯谈到,他和马克思在反对自己的论敌时,"常常不得不强调被他们否认的主要原则,并且不是始终都有时间、地点和机会来给其他参与相互作用的因素以应有的重视。"[1]恩格斯这里所说的正是他们由于反对唯心主义的需要而不得不较多强调唯物主义的一般原则,对其他方面不能不有所忽视。并认为一些青年人有时过分看重物质和经济方面,部分地应由他和马克思当时的这种做法负责。

然而,马克思和恩格斯在特定时期对唯物主义一般原则的强调,并不意味着他们停留于一般唯物主义原则的水平。从以历史唯物主义为核心的他们的整个哲学来说,最为重要的是对现实生活和实践的强调。恩格斯指出:"根据唯物史观,历史过程中的决定性因素归根到底是现实生活的生产和再生产。无论马克思或我都从来没有肯定过比这更多的东西。如果有人在这里加以歪曲,说经济因素是唯一决定性的因素,那么他就是把这个命题变成毫无内容的、抽象的、荒诞无稽的空话。"[2]也正是基于这种观点,恩格斯反对当时许多德国青年

---

[1]《马克思恩格斯选集》第 4 卷,人民出版社 1995 年版,第 698 页。
[2] 同上书,第 695—696 页。

人把唯物主义当作一个现成的套语和标签,而不肯去作进一步的研究。而他和马克思的历史观"首先是进行研究工作的指南,并不是按照黑格尔学派的方式构造体系的诀窍。必须重新研究全部历史,必须详细研究各种社会形态存在的条件,然后设法从这些条件中找出相应的政治、私法、美学、哲学、宗教等等的观点。"[1]恩格斯在此所讲的"重新研究全部历史"、"详细研究各种社会形态存在的条件"等的根本含义就是以现实生活和实践作为基本根据。这说明在根本哲学观点上他与马克思是一致的。恩格斯高度评价了马克思的《提纲》,认为它是"包含着新世界观的天才萌芽的第一个文件"[2],并将其作为他的《终结》一书的附录第一次发表。这表明他充分理解并赞同《提纲》的观点,而《提纲》是马克思阐释他关于现实生活和实践的观点的最有代表性的论著。

与恩格斯一样,列宁尽管在《唯批》等论著中强调了唯物主义的一般原则,但只有对现实生活和实践的强调才是他的整个哲学的最根本的原则。列宁在许多论著中一再强调马克思主义的出发点和核心不是抽象的理论和原则,而是现实的生活和实践。例如他在《论策略书》一文中指出:"现在必须弄清一个不容置辩的真理,这就是马克思主义者必须考虑生动的实际生活,必须考虑现实的确切事实,而不应当抱住昨天的理论不放,因为这种理论和任何理论一样,至多只能指出基本的、一般的东西,只能大体上概括实际生活中的复杂情况。"[3]在《共产主义》一文中他更明确地指出:"……马克思主义的精髓、马克思主义的活的灵魂:对具体的情况具体分析。"[4]在《哲学笔记》中同样明确地指出了理论(包括唯物主义理论)对于实践和现实生活的依赖。因为正是实践使具有一般性品格的理论成为可能并使这种理论具有直接现实性。"实践高于(理论的)认识,因为它不但具有普遍性的品格,而且还有直接现实性的品格。"[5]

总之,我们既应当明确地承认恩格斯和列宁由于较多强调维护唯物主义的

[1]《马克思恩格斯选集》第4卷,人民出版社1995年版,第692页。
[2]同上书,第213页。
[3]《列宁选集》第3卷,人民出版社1995年版,第26—27页。
[4]《列宁选集》第4卷,人民出版社1995年版,第213页。
[5]《列宁全集》第55卷,人民出版社1990年版,第183页。

一般原则而显示出他们与马克思有所不同,但同时又要看到他们的根本哲学立场与马克思并无原则性区别,在整体上是一致的。作为无产阶级的革命导师,恩格斯和列宁像马克思一样始终把参与和领导无产阶级的现实的革命斗争当作是他们的根本使命。恩格斯始终与马克思并肩战斗,在马克思逝世后一直在继续着他和马克思的共同事业;列宁领导着俄国无产阶级的革命斗争取得了十月革命的伟大胜利。他们的这种革命人生决定了他们实际上最为关注的正是马克思所强调的现实生活和实践。他们的一切理论活动都服从于他们所领导的无产阶级的现实斗争。只是由于特定的历史条件使他们在一些场合下在哲学理论上更为关注维护唯物主义的一般原则问题,对现实生活和实践的决定作用有时强调不够。这里当然存在着缺陷(恩格斯本人也承认这种缺陷),因为它们可能被那些背离马克思主义哲学根本原则的人所利用。但只要我们能坚持求实的原则,就应当把这种缺陷看作正常的现象。

四、对经典马克思主义哲学的根本意义的
偏离与西方马克思主义的形成

在马克思主义哲学的发展中,马克思之强调现实生活和实践与恩格斯和列宁在一些论著中之强调唯物主义的一般原则这一差别往往被一些人作出片面解释,有时甚至被严重扭曲。这必然导致对经典马克思主义哲学的根本原则的偏离。这种偏离突出地表现为把对现实生活和实践的强调与对唯物主义的一般原则的强调完全分割开来和绝对对立起来,由此导致如下两种各执一端的倾向。

一种倾向是把马克思对抽象的、自然主义的唯物主义的批判扭曲为马克思忽视唯物主义的一般原则,并由此使马克思对人的现实生活和实践的强调偏离了其不可分割的唯物主义的基础,似乎马克思不再是一个本来意义上的唯物主义者,而只是一个人本主义者。恩格斯、列宁等人则由于强调唯物主义的一般原则而被认为是脱离了马克思强调现实生活和实践的立场,成了与旧唯物主

没有本质区别的自然主义者和教条主义者。胡克等西方哲学家突出地体现了这种倾向,有的西方马克思主义者也接近这种倾向。

另一种倾向是把恩格斯、列宁(以及某些情况下马克思本人)对唯物主义的一般原则的强调曲解为忽视,甚至否定现实生活和实践的观点在马克思主义哲学中的首要意义,由此把坚持世界的物质性、物质第一性、意识第二性这些旧唯物主义者早已确立的原则当作他们所阐释的马克思主义哲学的根本原则,有的人甚至把马克思早期根据现实生活和实践的首要作用的原则对抽象的自然主义的批判和对人化自然的肯定当作马克思思想尚未成熟的表现,把马克思在某些情况下同恩格斯和列宁一样着重阐释唯物主义的一般原则当作他的哲学的根本原则。这样,马克思主义哲学的根本原则,或者说经典马克思主义哲学的经典所在就被解释为对一般唯物主义原则的肯定。第二国际以来的一些有教条主义倾向的"正统派"马克思主义理论家突出地体现了这种倾向。

上述两种倾向尽管表现形式不同,但在偏离马克思主义哲学的根本立场上却是一致的。它们对马克思主义和工人运动的发展都产生了有害的影响。由于持后一种倾向的人大都是打着坚持经典马克思主义,或者说"正统马克思主义"的旗号出现的,对马克思主义和工人运动的危害就显得更加突出,国际共产主义运动中出现的许多挫折往往与之相关。追索这两种倾向的具体的历史发生和发展过程以及它们在理论和现实上造成的损害是一项重要课题,此处无法具体涉及。在此仅从西方马克思主义的产生及其与经典马克思主义的关系的角度提及两个相关的历史事实。

第一个事实是俄国十月革命和列宁主义的胜利。

十月革命是俄国无产阶级在列宁领导下取得的社会主义革命的伟大胜利。从理论上说这是马克思主义和列宁主义的伟大胜利。如何从哲学上理解导致这一胜利的马克思主义和列宁主义及二者的关系呢? 这是值得重新思考的问题。十月革命当然证实了马克思主义关于阶级斗争和无产阶级革命(包括无产阶级专政)的学说,也证实了列宁在新的历史时代和俄国的特殊条件下对马克思关于无产阶级革命学说的一系列发展,包括进行和巩固革命的一系列战略和策略等众多方面(例如实行新经济政策)。其中特别重要的是提出了社会主义可以在俄国这样一个作为资本主义世界的薄弱环节的国家首先取得胜利的学说。尽管列宁在专门的哲学著作中没有像马克思那样明确地把对现实生活和实践的强调当作整个马克思主义哲学的根本原则,但他关于无产阶级革命等一系列革命学说、特别是领导十月革命取得胜利的一系列理论和策略正是按照这一原则提出的。其实,他的许多言论的基本精神与马克思很是一致,例如他曾谈道:"马克思主义的全部精神,它的整个体系,要求人们对每一个原理都要(α)历史地,(β)都要同其他原理联系起来,(γ)都要同具体的历史经验联系起来加以考察。"[1]这段话与马克思的唯物史观完全一致。总的说来,列宁提出的一系列学说是对第二国际教条主义的突破,是对马克思关于一切从现实生活和实践出发的学说的创造性发展。因此列宁主义没有偏离、而是发展了经典马克思主义哲学。

第二个事实是第一次世界大战后中西欧各国革命的失败。

第一次世界大战后,在资本主义发展上比俄国先进的中欧和西欧许多国家(芬兰、匈牙利、波兰、捷克斯洛伐克、德国、奥地利等)都出现了有利于无产阶级革命的形势,各国在共产党的领导下以十月革命为榜样发动了革命。然而这些革命都先后遭到失败。为什么会遭到失败,这理所当然地引起了各国共产党人和马克思主义者的思考,得出的答案也是多样的。其中较有影响的两种看法是:只关注了资本主义的经济危机作为革命的导火线的作用,而没有唤起广大无产阶级的革命意识;只是单纯搬用俄国十月革命的模式,而没有制定适合本国特殊条件的战略和策略。前者针对的主要是在第二国际流行的经济决定论,后者针对的主要是被简单化理解的列宁主义。匈牙利共产党人卢卡奇在《历史和阶级意识》(1923)和德国共产党人科尔施在《马克思主义和哲学》(1923)中对这些看法作了哲学上的论证,试图通过研究从黑格尔到马克思的发展来重新解释马克思的革命哲学理论。由于第二国际和列宁领导的第三国际在当时马克

---

[1]《列宁选集》第 2 卷,人民出版社 1995 年版,第 785 页。

思主义发展中占有正统或者说主流地位。卢卡奇和科尔施等人的学说自然就被认为是与正统马克思主义有所不同的学说,后来被称为西方马克思主义。人们也往往由此把西方马克思主义与列宁主义,甚至恩格斯以来的经典马克思主义对立起来。其实这种对立在理论上和事实上都并无充分根据。因为第二国际的经济决定论并不符合经典马克思主义,被简单化理解的列宁主义也并不是真正的列宁主义。用西方马克思主义来取代经典马克思主义实际上是出于对经典马克思主义的扭曲和偏离。

卢卡奇和科尔施开了西方马克思主义的先河。在他们之后,随着马克思主义和工人运动的发展中出现各种失误和挫折(例如欧洲工人运动之未能制止法西斯主义、苏联模式社会主义的弊端和失败、1968 年的"五月风暴"及其失败、苏东剧变),陆续有一些学者在主流马克思主义运动和执政的共产党范围以外以马克思主义的名义力图对这些失误和挫折加以总结、并以此重新认识和解释马克思主义,他们大都也被认为是西方马克思主义者。由于他们所面对的历史事件不同、思想和文化背景相异,他们的理论各有特色。这些,在近年来发表的许多专家的论著中已有相当深入具体的评介。此处不拟,也无法具体涉及。下面仅就这些西方马克思主义与经典马克思主义哲学的关系再说几句。

西方马克思主义是与经典马克思主义发展中出现扭曲和偏离相伴随而产生的一种独特思潮。这种扭曲和偏离往往首先出现于占主流地位的马克思主义派别(例如执政的共产党内)。正是由于出现这种扭曲和偏离,这些占主流地位的马克思主义者在其从事的事业(例如社会主义革命和建设)中必然出现失误和挫折。西方马克思主义者则往往是以回到或重新认识和解释马克思的名义作为上述扭曲和偏离及由此而产生的失误和挫折的批判者出现的,但是他们往往又从另一个极端扭曲和偏离了马克思主义。

应当承认,许多西方马克思主义者对马克思的论著作过相当深刻的研究,在重新认识马克思哲学的本来意义以及对正统马克思主义派别中可能存在的教条主义等倾向的批判上,他们的许多论述的确存在着合理因素,很是值得一切忠实于马克思主义的人借鉴。简单地把西方马克思主义与经典马克思主义对立起来,将其归结为反马克思主义的资产阶级思潮,显然不是马克思主义者应有的求实态度。

但是,西方马克思主义者几乎都受到了同时代的西方非马克思主义的哲学思潮的强烈影响,而且往往是按照他们所接受的某种现代哲学流派的观点去重新认识和解释马克思的学说的。尽管这些哲学流派在肯定现实生活和实践、要求超越导致教条主义和消极无为等缺陷的旧唯物主义的局限性上与马克思的哲学有相近之处,但二者无论在阶级基础和理论特征上都有原则区别。当西方马克思主义者在利用这些哲学流派的理论来反对教条主义等扭曲和偏离马克思的学说的倾向时,自己往往又以这些流派的主观主义和相对主义等片面性的学说来取代了马克思主义的唯物辩证法,特别是混淆了作为无产阶级革命导师的马克思与西方资产阶级思想家在理论上的原则界限。我们固然不应将西方马克思主义与经典马克思主义简单对立起来,又应看到二者之间的原则区别。当听到当代一些著名的西方马克思主义者(特别是德里达、哈贝马斯等人)高度赞扬马克思时,我们既应适当肯定,又要有清醒的头脑,要善于具体分析他们的称赞的真实意义。

(原载《求是学刊》2004 年第 5 期,《新华文摘》2005 年第 2 期、《中国社会科学文摘》2005 年第 1 期、中国人民大学报刊复印资料《马克思主义、列宁主义研究》2005 年第 1 期转载)

西方哲学的近现代转型

第二篇

西方哲学的近现代转型与马克思主义哲学和当代中国哲学的发展道路

关于现代西方哲学研究对马克思主义哲学及当代中国哲学发展可能产生积极影响,现在已很少有人再简单否定,但还有不少问题需要进一步探讨。例如,近年来我国现代西方哲学的研究水平大为提高,现象学等个别领域的研究成果已可与国外媲美。然而这些成果似乎还未充分运用于促进马克思主义哲学和中国传统哲学的研究,在一定程度上与后二者仍处于分离状态。这说明人们对它们的关系还缺乏较明确的认识,对有关问题还需作更具体的追问。其中如下几个问题可能是较为重要的:从整体上说,现代西方哲学的形成和发展在哲学史上是否具有进步和革命意义的重大变革? 在哲学思维的基本方式上,它们与马克思主义哲学是否有一致之处? 在马克思主义哲学和迈向 21 世纪的中国哲学的发展过程中,借鉴它们的有关成果是否具有不可或缺的意义? 本文拟从近现代哲学转型的角度对此发表一些意见。

一、近现代西方哲学转型的进步和革命意义

为了从整体上对现代西方哲学作出较恰当评价,首先要考察 19 世纪中期以来西方哲学发展中所发生的思维方式的转换(转型、转向)的意义?

19 世纪中期以来的许多西方哲学流派纷纷宣称自己开辟了哲学发展的新方向。19 世纪末 20 世纪初以来,西方哲学界中各种转向之声更是不绝于耳,例

如尼采等人对理性主义传统的批判与否定,狄尔泰等人之要求建立一种与自然科学方法论不同的精神科学方法论,实用主义之要求以生活和实践取代对物质和精神本质的探究,现象学运动(特别是存在主义)之要求转向非反思的生活世界或人的生存,弗雷格和维特根斯坦等分析哲学家之要求把哲学变成语言的用法和意义的分析,解释学家们之把哲学当作对文本的意义的阐释,以及后现代主义思潮对传统哲学的消解等等,都被宣称改变了西方哲学发展的方向。这些转向的具体含义往往有重要区别,但在对传统,特别是近代西方哲学的一些基本观念采取批判态度并要求代之以一些与之相反的观念,从而改变西方哲学的发展方向上,它们之间仍然存在着重要的共同之处,后者体现了一种把西方现代哲学和近代哲学区分开来的方向性转换。这种转换的基本意义是消极的呢还是积极的,甚至意味着西方哲学发展上的一种革命性变革?人们的意见还很不一致。我认为,如果从哲学发展的基本方式上将近现代西方哲学实事求是地加以比较研究,似应肯定后一种回答。

1. 西方哲学的近代转型(认识论转型)及其意义

对于从笛卡尔(甚至可上推到文艺复兴)到黑格尔这一段时期(通常称为近代)的西方哲学,过去大致被归属于资本主义上升时期的意识形态而有所肯定。尽管各家肯定的方式和程度不同,但大都承认这一时期的哲学家各以其独特的方式在不同程度上倡导哲学的理性精神(主要表现为人文精神),反对贬低理性、抬高信仰的中世纪宗教神学和经院哲学,主张哲学应以人本身为中心。笛卡尔的理性主义哲学体系可谓是这种精神的典型表现。这种理性主义精神与随着近代自然科学兴起而被强调的科学精神是一致的。当时先后兴起的各门自然科学都是作为主体的人的意识、理性对作为客体的自然界的认识和研究。而自然科学的胜利也正是理性的胜利。西方哲学史上这一历史时代因此被称为理性的时代。

正是这种对理性的倡导使西方哲学发展中发生了一次被称为认识论转向的重要变更。当时的哲学家们正是以理性为出发点为人的行动及全部现实生活制定了认识论和方法论,尽管他们的哲学仍把世界的本质、人与世界的关系等问题当作核心问题,但在理论形态上已与建立在感性直观和素朴猜测基础上的古代哲学以及把人与世界的关系归结为人与上帝的关系并使人完全处于从属地位的中世纪哲学有着重要区别。他们大都自觉地把作为认识主体的人与作为认识对象(客体)的世界(也就是把心灵和肉体、精神和物质、思维和存在)区分开来,并由此来探讨主体如何认识和作用于客体,客体如何作用和呈现于主体。哲学基本问题突出地表现为主客、灵肉、心物、思有之间的关系问题。这标志着使西方哲学进到了一个新的、更高的阶段。

2. 近代西方哲学的缺陷和矛盾与新的转型的出现

但是,西方哲学在取得重大进步时却又隐含了严重的缺陷和矛盾。这首先表现为:对理性的倡导由于走向极端而变成了对理性的迷信,理性万能取代了上帝万能。这导致了理性的独断。按照理性主义原则构建的哲学体系往往变成了凌驾于科学和现实生活之上的思辨形而上学体系。其次,它虽然以理性思维(反思)克服了古代哲学的素朴性和直观性,却又因将主客、心物等分离开来而陷入了二元论。而二元论必然导致与理性精神相悖的独断论或怀疑论。特别值得指出的是:它是以提出以人作为哲学的中心而开始其发展历程的。它要求摆脱旧的传统和权威对个人全面发展的束缚,倡导发挥人的个性和创造性,尊重人的自由和尊严。然而,主客、心物、灵肉的分裂和思辨形而上学倾向使人要么沦落为一架没有血肉和灵魂的机器;要么成为形而上学体系上的一个环节(如体系中的"人"概念的外部表现)。人的主体性和创造性、自由和人格的尊严等由此被消解于理性思辨体系中了。这意味着近代西方哲学走向了自己的反面。

近代西方哲学的上述片面性和矛盾被一些当代哲学家称为"基础主义"、"本质主义"、"本体论的思维方式"、"逻各斯中心主义"、"在场的形而上学"等等。这些不同名称从不同视界表达了同一种哲学思维方式,即要求建立无所不包的形而上学体系,使之成为一切知识的基础。这种哲学思维方式在一定历史时期是不可避免的,对近代西方社会历史和包括哲学在内的思想文化的发展都起过积极作用。然而它的缺陷和矛盾即使在当时就已被一些哲学家(例如与笛卡尔同时代的帕斯卡尔,著名的启蒙思想家卢梭,意大利哲学家维科,德国浪漫主义思想家,特别是德国古典哲学家康德)所揭示。只是那时的社会和思想环境使它仍然有存在甚至发展的条件。从 19 世纪中期以后,随着西方社会各方面的剧变,特别是现代自然科学的发展对作为这种思维方式的认识基础的经典自然科学的超越,这种思维方式的片面性和矛盾就显得特别突出了。它必然被新的哲学思维方式所取代。这意味着西方哲学的发展必然出现新的转型。19世纪中叶马克思主义的产生在哲学上所实现的革命变革是这种转型的突出表现。而从那时以来西方一系列一反近代哲学发展方向的新的哲学流派(即通常所谓现代西方哲学)的出现在不同程度上也同样是这种转型的表现。

3. 西方现代哲学对近代哲学的超越

毫无疑问,不少现代西方哲学流派的理论存在着种种片面性甚至谬误。它们也的确抛弃了近代西方哲学的不少积极因素,在某些方面甚至有所倒退。但是,如果将整个西方现代哲学的理论走向与近代哲学作比较,我们还是可以发觉它们至少在如下几个重要方面在不同程度上超越了后者。

第一,大部分现代西方哲学流派继承了康德等人对传统形而上学的批判,进一步否定了建立无所不包的哲学体系以及把哲学当作科学的科学的企图。这虽然限制了传统哲学的范围和职能,甚至是对后者的一种消解,但却是哲学上的一种重要进步。随着各门特殊科学的形成和发展,越来越需要改变由哲学来支配,特别是代行其职能的状况。人们必须重新研究哲学的意义和功能。现代西方哲学家正是适应这种需要而提出各自见解(例如作为生活和行为方法或科学方法论、对意义的澄清和解释、对世界和人本身的超越及理想和终极关怀的探究、作为超形而上学的人文研究的文化学或后哲学文化等)。它们虽都有片面性,但大都不失为对哲学的意义和功能的有价值的探索,是对作为体系哲学的近代形而上学的超越。

第二,现代西方哲学家大都企图排除作为近代认识论基础的二元分立倾向。这并不都是简单地否定主客、心物、思有等之间的差别和联系,而往往只是要求将它们看作一个不可分割和统一的过程。其中起主导作用的是主体(人)的能动和创造性活动。康德的"哥白尼变更"在一定程度上超越了主客二分以及与之相关的经验论和唯理论等的对立,他关于实践理性高于理论理性和道德自由的理论也超越了以自然科学方法论为核心的认识论哲学模式的界限。然而他又在现象和自在之物之间、理论理性和实践理性之间划了一道鸿沟,从而没有真正克服、甚至从另一方面加剧了二元论倾向。不少现代西方哲学家企图进一步强调主体的能动性来克服康德的不彻底性。尽管有时走向极端,但这毕竟包含了对与二元分立相关的机械论、独断论和怀疑论的某种程度的否定。有的人还主张用人的实践活动取代主客二分作为哲学的出发点,使哲学由主客分离的世界转向二者统一的现实生活世界。这是对二元分立哲学模式的超越。

第三,许多现代西方哲学家对人的非理性的精神活动进行了多方面和多层次的揭示和研究,试图揭示与人的精神活动直接相关的研究(社会历史和心理等学科)和自然研究之间的区别,制定与自然科学方法论不同的精神科学方法论。这些研究有时也有走极端的倾向,但毕竟批判了将理性绝对化和凝固化的片面性,揭示了人的精神活动的更多的层面和特性,扩大和加深了对它们的认识。这些未经理性改装和凝固化的本真的精神活动如同人的理性活动一样是通向人的现实生活世界和达到对人的更完整的认识的重要门户。对它们的研究具有重要意义。这是对传统理性主义的超越。

第四,近代哲学是以倡导人文精神开始的。然而其思辨形而上学和二元论思维方式必然把人对象化,使人失去其本真的个性(异化)。现代西方哲学家(特别是人本主义哲学思潮的哲学家)大都要求重新认识人的存在及其活动的价值和意义,强调要把人看作完整的人,看作目的而不是手段。人是整个哲学的核心,不是其中某个环节或组成部分。哲学重建的根本途径说到底是向人的回归。这种理论虽然同样有片面性,但毕竟是在提倡一种新的人文精神,至少对西方社会中人的异化现象及传统人道主义的种种弊端作了有较大深度的揭露和批判。这是对近代哲学关于人的学说和人道主义的超越。

西方现代哲学对近代哲学的超越不只是在个别哲学流派和哲学家那里发生的个别理论观点的改变,而是西方哲学发展中一种具有相当普遍意义的理论思维方式的转型,即有关哲学研究的对象、方法和目的等基本观念的重大变革。许多现代西方哲学家都在用一种不同于近代哲学的思维方式来重建哲学,企图以此摆脱近代哲学的困境,为哲学的进一步发展开辟新的道路。总的说来,他们的哲学也的确更能体现这一时期西方社会的政治、经济和文化发展的状况、特别是科学技术的飞速发展所导致的各种问题,因而具有重大的进步意义。与近代西方哲学比,现代西方哲学的出现标志着西方哲学发展到了一个新的、更高的阶段。

二、西方哲学的现代转型与马克思主义
在哲学上的革命变革的关系

西方哲学的近现代转型与马克思主义在哲学上的革命变革当然有重大区别。然而二者又同是对近代哲学的否定和超越,在社会历史条件和思想文化背景上有类似之处。导致近代哲学趋于终结的种种原因同是二者形成的重要根源。这些现在大致不会有很大争议。需要进一步研究和讨论的问题是:二者对近代哲学的否定和超越以及所要建立的新理论仅仅是根本对立的呢还是有着较大的共性?

1. 坚持近代哲学思维方式必定认为二者只能是根本对立

过去得到普遍认可的一种观点是:马克思主义摒弃了近代等传统哲学的唯心主义和形而上学,批判地继承了其唯物主义和辩证法,建立了辩证唯物主义和历史唯物主义的科学体系;至于现代西方哲学,由于都否定和排斥唯物主义和辩证法,归根到底必倒向唯心主义和形而上学。因此,尽管二者都是对近代哲学的否定和超越,但由于所否定和超越的截然不同,必然处于根本对立的地

位。前者是哲学上的革命,后者并无进步意义,甚至是一种倒退。近些年来,虽然越来越多的人承认现代西方哲学包含有合理因素,但上述基本观点似乎仍为较多人接受。主要原因是人们仍往往按照近代哲学的思维方式来看待二者所实现的变更。

从追问世界的本质和本原、建立关于整个世界的图景的体系的观点看,从立足于心物、主客二分并把由此而产生的唯物唯心等的对立当作哲学发展的基本路线的立场看,现代西方哲学的形成的确很难说是哲学上的进步,因为它们不仅明确地反对各种唯物主义,而且还企图通过反对二元分立来根本取消作为划分唯物唯心的标准意义下的主客、心物、思有等的关系问题,这就否定了唯物主义赖以存在的基础。它们对基础主义、本质主义、实体本体论等的否定也意味着对唯物主义的否定。

在评价现代西方哲学时,如果把是否归属唯物主义作为其是非的根本标准,那对它们的评价只能是否定的。而如果把马克思主义在哲学上所实现的革命变革简单地归结为建立了一种与唯心主义相对立的彻底的唯物主义理论体系,那必然认为它与现代西方哲学根本对立。如果谁企图通过从现代西方哲学中发现唯物主义因素来寻找它们与马克思主义哲学的共同点,大概难于有多大成果,甚至还会曲解现代西方哲学。因为超越和排斥以主客、心物、思有二分为特征的唯物主义和唯心主义正是现代西方哲学作为一种新的哲学思维方式不同于近代哲学的基本特征之一。在一定程度上可以说,谁肯定西方现代哲学的唯物主义成分越多,谁就会离开它们的实际所是越远。

总之,只要人们遵循近代哲学思维方式,就必然把二者看作仅仅是根本对立的。最近一些年来,许多马克思主义哲学家虽然无意再全盘否定现代西方哲学,甚至试图批判地从中吸取合理因素,但一涉及对现代西方哲学的具体理论评价却往往感到困惑,主要原因也许正在未能越出近代哲学思维方式的界限。

2. 超越近代哲学思维方式和转向现代哲学思维方式

为了坚持真正的马克思主义哲学立场并对其与现代西方哲学的关系作出

合乎实际的解释,我认为必须超越近代哲学思维方式、转向现代哲学思维方式。

按照近代哲学思维方式来解释马克思主义哲学的一种突出表现是把它归结为一个由几条能反映自然、社会和精神等一切领域的普遍规律为基本框架的理论体系,认为只要掌握了这些基本规律,就可由之出发或以之为基础而揭示出一切领域的特殊规律。这种解释可能导致把马克思主义哲学当作穷究一切存在和认识的基础和本质、并成为一切科学和知识的根据的体系,而这正是近代哲学由以构建其理论的基本观念。尽管人们强调马克思主义哲学和近代哲学有本质区别,他们对马克思主义哲学理论所作的解释有时也的确超越了黑格尔、费尔巴哈等近代哲学家的学说,但未能超越这些学说由以建立的哲学思维方式和基本理论框架,也就是仍然按照追求万物本源、本质、并成为人的一切行动和认识的基础这种传统形而上学思维方式来理解和构建马克思主义哲学。结果必然是背离马克思主义在哲学上所实现的超越和变革,使它倒退到传统形而上学的水平。

那么马克思主义所体现的现代哲学思维方式是怎样的呢? 或者说,马克思主义是怎样扬弃和超越近代哲学而建立其实现了哲学上的革命变更的新哲学的呢? 这是一个需要从不同层面加以研究和讨论的复杂问题。但我想至少可以肯定:上面提到的西方现代哲学对近代哲学的那些超越也在马克思主义哲学所实现的超越之列。事实上,近代哲学的思辨形而上学倾向(特别是建立无所不包的体系并把哲学当作科学的科学的企图),将理性绝对化的倾向,将主客、心物、思有等二元分立绝对化的倾向,将人当作手段和使人异化的倾向,都是马克思所一直激烈批判并要求克服的倾向。

马克思在扬弃一切旧哲学之后所建立的哲学不只是在具体的理论观点上与以往哲学不同,更重要的是它彻底打破了一切旧哲学由此出发的前提。它所关注的不是去揭示世界的物质或精神本原,不是去建立描绘整个世界的严密完整的理论体系,而是直接面向人的实践和现实生活。实践观点是马克思主义哲学的首要的、基本的观点。但这不是把它当作本原或本体,不是企图在实践基础上去建立一种包罗万象的哲学体系,而是通过客观实践来充分发挥人的能动性和创造性,促进人的自由和全面发展。在如何理解实践作为马克思主义哲学的核心概念上还有许多问题需要探讨,但我认为至少应当肯定:实践不是单纯的物质或精神活动,而是包含了二者的统一的能动的活动;实践不只是感性的或理性的,而是感性和理性的统一;实践既是主观的又是客观的,是主客的统一;与实践相应的不只是知,而是知情意的统一。在一定意义上可以说,近代哲学之陷入种种片面性、矛盾和迷误,根本原因是忽视或未能正确理解人的实践的意义,而马克思主义则通过对人的实践的意义的深刻揭示和全面阐释彻底地实现了对传统形而上学的超越,实现了哲学上的革命变革。

3. 马克思主义哲学和现代西方哲学在超越近代哲学上的同一与区别

总之,不是以实体和本原为基础和出发点,而是以实践为基础和出发点;不是建立一个无所不包的哲学体系,而是超越一切僵固的、封闭的体系,回到人的现实生活世界;不是在理性独断和心物等二分的基础上使人片面化和异化,而是回到活生生的、知情意统一的、具体的、完整的人,并为人的自由和创造开辟广阔的道路;这些也许正是马克思主义哲学所体现的新的哲学思维方式超越于近代哲学思维方式的主要所在。

当我们回头来重新考察西方现代哲学对近代哲学的超越时,我们不难发觉它们并未越出马克思主义所实现的超越的范围。换言之,西方现代哲学各个流派从各自角度对近代哲学的缺陷和矛盾的种种超越,马克思主义哲学在其初创期就已以更加明确和彻底的形式提出了。这说明从超越于西方近代哲学的角度说,西方现代哲学和马克思主义哲学之间存在着很大的类似。二者可谓殊途同归。均属于现代哲学思维方式,具有某种程度的同质关系。

这当然不是否定二者之间存在着重要的,甚至是原则性的区别。与马克思主义哲学相比,现代西方哲学的各个流派在超越近代哲学时几乎都存在着种种不彻底性,甚至自相矛盾。他们往往以不同形式重犯、甚至发展了近代哲学的某些片面性。例如他们大都激烈抨击传统哲学的形而上学倾向,但往往把哲学所应有的对真理、理想等的形而上的追求与近代哲学之将这种追求思辨化、绝对化混为一谈,对之简单否定。然而他们自己又不得不以新的形态去构造某种形而上学。他们对传统哲学的理性独断和绝对主义作了可谓淋漓尽致的揭露和批判,却又因忽视甚至排斥理性的作用而往往走向另一极端,即某种形式的相对主义和非理性主义。他们揭示了主客、心物等二元分立的种种弊病,特别是使人对象化和物化(异化)的弊病,强调发挥人的能动性和创造性,然而却由此走向了无视客观实际的主观主义。

总的说来,西方现代哲学对近代哲学的超越有很大局限性。就各个具体的哲学流派说,往往只是在某些方面或环节上有一定程度的超越,在其他方面则可能仍然徘徊于传统哲学的框架之中。只有通过整个现代西方哲学的长期发展历程才能实现对近代哲学的超越。换言之,马克思主义在 19 世纪中叶就已基本实现的哲学思维方式的变革,现代西方哲学是通过迂回曲折的道路在一个多世纪的漫长历程中在某种程度上实现的。

马克思主义对近代哲学的超越不是简单否定,而是将其去伪存真,也就是批判地继承。它在克服传统哲学的种种片面性时不会陷入另一种片面性,而只会在汲取原有优秀哲学遗产的基础上实现哲学发展的新飞跃。从这种意义上说,马克思主义哲学既超越了传统哲学,又超越了现代西方哲学。

4. 坚定对马克思主义哲学的信念和大胆借鉴现代西方哲学

如果上面关于西方哲学的现代转型与马克思主义在哲学上的革命变革的关系的论述大体能够成立,那从中至少可以得出如下两个结论。

第一,应当对马克思主义哲学有坚定的信念。

由于马克思主义哲学在整体上既超越了传统西方哲学,也超越了现代西方哲学,比后者更为全面和深刻地体现了现代哲学思维方式的特征,也更能适应现代社会的新形势和各方面发展的要求,因此我们不应为在它的发展中出现了某些曲折而对之失去信念。

在这一点上最重要的是:对马克思主义哲学之真实所是要有更全面的理解。不能按照为马克思主义哲学所扬弃的近代哲学思维方式去解释它,而要恢复它作为实现了哲学上革命变革的新思维方式的本来意义。最近一些年来,马克思主义哲学的威信受到了很大损害,有的人动摇了对它的信念。重要原因之一就是它被按照近代哲学的思维方式去解释,以致其本来意义受到扭曲。这种被扭曲的理论就像被马克思主义哲学所超越的旧哲学一样必然陷入困境和危机。为了使人们坚定对马克思主义哲学的信念,必须揭露和克服这种对它的扭曲现象。

第二,必须认真研究和大胆借鉴现代西方哲学。

如果承认西方现代哲学在整体上是对近代哲学的超越,是西方哲学发展上一个更高阶段,在体现一种新的,即现代哲学思维方式上与马克思主义哲学具有共性,那么对它们一些过去常被简单否定的理论就要重新考察。它们也许正体现了对近代哲学的某种超越,在哲学发展上起着进步作用。从整体上说西方现代哲学对近代哲学的超越没有越出马克思主义哲学所超越的范围;但从某些局部和方面说,它们很可能包含了更为丰富和深刻的内容。考虑到马克思主义哲学长期被扭曲,它本来应实现的超越未能完全实现,有时甚至反而被拉回到近代哲学的思维方式上去,在这种情况下,从现代西方哲学所实现的那些超越中批判地汲取有益经验、用来补充马克思主义哲学某些方面的不足或促进在这些方面的研究,就更显得重要了。正是在这种意义上我们可以说,研究和借鉴现代西方哲学是丰富和发展马克思主义哲学必不可少的环节。

三、西方哲学的现代转型与迈向 21 世纪的中国哲学

如何建立和发展与迈向 21 世纪的中国社会相适应的中国哲学,这是一个可以而且需要从不同层面、视角来探讨的问题。例如,中国是一个将马克思主义作为指导思想的社会主义国家,发展中国哲学首先应当发展适应中国特殊环境的马克思主义哲学;中国是一个有着数千年优秀文化传统的国家,发展中国哲学必以继承和发扬中国固有的文化遗产为前提;当代中国社会各个方面正在经历深刻的变革,发展中国哲学必须适应这些变革,等等。这些方面本身又包

含着多方面、多层次的内容,需要分别加以研究,我在此想说的只是:它们也都应当与重新研究和认识西方哲学的近现代转型联系起来。

1. 发展中国的马克思主义哲学与重新认识和评价西方哲学的近现代转型的关系

关于丰富和发展马克思主义哲学必须研究和借鉴现代西方哲学,上面已经谈到。在此再提一下的只是:在中国,由于马克思主义哲学被按照近代哲学思维方式来理解的倾向曾经特别突出,为了促使它恢复作为现代哲学思维方式的本来面目,更加需要研究和借鉴对近代哲学思维方式作了多方面批判的现代西方哲学。

马克思主义哲学在中国有过举世公认的创造性发展,但在不同时期又都曾出现过偏离其本来意义的倾向,特别是将它僵化和教条化。出现这种状况的原因是多方面的。从理论根源说,这与没有如实认识西方近现代哲学的转型的深刻意义、错误地将其与马克思主义在哲学上的革命变革绝对对立起来有一定联系。人们对以二元分立和理性独断为特征的某些近代哲学往往因其有唯物主义或辩证法因素而过分地加以肯定,而对现代西方哲学中那些超越了传统哲学思维方式的理论往往当作唯心主义而加以简单否定,在多次发动的对西方哲学思潮的批判中,所批判的有时也许正是其能在一定程度上体现现代哲学精神的内容。这在对实用主义的批判中就表现得相当明显。

在现代西方哲学思潮中,实用主义因鼓吹调和折衷和过分强调谋取实利、忽视原则而受到来自各方的非议。从马克思主义立场出发对之进行批判无疑是必要的。然而实用主义又是一个具有较多现代哲学特征的哲学流派,对之应作具体和全面分析。例如,杜威等人的理论的最显著特点之一是拒斥以心物、主客二元分立和实体本体论为特征的传统形而上学,要求哲学和科学把注意力移向人的现实生活世界(经验世界)。不过他们不把经验看作物质或精神存在,而看作人与其对象世界之间(主客、心物之间)的相互作用。经验不是实体性存在,而是作为上述相互作用的活动、过程,也就是人的现实生活和实践。他们一般并不否定经验以外的世界自在地存在,但认为它们只有处于与作为主体的人的关系中才能作为客体存在,才成为哲学和科学的对象。正是由此出发,他们认为哲学家不应当去建立关于超经验的物质和精神实体的体系,也不应去论证这种意义上的唯物主义和唯心主义,而应使哲学成为一种关于人的现实生活、实践的方法论。尽管他们的这些理论的确存在着种种片面性,但毕竟突破了传统形而上学对经验和实在的理解的界限,具有现代哲学思维方式的特征。与古典哲学相比,它与马克思主义哲学有着更多的共同之处。本应给予更多肯定,并从中得到某些启迪。然而长期以来人们却往往把它归结为主观唯心主义而予以全盘否定。

对实用主义的其他方面及对其他现代西方哲学流派的批判也存在类似情况。其主要消极后果是把人们的注意力由具体的现实生活和实践引向关于物质、精神等抽象的一般概念,由对近代哲学的超越又回复到近代哲学。这意味着在坚持和维护马克思主义的名义下颠倒了西方近现代哲学(特别是它们的转型)的是非,从而也使马克思主义哲学在某些方面被扭曲成近代形而上学类型的哲学。

2. 继承和发扬中国传统哲学必须与研究和借鉴西方哲学及其近现代转型相结合

继承和发扬中国传统哲学之所以也必须与研究西方哲学,特别是其近现代转型结合起来。主要理由有三。

第一,这种继承和发扬必须坚持用马克思主义作指导,而后者从理论来源说是西方哲学发展的产物,它在现当代的丰富和发展仍然与西方哲学在现当代的发展和转型密切相关。为了更准确和全面地理解并创造性地运用马克思主义,必须认真研究西方哲学;

第二,这种继承和发扬必须适应实现中国的现代化、建设有中国特色的社会主义的要求。由于中国传统哲学和文化是在个体的、狭隘的小农经济基础上建立起来的,受宗法血缘关系及以家国一体为特色的社会结构的制约。尽管它们具有非常丰富和优秀的遗产,但本身并不能完全适应上述要求,必须对之加以改造,而批判地汲取具有现代特征的西方哲学和文化是进行这种改造必不可少的环节。另一方面,中国的现代化应当避免西方现代化过程中的许多弊端,而现代西方哲学在这方面所进行的种种批判至少可以唤起我们在这方面的警觉。

第三,这种继承和发扬必须适应面向世界、面向未来的需要。为此,中国哲学和文化必须是开放性的,能与世界各国,特别是西方各国在哲学和文化上相互对话和交流。这也意味着必须使中国传统哲学和文化与体现当代特色的西方哲学和文化相互沟通。

3. 中西沟通和融合是迈向 21 世纪的中国哲学发展的必由之路

无论从中国或世界范围说,迈向 21 世纪都意味着科学技术、经济和社会等各个方面将发生深刻的变化。哲学也必将如此。对于 21 世纪的哲学将向什么方向发展?中国和西方哲学界都在进行热烈的讨论。回答可谓众说纷纭。就 21 世纪哲学发展的具体形态说,谁也难于作出精确的判断。然而,在各种可能的趋势中,不同类型哲学(包括西方哲学中的不同思潮和流派,马克思主义和非马克思主义哲学,东方,特别是中国哲学和西方哲学等)之间的接近和会通也许将是一种必然趋势。

如果说 19、20 世纪是各种对抗和冲突激化的世纪,那么随着冷战不可逆转地结束和人类面临各种共同的挑战,21 世纪也许将是以和平竞赛和对话协商为主调的世纪。对抗和冲突不会很快消失,在局部范围仍可能很激烈,但它们最终只能通过对话和协商来解决。在这种情况下,哲学领域以往那种势不两立的对抗必将有所缓解,商讨式的论争会被更多的人接受。事实上西方哲学界已开始显示出这种倾向。许多哲学家不仅在试图超越西方哲学中各种流派和思潮的对立,也试图在马克思主义和非马克思主义哲学之间寻找共同语言。这不意味着要求各派哲学放弃自己的原则和信念,而只意味着不将其绝对化、并对其他各种思潮和流派采取较为宽容和开放的态度。马克思主义哲学作为一种开放型哲学同样应当在坚持自己的基本原则和信念的同时更加注意与各种非马克思主义哲学对话,从中汲取一切有价值的成果。

关于东西文化、中西哲学的关系问题曾长期引起激烈争论。人们在这方面之所以难于达成共识,原因很多。历史文化传统、思维方式等等的不同以及由此所造成的彼此之间的偏见和误解属主要原因之列。当西方各国处于其现代化的上升和巅峰时期,他们的思想家对以理性和科学为特征的西方哲学和文化必然深信不疑,而对缺乏这种特征的东方哲学和文化的优秀成果必然视而不见。同样,当中国等东方各国尚处于所谓前现代时期时,这里的思想家对西方哲学和文化也不可能有深刻的了解。在这种情况下,要做到中西哲学和文化的会通是不现实的。然而,当历史走向 21 世纪,当西方各国经历了"现代"哲学和文化的种种危机和矛盾,失去了对理性和科学的迷信、要求超越它们、并企图转向从东方文化中寻找出路的时候,当东方各国进入了"现代化"时期,对在西方最早出现的理性和科学精神有了更多的认识而要求超越固有传统的时候,二者之间自然会找到相互理解和沟通的桥梁。因此,如果说以往的世纪是东西(中西)哲学和文化相互分离和对立的世纪,21 世纪也许是二者之间的相互沟通和融汇的世纪。

如果上面的分析能够成立,那么面向 21 世纪的中国哲学将是一种在马克思主义哲学的指导下汲取和容纳百家的开放型哲学,是在继承中国传统哲学优秀遗产基础上与体现了现当代的时代特征的西方哲学相衔接的哲学。西方哲学在经过扬弃后将成为丰富和发展中国哲学的重要资源。而中国传统哲学将在克服种种局限性的前提下发扬光大,成为世界哲学中的瑰宝。把中国优秀的哲学遗产推向世界,把西方哲学的现代精神引入中国,这也许正是迈向 21 世纪的中国哲学发展的必由之路。在这一基础上重新形成和发展的中国哲学必将是一种既超越中国传统哲学,又超越西方哲学的崭新的哲学。它将处于时代高峰,并随着社会的发展而不断丰富和发展。

(原载《天津社会科学》1996 年第 3 期;《新华文摘》1996 年第 8 期转载)

对西方哲学近现代转型的历史和理论分析

一、重新认识和评价西方近代哲学的意义

不同倾向的哲学家对近现代西方哲学发展的评价往往大不相同,但他们都会承认,在近现代西方哲学之间存在着重要的,甚至是根本性的区别。这意味着西方哲学的发展在近现代之间发生了重要的,甚至是根本性的转折(转向、转型)。马克思主义哲学家根据对西方社会和哲学发展史的深刻分析,揭示了19世纪中期马克思主义的产生实现了哲学上的革命变革。19世纪中期以来的许多西方哲学家和哲学流派也对传统欧洲哲学采取批判态度,要求对之进行根本性的改造,并纷纷宣称自己的哲学理论开辟了哲学发展的新方向。从那时以来,在西方哲学界不断传来各种转向之声,例如语言的转向、生活世界的转向、历史和实践的转向、后现代的转向,等等。它们的意义往往有重要区别,也往往有得以成立的理由。究竟何种"转向"更加深刻、更能体现这一时期时代精神的变更,这不仅在马克思主义者和非马克思主义者之间有极不相同的回答,在西方哲学家内部也往往难于、事实上也从来没有达成共识。

但是,在对西方传统哲学,特别是近代哲学(包括它们的理论前提、研究的问题的性质、范围和方法以及它们的基本理论框架和目标等方面)采取批判态度并要求改变哲学发展的方向上,在对哲学问题的提法和回答上,他们之间仍然存在着某些可能是相当重要的共同之处。正是后者把西方现代哲学和近代哲学区分开来,从而成了西方哲学发展的新转向的主要标志。为了对现代西方

哲学有较为客观和深入的了解,当然需要对各家各派的理论进行具体的研究和分析,揭示它们各自的特征以及它们之间的差异;但也应研究它们的共同之处,特别是那些使它们与近代哲学区别开来的特征。这也就是了解西方哲学由近代向现代的转化在整个哲学发展上所具有的真实意义。

对于西方哲学从近代到现代的转化,我国哲学界由于受"左"的影响,以往大都采取简单否定态度,如下两种看法曾相当流行。第一,从"文艺复兴"到黑格尔的西方哲学反映了处于资本主义上升时期、具有一定革命性和进步性的资产阶级的利益和要求,存在符合唯物主义和辩证法要求的合理和积极因素,而自此以后、特别是马克思主义哲学产生以后的西方哲学则主要是作为反动资产阶级的意识形态,从本质上说不可能包含合理和积极因素,在理论上表现为纯粹的唯心主义和形而上学。第二,只有马克思主义哲学才克服了以往西方哲学的种种缺陷,继承和发扬了其唯物主义和辩证法等优秀遗产和进步传统,并由此而实现了哲学史上最伟大的革命变更、开辟了哲学发展的新方向;现代西方哲学恰恰相反,它们抛弃了西方哲学的唯物主义和辩证法等优秀遗产和进步传统,而发挥了其消极、落后以至反动的方面。因此,马克思主义哲学和现代西方哲学处于根本对立地位。这两种看法密切相关、互为表里。人们无论从理论上或历史现实上都可以为其找到印证的理由。问题是:这些理由是否具有普遍和绝对的意义?或者说现代西方哲学是否只能是唯心主义和形而上学的堆集?是否应当简单否定?在"左"的年代,人们很少、实际上也难于对之作出真正合乎实际的考察。

随着"左"的影响的不断克服,人们开始对一些过去几乎被认为毋庸置疑的结论重新加以研究。对上述问题人们不再采取简单否定的态度,而在不同程度上企图对之作出求实的分析;他们既坚持马克思主义的批判态度,从原则上划清马克思主义哲学和现代西方哲学等非马克思主义哲学的界限,同时对后者不简单否定,而是试图发现其中可能包含的合理和积极因素,有的人还企图将其与对中国传统哲学以及马克思主义哲学的研究结合起来,以此丰富和发展马克思主义哲学,使之更为符合当代中国建设社会主义的现实的需要。然而,如果不重新认识西方哲学从近代到现代的转向的真实意义,就不能从根本上改变过去习惯了的那种看待现代西方哲学的思维方式,就不能真正了解西方哲学由近代转向现代所具有的进步和革命含义,也不能如实地认识西方近代和现代哲学以及马克思主义哲学之间的真实联系,从而不能达到上述哲学研究的目标。

为了了解西方哲学由近代转向现代的真实意义,必须重新从整体上认识和评价近代西方哲学,特别是分析它们的成败得失。

二、西方哲学在近代的转向和进步

对于从"文艺复兴"到黑格尔这一段时期的近代西方哲学所取得的重大成就及它们在整个西方哲学发展上所处的重要地位,除了个别走向极端的非理性主义哲学家和个别当代后现代主义者外,很少有人会表示怀疑。尽管哲学家因立场不同而对这一时期哲学的评价和取舍标准在某些方面存在差异,但大都在不同程度上肯定了它们所具有的理性、人文和科学精神的进步意义。

近代西方哲学的理性、人文和科学精神是统一的。从理性不仅是人所固有,而且是人的本质属性来说,理性精神实际上就是人文精神;从人文精神的根本特征就在于肯定人本身所固有的理性的权威地位和力量来说,它必然突出地表现为理性精神。当时的许多先进思想家都力图确立人的独立地位,在不同程度上使人摆脱对神的从属关系。他们对作为中世纪封建专制主义的意识形态,并以贬低理性和抬高信仰为特征的传统宗教和神学以及以基督教神学为基础的经院哲学,都进行了淋漓尽致的揭露和批判;由此来论证和讴歌人本身所具有的理性能力,并否定立足于后者的哲学对神学的依存关系。文艺复兴时期的思想家们(特别是人文主义者)就已把具有理性的人当作他们关注的中心,把尊重和发扬人的个性、促进人性的解放当作他们的理论出发点。他们号召人们冲破传统神学(特别是基督教禁欲主义)和经院哲学的禁锢,把注意力由彼岸的天国返回到现实的人间。17—18世纪的欧洲哲学中有着唯物主义和唯心主义、经验论和唯理论等各种派别的分野,但各派在提倡理性、限制信仰上比较一致。

笛卡尔运用理性演绎法建立起来的哲学体系固然是典型的理性主义体系,培根等人的经验主义也同样以尊重和颂扬人本身所具有的认识能力、即与盲目的信仰相对立意义下的理性为前提。正如马克思所指出的,在培根哲学中,"归纳、分析、比较、观察和实验是理性方法的主要条件"[1]。18 世纪的法国唯物主义者和启蒙思想家大都把理性当作人的本质,并把是否符合理性当作衡量是非善恶美丑的根本尺度,由此对理性主义的原则作了进一步发挥。康德揭示和批判了以往哲学家停留于理论理性(认识和科学领域)所必然陷入的矛盾,企图通过论证人具有先验认识能力来克服这种矛盾,以此使科学知识的普遍性和必然性得到确证;同时他又把理性由科学所属的理论领域扩展到道德自由所属的实践领域,扩大了理性的作用范围。他关于限制理性、为信仰留下地盘的口号的真实含义也正在限制理论理性的作用范围、肯定与之不同的实践理性,而不是排斥理性和倒向传统意义的信仰主义。黑格尔在揭露和批判包括康德在内的前人的理性主义的矛盾的基础上建立了一个无所不包的理性主义体系。正因为如此,整个这一历史时代在西方哲学史上被称为理性的时代。

近代西方哲学中体现人文精神的理性精神与随着自然科学兴起而出现的科学精神是互为表里、彼此促进的。当时的自然科学的一个重要特点是它们从神学以及以神学为基础的经院哲学的束缚下解放出来,开始成为真正的科学。科学家们已不再援引神力(天启)去洞悟某种神秘的本质,而是凭借人本身固有的意识、理性能力(经验和思维)去认识所面对的客观世界。当时先后兴起的各门自然科学都是作为主体的人的意识、理性对作为客体的自然界的认识和研究。这种认识和研究的成果有时达到了可以用精确的数学公式表达的程度。哥白尼、开普勒、伽利略和牛顿这些科学大师的发现为近代自然科学提供了光辉的范例。自然科学从神学和经院哲学的桎梏下的这种解放促进了哲学获得同样的解放。哲学已不再像在中世纪那样是神学的婢女,而是人本身的意识,即理性的产儿。上帝的万能被代之以理性的万能。凡人所需要了解的一切均

---

[1]《马克思恩格斯全集》第 2 卷,人民出版社 1957 年版,第 163 页。

可通过人本身的理性获得,而且能做到像数学推理一样清晰和精确。这样,自然科学的胜利也就是理性的胜利,或者说是理性和人文精神以及以之为基础的哲学的胜利。

近代西方哲学在从当时形成和发展起来的自然科学获得其所需的论据和知识材料的同时也为自然科学的发展提供了指导。这具体表现在它们对实验自然科学的成果从哲学上作了总结和概括,不仅以之为基础而重新提出和发展了唯物主义自然观,更为自然科学以及人的全部现实生活制定了认识论和方法论原则,这对近代自然科学以至整个社会的发展都起了很大的推动作用。培根的经验归纳法和笛卡尔的理性演绎法正是这种认识论和方法论的典范。他们以后的许多哲学家,特别是从康德到黑格尔的德国古典唯心主义哲学家,对认识论和方法论问题作了更为深入和具体的论述。其中最值得注意的是他们对认识的辩证法作了相当深刻的揭示和论述。康德对主体的能动作用的强调成了西方哲学发展中的一个重要转折点,黑格尔的辩证法则可谓集古典西方哲学的辩证法的大成。

这种在实验自然科学基础上对认识论和方法论问题的深入和具体的研究意味着这一时期的哲学家已普遍地把自己的理论建立在反省思维的基础上,克服了古代哲学所特有的素朴性和直观性。这标志着西方哲学的发展发生了一次被称为认识论转向的重要转向,使西方哲学的发展进入到了一个新的阶段。

尽管当时的哲学家仍把世界的本质、人与世界的关系问题(而这也正是哲学作为人的一种精神活动所必然要研究的基本问题)当作关注的核心,但他们的哲学在理论形态上已与建立在感性直观和猜测基础上的古代哲学以及把人与世界的关系归结为与上帝的关系,并使人完全处于从属地位的中世纪哲学有着重要区别。这突出地表现在他们大都自觉地把作为认识主体的人与作为其对象(客体)的世界区分开来,即把心灵和肉体、精神和物质、思维和存在区分开来,并由此来探讨主体如何认识和作用于客体、客体如何作用和呈现于主体。哲学基本问题非常明确地表现为主客、灵肉、心物、思有关系问题。正像恩格斯指出的那样,思维对存在、精神对自然界的关系这个全部哲学的最高问题虽然早已存在,"但是,这个问题,只是在欧洲人从基督教中世纪的长期冬眠中觉醒以后,才被十分清楚地提了出来。才获得了它的完全的意义。"[1]这意味着认识论的转向之得以实现,西方哲学发展之进入到一个新的阶段,与哲学基本问题之明确表现为主客、心物、思有等的关系问题是密切联系在一起的。前者可以说正是后者的结果。因为没有主客心物之明确区分,就谈不到建立以关于主体如何认识客体为主要内容的认识论,更谈不到有认识论的转向;而且,哲学基本问题之明确表现为主客、心物、思有等关系问题也意味着确立了人作为主体的独立地位,肯定了人本身具有的理性(包括人的感觉、思维、情感、意志等多种形态的心理意识活动)能力使人不仅能认识世界,而且能在这种认识的基础上按照自己的意志来处理与其所面对的世界的关系。

哲学基本问题作为主客、心物、思有关系问题的明朗化及由此导致的西方近代哲学中认识论的转向的实现,与西方各国由封建的自然经济制度转向资本主义的商品经济制度以及与之相应的政治和思想文化等各个方面的变化是一致的。它不仅对西方哲学本身的发展起了重要的作用,也是经济、政治、科学文化等近代西方社会各个方面发展的必要前提。没有这种转向,个人作为独立主体的地位就不能得到确认,以肯定这样的主体的地位为前提的市场经济体系就不可能充分发展起来,西方资本主义的自由民主等体制就无法建立;没有这种转向,就不可能有对自然界的深入具体的探索和近代实验自然科学的发展;没有这种转向,西方各国的现代化运动就不可能顺利实现。

从对西方哲学本身的发展来说,认识论转向和哲学基本问题的明朗化的重要作用既表现在确立了哲学中的主体性原则,又表现在促进了近代唯物主义学说的形成和发展及其反对唯心主义、特别是中世纪神学唯心主义的斗争。正因为如此,与古代和中世纪相比,唯物主义和唯心主义的对立和斗争在西方近代哲学中表现得更为突出,甚至可以说构成了这一时期哲学发展的主要内容。谁如果离开或忽视这种对立和斗争,就不仅不能深刻理解、而且还会歪曲这一时

[1]《马克思恩格斯选集》第4卷,人民出版社1995年版,第224页。

期哲学发展的真相。

但是也不能简单地用唯物唯心的对立来概括全部哲学发展的丰富内容,更不能简单地用这种对立来概括某一历史时代哲学的成败得失,即使在这种对立特别突出的近代哲学中也是如此。因为正如恩格斯所指出的,唯物主义和唯心主义这两个用语只是表明二者对上述主客心物等关系的问题作了相反的回答。除此之外,"这两个用语本来没有任何别的意思,它们在这里也不是在别的意义上被使用的。"[1]恩格斯严厉地驳斥了一些资产阶级庸人把唯心主义说成是崇尚道德理想,把唯物主义说成是追求享乐、吝啬、虚荣。他认为对二者不应作出某种偏颇的价值判断。不能认为唯心主义进步、唯物主义落后,反之亦然。"认为人类(至少在现时)总的说来是沿着进步方向运动的这种信念,是同唯物主义和唯心主义的对立绝对不相干的。"[2]恩格斯接着谈到思维和存在的关系问题的另一个方面,即人的思维能否认识现实世界的问题,他认为包括唯心主义者黑格尔在内的绝大部分哲学家都对之作了肯定回答。这意味着对这方面问题的回答与唯物唯心的划分也无直接联系。

因此在讨论和评价西方近代哲学在西方哲学发展上所取得的进步时,不能将这种进步仅仅归结为丰富和发展了唯物主义。事实上,对近代西方哲学的发展起过重大作用的哲学不仅有17世纪英国唯物主义、18世纪法国唯物主义、费尔巴哈唯物主义,也有从笛卡尔到黑格尔的唯心主义。笛卡尔被认为对近代哲学的正式形成起过关键作用,但这主要并不在他的具有唯物主义倾向的物理学,而是他从"我思"出发建立起来的理性主义的认识论和方法论体系,后者为近代主体性(理性)形而上学开辟了道路。至于黑格尔的唯心主义辩证法在西方哲学史上的作用,更是一再受到马克思主义创始人的高度肯定。总之,就在近代西方起过进步作用的哲学来说,唯物主义无疑是其主流,但简单地用唯物唯心来为一切是非对错划界、对唯物唯心作出本来并不(至少并不必然)隐含的价值判断,看来并不符合历史真实。为了更为全面地认识西方近代哲学的成败

---

[1]《马克思恩格斯选集》第4卷,人民出版社1995年版,第224—225页。
[2] 同上书,第232页。

得失,似乎应当从体现西方近代哲学的基本倾向,特别是其人文和科学精神的理性主义精神这个更为广阔的视野来对之加以分析。

三、近代西方哲学的缺陷和矛盾

体现了科学和人文精神的理性主义精神使近代西方哲学取得了光辉夺目的进步,但同时又包含了严重的缺陷和矛盾,由此孕育着深刻的危机。这首先表现为:对理性的倡导由于走向极端而变成了对理性的迷信,理性万能取代上帝万能导致了理性的独断;用理性主义精神构建的哲学体系往往变成了凌驾于科学和现实生活之上的思辨形而上学体系。其次,近代哲学所实现的认识论转向虽然以反省(理性)思维克服了古代哲学的素朴性和直观性,然而它之以主客、心物等分离为前提又往往使人忽视了二者之间不可分割的联系,以致在不同程度上陷入了二元论,而二元论最终必然导致与理性精神相悖的独断论或怀疑论。

当欧洲人从中世纪长期"冬眠"中觉醒以后,先进思想家纷纷拨开神学的迷雾,重新开始探索古代先哲即已提出并进行过较为笼统的研究的关于现实世界的本质、人与这个世界的关系等哲学的基本问题。在文艺复兴时代,哲学家所关注的主要是如何使人从旧式的神学禁欲主义禁锢下解放出来,面向现实人生。对人文精神的倡导是当时哲学的主旋律。理性在当时实际上被理解为具有广泛含义的人性;而世界在人的目光下也同样具有丰富多彩的特性。甚至在被马克思称为近代英国唯物主义的真正始祖的弗兰西斯·培根那里,人和世界大体上仍是活生生的,"物质带着诗意的感性光辉对人的全身心发出微笑。"[1]不过,他们对理性的这种认识仍是笼统的,带有很大朴素性。

在近代西方哲学往后的发展中,对人的心理意识活动的研究越来越深入具体。17—18世纪的哲学家分别对感觉经验和理性思维作了相当系统的研究,制

---

[1]《马克思恩格斯全集》第2卷,人民出版社1957年版,第163页。

定了对西方哲学的认识论转向起了重大作用的经验归纳法和理性演绎法。然而他们在取得这些重大成就的同时却往往忽视了各种认识活动之间的联系,更未能看到人的认识活动与人的情感意志等活动的联系,把本来相互渗透、不可分割的感觉经验和理性思维等分割开来,各执一端,由此走向了都有很大片面性的经验论或唯理论。人和世界也都被狭隘化了。人的理性往往成了与具有多方面价值和意义的人的现实存在相分离的思辨理性(在唯理论者和思辨哲学家那里)或工具理性(在经验论者和实验自然科学家那里)。后二者表现形式虽不同,在与人的活生生的现实存在,特别是丰富多彩的内心世界相分离上则一致。人被抽象化成了狭隘的理性的化身,世界也成了由这样的理性所构建的世界。马克思就培根以后近代唯物主义的这种片面化倾向说:"霍布斯把培根的唯物主义系统化了。感性失去了它的鲜明的色彩而变成了几何学家的抽象的感性。物理运动成为机械运动或数学运动的牺牲品;几何学被宣布为主要的科学。唯物主义变得敌视人了。为了在自己的领域内克服敌视人的、毫无血肉的精神,唯物主义只好抑制自己的情欲,当一个禁欲主义者。它变成理智的东西,同时以无情的彻底性来发挥理智的一切结论。"[1]马克思的这段话深刻而生动地揭示了本来在唯物主义上比培根更为彻底和系统的霍布斯怎样由于把理智片面化和绝对化而使唯物主义变得"敌视人"、"毫无血肉"。霍布斯如此,其他近代哲学家(无论是唯物主义者还是唯心主义者)在不同程度上也大都如此。

近代哲学之"以无情的彻底性来发挥理智的一切结论",必然导致一系列极端化的结局。这首先表现在把自然、社会和精神世界的一切都纳入理性框架,把哲学变成一种无所不包而带有浓厚思辨性的理性形而上学。

这种状况的出现与 17 世纪以来理性精神在各个领域的胜利直接相关。以理性为基础的数学和实验自然科学的光辉成就,使许多西方思想家相信理性具有无上权威,可以作为普遍有效的尺度和万能的工具。对理性的倡导由此走向极端而变成了对理性的迷信,理性万能取代了上帝万能。似乎一切都可以而且

---

[1]《马克思恩格斯全集》第 2 卷,人民出版社 1957 年版,第 163—164 页。

应当由理性来建立和判决。任何科学都由理性概念构成、都以是否符合理性的要求为真伪标准;任何社会现象和社会问题也都应由理性来认识和解决;社会秩序应当是理性秩序。理想的社会只能是理性社会。而一切思想和文化体系也同样应当是理性体系。

近代西方哲学家正是在理性的这种五彩光环照耀下从事哲学活动的。他们以为,哲学家的任务是去发现那些最普遍的、绝对可靠的、自明的理性概念和原则。只要他们在这方面取得了成功,他们就可以用以构造出关于整个世界的图景,推演出全部知识,甚至存在体系。而一旦这样的哲学体系被建构出来,就应当成为一切科学的基础和真理的标准,就具有凌驾于一切科学之上的无上地位,哲学由此被当作"科学的科学"。

这种由绝对化的理性概念建构出来的哲学体系必然带有强烈的独断和思辨形而上学倾向,这在理性派哲学家那里表现得最为突出。笛卡尔由绝对可靠的"我思"出发构建出全部哲学和知识体系可谓开了这种倾向的先河,斯宾诺莎之直接用几何推理来构建其哲学体系并由之推出人类全部知识体系是这种倾向的进一步发展,莱布尼茨和沃尔夫的体系从康德以来就被认为是独断论的典型形式。康德批判了他以前欧洲理性派哲学家,认为他们在没有详细探讨人的理性认识的性质和适用范围以前就肯定理性认识的可靠性和确定性,不适当地扩大了它的运用范围,因而陷入了独断论。但他关于在理论理性领域为自然立法(用先验论论证科学知识的普遍性和必然性),在实践领域为道德立法(由实践理性颁布绝对命令)的思想也未能避免思辨性和独断性。黑格尔用他的辩证思维方法对思辨形而上学、特别是其独断性作了更为深刻的批判。然而他的绝对唯心主义体系却又成了理性派思辨形而上学的典型形态。其所以如此,根本原因即在他们实质上都是企图运用思辨理性去建立关于存在和认识的无所不包的形而上学体系。

带有思辨和独断倾向的远不止是理性派哲学家,大部分近代西方哲学家(包括狄德罗、霍尔巴赫等 18 世纪法国唯物主义者)在不同程度上都是如此。他们无不企图按照普遍和自明的理性原则来构建出一个内容广泛,甚至无所不包、能描绘出整个世界图景的形而上学体系,我们在一定意义上甚至可以说,西方哲学史上的这个理性时代同时又是建构体系哲学的时代。然而,从特定时期人类的知识水平说,建立这样的体系而无独断性实际上是不可能的。就这一时期的情况来说,自然领域的知识虽已开始成为科学并已有很大发展,但其所提供给人们的关于自然界的知识仍然是片断的、局部的、残缺不全的,对世界的许多方面和许多事物还远未涉及,因而还远不能提供关于整个世界的图景。为了描绘出这样的图景,他们无法根据客观事实,只好依靠理性的独断和思辨。

从应用绝对化了的理性去建立无所不包的理论体系说,近代西方哲学家必然在不同程度上走向思辨形而上学;从运用这种理性去建立认识论和方法论来说,则必然在不同程度上落入二元论。二者又是一致的。因为其形而上学体系是通过其认识论和方法论建立起来并主要表现为认识论和方法论。这意味着其思辨形而上学是一种具有二元论倾向的理论。

近代西方哲学家的二元论倾向的根源在于:当他们把理性作为工具去建立认识论时,必然假定认识就是主体以理性的不同形式(感知、直观、推理、反思等等)去把握与其不同并处于其外的客体。尽管他们对主体和客体的本性(例如是物质的还是精神的等等)的看法各不相同,但都肯定在认识中主体与客体(心与物)是彼此分离开来的。当人把自己当作认识对象(客体)时,后者与人作为主体也是分离的。认识中主客体的这种分离是认识得以进行,并取得进展的必要条件。从这种意义上说,这一时期的哲学家对主客体的划分应当看作是人类哲学思维和认识发展中一种重要的进步。问题在于,当他们把主客、心物、思有等区分开来后,却未能看到它们之间的相互依存和转化关系,而往往把它们分裂和绝对对立起来。这正意味着在一定意义上陷入二元论。笛卡尔把心物当作两个相互独立的实体是这种二元论的最典型形式。不过具有这种倾向的远不只是笛卡尔等少数人,当时绝大部分哲学家在不同程度上都未能幸免。

其所以如此,与当时自然科学发展的状况所体现的人的认识发展的状况,以至人本身的发展状况密切相关。因为一定时期的哲学发展状况总是与人在当时的认识发展水平相应。

当时自然科学刚从神学的桎梏下解放出来,往往还带上神学的痕迹。笛卡尔物理学之最后归顺神学、牛顿关于第一推动力的思想等就是突出的例证。自然科学已有一系列光辉成果,但还远未扩及意识和精神领域,不能说明意识的起源和性质,从而也不能说明它们之间的相互依存和转化。物质的基本属性是广袤,意识的基本属性是思维;物质不能产生意识,意识不依赖物质。这在当时的科学和哲学中几乎是众所公认的。18世纪法国唯物主义者曾提出意识是物质的属性,但也因不能对此作出科学解释而缺乏说服力,未能从根本上改变哲学中心物分离的状况。为了把心物统一起来,人们在不同程度上还需仰赖超乎心物之上的神力。总的说来,意识和精神领域在很大程度上仍受神学的制约。

更值得注意的是,这一时期的自然科学家虽然已不满足于古代科学对自然只是进行一般的、笼统的研究,而发展到了进行分门别类的研究,即研究自然的各个局部、方面和过程,但这种研究仍只是刚刚起步,远不足以使他们得以进行新的综合和概括。因此他们没有,也不可能看到这些局部、方面、过程之间的联系,看到世界的整体性及其运动和发展。这样势必只见树木不见森林,以孤立和片面为特征的形而上学思想方法在当时必然占支配地位。自然科学中这种状况势必影响到哲学,使这一时期的哲学同样受这种思想方法支配。虽然许多哲学家都把以主客、心物、思有关系为核心的认识论问题当作哲学的中心问题而进行了相当深入和具体的研究。但形而上学的思想方法使他们不能正确解决主客、心物、思有等的关系问题。也就是不能把这种关系看作对立统一关系,而是把它们分裂开来和对立起来,在不同意义上陷入了二元论。

与将理性绝对化相关的思辨形而上学倾向和二元论倾向使近代西方哲学遇到了一系列难以克服的矛盾,使它们原来所倡导的科学和人文精神在不同程度上都走向了其反面。

近代西方哲学家大都以制定符合科学精神的认识论和方法论为己任。他们在这方面虽然获得了巨大成果,但最后却又陷入了不能自拔的困境。例如,具有普遍性和必然性的知识从何而来呢?以休谟为代表的经验派哲学家由于把人的认识局限于主体所及的感觉经验范围,不了解主客、心物、感性理性等等之间的相互依存和转化关系,对这类问题只能避而不答,并由此得出了怀疑论的结论。以笛卡尔为代表的理性派哲学家同样不了解这种关系,只好借神学的余荫,以人人具有天赋观念或天赋认识能力等独断来作答。这意味着他们以不同方式倒向了独断论。而一当这类独断观念被移去或被驳倒,同样会落入怀疑论。康德企图用主体的先天综合能力在科学范围内统一经验和理性,然而所谓先天综合能力本身就是出于独断。他为了给道德和宗教等留下地盘而把科学和知识局限于现象世界,并进一步肯定现象世界和自在之物世界、事实世界和价值世界、自然领域和社会伦理领域、纯粹理性和实践理性之间的分离。他由此既否定了科学的客观实在意义,又否定了道德等学科的科学意义。这意味着他实际上否定了以倡导理性万能为特征的近代哲学传统。从费希特到黑格尔等康德以后的德国唯心主义者企图借助"绝对自我"、"绝对精神"来克服各种二元分裂现象,但他们不过是把主客、心物等的关系问题归结为意识内部的关系问题。科学和知识在他们的哲学中仍从属于形而上学。18世纪法国唯物主义者及费尔巴哈等人提出了反映论,但由于他们的反映论是消极的、被动的,未能肯定主体的能动性,也未能正确解决主客、心物等的关系问题,更谈不到建立科学的认识论和方法论。

总之,实现了西方哲学中的认识论转向的近代西方哲学实际上却以在认识论上的失败而告终。它们对科学精神的强调也未能摆脱科学对思辨形而上学的从属地位。

近代西方哲学是以提出应当以人,而不是神作为哲学的中心而开始其发展历程的。文艺复兴时代的思想家在倡导人文精神时,既强调人的理性,更强调人的全面发展。绝大多数近代西方哲学家要求摆脱旧式的基督教神学和经院哲学以及其他一切绝对的传统和权威对个人发展的任何束缚,主张思想解放。他们大力倡导发挥人的个性和创造性,尊重人的自由和尊严。然而,近代西方哲学的发展却使他们事与愿违。主客、心物、灵肉的分裂使人要么沦落为一架没有灵魂的机器(正像马克思说的,在一些机械唯物主义者那里,唯物主义变得"敌视人");要么成为没有血肉身躯的纯粹精神,即精神性的形而上学体系中的一个环节。在此,人无非是理性思辨体系中作为"动物"中一个类的"人"概念的外部表现。人的本质不是存在于人的现实存在中,而是存在于体系中的"人"概念中。这正像柏拉图理念论中人的理念是原型,而具体的人是模本一样。于是,人的主体性和创造性、人的自由和人格的尊严都被消解于思辨体系中了。人们在摆脱了神学和经院哲学的束缚后,现在却又受到机械论和思辨形而上学体系的束缚。

对近代西方哲学存在的问题,现代西方哲学家(例如所谓"后现代主义者")往往把它们当作"本体论的思维方式"、"基础主义"、"本质主义"、"逻各斯中心主义"、"在场的形而上学"等来加以批判。这些提法的所指与上面所讲的类似。各种提法的不同主要只是表述的角度和着重点不同。例如"本体论的思维方式"着重于把"本体"(存在本身、先在的本质、实体)当作事物的具体和特殊的存在及其各种特性的基础。本体概念是体现事物的存在及其特性的本质属性的概念。哲学思维的任务就是揭示和阐明本体概念,然后据以推论出其他一切。基础主义主要是就哲学和其他学科的构成以及哲学与其他学科的关系而言的。它认为哲学和人类其他知识都具有某种坚实的基础,这种基础本身就是自明的、直接的、无需证明的,应当成为一切知识的合理性的源泉,而哲学的使命和功能正在寻找和充当这种基础。本质主义具有较多认识论和方法论的意味。它认为事物的本性、甚至其存在取决于其本质属性,从而主张人们把寻找和认识事物的本质当作哲学的出发点。它往往把事物的理性概念当作其本质属性的体现,从而企图从理性概念的体系推出存在的体系。总的说来,无论是本体论的思维方式、基础主义或本质主义,都是以把理性概念绝对化并用以作为哲学的出发点为基本特点。

按照传统的哲学教科书的表述,近代西方哲学的缺陷主要表现为唯物主义不彻底,而且基本上是机械的、形而上学的;其辩证法往往与唯物主义相分离而为唯心主义哲学家所发挥;在对认识论的研究中由于把经验或思维片面化、绝对化而走向了怀疑论或独断论,并归根到底转向唯心主义;在社会历史领域唯心主义始终占支配地位。这种对近代西方哲学的缺陷的表述是符合近代西方哲学的实际情况的。马克思和恩格斯在这方面作过许多深刻的论述。这些论述过去一直是,现在仍然是所有愿意用马克思主义的观点来研究西方哲学的人所必须认真学习并用以作为指导的。不过,由于"左"的教条主义的影响,这些论述在相当长一段时期内被人简单化和僵化了,以致往往远离了它们的原义。鉴于上面提到的对近代西方哲学的缺陷的提法也完全符合马克思恩格斯的论述,而且较易与西方哲学家的提法衔接,所以近年来中国哲学界往往也使用这些提法。

四、近代西方哲学的终结

不管使用什么提法来表述近代西方哲学的缺陷和矛盾,都可得出一个共同的结论:从文艺复兴到黑格尔的近代西方哲学在取得了一系列伟大成就以后,在一定意义上仿佛又回到了它原来的出发点上。不过现在它的地位改变了。它已失去了过去那种唤起人的觉醒、维护人的自由与尊严、推动人的全面发展的朝气蓬勃的精神,而转到了它过去所反对的方面。换言之,它在否定了自己的对方后,现在轮到自己该被否定了。尽管这并非全盘被否定,而毋宁说是被扬弃,但它毕竟意味着西方哲学的发展现在必须实现新的重大的变革。这一变革包括了近代哲学怎样走向终结和现代哲学怎样形成两个不可分割的方面。

近代西方哲学之走向终结是西方哲学发展中一次根本性的变革。它标志着从文艺复兴时代开始准备、由笛卡尔正式发端、以黑格尔为顶点的近代西方哲学思维方式从整体上说已完成了其发展历程,在某些方面成了哲学进一步发展的障碍,现在需要对它重新加以反思甚至开始扬弃了。

近代哲学思维方式的基本特点是以主客分立(也就是所谓主体性原则的确立)为前提,以主体所固有的理性为手段、以研究认识论问题为中心、以建立关于整个世界的体系为目标。尽管在近代哲学中有着唯物主义和唯心主义、经验论和唯理论等等派别的对立,它们之间往往存在着激烈的争论,但它们研究的问题的性质、范围、方法和目标以及它们的基本理论预设和理论框架大体类似。

即使像对二元论及作为其逻辑结果的独断论和怀疑论作了尖锐批判、并试图通过提出"实体就是主体"的命题而克服主客分立的黑格尔，最终也不仅未能摆脱这种本体论思维方式，反而建立了一个集这种方式的大成的思辨形而上学体系。正因为如此，这一时期的哲学家既具有共同的成就，也存在共同的问题。我们上面提到的近代西方哲学的缺陷和矛盾不只是属于某一哲学家或某一哲学派别的，而是属从笛卡尔到黑格尔的整个时代的。因此人们在评价这一时代的哲学时，不宜孤立地来肯定或否定某一流派或思潮，而应把它们放在整个时代的哲学思维方式的背景下来作分析。这样，近代西方哲学的终结就远不只是某个特殊的哲学流派或某种特殊的哲学理论(不管它表现为唯物主义还是唯心主义、经验论还是唯理论)的终结，而是整个这一时代所特有的哲学思维方式的终结，在一定意义上类似库恩所谓范式(方式、模式)的变换。

西方近代哲学发展上的这种变革既合乎哲学和思想文化本身发展的逻辑，又符合社会历史发展的规律。它既有思想和文化(包括然科学)发展的根源，又有社会历史根源。

促使近代西方哲学走向终结的思想文化根源涉及诸多方面。哲学发展本身的内在矛盾无疑是重要方面之一。近代哲学也像其他时期的哲学一样，其发展并不是单一和纯粹的。尽管二元分立和理性独断是这一时期的哲学的具有普遍意义的特征，但从一开始就有与之相反的倾向存在。早在近代哲学的盛期，就有一些西方思想家(例如与笛卡尔同时代的法国哲学家帕斯卡尔、著名的法国启蒙思想家卢梭、意大利哲学家维柯、德国浪漫主义思想家等)对近代哲学中的二元分立和理性独断等弊病进行了尖锐的揭露和批判。尽管他们的哲学在他们所处的那个理性主义时代并不特别引人注目，但却为叔本华、克尔凯郭尔、尼采等早期现代哲学家超越近代哲学思维方式、开创现代哲学思维方式提供了重要的启示，被他们当作自己的理论先驱。

自然科学发展中的变革也是促使近代哲学走向终结的重要因素。近代西方哲学无论是就其成就或缺陷说，都与同时代自然科学息息相关。近代哲学发展模式之取代古代模式在很大程度上是由于近代对自然的研究超越了古代那种对自然进行一般的、笼统的研究的层次,进到了对其各个局部和过程进行具体的、分门别类的研究的层次,从而开始正式形成为科学。这种研究对促进人对自然界的深入认识和使人在与自然的关系中取得更大自由起过极重要的作用。但这种研究以认识主体与其对象(客体)相分离、认识对象与其周围的事物相分离以及主客均处于某种静止状态为前提,从而必然导致二元分立和把认识绝对化的思维取向。这正是造成近代哲学存在上面提到的那些缺陷的重要原因。然而,到了 19 世纪中期,西方自然科学的发展已开始明显地显露出新的范式转换的征候。这特别表现在当时一系列自然科学已开始从自然事物的运动变化和发展中、从它们与其他事物的联系中对它们进行系统的、整体性的研究。细胞学说、能量守恒和转化定律和生物进化论以及其他重要科学发现都突破了原有的科学研究模式的界限。在这种情况下,哲学上的形而上学思维方式也必然要被新的思维方式取代了。正像恩格斯所指出的,当自然科学对生物和非生物的研究"已经进展到可以向前迈出决定性的一步,即可以过渡到系统地研究这些事物在自然界本身中所发生的变化的时候,在哲学领域内也就响起了旧形而上学的丧钟。"[1]

促使近代西方哲学转型的社会历史根源同样是多方面的,不同立场的人们可以从不同方面对之作出分析。对于如下两方面的情况,谁都应当加以关注。

第一,无论从哪方面说,19 世纪中期欧洲各国的社会历史状况已发生重要变化。经济危机的出现、社会和阶级关系的重组、思想文化上的堕落,都是谁也无法否认的事实。这些都极大地动摇了人们对资本主义的理性社会的信念,打破了他们对理性万能的幻想。人们也必然要重新审视作为这种信念和幻想的基础的理性主义哲学。由于近代西方哲学广义地说都属于理性主义的范畴,人们对理性主义哲学的怀疑就不只涉及某一思潮或哲学家,而必然涉及以二元分立和理性独断为特征的整个哲学思维方式。这种对理性普遍失去信念的社会背景必然导致理性主义哲学的危机。

---

[1]《马克思恩格斯全集》第 21 卷,人民出版社 1965 年版,第 338—339 页。

第二,19世纪中期欧洲思想领域内最重要的事件是马克思主义哲学的产生。尽管人们对它的态度大相径庭,但都无法否定它在西方哲学史上引起的历史性变革。它与包括近代哲学在内的全部西方古典哲学有根本区别,它的出现是对全部近代西方哲学的一种范式变换,宣告了后者的终结,意味着西方哲学必然要改变发展方向。人们可以不赞成马克思主义哲学,但难以再坚持以往的哲学思维方式,必须按照变化了的历史条件创造和提出新的哲学思维方式。尽管19世纪中期以后欧洲各国出现的各种哲学流派与马克思主义哲学往往处于对立地位,但它们在理论模式上大都与近代哲学有着根本性的区别。

总之,无论从思想文化(包括作为文化形态之一的哲学本身)或社会历史条件说,西方哲学发展到19世纪中期已到了一个转折关头。以二元分立和理性独断为特征的近代哲学思维方式被取代,或者说被超越已是不可避免的了。

五、现代西方哲学的形成

近代西方哲学思维方式走向终结为一种新的哲学思维方式,即现代西方哲学的形成开辟了道路。不过近代哲学的终结和现代哲学的形成并不意味着后者对前者的简单否定,而毋宁说是后者对前者的一种批判和超越,其中包含着对前者的某些因素的继承。因此它也不是一种立即完成的突发式的断裂,而是一个相当长的由此及彼的转型过程。在这个转型期中存在种种不同的哲学,它们往往具有不彻底、新旧混杂、折衷等特点。这使人们对之可以作出各种不同解释,而且在一定意义上都可能是持之有故、言之成理的。人们之所以对近现代哲学的转型在性质、作用,甚至发生的时间上有不同看法,与此密切相关。

19世纪中期(可往前推到19世纪30年代黑格尔逝世或更早一些)前后一段相当长的时期内,西方哲学经历了一段可谓冷落、凋零,甚至动摇和混乱的岁月。这一段时期正是现代西方哲学开始形成的时期。

在率先实现了资本主义政治和经济革命的英国,对传统哲学思维方式的批判实际上可以上推到休谟,因为他的怀疑论在一定意义上就是对传统哲学思维方式的怀疑。在休谟以后的英国哲学中,尽管没有很快产生具有新的哲学思维方式特征的哲学派别,但在 18 世纪末和 19 世纪上半期这段时期内,当以黑格尔为最大代表的理性派思辨形而上学在德国空前得势时,在英国却没有再出现过有重大影响的传统模式的哲学。这意味着英国哲学的发展向新的模式的转化已在酝酿之中。

在这一时期的法国哲学中,过去盛极一时的作为理性主义典范的启蒙思想家和唯物主义者的哲学越来越受到怀疑,以致被抛弃,在公众中流行的往往是各种形态的折衷主义,甚至唯灵论。这些哲学本身并未摆脱旧的形而上学,但它们的出现毕竟暴露了后者的堕落和陷入危机。这种状况在一定程度上预示着哲学变革的年代即将来临。

在德国,早在 18 世纪下半期,康德的批判哲学已在很大程度上意识到近代理性主义和思辨形而上学的哲学思维方式的缺陷,他的"哥白尼倒转"在一定意义上就企图为哲学的发展另辟蹊径。但是他本人并未能摆脱旧的哲学思维方式,以致以黑格尔为最大代表的以后的德国古典哲学家由他出发合乎逻辑地建立了集理性形而上学大成的哲学体系。然而,随着黑格尔的逝世(1831 年)和黑格尔学派的解体,哲学中的理性主义和思辨形而上学传统也很快受到怀疑和否定。德国所谓有教养的阶层之对哲学失去兴趣而热衷于牟取实际利益也正是这种怀疑和否定倾向的体现。

总之,这一时期欧洲各国哲学领域明显地处于萧条、冷落和凋零状态。但是,这种状态似乎并不能笼统地说就是西方哲学的没落,更不意味着哲学的绝对荒芜,而是转型期往往难以避免的暂时的沉寂。因为新的哲学思维方式无论是就其提出和被人接受来说,都需要有人们一段时间的反思和比较。在这段旧的哲学思维方式已失去影响力、新的哲学思维方式尚未成熟的时期内,人们对哲学显得冷落或提出一些奇谈怪论,都是很正常的现象。

对研究这一时期西方哲学的变迁来说,最重要的是要看到:就在这段冷落、动摇和混乱的时期内,甚至更早一些时候,已有一些哲学家在酝酿新的哲学思维方式了。

　　尚在 19 世纪上半期,当以黑格尔为代表的理性主义在欧洲大陆还占统治地位时,就有一些哲学家(以德国哲学家叔本华和丹麦哲学家克尔凯郭尔最为突出)向传统的理性主义公开提出挑战。他们大都接受并发挥了康德关于实践理性高于理论理性以及限制理论理性为道德自由留下地盘的思想,主张哲学应当超越理性派形而上学的独断倾向、突破以二元分立为出发点的认识论界限,而转向人的本真的存在,由此重新认识宇宙人生的意义。他们认为以往哲学(无论是经验派或理性派)从主客(思有、灵肉等)二元分立出发所进行的研究只能及于现象界,而不能达到人和世界的真正存在;为了揭示后者,必须超出二元分立的界限,转向对人及事物本身的研究,而这需要越出理性(感觉经验和理性思维)的界限,转向非理性的直觉。他们要求超越理性派思想家对普遍的人性,即人类共同本性以及普遍的自由、平等、博爱的颂扬,主张转向强调个人的独特个性、生命、本能。这也就是要求冲破以往哲学家用普遍的、绝对的理性概念(不管是哲学的、神学的还是科学的)编织的束缚人的独特的生存和个性的罗网,恢复和维护人的本真的存在,发现和发挥人的内在的生命力和创造性。他们的这些思想为后来的许多西方哲学家所继承和发展,形成为现代西方哲学中一种重要思潮,即所谓"人本主义"或者说"非理性主义"思潮。

　　另有一些哲学家(特别是英法实证主义者)则着重批判传统形而上学的思辨性,强调哲学应以实证自然科学为基础、应成为自然科学的方法论和认识论。他们由此既反对以黑格尔为代表的理性派思辨唯心主义,也反对 17—18 世纪那种企图给出关于整个世界图景的唯物主义,认为它们都把哲学变成了脱离人的现实生活和经验的形而上学,而后者束缚和限制了科学的发展。但他们由此否定哲学对事物的本质和客观规律的探究,否定哲学作为世界观的意义,认为哲学应以描述经验事实为范围、以取得实际效用为目标。他们大体上继承了以休谟派经验主义的传统,但不满意休谟的怀疑论,更不满意旧的经验论由于缺乏实证自然科学根据而带有的思辨性。他们要求建立一种排除思辨形而上学、追求实证(经验)知识的可靠性和确切性的哲学,由此产生了现代西方哲学中的"科学主义"思潮。

总之,尽管 19 世纪上半期,特别是 40 年代以前,欧洲哲学领域的状况相当混乱,已经受到强烈冲击的以理性独断和主客、心物二分为特征的近代哲学(包括德国古典哲学)在某些情况下仍占主导地位(特别是德国尚如此)。上面所说的两股哲学思潮(它们往往相互交织)尚未引起西方舆论界的充分注意、未成为具有强大影响的哲学学派。但它们的出现却已无可逆转地预示着西方哲学的重大转向的来临。

19 世纪 40 年代以后,欧洲各国的社会历史条件、科学和认识发展的状况以及思想文化的各个领域的状况都发生了重大变化。这些变化各以其特有的方式对那里的哲学发展状况发生了深刻影响,而这些影响都在不同程度上导致对近代西方哲学的进一步否定,这意味着以黑格尔为代表的理性主义哲学传统进一步受到批判,而上述两种思潮倒是越来越得势,以至于形成为一百多年来在西方世界影响最大的思潮。这期间,在西方产生了数不胜数的哲学流派,其中也有不少流派在理论上仍较多地保留着传统形而上学,甚至思辨唯心主义特征,它们与一些古典实在主义和唯心主义哲学或宗教哲学流派关系密切,往往是由后者脱胎而出的。在一定意义上未尝不可把它们当作上述两种思潮以外的第三种思潮,即形而上学和宗教哲学思潮。但即使这些流派也仍与传统哲学有着重要区别,倒反而在不同程度上与上述两种思潮有较密切联系,甚至也可以列入后者之中。因此我们仍然可以说,19 世纪中期上述两种哲学思潮的正式形成,标志着西方哲学发展到了一个与近代哲学有重大差别的新阶段,一百多年来西方哲学的发展大致上都可归属于这个阶段。

六、现代西方哲学的超越

从追问关于世界的本质和本原、建立关于整个世界的图景的哲学体系的传统哲学思维方式的观点看,从把心物、主客二元分立绝对化,并把由此产生的唯物唯心等的对立绝对化的立场看,上述两种哲学思潮的出现和流行,很难说是哲学发展上的进步。因为它们不仅批判和要求超越近代唯物主义哲学,而且也否定了近代唯物主义赖以存在的基础,也就是在反对二元论的口号下要求根本取消作为划分唯物唯心标准意义下的主客、心物等关系问题。从唯心主义是一种认为世界的本质和本原是精神、物质是由精神派生的学说看,绝大部分西方哲学家也反对唯心主义。但如果把从作为主体的人出发来看待世界并认为人所面对的现实世界为人本身所建立和规定(人化)的学说当作唯心主义,那这两种思潮大体上都可归属于唯心主义。不少西方哲学家也正是在这种意义上称自己的哲学为唯心主义。因此在评价现代西方哲学时,如果把是否可归属于近代意义下的唯物主义作为是非的根本标准,那对其评价只能是否定的。与此相关,如果谁试图在现代西方哲学中寻找近代意义下的唯物主义因素,并把是否具有这种因素当作评价它们的根本尺度,那必然会脱离现代西方哲学发展的实际趋势,把它们自己认为应当否定的东西当作肯定的东西。

是否应当因现代西方哲学否定了近代唯物主义而笼统地对之加以否定呢?这实际上涉及应当坚持还是超越近代哲学思维方式的问题。如果坚持,那必然否定。即使人们有对现代西方哲学作实事求是、具体分析的愿望,他们只要仍然坚持近代哲学思维方式,就会因为现代西方哲学企图超越后者而对之否定。人们如果能顺应时代的发展而愿意超越近代哲学思维方式,就会从西方现代哲学中发现与这种超越有关的积极因素。

从19世纪中期西方哲学的发展出现方向性转型以来已有一百多年。在这漫长的岁月中又经历了多种多样的变迁,大小的思潮和流派此起彼伏,使人目不暇接。它们的理论特征彼此相异,各种思潮和流派内部多不统一。就对它们的具体的思想评价说,往往是真理与谬误并存,进步与倒退交织,革命与反动共在,抱着完全相反的立场和观点的人都不难从其中找到自己所需的例证。但是,如果将整个西方现代哲学的理论走向与近代哲学作比较,我们还是可以发觉它们至少在如下几个重要方面在不同程度上超越了后者。

第一,大部分现代西方哲学流派放弃了建立无所不包的哲学体系以及把哲学当作科学和一切知识的基础,即置于它们之上而成为"科学的科学"的企图。这大大地限制了传统哲学的范围和职能,甚至是对后者的一种消解,但却是哲学发展中的一种重要进步。随着各种特殊科学的形成和发展,现代自然科学越来越具有独立存在的意义,不需要建立在某种绝对的哲学原则的基础上,更不需要哲学来代行其职能。它们为了自身的进一步发展,必须突破原有的知识体系,更不能继续被当作哲学的分支。在现代西方哲学家中的确存在由此走向极端,以致主张根本取消哲学等片面性倾向;但大多数人认为科学也并不能完全取代哲学,哲学仍然具有存在的意义。他们只是要求重新思考哲学和科学及其他一切知识的关系,重新思考哲学的本性和功能。哲学只应去做它自己该做的事情。后者究竟是什么,哲学家中很难有普遍同意和完全确定的回答。现代西方哲学家提出了各种各样的说法。例如作为生活和行为方法或科学的方法论,作为对意义的澄清和解释,对世界和人本身的超越及人的理想和终极关怀的探究,作为超形而上学的人文研究的文化学或"后哲学文化",作为对智慧的训练,等等。尽管这些说法也都存在片面性,但毕竟在不同程度上对现代条件下哲学的新的意义和功能作出了新的、有价值的探索。这是对作为体系哲学的思辨形而上学,特别是其本体论的超越。

第二,现代西方哲学家大都企图排除作为近代认识论基础的二元分立倾向。这并不是简单地否定主客、心物、思有之间的差别和联系,而往往只是要求将它们看作是一个不可分割的、统一的过程。其中起主导作用的是作为主体的人的创造性活动。康德的"哥白尼变革"在一定程度上超越了主客二分以及与之相关的经验论和唯理论等的对立,他关于实践理性高于理论理性以及道德自由的理论也超越了以自然科学方法论为核心的认识论哲学方式的界限。然而他又在现象和自在之物之间、理论理性和实践理性之间划了一道鸿沟,从而没有真正克服二元论倾向。不少现代西方哲学家企图进一步强调主体的能动作用来克服康德的不彻底性,企图把仍处于分裂状态的理论理性世界和实践理性世界归属于统一的现实生活世界,后者正是人的创造性活动所发现或界定的世界。他们在这样做时同样往往走向另一个极端。这特别表现在他们撇开(尽管并不都是简单否定)人的创造性活动的客观基础,从而具有相对主义、主观唯心主义,甚至唯意志主义倾向。但是其锋芒毕竟主要是针对与二元分立相关的机械论、独断论和怀疑论,是对这些倾向的某种程度的否定。有的人还以人的生活和实践来解释人的创造性活动,提出不应以主客二分,而应以人(而且是与他人共在的人)的实践作为哲学的出发点,正是实践使主客分离的世界转向了二者统一的现实生活世界。这在一定程度上意味着他们通过迂回曲折的道路、以某种片面甚至歪曲的形式走向了与马克思的实践观相似的思想。这是对二元分立哲学模式的超越。

第三,许多现代西方哲学家(特别是所谓"人本主义"思潮的哲学家)对近代哲学中所表现出的理性万能和理性独断倾向进行了公开挑战。他们要求超越理性的界限、转向非理性世界,并对人的非理性的精神活动(其中包括、但不限于人的情感意志活动)进行了多层次和多方面(包括它们的性质和作用)的研究,试图揭示与人的精神活动直接相关的研究(社会历史与心理等学科)和自然研究之间的区别,制定与自然科学方法论不同的精神科学方法论。这些研究有时也有走向另一个极端的倾向。例如有贬低、甚至否定理性的作用,夸大情感意志等非理性的心理活动的作用,从而在不同程度上走向唯意志主义和反理性主义。但他们对非理性活动的揭示和研究毕竟扩大和加深了人们对人的精神活动的认识,而那些未经理性改装和凝固化(其中可能包含着各种扭曲)的本真的精神活动是通向人的现实生活世界和达到对人的更全面和完整的理解的重要门户,是对人的理性活动的一种重要补充,对它们的研究具有极为重要的意义。这是对传统理性主义的超越。

第四,西方近代哲学以倡导人文精神开始,然而思辨形而上学和二元论思维方式使哲学家们把人的存在抽象化了:把人要么看成与其对象相分离的纯主体,要么将其对象化而失去作为主体的意义,而这都掩盖了人的现实存在和人的本真性。现代西方哲学家(特别是"人本主义"思潮的哲学家)在从哲学上重新研究人时大都一方面反对把人对象化,要求恢复人的本真的存在,重新认识人的存在及其活动的价值和意义。他们强调要把人看成完整的人,看成目的而不是手段;认为人不是哲学体系中的某个环节或组成部分,而是整个哲学的核心,任何哲学问题都是因人的存在及其活动而获得意义。传统哲学的失误归根到底是由于它们实质上"遗忘"了人;而哲学的重建归根到底是向人的回归。另一方面,他们中的一些人又反对把人当作纯粹主体,即孤立的、原子式的自我存在,而认为应当看成与其对象不可分割地联系在一起的存在,或者说一定境遇中的存在。对人作为主体的肯定意味着同时对自我、他人和环境(客体)的肯定。他们要求以交互主体取代个体主体,以主体间性(主体交互性)取代主体性,以主客的相互作用(生活、实践、过程)代替主客互为独立的实体。这种理论虽然同样有片面性,但毕竟是在提倡一种新的人文精神,至少对西方社会中人的异化现象及把人的存在抽象化的传统人道主义的种种弊端作了有较大深度的揭露和批判。这是对近代哲学关于人和人道主义理论的超越。

西方现代哲学对近代哲学的上述超越不只是个别哲学流派和哲学家的个别理论观点的改变,而是西方哲学发展中一种具有相当普遍意义的理论思维方式的转型,即有关哲学研究的对象、方法和目的等方面的基本观念的重大变更。许多现代西方哲学家都在用一种不同于近代哲学的思维方式来重建哲学,企图以此摆脱近代哲学的困境、为哲学的进一步发展开辟新的道路。总的说来,他们的哲学的确也更能体现这一时期西方社会的政治、经济和文化发展的状况、特别是科学技术的飞速发展所导致的各种问题,因而具有重大的进步意义。与近代哲学相比,现代哲学的出现标志着西方哲学发展到了一个新的、更高的阶段。

(原载《学海》2000 年第 5 期,中国人民大学复印报刊资料《外国哲学》2001年第 1 期、《新华文摘》2001 年第 2 期、《中国社会科学文摘》2001 年第 1 期转载)

超越近代哲学的视野

为了正确看待马克思主义哲学与现代西方哲学的关系,从而更为全面和准确地认识马克思主义哲学的本来意义,必须具体探讨并正确解决超越近代哲学的视野等问题。这种超越涉及许多问题,例如,西方近代哲学为什么要被超越?西方哲学家和马克思主义者怎样各以其独特方式超越?这两种超越的关系怎样?怎样从这两种超越的关联中来看待现当代哲学的走向?等等。近几年我在几篇文章[1]中对这些问题提出过一些看法,得到了哲学界不少人士的赞同,但也有人表示怀疑。个别学者担心像我这样谈论超越可能导致背离唯物主义等马克思主义哲学的基本原则。看来大家在这方面还有较多分歧,我个人对这方面问题的研究更有待深入,对一些没有说清楚的看法需要进一步研究分别作出补充说明。本文试图通过分析西方近代哲学的局限性和矛盾来说明为什么要超越这种哲学的视野。

一、超越近代西方哲学视野的含义

"超越"(英德语动词分别为 transcend, transzendieren;名词分别为 transcendence, Transzendenz)是西方哲学论著中常用的概念之一,它在不同语境

---

[1] 其中主要的有:《西方哲学的近现代转型与马克思主义哲学和当代中国哲学的发展道路(论纲)》(《天津社会科学》1996 年第 3 期,《新华文摘》1996 年第 8 期转载);《后现代主义与西方哲学的现当代走向》(《国外社会科学》1996 年第 3—4 期);《当代哲学走向——马克思主义与现代西方哲学比较研究》(《天津社会科学》1999 年第 6 期,《新华文摘》2000 年第 3 期转载)。

下,在不同哲学家那里含义往往有所不同。超越当然包含着对被超越的东西的某种否定,但只有个别极端的虚无主义者(例如极端的当代后现代主义者)把这种否定绝对化。在大多数西方哲学家那里,超越只意味着超出某种界限,并无全盘否定之意。有的哲学家甚至还通过超越或类似的概念来肯定在有本质区别的新旧事物之间存在着连续和发展。例如在柏格森哲学中,超越就是指时间的绵延,而绵延意味着质的变更。在杜威哲学中,超越性意味着连续性、贯通性。海德格尔往往把超越性看作是时间性,他强调的也是变化发展。雅斯贝尔斯赋予超越以多重含义,既包括超出对象世界界限而趋向人的生存,即人的真正的存在,也包括超出人的存在的界限而趋向人所面对的外部世界。他有时把超越存在比作上帝,但他所关注的并不是像一些人指责的那样鼓吹朝向彼岸世界,而是倡导一种面向未来和理想的观念。这些哲学家对近代西方哲学都采取了批判态度,都是对近代西方哲学的超越。

近些年来,当代西方思想家对现代性的批判或反思以及所谓后现代主义思潮常被我国学界的一些人士当作 60 年代以来的最新思潮。误会之处颇多。它们其实并非最新思潮,而是存在了一百多年的对近代哲学视野的批判思潮的发展。部分原因也许出于词义,特别是译名上的含混。现代性和后现代主义的对应英文词分别为 modernity 和 postmodernism,词根均为 modern,指的是随着西方资本主义市场经济体制的形成和自由主义等政治思潮的兴起以来迄今的整个时代,是相对于 ancient(古代)和 medieval(中世纪)而言的。modern philosophy 指的是中世纪以后的哲学,特指人类理性或者说反省精神开始被倡导以来的哲学,一般以笛卡尔哲学为上限,下限可伸延到现当代。他们对现代性(modernity)的批判或反思指的是对西方资本主义形成以来的整个时代的批判和反思;而后现代主义(postmodern)哲学则是指对笛卡尔以来哲学思维方式采取批判态度的哲学。这与我们上面讲到的几位著名现代西方哲学家的态度大体上是一致的。

然而 modern 在汉语中有时译为现代,有时译为近代。例如 modernization 通译为现代化,没有人称它为近代化;而 modern philosophy 却大都称为近代哲学,而且特指从笛卡尔(也可上推到文艺复兴)到黑格尔时代的哲学。至于现代哲学(contemporary philosophy)则大都是指黑格尔以后的哲学。这种区分本身有其合理性,但如果不注意具体语境而将其简单化,就容易产生语义上的含混。一些中国学者把西方学者对现代性(modernity)的批判理解为只是对当代西方资本主义的批判,把后现代主义(postmodernism)哲学理解为最近一百多年来的现代哲学之后的哲学,这就存在着语义上的含混。如果我们能排除这些误会,就会发现,对近代哲学视野的批判和超越是黑格尔以后整个哲学发展的普遍潮流,包括马克思主义者和非马克思主义者在内的现代哲学家都在从事这项事业。因此重要的问题不在确认是否有这样的超越,而在如何认识为什么要有以及怎样进行这样的超越。

当我们提出讨论超越近代哲学视野的问题时,主旨在探讨如何重新认识和正确对待这种超越。连利奥塔这样的后现代主义者也一再明确表示他并不笼统否定"现代性"(modernity,也就是近代性),不赞成在现代与后现代之间制造一种断裂,而是主张"重写"(rewrite)现代性,也就是将现代性建立在更为合理的基础上[1]。我们更没有理由在超越的名义下来简单否定西方近代哲学。我们在强调超越时,只是主张超出近代哲学思维方式的界限、克服它所存在的局限性。我在以肯定态度谈到西方现代哲学对近代哲学的超越(如对主客心物二元论及与之相关的对唯物主义和唯心主义绝对对立的超越,对用理性构建一切的理性形而上学的超越)时,所指的也只是超出近代哲学关于这些问题的理论的界限,特别是反对将这些理论绝对化,并非否定所论及的问题本身。例如丝毫也不否定近代哲学中唯物唯心对立的客观事实以及研究这种对立的意义,只是不赞成把近代哲学的丰富内容简单归结为这种对立;也丝毫不否定崇尚理性,而只是认为不能把理性片面化和绝对化。如果有人担心肯定对近代哲学思维方式的超越会导致背离唯物主义,那也许可能是误解了我们使用"超越"一词的含义。

---

[1]《后现代与公众游戏——利奥塔访谈录》,上海人民出版社1997年版,第153—166页。

只要明确限定超越并非简单否定，一般地谈论超越近代西方哲学估计难有更多非议的理由。既然大家都肯定马克思关于"任何真正的哲学都是自己时代精神的精华"[1]的著名论断，又肯定西方近代资本主义社会早已失去了历史必然性，那么怎能说建立在这种社会基础上的哲学不应当被超越呢！为了使哲学研究富有生命力，自然应当紧跟时代的脉搏前进，超越近代西方哲学的界限。人们都肯定马克思主义的产生实现了哲学史上最伟大的革命变革，而这种变革就包含了对近代西方哲学的超越。因此这方面需要进一步讨论的也许不是近代西方哲学是否应当被超越，而是具体分析它们要被超越的原因，特别是它们的主要局限性所在。

二、近代西方哲学发展的局限性及唯物唯心对立的意义

对于近代西方哲学在理论上的局限性，最流行的说法是：其唯物主义是机械的、形而上学的，存在着很大的不彻底性；其辩证法往往与唯物主义相分离而为唯心主义哲学家所发挥；在社会历史领域内始终被唯心主义所支配。这些局限性无疑是近代西方哲学发展中实际存在的，马克思和恩格斯对此有过不少论述，而这些论述是所有愿意用马克思主义观点研究西方哲学的人所必须认真学习并用以作为指导的。

这方面的主要问题是：人们往往停留于对近代唯物主义和辩证法的这些缺陷本身的肯定和描述。对于这些缺陷的本来意义和它们之间的联系、对于造成这些缺陷的更深层次的原因往往未作具体探索。不错，翻开有关这方面的论著和教科书，大都可以找到有关这些局限性的阶级根源和认识论根源的论述。然而这些论述大都较为抽象和简单化，往往未能摆脱近代哲学思维方式的基本理论框架。例如把唯物唯心、辩证法形而上学的对立（所谓"两个对子"）绝对化，未能具体分析西方近代哲学的进步性和局限性的多方面的原因。其实，导致近

---

[1]《马克思恩格斯全集》第1卷，人民出版社1960年版，第121页。

代哲学必然要被超越、或者说被取代的直接原因(这也是 19 世纪中期马克思主义实现哲学上的革命变革、西方各派哲学掀起批判近代哲学的浪潮的直接原因)不能笼统地地由当时哲学发展中唯物主义和辩证法不够发展来解释,因为刚刚逝世的黑格尔的辩证法被公认为是近代辩证法发展的最高成就,健在的费尔巴哈不仅恢复了唯物主义的权威,而且其唯物主义较 17—18 世纪英法唯物主义还有所进步。为什么西方近代哲学正好在这时出现了空前的危机,以致要被超越和取代呢? 要作出正确回答,需要进一步将当时唯物主义和辩证法的发展状况与近代哲学的基本倾向、所存在的矛盾及其发展的结局等多方面的因素结合起来加以考察。

与古代和中世纪哲学相比,唯物唯心的对立在近代哲学中显得更为突出。因为人与世界的关系这个哲学根本问题在古代还只能以感性直观和猜测的形态表现出来,在中世纪被归结为人与上帝的关系。只有到了近代,随着先进的思想家们以人本身所固有的自觉理性取代素朴的感性直观和盲目的信仰作为他们的研究的出发点,他们才得以把作为认识主体的人与作为其对象(客体)的世界区分开来,即把心灵和肉体、精神和物质、思维和存在区分开来,并由此来探讨主体如何认识和作用于客体、客体如何作用和呈现于主体。哲学基本问题才非常明确地表现为主客、灵肉、心物、思有关系问题。正如恩格斯指出的那样,思维对存在、精神对自然界的关系这个全部哲学的最高问题虽然早已存在,"但是,这个问题,只是在欧洲人从基督教中世纪的长期冬眠中觉醒以后,才被十分清楚地提了出来。才获得了它的完全的意义。"[1]这标志着西方哲学进到了一个新的、更高的阶段,唯物唯心对立在哲学中的突出地位即由此而来。

然而正如恩格斯所指出的,唯物主义和唯心主义这两个用语只是表明二者对上述问题作了相反的回答。除此之外,"这两个用语本来没有任何别的意思,它们在这里也不是在别的意义上使用的。"[2]恩格斯严厉地驳斥了一些资产阶级庸人把唯心主义说成是崇尚道德理想、把唯物主义说成是追求享乐、吝啬、虚

---

[1] 《马克思恩格斯选集》第 4 卷,人民出版社 1995 年版,第 224 页。
[2] 同上书,第 224—225 页。

荣。他认为对二者不应作出某种价值判断。不能认为唯心主义进步、唯物主义落后,反之亦然。"关于人类(至少在现时)总的说来是沿着进步方向运动的这种信念,是同唯物主义和唯心主义的对立绝对不相干的。"[1]恩格斯接着谈到思维和存在的关系问题的另一个方面,即人的思维能否认识现实世界的问题,他认为包括唯心主义者黑格尔在内的绝大部分哲学家都对之作了肯定回答。这意味着对这方面问题的回答与唯物唯心的划分也无直接联系。

总之,我们不能简单用唯物唯心的对立来概括全部哲学发展的丰富内容,也不能简单用这种对立来概括某一历史时代的哲学的基本倾向,即使在这种对立特别突出的近代哲学中也是如此。对于近代西方哲学必然要被超越和取代的原因,不能笼统地用唯物唯心对立以及唯物主义不彻底等来解释,还需要更为全面地认识当时哲学发展的基本倾向及其矛盾。

三、近代西方哲学的理性主义倾向及其矛盾

近代西方哲学的基本倾向是什么呢? 从不同视角出发有不同回答,但在不同意义上肯定理性的权威可以说是当时所有先进思想家(包括不少唯心主义者)的共同倾向。他们以不同的方式超越信仰和启示的界限,把作为主体的人本身所具有的理性认知(包括感觉经验和反省思维)能力当作处理其对象(包括物质和心灵世界)以至全部现实生活的出发点,把制定为此服务的认识论和方法论作为哲学的核心。通过对人所固有的理性的强调,他们使哲学由以神为中心转向以人为中心,由各种盲从和迷信转向对自然界的认识和改造。因而他们所倡导的这种理性主义精神既是一种强调人的价值和意义的人文精神,又是一种与近代自然科学的兴起相适应的科学精神。西方哲学史上的这一时代因此被公认为理性的时代。

由于对认识论问题的研究是这一时代哲学的主要内容,因而从中世纪信仰

---

[1]《马克思恩格斯选集》第 4 卷,人民出版社 1995 年版,第 232 页。

主义到近代理性主义的转向被称为认识论的转向。这一转向与西方各国由封建的自然经济制度转向资本主义的商品经济制度以及与之相应的政治和思想文化等各个方面的变化是一致的。它不仅对西方哲学本身的发展起了重要的作用,也是经济、政治、科学文化等近代西方社会各个方面发展的必要前提。没有这种转向,个人作为独立主体的地位就不能得到确认,以肯定这样的主体的地位为前提的市场经济体系就不可能充分发展起来,西方资本主义的自由民主等体制就无法建立;没有这种转向,就不可能有对自然界的深入具体的探索和近代实验自然科学的发展;没有这种转向,西方各国的现代化运动就不可能顺利实现。

西方哲学的这一转向中无疑包含了近代唯物主义反对中世纪神学唯心主义的斗争,但又不能归结为由唯心主义向唯物主义的转向,因为其间起过重大作用的哲学不仅有17世纪英国唯物主义、18世纪法国唯物主义、费尔巴哈的唯物主义,也有从笛卡尔到黑格尔的唯心主义。笛卡尔被认为对近代哲学的正式形成起过关键作用,但这主要并不在他的具有唯物主义倾向的物理学,而是他从"我思"出发建立起来的理性主义的认识论和方法论体系,后者为近代主体性(理性)形而上学开辟了道路。至于黑格尔的唯心主义辩证法在西方哲学史上的作用,更是一再受到马克思主义创始人的高度肯定。总之,就在近代西方起过进步作用的哲学来说,唯物主义无疑是其主流,但简单地用唯物唯心来为一切是非对错划界、对唯物唯心作出本来并不(至少并不必然)隐含的价值判断,看来是不符合历史真实的。

以认识论的转向为突出表现的理性主义倾向既为近代西方哲学的形成和发展开辟了道路,而这种倾向又隐藏着严重的内在矛盾,后者与理性本身包含的矛盾密切相关。

理性(reason)一词在西方哲学中有着不同含义。广义的理性泛指人的自然本性或者说区别于动物的普遍的人性,包含了人的感觉、思维、情感、意志等多种形态的心理意识活动。狭义的理性仅指概念、判断和推理等思维活动,而把感觉、情感和意志等排除在外;但不少近代哲学家用理性来泛指包括感觉经验和理性思维在内的人的全部认识活动。例如在培根哲学中,"归纳、分析、比较、观察和实验是理性方法的主要条件"[1]。在这种情况下,理性往往被赋予"合理"、"现实"等积极意义。无论是广义或狭义,作为人的心理活动的理性都不是单一和静止的,而是形态多样又相互联结和渗透,且处于不断变化过程中的矛盾的统一体。为了对人的理性有深刻了解,既要分别研究这些不同活动形态的特殊性,又要看到它们之间的联系,把它们作为一个统一整体加以考察,否则必然会陷入各种片面性。近代西方哲学家在理论上存在种种矛盾的原因当然是多方面的,未能正确认识人类理性的多样性及它们之间的内在联系,而将其中某些这方面孤立起来和绝对化,显然是重要原因之一。

近代哲学对理性的倡导是从其广义意义开始的。文艺复兴时代的先进思想家大都致力于使人从神学禁欲主义禁锢下解放出来、面向现实生活世界。他们所谓理性实际上指广义的人性,理性精神就是人文精神。当他们以这种精神来观察人和世界时,人和世界都显得丰富多彩。甚至在被马克思称为近代英国唯物主义和整个现代实验科学的真正始祖培根那里,人和世界大体上仍是活生生的,"物质带着诗意的感性光辉对人的全身心发出微笑。"[2]不过,他们对理性的这种认识仍是笼统的,带有很大朴素性。

在近代西方哲学往后的发展中,对人的心理意识活动的研究越来越深入具体。17—18 世纪的哲学家分别对感觉经验和理性思维作了相当系统的研究,制定了对西方哲学的认识论转向起了重大作用的经验归纳法和理性演绎法。然而他们在取得这些重大成就的同时却往往忽视了各种认识活动之间的联系,更未能看到人的认识活动与人的情感意志等活动的联系,把本来相互渗透、不可分割的感觉经验和理性思维等分割开来,各执一端,由此走向了都有很大片面性的经验论或唯理论。人和世界也都被狭隘化了。人的理性往往成了与具有多方面价值和意义的人的现实存在相分离的思辨理性(在唯理论者和思辨哲学家那里)或工具理性(在经验论者和实验自然科学家那里)。后二者表现形式虽

---

[1][2]《马克思恩格斯全集》第 2 卷,人民出版社 1957 年版,第 163 页。

不同,在与人的活生生的现实存在、特别是丰富多彩的内心世界相分离上则一。人被抽象化成了狭隘的理性的化身,世界也成了由这样的理性所构建的世界。马克思就培根以后近代唯物主义的这种片面化倾向说:"霍布斯把培根的唯物主义系统化了。感性失去了它的鲜明的色彩而变成了几何学家的抽象的感性。物理运动成为机械运动或数学运动的牺牲品;几何学被宣布为主要的科学。唯物主义变得敌视人了。为了在自己的领域内克服敌视人的、毫无血肉的精神,唯物主义只好抑制自己的情欲,当一个禁欲主义者。它变成理智的东西,同时以无情的彻底性来发展理智的一切结论。"[1]马克思的这段话深刻而生动地揭示了本来在唯物主义上比培根更为彻底和系统的霍布斯怎样由于把理智片面化和绝对化而使唯物主义变得"敌视人"、"毫无血肉"。霍布斯如此,其他近代哲学家(无论是唯物主义者还是唯心主义者)在不同程度上也大都如此。

四、近代西方哲学理性主义的矛盾结局

近代哲学之"以无情的彻底性来发挥理智的一切结论",必然导致一系列极端化的结局。这首先表现在把自然、社会和精神世界的一切都纳入理性框架,把哲学变成一种无所不包而带有浓厚思辨性的理性形而上学。

这种状况的出现与 17 世纪以来理性精神在各个领域的胜利直接相关。以理性为基础的数学和实验自然科学的光辉成就,使许多西方思想家相信理性具有无上权威,可以作为普遍有效的尺度和万能的工具。对理性的倡导由此走向极端而变成了对理性的迷信,理性万能取代了上帝万能。似乎一切都可以而且应当由理性来建立和判决。任何科学都由理性概念构成、都以是否符合理性的要求为真伪标准;任何社会现象和社会问题也都应由理性来认识和解决;社会秩序应当是理性秩序;理想的社会只能是理性社会;而一切思想和文化体系也

[1] 《马克思恩格斯全集》第 2 卷,人民出版社 1957 年版,第 163—164 页。

同样应当是理性体系。哲学家的任务是去发现那些最普遍的、绝对可靠的、自明的理性概念和原则。只要在这方面取得了成功，就可以用以构造出关于整个世界的图景，推演出全部知识甚至存在的体系。这意味着哲学应当成为一切科学和知识的基础，成为凌驾于一切科学之上的"科学的科学"。这一时期西方思想家的哲学观点和立场各不相同，他们所构建出的具体的哲学和知识体系也往往有重大区别，例如法国唯物主义者狄德罗，特别是霍尔巴赫的"自然体系"与从莱布尼茨到黑格尔的德国唯心主义体系就大不相同。但在要求按照普遍和自明的理性原则来构建无所不包的哲学和知识体系这点上，他们之间却又存在着很大的共同之处。事实上近代西方哲学家中大部分人都企图建构这样的体系，我们在一定意义上甚至可以说，西方哲学史上的这个理性时代同时又是建构体系哲学的时代。

从理性具有合理、现实等意义来说，近代哲学的理性形而上学体系中无疑包含了积极内容。18 世纪法国启蒙思想家和唯物主义者尽管也在建构体系，但他们对 17 世纪的思辨形而上学采取了坚定的批判态度。费尔巴哈更是企图"以清醒的哲学来对抗醉醺醺的思辨"。19 世纪德国思辨哲学虽然是 17 世纪形而上学的复辟，但这毕竟是"胜利的和富有内容的复辟"[1]，实际上包含了与思辨哲学本身相矛盾的辩证法。总之，在近代理性形而上学体系中，有时可能包含着符合唯物主义或辩证法精神、从而也符合现实生活精神的内容，对之不能全盘否定。但是，企图建构无所不包的世界体系的理性形而上学最终必然走向理性的独断，必然脱离现实的人及其世界，从而背离其"合理"与"现实"的意义。因此，当黑格尔建立了一个集以往形而上学大成的"形而上学的包罗万象的王国"之后，对思辨的形而上学和一切形而上学的进攻具有了根本性的进攻的意义，取而代之的不能是任何其他形式的形而上学，而只能是与人及其现实生活实践统一的新的唯物主义。[2]

其次，近代西方哲学之"以无情的彻底性来发挥理智的一切结论"，必然导

---

[1] 《马克思恩格斯全集》第 2 卷，人民出版社 1957 年版，第 159 页。
[2] 同上书，第 159—160 页。

致把作为认识论的转向的前提的主客心物等的分离绝对化,从而在不同程度上走向了二元论,并由二元论而进一步陷入怀疑论和独断论。

近代哲学所倡导的理性主义精神以反省思维实现了西方哲学史上的认识论的转向。后者以将主客、心物等分离为前提。当近代西方哲学家运用理性去建立其认识论时,必然假定认识就是主体通过理性的不同形式(感知、直观、推理、反思等等)去把握与其不同并处于其外的客体。尽管他们的哲学立场有唯心唯物等不同,对主客体的本性(例如物质性还是精神性)的看法往往有很大差异,但都必须在认识中把主体与客体(心与物)区别(分离)开来。当把人本身当作认识对象(客体)时,后者与人作为主体也是分离的。认识中主客体的这种分离是认识得以进行,并取得进展的必要条件。从这种意义上说,这一时期的哲学家对主客体的明确划分应当看作是人类哲学思维和认识发展中的重要进步。他们的错误在于作出这种区分后却忽视了它们之间的相互依存和转化关系,往往把它们分裂和绝对对立起来。这就陷入了二元论。笛卡尔把心物当作两个相互独立的实体是二元论的典型形式,当时绝大部分哲学家在不同程度上也具有这种倾向。尽管唯心主义者认为物质是精神的产物,而唯物主义者(特别是18世纪法国唯物主义者)则肯定精神是物质的属性,但他们都同样无法正确解释物质和精神、存在和思维的相互依存和转化的关系,从而最终仍在不同意义上陷入了二元论。

近代西方哲学的二元论倾向不仅表现在解决主客、心物、思有等关系的哲学基本问题上,也表现在解决感性和理性、理性和非理性、理论理性与实践理性等广义的人类理性的各种形态之间的关系上,并由此遇到了一系列无法克服的困难。例如,许多哲学家都企图制定严密完整的人类知识理论体系,其中包括经验(事实)知识和具有普遍性和必然性的理性知识。然而由于他们把这两种知识分割开来,看不到它们之间的相互依存和转化的联系,既无法理解经验知识中可能包含的具有普遍和必然意义的内容,也无法解释具有普遍性和必然性的理性知识的经验来源,以致往往虽从肯定人的认识能力开始、却以贬低甚至否定这种能力告终。例如,以休谟为代表的经验派哲学家正是由于只看到经验知识的特殊性和偶然性,无法进一步解释具有普遍性和必然性的知识,而走向了怀疑论。以笛卡尔为代表的理性派哲学家虽然强调具有普遍性和必然性的理性知识的意义,但同样不了解其经验起源,只好借神学的余荫,以人人具有天赋观念或天赋认识能力等独断来作答。这意味着他们以不同方式倒向了独断论;而一旦这类独断观念被移去或被驳倒,就同样会落入怀疑论。

近代西方哲学"以无情的彻底性来发挥理智的一切结论"还会导致把人的存在片面化,使之不再成为独立、完整和能动的人,而这意味着人的存在的异化和人文精神的失落。

近代西方哲学以提出人为哲学的中心而开始其发展历程,它反对绝对的传统和权威对个人发展的束缚,主张思想解放,倡导发挥人的个性和创造性,尊重人的自由和尊严。然而在它往后的发展中,哲学家纷纷把人解释为由他们所构建的严密完整的自然或精神体系中的一个环节,主客、心物等的分裂进一步加剧了这种趋势。人要么沦落为一架没有灵魂的机器,要么成为失去血肉身躯的形而上学体系中的一个环节。如果说从笛卡尔关于动物是机器到拉美特利关于"人是机器"是当时机械唯物主义自然观的必然结论,那在以黑格尔为典型代表的思辨唯心主义哲学家的精神体系中,具体的人理所当然地被当作体系中作为"动物"中一个类的"人"概念的外部表现,这正像柏拉图理念论中人的理念是原型,而具体的人是摹本一样。于是,人的主体性和创造性,人的自由和人格的尊严都被消解于纯粹的自然或绝对的精神体系中了。人们在摆脱了神学和经院哲学的桎梏后,现在却又受到机械论和思辨形而上学体系的束缚。

思辨性的理性形而上学倾向、主客心物等分离的二元论及由之引出的独断论和怀疑论倾向以及人的异化和人文精神失落的倾向,从不同方面体现了西方哲学史上这个理性的时代由于将理性片面化和绝对化必然导致的结局。这种结局突出地表现了这一时期的哲学越来越脱离了它最初曾经强调的现实的人及其现实的生活和实践。

五、近代西方哲学的危机与超越近代哲学视野的必然趋势

不管怎样来表述近代西方哲学的局限性和矛盾以及所导致的结局,都可得出结论:从文艺复兴到 19 世纪上半期,西方哲学在经历了一系列变革(包括许多重大成就)以后,已脱离了向前迈进的时代精神的脉搏,失去了它曾经具有的唤起人的觉醒、维护人的自由与尊严、推动人的全面发展的朝气蓬勃的精神,由倡导健全的理性转向了与独断或盲从和迷信相连的异化了的理性。它在否定了自己的对方后,现在轮到自己该被否定了。这意味着西方哲学的发展现在必须实现新的转向。这一转向包括了近代哲学走向终结和现代哲学形成两个不可分割的方面。本文不拟对这两方面的问题展开分析,仅简单表示如下几点看法。

第一,近代西方哲学的终结不是某一或某些特殊派别或理论的终结,而是运用理性来构建关于自然、社会和人本身的无所不包的理论体系这种形而上学思维方式的终结。从笛卡尔到黑格尔的近代西方哲学尽管存在着唯物主义和唯心主义、经验论和唯理论等的对立,但它们从整体上说都是以这种思维方式为特征,其基本理论预设和框架大体类似。它们既具有共同的成就,也存在共同的问题。上面提到的近代西方哲学的缺陷和矛盾不只是属于某些哲学家或哲学派别的,而是属于这个时代的。在评价这一时代的哲学时,应当把具体的派别和理论放到整个时代的哲学思维方式的背景下来分析。

第二,近代西方哲学的终结和现代哲学的形成既是一种具有根本性意义的思维方式的转换,又是一个具有连续性的相当长期的发展过程。尽管对现代哲学和近代哲学之间的区别至今仍众说纷纭,但至少可以肯定:现代哲学所最关注的是处于不断变化发展中的人的现实生活和实践,而不是构建表面上严密完整、实际上停滞封闭的无所不包的体系;它们企图重新把人当作哲学的出发点和归宿,促进人的全面发展,而不是把人仅仅当作工具或体系中的一个环节。就哲学思维方式说,现代哲学与近代哲学必然存在根本性的区别。但是,从近

代哲学到现代哲学不是一种突发性的断裂,而是一个由此及彼的过程。现代哲学不是对近代哲学的简单否定,而是对它的批判继承。超越近代哲学视野并非要放弃近代哲学中的唯物主义和辩证法等合理的理论,而只是克服近代哲学的种种局限性,使唯物主义和辩证法能更好地结合现实生活和实践而得到更大的发展。

第三,近代西方哲学之陷入困境和危机,它之必然要被现代哲学超越,既有我们上面提到的理论根源,又有 19 世纪中期以来西方资本主义社会发生了深刻变化这个社会根源。如何重新认识西方哲学在近现代之间的变化,超越近代哲学视野,与如何重新认识西方资本主义的变化是密切相关的。对于现代企业管理制度等现代西方资本主义市场经济体制存在积极的、值得借鉴的因素,现在很少有人否定,对于与之相关的哲学等当代西方社会的其他方面,也应当抱着求实的态度重新作出具体研究。否则难于做到超越近代哲学视野,从而也难于克服在我国普遍存在的将现代社会的事务置于近代哲学视野之下这种反常现象。

第四,在批判和超越近代西方哲学视野上,马克思主义哲学与西方现代哲学既有原则区别,又有重要的共同之处。我们当然应当坚定对马克思主义哲学的信念,注意划清其与西方现代哲学的界限。但不能因此简单否定西方现代哲学对近代哲学的批判和超越(特别是对构建严密完整的体系的近代哲学的理性形而上学倾向的批判和超越)所可能具有的重要进步意义以及马克思主义哲学作为现代哲学在这方面与它们的共性,更不宜在维护唯物主义的旗号下反其道而行之,试图去构建这样的体系。否则就有可能把最为强调现实生活和实践、最能体现当代时代精神的马克思主义哲学倒退到近代理性形而上学的水平。

(原载《江苏社会科学》2000 年第 6 期,中国人民大学复印报刊资料《外国哲学》2001 年第 3 期转载)

西方哲学的近现代转型与道德和价值观念的变革
——对个体本位和个人主义的超越

西方哲学在近现代之交,特别是 20 世纪以来发生过具有思维方式转型意义的变革,这一点早已为西方哲学界以不同方式所一再强调。尽管各派哲学家对此的具体说法不一,但他们几乎都对以主客、心物、思有等二元分立为出发点、以本质主义和基础主义为特征、以体系哲学为表现形式的近代主体性形而上学提出了严重挑战。西方哲学界关于西方哲学在近现代之交的变革的各种说法已受到中国哲学界越来越大的注意。尽管大家在这方面也还远未达成共识,但很少有人否定西方哲学发生了重大变革这一事实。大家的意见分歧主要在于如何认识和评价这种变革。为此需要进行多层次、多方面的探讨。我个人认为这种变革不是局部的、特定范围的变革,而是西方哲学发展中哲学思维模式在整体上的转型。我对这方面的一些具体看法已在近年来发表的几篇文章,特别是《西方哲学的近现代转型与马克思主义哲学和当代中国哲学的发展道路(论纲)》一文中已经提出。本文准备继续讨论这种变革在道德和价值观念方面的影响。

道德观念及相关的价值观念是整个哲学的组成部分,它们的变化在很大程度上从属于哲学观念的变化。如果可以肯定西方哲学在近现代之交发生了具有思维方式转型意义的变革,那也应当肯定道德和价值领域也发生了相应的变革。这种变革本身又包含了多方面的内容,其中道德和评价主体由个体本位趋向超越个体本位、道德和评价标准由个人主义趋向超越个人主义是诸多变革中最重要的方面。这是因为,同整个哲学一样,道德和价值的主体是人,道德所涉及的是人的行为原则和规范,而价值则是客体对作为主体的人的意义,即作为主体的人对其对象的评价和态度。道德和价值观念的变化在一定意义上取决于作为其主体的人的存在状况的变化。西方道德和价值观念在近现代的变革从一个方面说正是通过对以个体本位和个人主义为特征的近代主体性形而上学的超越而发生的。本文将就此提出一些看法。

一、主体性形而上学与个体本位和个人主义

在近代西方哲学中,作为主体的人基本上是被当作个体而存在,即具有独立人格的个人,人作为主体表现为个体主体。笛卡尔从"我思"出发建立其整个形而上学哲学体系开了近代哲学中将主体性原则当作哲学基本原则的先河。唯物主义和唯心主义、经验论和唯理论等众多哲学派别尽管在理论形态上彼此不同甚至相互对立,但在肯定主体性原则上则大体一致。这表现在他们大都把主体作为具有确定和独立存在意义的实体,即有别于(相对于)客体(对象)、与客体相分离、以至处于对立地位的实体;把解决这样的主体与其客体的关系(也就是心物、思有等的关系)问题当作哲学基本问题。这是近代哲学的基本模式,即所谓认识论模式或者说主体性形而上学思维模式。许多现当代西方哲学家经常谈论和批判的所谓基础主义、本质主义等都以上述意义下的主客二元分立为前提,从而也都属这种哲学思维模式。

这种主体性形而上学思维模式在道德和价值上的突出表现就是个体本位和个人主义被当作一切道德和价值观念的基础和出发点。一切道德和价值行为以及对道德与价值的选择、评价都通过个人来实现,都以是否符合特定的个人的目的、需要和利益为标准。这一时期西方的道德和价值理论像整个哲学一样形形色色。按照对待道德行为的不同目的,或者说对待快乐和幸福、利益和需要的不同态度,可划分为功利论和道义论两种主要类型。它们之间彼此纷争不息。例如以边沁、密尔为代表的功利论和以康德为代表的道义论往往处于对

立地位。但由于他们在哲学思维模式上都未能越出主体性形而上学的范围,他们在道德和价值问题上自然也都无法越出以个体本位和个人主义为基础的范围。

关于功利论思想家把个体本位和个人主义作为其理论的基础和出发点,这在学术界大概不会有多大异议。因为这些思想家大都直截了当地宣扬个人主义。大家在这方面的分歧主要在于如何理解他们所说的个人主义的含义。然而,能够说以康德为代表的道义论伦理学也是对个体本位和个人主义原则的肯定吗?

从康德把道德行为及其评价准则作为一种理想的行为和准则来说,他的道义论并不支持个体本位和个人主义。康德将人置于哲学的核心地位,他的哲学上的"哥白尼变革"的根本含义就是认为哲学不应以客体(对象)为中心,而应以主体(人)为中心。他因此被认为是由笛卡尔肇始的近代主体性形而上学的完成者。但与笛卡尔等人不同,康德把人二重化了,即把人的现实存在和理想存在区分开来。前者为自然的人,后者为道德的人。他认为人作为一种自然物(生物品种)有追求快乐和幸福的自然要求;但人同时又有超出自然要求而追求道德完善的目的。人由此具有双重本性,即"自然人性"和"道德人性"[1]。自然人性是人作为个体存在的本性,道德人性则超越了人的个体存在的界限而成为其族类存在的本性。康德的道义论所涉及的人正是作为族类存在的人,即追求道德完善、具有"道德人性"的人。正像他认为实践理性高于理论理性一样,作为族类存在的人的道德人性也高于作为个体存在的人的自然人性。他甚至提出人的个体存在应为族类的道德理想的实现作出牺牲。当康德宣称应当把人当作目的而不当作手段时,他所谓的人是指作为族类的人;至于作为个体的人,则通过他们对各自的利益的追逐而成为实现族类的目的的工具。从这种意义上说,康德的道义论显然超越于功利论所主张的个体本位和个人主义。

然而,正是由于康德把其所强调的道德理想作为人的族类的目标,他的道

---

[1] 康德:《历史理性批判文集》,商务印书馆 1990 年版,第 70 页。

义论所涉及的就不是现实生活中的人的道德行为和评价准则。对于后者,他的观点实际上与功利论者并无本质区别。他承认人在此是由其"自然人性"所支配、作为追求自身的快乐和幸福的个体而存在。人的这种自然人性是以"自私自利"为特征的人的"动物性倾向"。尽管人作为族类存在可以超越自然人性,但不能违背自然人性。[1]自然人性虽然是"恶"的来源,但在历史发展上有积极作用,为了达到善必须通过恶。历史发展就是从恶开始,以善告终。"恶"是一种偏离普遍立法而追逐个人利益的个体性。它推动人充分发挥其潜能。换言之,个人为追逐自己利益的努力以及他们为此展开的斗争是使人的潜能得以充分发挥的动力,也是推动人朝着至善的方向前进的动力。康德就此把恶当作是实现至善的工具。

康德的道义论由于强调对人的个体存在的超越和道德理想,因此表现出与边沁、密尔等人的功利论不同的特征。但就对近代西方现实社会中人的道德和价值准则来说,他同样肯定是由个体本位和个人主义所支配,因此二者可谓殊途同归。

与近代哲学中的主体形而上学性相应的伦理学上的个体本位和个人主义原则,从根本上说是适应了当时西方各国业已建立的市场经济体制的要求。后者得以实行的基本前提正是对个体本位和个人主义原则的肯定。例如,为了使人们在商品市场上的交换活动得以具体运作,每一商品或劳务的所有者都必须有独立的人格,能自主地走向市场并自由地与其他所有者进行交换;他们在市场交换中是平等的,一切尊卑、贵贱、长幼、上下等等关系均被置后;他们在商品生产和交换活动中可以充分发挥自己的能动性,进行自由竞争,允许"优胜劣汰";等等。所有这些都从不同角度上肯定了个体本位和个人主义原则。只要实行市场经济,就必须从各个方面(包括哲学,政治,法律,道德等)维护这种原则。正因为如此,这一时期西方学者提出了各种各样关于哲学、伦理学、社会政治等方面的理论,他们彼此之间往往争论不休,但归根到底都肯定个体本位和

---

[1] 康德:《历史理性批判文集》,商务印书馆1990年版,第70页。

个人主义原则。

然而,在肯定个体本位和个人主义的前提下实行的市场经济包含着作为商品所有者的人与人之间深刻的矛盾和冲突。如果在贯彻这些原则时不对之作出某些限制,就会把动物界弱肉强食的法则移入人类社会,片面发挥自私、贪婪、虚伪、欺诈、残暴等人性的"恶"的方面。尽管如康德和黑格尔等人所说"恶"是历史发展的重要动力,但如果不对其加以限制,就会出现霍布斯所谓"人对人是狼"的局面。而这意味着整个社会必然处于严重的动乱状态,当然谈不到市场经济和整个社会的发展。这就需要从各个方面对个体本位和个人主义等原则加以限制,使每一个人在生产、交换以及一切社会活动中都遵循一定的行为规则、承担一定的义务、服从各种社会制约和监督。这些规则和制约既有属于强制性的法律,又有非强制性的道德。而法律和道德又是密切相关、互为表里的。从道德的角度说这意味着需要提出这样一些理论,它们从维护上述市场经济的前提出发制定出道德规范体系,而后者正是对个体本位和个人主义原则的某种限制。

事实上,近代西方的各种伦理学说在肯定并论证个体本位和个人主义的原则时,几乎都从不同方面、在不同程度上对其有所限制。康德的道义论固然强调了对个体本位和个人主义原则的超越,边沁、密尔等人的功利论也并未将这些原则绝对化。例如,他们虽然都把个人追求当作其理论的出发点,但不仅不赞赏,反而竭力反对狭隘的利己主义,倡导某种形式的利他主义,认为个人如果不关心他人的利益,自己的利益也得不到保障,因而利己必先利他。人的行为善恶的标准不只是能否给个人带来幸福,还要看能否给社会上大多数人带来幸福。密尔明确地说:"我必须再声明,功用主义所认为行为上是非标准的幸福并不是行为者一己的幸福,乃是一切与这行为有关的人的幸福。"[1]马克思和恩格斯也指出功利论"一开始就带有公益论的性质"。[2]为了使人们都按上述道德原则行动,西方学者都主张建立行为的社会制约体系。因为尽管利己必先利

[1] 穆勒(即密尔):《功用主义》,商务印书馆1957年版,第18页。
[2] 《马克思恩格斯全集》第3卷,人民出版社1995年版,第484页。

他符合人的理性要求,但这并不是每一个人都能认识到,即使认识到了也未必都能自觉遵行。这种制约是多方面的。除了政治、法律、宗教等制约外,道德制约同样具有重要作用。

总的说来,无论持功利论还是道义论,西方伦理学家都必须使其理论体现市场经济对道德的双重要求:既要为个人的功利追求作道德上的辩护;又要对这种追求有所约束和限制,使其符合具有社会性的道德规范,以此从道德上为这种追求营造一种相对稳定的社会秩序。这意味着要求他们既要把自己的理论建立在个体本位和个人主义的基础上,又要对后者有所限制和超越。

二、现代西方思潮对主体性形而上学与
个体本位和个人主义的超越

不过,在 20 世纪以前,特别是在 19 世纪下半期以前,以自由竞争为特征的西方市场经济体制的内在矛盾还没有充分暴露。在哲学领域中,以主客、心物二分为特征的主体性形而上学还居于主导地位。与此相适应,在道德领域,个体本位和个人主义原则虽然已有所限制,但还没有受到严重挑战,最为集中地体现了这种原则的功利论在各种伦理思潮中还能占有上风。19 世纪下半期以来,特别是 20 世纪以来,西方资本主义制度发生了深刻变化。经济危机及与之相联的西方社会各种社会矛盾的激化,使以自由竞争为特征的原有资本主义秩序受到了激烈冲击。过去被奉为神圣的个体本位和个人主义原则也越来越暴露了其严重局限性,甚至成了加剧社会矛盾和冲突的重要根源。例如外表上的平等竞争造成了个人之间财富分配事实上的极不平等,社会两极分化比以往更为激烈。这些都必然使原有的西方哲学及道德和价值观念受到动摇。

20 世纪初以来西方哲学发展中最引人注目的变化之一是对近代主体性形而上学的批判成了哲学中的普遍潮流。无论是欧陆哲学家或英美哲学家,大都把批判和超越近代哲学中的主体性原则当作其理论的重要组成部分。

现象学运动以及与之相关的存在主义无疑是 20 世纪欧陆哲学的主流,而

它们都以批判主体性形而上学为主要特征。胡塞尔和梅洛-庞蒂都明确摒弃个体主体,要求代之以交互主体、以主体间性来取代主体性。所谓交互主体,指的是自我与他人以及客体处于共在关系中的主体。他们都认为主体不能是孤立的、原子式的、不受约束的自我存在,而只能是一定社会环境中的存在。对主体(自我)的肯定意味着同时对他人和环境(客体)的肯定。海德格尔同样明确地排斥传统的个体主体概念。他肯定"此在"的基本存在结构是"在世",也就是个人不能孤立地、单独地存在,而总是处于一世界中,与他人及事物不可分割,同时出现、同时在此。他后期对"在的真理"的谈论,特别是对所谓"人类中心论"的批判以及世界四重结构(天、地、人、神)论的提出都是直接针对以主客二分为特征的主体性形而上学而发,并由此要求达到主客融合以至"天人合一"。

20世纪中期在英美哲学中居主导地位的分析哲学虽然大都没有像欧陆哲学那样深入和具体地研究如何超越个体主体而达到交互主体(或者说由主体性转向主体间性)的问题。作为其早期表现形态的逻辑原子主义和逻辑实证主义甚至还是主体性形而上学的独特的表现形式。但作为分析哲学的理论的重要基石的反形而上学纲领内在地包含着对以主客二分为前提的主体性形而上学的否定。在分析哲学后来的发展中,越来越多的人接受了交互主体和主体间性的概念。在被当作美国哲学象征的实用主义哲学中,这种反主体性形而上学的倾向就更加突出了。詹姆士和杜威都非常明确地否定孤立的、离开客体(包括作为客体的他人)而独立存在的主体概念,认为应当把主客、心物看成为不可分割的、统一的过程。作为他们整个哲学核心的经验指的正是这种过程,这与近代主体性形而上学所谈论的作为个人的主观意识状态的经验有着本质区别。杜威甚至把这种统一的过程与人的现实生活和实践联系起来,并由此把他的哲学当作生活和实践哲学。

20世纪以来西方哲学家对主体性形而上学的批判在道德领域内的主要表现就是他们对个体本位和个人主义原则越来越采取批判态度,主张进一步对之加以限制和超越。

在各种西方哲学和伦理思潮中,实用主义被公认为最能体现近代功利论的个体本位和个人主义传统的流派。然而这一流派的哲学家却公开要求对这一原则作出重大改造。杜威的有关论述就是非常突出的例证。

杜威对功利论的评价的确高于对其他近代伦理学派。他认为功利论肯定了人对现实生活的快乐和幸福的追求，强调了法规和制度要服从人的现实需要，并支持与此相关的各种改革。然而他对作为功利论理论基础的个人主义却采取了批判态度。他明确反对利己主义和享乐主义意义上的个人主义，认为功利论的主要缺陷正在于未能摆脱这种含义下的个人主义。因为它肯定的不是追求快乐和幸福的行为本身，而是作为这种行为的结果的快乐和幸福之物。这样就使快乐和幸福成了可以占有和享用的东西。追求快乐和幸福不是去进行创造，而是获取创造的结果。"它为如下倾向作了理智的确认：'实业'不是充当社会服务的手段和个人创造力发展的机会，而是积累私人享乐资料的途径"[1]。杜威指责功利论在这一点上与旧式的"粗鄙的个人主义"如出一辙。至于功利论者有时也要求把谋求社会和多数人的快乐和幸福放在首位，杜威是肯定的，并认为这正是它的最值得赞扬之处。所以他说功利论的"最大功绩是把社会福利作为最高标准而引入人的思想里"[2]。

杜威没有因为反对利己主义和享乐主义意义上的个人主义而否定任何形式的个人主义。他认为个人主义不是一个固定不变的概念，它在不同历史时代可以有不同的表现形式。[3]以利己主义、享乐主义为特征的旧式个人主义已不符合现代的历史潮流，现在应当建立和倡导一种不以获取个人私利、而以服务于社会的不断改造和进步为宗旨的新型个人主义。其基本特点是尊重个人的人格和个性，最大限度地发挥其创造性和主动精神，把个人对快乐和幸福的追

---

[1] 《约翰·杜威中期著作集》第12卷，美国南伊利诺斯大学出版社1978年版，第184页。

[2] 同上书，第181页。

[3] 个人主义(Individualism)在西方是一个相当古老的概念。古希腊思想家就提到过个人主义与集体主义的对立。著名的民主派政治家伯利克里(Pericles)被认为是个人主义的代表。其个人主义是指尊重每一个人选择自己的思想和行为的权利（"如果我们邻居选择他自己要走的路，我们觉得并无必要对他说三道四"），并无自私自利的含义，倒是与利他主义有一定联系。柏拉图被认为是集体主义的代表，其集体主义实际上是指整体主义。在近代西方，英国古典派经济学家亚当·斯密和边沁从理论上系统地论证了个人主义思想。据美国社会学家A.哈耶克考证，Individualism一词同社会主义一词一样，最早是由圣西门主义者提出的。在美国，R.W.爱默生在1835年左右第一次使用了这个词。他们都没有把个人主义当作利己主义。

求寓于创造快乐和幸福这种道德行为(活动)本身之中,而不是获取创造活动的结果,因为后者总是与占有、享用联系在一起。杜威还就此提出,为了克服旧式个人主义、建立新型个人主义,单单把少数人对私利的追逐扩大为多数人的追逐,或者进一步倡导慷慨、善意和利他主义,都无济于事;重要的是要"改造社会,促进造就新型的个人"。

杜威没有也不可能进一步说明在西方资本主义社会条件下怎样造就新型的个人,没有也不可能说明在这种社会制度下的个人怎么能在撇开个人得失的前提下把自己的创造活动本身当作其道德行为的标准。他的新个人主义及整个道德和价值观念都有很大抽象性。但他的观点与功利论等近代伦理学的道德和价值观念毕竟有重大区别。应当提及的是:上述观点是他在各个时期的许多论著中反复阐述的,体现了他在这一方面的基本理论倾向,而这种倾向在一定程度上可以说是现代西方伦理学中一种相当普遍的倾向。

事实上,当杜威等实用主义哲学家在批判和超越功利论等的个体本位和个人主义原则时,其他一些学派的理论家也在以各自特有的方式做着类似的工作。

在欧洲大陆,现象学与存在主义运动的代表尽管大都把揭示个人存在的意义当作其全部哲学和伦理学研究的出发点,但其目标却是对孤立的个人的超越。胡塞尔之返回到"生活世界"在一定意义上就是超越他的先验现象学的主观主义,因为他的"生活世界"是个人与他人及世界共在的世界。海德格尔建立所谓"始源性伦理学"的主旨也正在超越"此在"作为个体主体存在的意义而确立人与世界浑然一体的生存关系。后者从根本上排除了道德和价值观上的个体本位和功利论意义上的个人主义。雅斯贝尔斯关于自由、交往和新人道主义的理论对超越个体本位和个人主义作了更为清晰的论述。例如他非常强调个人自由,但认为这种自由以交往,或者说个人对自己的超越为前提。

其实,即使是被当作宣扬极端个人主义的典型而被广泛批判的萨特,也主要不是在利己主义和享乐主义意义上来理解个人主义的。他的确说过一些关于个人与他人势不两立、人们彼此之间的关系是"主奴关系"等具有极端个人主义色彩的话;他强调人具有绝对自由,可以自由选择、自我设计、谋划和造就,以至把人的存在与其自由视为同义,这些无疑也具有浓厚的个人主义倾向。因此人们对他的指责和批判不无根据。但如果对萨特的理论作较具体的分析,就会发觉在某些方面对他同样存在误解。

例如,萨特一般不是从利害关系,而是从主客关系来谈论个人与他人势不两立:当个人被别人当作对象时自己就失去了主体地位,如果作为主体存在就必然把他人作为自己的对象。个人之间都彼此把自己当作主体、把他人当作对象。在自己的目光中,他人是自己的奴隶(对象);在他人的目光中,自己就被变成奴隶了。更为重要的是:萨特不是肯定,而是激烈否定这种主奴关系。他的哲学的主旨之一就在消除这种主奴关系。又如,当萨特谈到个人具有绝对自由时,他并不是指个人在现实生活中可以随心所欲,而是指个人只要有意识活动、作为自为而存在,那不管处于何种条件下、面临何种可能性,他都要为自己如何对待所处条件和可能性作出某种选择,即使不选择也仍然是作了选择,那就是选择了不选择。自由指的就是这种选择行为本身,因而是绝对的。至于处于现实生活中的个人,萨特则肯定其自由只能是相对的,因为它们必然受到各种具体条件的制约。萨特后期甚至强调个人自由要服从历史情境,肯定"历史总体性在任何特定时刻都是决定我们的力量"。再如,萨特总是把个人的自由选择与其所承担的道德责任联系起来。他一再强调,个人在作出任何一个选择时,要既对自己、又对他人和世界负责。个人不仅应关心自己的命运,也应关心他人和全人类的命运。"对每一个人来说,他每发生一事,都好像整个人类在用两眼盯着他,要他用他的行为来指导自身。"[1]

在有长远的经验论和功利论传统的英语世界,要求超越功利论等的个体本位和个人主义原则的呼声也不绝于耳。19世纪末和20世纪初的边际效用说和新古典经济学等功利论的后继者对近代功利论的修正的主要之点就在于企图冲淡和超越后者的个人主义。在20世纪初,英国哲学家摩尔在其著名的《伦理学原理》(1903)中对功利论等自然主义伦理思潮的片面性进行了系统的驳斥,

---

[1] 萨特:《存在主义哲学》,商务印书馆1963年版,第340页。

由此而开创了与分析哲学有密切关系的元伦理学思潮。后者的一个最主要的特征就是要求超越单纯现实功利而转向对具有普遍和绝对意义的善的追求。

还值得一提的是：英语世界一些倾向理性主义或非理性主义和直觉主义的伦理学家都明确地批判传统功利论，认为它过分强调人的行为的经验效果而忽视或轻视应尽的道德义务、贪恋物质的享受和占有而忽视精神上的高尚理想。他们在不同程度上要求道德规范具有使人们的行为服从某种超经验、超现实利害的准则的意义，强调道德义务的应然性质。在这方面，他们往往进一步发挥了康德的道义论对个体本位和个人主义的超越的思想。如果说在道义论和功利论的争论中过去往往是功利论占上风的话，最近几十年来道义论似乎更占上风。哈佛大学教授罗尔斯(John Rawls)在其著名的《正义论》(1971)中所倡导的社会正义论在西方学术界产生了广泛影响。它的基本倾向就是把是否合乎"正义"不仅当作个人行为的道德评价标准、也当作判断法律、政治和社会制度以及各种思想理论的是非的根本标准。它主张保障个人的基本自由平等权利，但又特别强调要把社会整体利益置于个人利益之上，要求尽可能缩小人们在收入、地位上的差距，使处于社会下层的人能获得最大限度的利益。尽管罗尔斯的这种理论倾向受到了他在哈佛的较年轻的同事诺齐克(Robert Nozick)等一些更接近西方个人主义和自由主义传统的学者的反对，但诺齐克也不得不要求人们的行为必须遵守某些共同程序(普遍规则)，不侵犯和损害他人的自由平等权利。

在现代西方，各种哲学和伦理思潮(欧陆和英美、理性主义和非理性主义、"人本主义"和"科学主义"等等)之间往往存在着很大差异，彼此在许多问题上纷争不断。但在坚持还是批判和超越近代主体性形而上学及与之相关的个体本位和个人主义上，它们最后往往能得出大体类似的结论，可谓殊途同归。可见这种批判和超越已不是在个别思想家、个别哲学和伦理学派或个别国家那里偶然发生的情况，而是在现代西方主要哲学和伦理思潮中相当普遍存在的倾向。正因为如此，我们可以说，在西方各国，与哲学上对主体性形而上学的批判相适应，在道德和价值观念上对个体本位和个人主义的批判和超越已汇成了一种具有时代特征意义的广泛的潮流。

三、如何看待各种西方思潮对个体本位和个人主义的超越

20 世纪以来西方哲学家对主体性形而上学的批判并不是笼统地否定,事实上也不可能否定主体以及主客关系的存在,他们所做的只是对主体和主客关系的性质作了新的解释。对于多数流派说,主要的是以交互主体取代个体主体,以主体间性(主体交互性)取代主体性,以主客的相互作用(生活、实践、过程)代替主客互为独立的实体,以主客不可分割的统一取代主客分离。就合理性、科学性和彻底性来说,西方哲学中的这种变化当然远逊于马克思主义在哲学上的革命变革,但它毕竟不是个别哲学观点上的变化,而是哲学思维方式的变革。

20 世纪以来西方道德和价值观念,或者说伦理学上的变革与此大体相似。许多现代伦理学家对近代伦理学的个体本位和个人主义原则作了不少批判。但是他们并没有、也不可能完全否定这些原则。西方现当代社会如同近代一样是以资本主义市场经济体制为基础的社会,而这种经济体制与个体本位和个人主义原则有着必然联系。因此继近代伦理学而起的西方现当代伦理学从根本上说仍然不能不建立在个体本位和个人主义基础上。但是,由于西方市场经济体制和整个西方社会在这一时期毕竟都发生了重大变化,与之相应的西方道德和价值观念在表现形态上也必然要发生重大变化。个体本位的个体往往被扩大了,在一定意义上可以说成了与群体、集团相统一的个体;个人主义也往往主要被解释为倡导充分发挥人的个性和能动性、保障人的自由和尊严,以此实现个人的价值;它要求维护个人的合法权益,但这不仅不能损害,反而应当增进集体和社会利益。这当然是对近代伦理学的批判和超越。尽管它们受到很大限制,仍然应当看作是道德和价值观念上的重大变化。

但是,我们也应当看到,现代西方各国在经济、社会政治和思想文化等各方面的情况都是非常复杂的。在哲学上及道德和价值观念上也向来没有单一的倾向和思潮,与上述这种倾向迥然相异的情况随处可见。现代西方社会毕竟还是以私有制为基础的资本主义社会,资产阶级个人主义的世界观和人生观还支

配着大多数人的头脑。尽管利己主义和享乐主义意义下的个人主义人生观由于必然引起严重的社会冲突而受到了有识之士(特别是学术界)广泛的谴责,并由此产生了要求超越这种人生观的广泛的呼声。然而,只要作为这种人生观的客观基础的资本主义制度没有被消灭,即使出现更多和更合理的要求超越这种个人主义的新的哲学和道德思潮,它们也无法阻止西方社会里的大量个人仍然坚持这种意义下的个人主义的立场。正因为如此,在现代西方各国,极端个人主义、利己主义、享乐主义、道德相对主义和虚无主义等倾向不仅很有市场,在许多情况下甚至还泛滥成灾。即使是在西方学术界,宣扬这样的世界观和人生观的哲学家和伦理学家也还大有人在。这种情况告诉我们,无论是对于西方世界的现实的道德状况还是那里的道德和价值思潮,必须抱着马克思主义的批判态度。要心怀警惕,防止受到它们的消极影响。

既然如此,上面所提出的关于现代西方在道德和价值观念上出现了对传统观念的超越是否会与西方各国的现实状况相抵触呢? 不会。因为这两种情况作为两种不同的倾向在西方各国是同时存在的。一方面,就西方社会作为以私有制为基础的资本主义社会说,必然会出现极端个人主义、利己主义、享乐主义等泛滥成灾的局面。另一方面,这种腐朽的道德和价值观念所导致的矛盾和危机已对资本主义制度的存在本身造成了严重冲击,因而引起了许多有识之士的严重关注,并从各种不同的角度纷纷提出超越这种道德和价值观念的主张。如果说前者是一种保守的、失去了历史必然性,从而必将被取代的倾向;后者则在一定程度上体现了一种进步的、合乎历史发展潮流的倾向。对我们来说,重要的是善于识别这两种不同的倾向,采取不同的态度。对前者,要善于防患和批判;对后者,要敢于肯定和借鉴。尽管它们远非完善,其中还可能包含着种种谬误,但毕竟可以为我们摆脱利己主义和享乐主义等意义上的个人主义道德观和价值观、建立新型的道德和价值观提供有益的启示。

(原载《天津社会科学》1998 年第 4 期,《新华文摘》1998 年第 12 期、中国人民大学复印报刊资料《外国哲学》1998 年第 9 期、《伦理学》1998 年第 9 期转载)

马克思主义哲学与现代西方哲学的比较研究

第三篇

马克思在哲学上的革命变革对现当代西方哲学的超越

马克思主义哲学的产生是人类哲学发展史上最伟大的革命变革。它与西方哲学的现代转型虽有共同之处,但由于二者的社会阶级基础根本不同,在理论形态上也必有原则性区别。马克思主义哲学不仅从根本上超越了包括近代哲学在内的全部西方传统哲学、彻底地克服了它们的种种片面性和局限性,而且也从根本上超越了现当代西方哲学、避免了它们的种种片面性和局限性。关于马克思主义哲学作为无产阶级世界观的理论形态对近代西方哲学的超越,我在其他地方已有较多论述。至于马克思主义哲学对现当代西方哲学的超越,我的一些主要观点虽然也提出过,但大都较笼统,未能作具体论证。我一直打算弥补这方面的缺陷,至少能把已提出的观点说得明确一些。但这方面涉及的问题更多,也更为复杂,需要从不同层面作深入研究。其中最主要的是:既要对马克思主义哲学本身的意义有较为准确的把握,又要克服以往那种对现当代西方哲学各种流派与思潮的片面认识,尽可能做到对其实际所是有较为准确的了解,然后从个案和整体上分别将这两种哲学作比较。解决这些问题需要哲学界的共同努力,我个人很难有什么突破。本文主要是基于自己对马克思在哲学上的革命变革的意义的重新认识和体会以及在编写《新编现代西方哲学》过程中所获得的对现当代西方哲学的某种程度的整体了解,来就"革命变革"对现当代西方哲学的超越提出三点初步想法。

一、马克思在哲学上的革命变革从根本上改变了西方哲学发展的社会阶级基础,使它完全符合现当代社会发展的前进方向,从根本上超越了近代和现当代西方哲学家因阶级偏见而无法摆脱的片面性和局限性

马克思在哲学上的革命变革就其理论的社会阶级基础来说,是以作为无产阶级世界观的理论形态的新哲学来取代作为资产阶级世界观的理论形态的旧哲学,其根本目的是促进无产阶级推翻旧的资本主义社会制度、建立新的社会主义制度的革命斗争,由此实现无产阶级和全人类的彻底解放。马克思从着手在哲学上进行变革时开始,就自觉地将这一变更与领导无产阶级进行解放斗争紧密地联系在一起,使哲学变革适应现实的革命斗争,即社会制度的根本变革的需要,并在后者的具体实践中得到丰富和发展。

无产阶级的彻底解放标志着从根本上改变无产阶级的地位,也就是使无产阶级不再作为无产阶级而存在,或者说消灭无产阶级本身。而这要求消灭一切奴役制度、一切阶级特权和阶级对抗,使一切人都摆脱被异化的状态,完全恢复为人本身,也就是恢复为摆脱了阶级压迫和剥削等一切奴役、具有作为人的自由和尊严、能充分发挥自己的个性的人。因为无产阶级只有使一切人完全恢复为人才能使自己完全恢复为人,换言之,无产阶级只有求得人类的解放才能使自己得到完全解放。哲学是无产阶级从事这种解放斗争的精神武器,而哲学也只有成为无产阶级的精神武器,才能摆脱各种各样的扭曲,成为真正现实的哲学。正是在这种意义上,马克思指出:"哲学把无产阶级当作自己的物质武器,同样地,无产阶级也把哲学当作自己的精神武器。"[1]他又说:"德国唯一实际可能的解放是从宣布人本身是人的最高本质这个理论出发的解放。……在德国,不消灭一切奴役制,任何一种奴役制都不可能消灭。彻底的德国不从根本

---

[1] 《马克思恩格斯全集》第 1 卷,人民出版社 1960 年版,第 467 页。

上开始进行革命,就不可能完成革命。德国人的解放就是人的解放。这个解放的头脑是哲学,它的心脏是无产阶级。"[1]

马克思上面两段话的最深刻的意义,就在于明确地揭示了革命的无产阶级与现实的哲学作为实现人的解放的心脏和头脑的不可分割的内在联系。革命无产阶级只有把哲学(当然只能是体现时代精神的精华的现实的哲学)作为精神武器(也就是用这样的哲学武装头脑)才能消灭一切奴役制,实现其自身和一切人的解放;哲学只有把革命无产阶级当作自己的物质武器(也就是只有由能体现一切人的解放的要求的无产阶级来掌握),才能成为起到促进人的解放作用的真正现实的哲学。马克思由此接着说:"哲学不消灭无产阶级,就不能成为现实;无产阶级不把哲学变成现实,就不可能消灭自己。"[2]这里的意思也正是:一种哲学如果不能成为无产阶级消灭一切奴役制,或者说使无产阶级不再成为无产阶级(而这也意味着全人类的解放)的武器,就不可能是真正具有现实意义的哲学;而无产阶级如果不彻底改造以往哲学,克服它们可能存在的各种片面性和局限性(也就是非现实性),使之成为现实的哲学,那无产阶级就不可能用它来实现消灭一切奴役制、解放自己和全人类。

马克思在哲学上实现的革命变革的上述伟大意义,是西方资产阶级哲学由近代到现当代的转型所无法比拟的。后者尽管也属于西方哲学史上具有根本性意义的思维方式转型,但它是在资本主义意识形态范围内发生的,西方哲学家们推动这次转型的动机并不是为了反对和废除资本主义制度本身,而是"改进"(改良)资本主义制度,或者说对资本主义制度作一定的自我调整,将其从已经陷入的危机和困境中暂时解脱出来。他们批判和要求取代各种形态的近代哲学的原因不是由于它们所体现的思维方式维护了资本主义制度,而是由于这种思维方式本身也已陷入了深重的危机和困境,难以起到维护已经陷入危机和困境的资本主义制度的作用。换言之,他们认为原有资本主义制度存在很多缺陷,需要进行大幅度的改造;与原有资本主义制度相适应的意识

---

[1][2]《马克思恩格斯全集》第1卷,人民出版社1960年版,第467页。

形态、特别是由近代哲学思维方式所体现的各种近代哲学同样需要作具有根本性意义的改造。

正是由于这种原因，尽管与马克思对资本主义制度进行革命性批判大致同时，在西方各国先后出现了一大批对原有资本主义制度作了批判，甚至是作了激烈的批判的思想家，但他们的批判实际上都没有越出资本主义制度所许可的范围。有的西方思想家甚至也打着社会主义的旗号，但他们的所谓社会主义并不触动资本主义制度存在的基础，实际上不过是打着社会主义招牌的资本主义（例如某些类型的社会民主主义）。与之相适应，这一时期在西方也出现了许多对近代西方哲学进行批判，甚至是激烈批判的哲学家，他们要求对原有的近代哲学进行根本性的改造，甚至要求根本改变哲学发展的方向。但他们在哲学上的批判和改造同样始终没有越出资本主义意识形态的范围。从尼采到海德格尔、萨特、德里达，从罗素到维特根斯坦，从杜威到蒯因、罗蒂，几乎所有的现当代最具影响力的哲学家的理论都具有这样的共同特色。这些我们只有放在个案研究中详释了。

总之，现当代西方哲学家不管表现得多么激进，都未能摆脱作为资产阶级思想家的眼界和偏见，他们所肩负的社会使命与作为无产阶级革命导师的马克思有着本质的区别。因此，尽管他们在要求对近代哲学思维方式进行根本性改造的方面与马克思有着某些共同之处，但他们的理论的基本价值取向与作为革命无产阶级世界观的理论形态的马克思主义哲学仍然有着根本性的区别。他们的理论不可能被用来消灭一切奴役制、摆脱人被异化的地位、实现人的解放的工具，或者说作为恢复人作为人的最高本质的精神工具，而这意味着这些理论必然脱离以实现人的解放这个根本目标的现当代社会发展的现实要求，不能真正体现时代精神的精华。它们必然具有很大的片面性和局限性，不可能成为真正现实的哲学。只有马克思主义哲学从本质上说是唯一完全符合现代社会的解放和人的解放的哲学，是唯一能克服各种类型的近现代西方哲学都不可避免地存在的片面性和局限性的哲学。

二、马克思把对传统形而上学的批判与对世界观和本体论研究的改造结合起来,超越了现代西方哲学家在批判传统哲学的形而上学时普遍存在的相对主义和虚无主义倾向

对从柏拉图以来的西方传统形而上学,特别是对从笛卡尔到黑格尔的近代形而上学的批判和超越,无疑是现代西方哲学重要的共同特征之一,也是它们实现哲学思维方式的现代转型的一个重要方面。从孔德、斯宾塞等人肇始的"科学主义思潮"哲学家的一个重要特征就是"拒斥形而上学",即要求把近代形而上学对抽象(自在)的物质或精神实体、绝对化的本质和基础的研究排除在哲学研究范围之外,哲学应当研究的只限于可以为人所感觉、观察、思考的世界,即经验世界或者说认知世界。他们主张按照实证科学的精神来改造哲学。后来的科学主义思潮的哲学家的具体说法与此有所不同,但在主张哲学应当抛弃传统的形而上学、返回到人的经验和认知世界上则大体一致。

叔本华、尼采和克尔凯郭尔以来的所谓人本主义思潮哲学家虽然不笼统地把形而上学排除于哲学研究范围,但要求对传统形而上学进行根本性改造,这种改造的关键之点就在排斥后者关于抽象的物质或精神实体、绝对化的本质和基础等概念。他们大都主张把与人的生命息息相关的人的情感、意志、意向、纯粹意识作为形而上学(本体论)的出发点,由此而及整个世界。他们各人对此的具体解释往往不同,但在不把情感、意志等看作是实体,而看作是活动、过程、倾向上则大体一致。例如尼采的权力意志、柏格森的生命冲动、胡塞尔的意向性、海德格尔的在、雅斯贝尔斯的超越存在、萨特的自为存在都具有这种特性。在一定意义上我们可以说他们是以活动和过程的本体论取代了近代哲学的实体本体论。

西方现当代各种哲学思潮和派别都在不同程度上反对近代形而上学对抽象的物质或精神实体、绝对化的本质和具有终极和基础意义的原则的研究,而要求把它们排除在哲学研究范围之外,他们强调哲学研究应当返回到

可以为实证科学所研究的世界或者与人的现实的生存息息相关的世界;换言之,哲学应当研究与科学及与人相关的世界。他们的这种主张较之近代哲学,特别是近代哲学的思辨形而上学无疑具有一定的合理性和积极性。它们有关这方面的学说作为西方哲学现代转型的一个重要方面很值得我们研究。

然而,西方现当代哲学家在反对近代形而上学的确严重存在的缺陷,并提出了一些有积极意义的见解时,不少人由于走向极端而陷入了另一种形态的片面性:否定了哲学作为世界观的意义,或者把这种意义主观主义和相对主义化。科学主义流派因反对把对世界观和本体论的研究归结为(或主要当作)对抽象的物质或精神实体的追问而根本否定世界观和本体论问题在哲学研究中的意义,也就是对哲学中世界观和本体论研究采取虚无主义态度。他们中的某些人甚至由此进一步否定了(或者是怀疑)不以人为转移的物质世界的客观存在,这样他们必然在不同程度上走向主观唯心主义和不可知论。意志主义、生命哲学、现象学等人本主义思潮的哲学家把哲学研究归结为与客观世界相分离意志、非理性的生命、纯粹意识、意向性等等的存在的研究,同样在不同意义上排除,甚至否定了不以人的意志为转移的客观物质世界的存在,至少是把他们所强调的意志、意识、生命等世界同这个世界完全割裂开来了。他们由此在不同意义上落入了具有唯意志主义、非理性主义、相对主义等特征的主观主义。

这种对哲学作为世界观和本体论理论的虚无主义、主观主义、相对主义和非理性主义倾向在西方当代某些后现代主义哲学家那里表现得最为突出,他们甚至由此进一步要从根本上取消哲学。由于他们过分走向极端,即使在西方哲学界中也已引起了不少非议。一些较严肃的科学主义哲学家原来就力图避免对世界观和形而上学问题采取极端态度,试图另建一种符合现代要求的形而上学;一些人本主义思潮的哲学家在重建形而上学时也力图尽可能冲淡非理性主义、相对主义等色彩。最近几十年来,特别是最近几年来,在西方哲学界中不断响起了超越后现代、重新思考世界观和形而上学问题的呼声。这种呼声中究竟包含了多少真理,是一个有待研究的问题,但它们至少可以表明,自古以来哲学对形而上的追求,或者说哲学作为一门关于世界观的学问,是不可能被取消的。正确的道路是既反对和超越那种脱离实际、脱离人的现实生活和实践的形而上学,把哲学对世界观的研究建立在客观实际的基础上,特别是建立在人的现实生活和实践的基础上。由于无法摆脱资产阶级的偏见和突破资本主义意识形态这个大的思想框架的界限,西方哲学家无法真正走上这条道路。他们无法从根本上认识西方近代哲学的失误,也无法从根本上找到走出西方近代哲学思维方式的界限的道路。马克思在哲学上的革命变革的伟大历史意义就在于他开辟了这样的道路。

马克思对传统形而上学关于离开人的自在(抽象)的自然界和绝对的观念世界的理论(无论是旧唯物主义的自然主义的形而上学还是唯心主义的主体性形而上学)同样作了尖锐的批判,但他并没有由此简单否定对世界观和本体论问题的研究的意义,而只是把这种研究由面向脱离现实的人的自在(抽象)的自然界或观念世界改造为面向人的现实生活世界。后者就是人(而且是社会化,即处于各种现实的社会关系中的人)生活于其中、与之发生关系的世界,或者说人化(社会化)的世界。这样的世界仍然是不以人的意识为转移,并有其自身发展的规律性的客观世界。在唯物主义和唯心主义的对立中,马克思明确地站在唯物主义立场上,只是这种唯物主义已不是马克思所说的旧唯物主义者的那种"敌视人"的唯物主义,而是与人的现实生活和实践有着紧密联系、体现了人对自然的关注,从而也使自然在人面前显得栩栩如生的唯物主义。这是一种既扬弃了传统形而上学,又批判地继承了其中的辩证法的合理因素的唯物主义;这是一种既肯定了自然界对人的先在性,又超越了纯粹的先在性、同时肯定了人对自然界的影响的唯物主义。换言之,自然的先在性是通过人对自然的积极影响而显现出来的,这种唯物主义由此具有"人道主义"意义。当马克思把他的唯物主义说成是一种人道主义时,他的用意正是以此与那种"敌视人",即把人的牵涉排除在外的纯粹自然主义的唯物主义区分开来。他的人道主义的人指的正是处于现实社会关系中的人。这种人道主义与他后来更为明确地阐述的历史唯物主义是一致的,而与西方哲学家那种既排除自然的先在性,又排除人的社会性的抽象的人道主义根本不同。

值得注意的是:马克思非常明确地把作为他的世界观理论的唯物主义与他所关注的以共产主义为目标的现实社会变革紧密联系在一起。早在《1844 年经济学哲学手稿》中,他在肯定共产主义"是人向自身、向社会的(即人的)人的复归"时,同时又把这种复归与人和自然以及人和人之间的矛盾的真正解决联系起来。他说:"这种共产主义,作为完成了的自然主义,等于人道主义,而作为完成了的人道主义,等于自然主义。它是人和自然之间、人和人之间的矛盾的真正解决,是存在和本质、对象化和自我确证、自由和必然、个体和类之间的斗争的真正解决。"[1]马克思在此说"完成了的自然主义",指的是与人发生牵涉、受到人的作用和影响、适应人的目的、即已人化了的自然主义,所以它"等于人道主义"。至于"完成了的人道主义",指的是解决了人(当然是指社会化的人)与自然之间的矛盾的人道主义,或者说它是已越出了人本身的界限,使人与其所处的自然界联系在一起的人道主义,所以它"等于自然主义"。总之,在马克思眼中,共产主义就是人与自然、人与人等等之间的矛盾的解决,而解决这些矛盾也正是他的作为世界观的哲学的使命。这些"矛盾"和"斗争"的真正解决既蕴含着对近代唯物主义的纯粹自然主义的扬弃(通过将自然主义和人道主义统一起来)和将主客、自由必然等绝对对立的扬弃,也蕴含着人的复归这个共产主义的目标。

为了进一步理解马克思对传统形而上学和本体论的批判以及他在建立新的世界观理论时怎样将自然主义和人道主义(科学精神和人文精神)、哲学理论和共产主义的实践结合在一起,重新温习一下他在《神圣家族》中"对法国唯物主义的批判的战斗"一节中的一些话是很有意义的。例如他在其中谈道:"被法国启蒙运动特别是 18 世纪的法国唯物主义所击败的 17 世纪的形而上学,在德国哲学中,特别是在 19 世纪的德国思辨哲学中,曾有过胜利的和富有内容的复

---

[1]《马克思恩格斯全集》第 42 卷,人民出版社 1979 年版,第 120 页。

辟。在黑格尔天才地把 17 世纪的形而上学同后来的一切形而上学及德国唯心主义结合起来并建立了一个形而上学的包罗万象的王国之后,对思辨的形而上学和一切形而上学的进攻,就像在 18 世纪那样,又跟对神学的进攻再次配合起来。这种形而上学将永远屈服于现在为思辨本身的活动所完善化并和人道主义相吻合的唯物主义。费尔巴哈在理论方面体现了和人道主义相吻合的唯物主义,而法国和英国的社会主义和共产主义则在实践方面体现了这种唯物主义。"[1]

在此,马克思高度肯定了法国启蒙运动和唯物主义在反对思辨形而上学上的贡献,又指出了它们的局限性,正是由于有这种局限性,才有 19 世纪德国思辨哲学的"胜利和富有内容的复辟"。在黑格尔建立了一个集 17 世纪以来的形而上学的大成的无所不包的思辨形而上学体系后,欧洲哲学的发展就完全转向了反对这种与神学合而为一的形而上学的斗争。在"这种形而上学将永远屈服于现在为思辨本身的活动所完善化并和人道主义相吻合的唯物主义"这句极为重要的话中,唯物主义"为思辨本身的活动所完善化",意思主要是指德国唯心主义在其"胜利和富有内容的复辟"中对 18 世纪唯物主义的推进,其中最重要的自然是其辩证法对唯物主义的积极影响,后者使唯物主义脱离了纯粹自然主义的界限、而具有肯定自然与人发生相互作用的意义,即具有人道主义的意义,或者说它是一种人道主义(人本主义)的唯物主义。而马克思对唯物主义之"和人道主义相吻合"的肯定表明他认为唯物主义应当是一种蕴含着人与自然的相互作用,因而具有"人道主义"意义的唯物主义。他分别从理论和实践方面对费尔巴哈和法英社会主义和共产主义的批判性的肯定表明他企图在克服了他们的片面性的基础上将唯物主义的哲学理论和共产主义的实践斗争结合在一起。

马克思对传统形而上学和本体论的这种批判、特别是他由此进一步提出的新的哲学理论,既超越了近代西方哲学,又超越了现当代西方哲学。

---

[1] 《马克思恩格斯全集》第 2 卷,人民出版社 1957 年版,第 159—160 页。

三、马克思在历史唯物主义基础上把生活和实践的观点
当作其哲学的基本观点,克服了西方哲学家在转向
生活和实践道路上的唯心主义倾向

以不同的方式在不同程度上强调哲学关注的中心不应是脱离人的牵涉的抽象的物质或精神实体,而应是人及其牵涉的现实世界之间各种层次和各个方面的联系,特别是它们的变化和发展的动态过程,是西方现当代哲学不同于近代哲学的重要方面之一。有的现当代西方哲学家和哲学流派还通过对这些变化和发展的强调而在一定程度上直接或间接地肯定了人的现实生活和实践在哲学研究中的关键作用。例如,尼采、杜威、怀特海、胡塞尔、海德格尔、维特根斯坦等众多现当代西方哲学中最有代表性的人物都以各自不同的方式、用不同名称强调了哲学应当从脱离了与人的牵涉的永恒、抽象和自在的世界(不管这是纯粹的物质世界还是精神世界)回到活生生的、具体的人的现实生活世界(经验世界、现象世界、日常语言世界等等),而这种向生活世界的回归又往往蕴含着人与世界的关系是一种能动与被动、作用与被作用、创造与更新的关系,其中蕴含着对人的现实生活和实践及其历史性的强调。他们在这方面对近代哲学的批判以及他们各自提出的理论往往是对近代哲学的超越,也往往包含着某些(有时甚至是非常重要的)积极因素。马克思主义者不仅不应简单对之否定,而应当有效地借鉴,以利于马克思主义哲学的丰富和发展。

但是,西方现当代哲学家在这些方面对近代哲学的超越仍然是在资本主义意识形态范围内的超越。他们既无法摆脱资产阶级的狭隘眼光,又无法摆脱上面谈到的在世界观和本体论理论上的片面性和局限性。

前者使他们无法正确认识,甚至必然扭曲人与人之间的社会阶级关系,无法正确理解人的社会性和历史发展,因而也无法真正按照人的现实生活和实践的本来意义对之作出正确解释。例如,尼采和杜威等人都反对按照近代哲学的主体性形而上学,特别是理性派思辨形而上学的观点来解释人与他人及世界的

关系。然而他们仍然局限于从人的生命和意识属性来理解人。尼采把人看作是权力意志(权力意志仍然是一种生命意志)的体现,杜威把人看作是一种特殊的生命有机体。作为资产阶级思想家,他们不懂得、甚至也不可能去思考人如何通过生产劳动使自己成为与一般动物根本不同的动物,如何通过生产劳动而与其他人发生交往、形成以生产关系为基础的人与人之间的各种社会关系,并由此推动社会历史的发展。正是由于他们不懂得生产劳动作为人类实践的基本形式的意义,尽管他们很是强调人的实践及由实践决定的人的能动性和创造性,他们所理解的实践就成了一个没有确定性、可以随意作出解释的概念,任何一种意识活动和下意识活动都可以纳入实践概念中(例如杜威就把实践等同于经验,而经验包含了一切意识和下意识的活动)。

后者最突出的问题是他们大都忽视,甚至割裂了人所牵涉的各种意义上的生活世界与不以人为转移的客观物质世界(自在世界)之间的不可分割的联系。他们大都不同于古典的唯心主义者,并不否定外部世界自在地存在,更不会说这个世界是人的意识的产物。诸如人类出现以前地球是否存在的问题对他们说是不成问题的问题,没有谁会否认。一些人(例如实用主义者)甚至还肯定意识是作为特殊物质,即人脑的产物。然而,他们往往由于人所牵涉、面对的世界受制于人的视界(也就是被人化),不是自在世界本身,于是就忽视,甚至否定后者对人的认识、人的现实生活和实践的意义。尽管他们许多人肯定,甚至强调现实生活世界是他们的哲学的出发点和基础,有的人还承认现实生活世界的规律性。但是他们不敢明确承认,有时甚至还否定这些规律性本身的客观实在性,以它们只能由人来发现和表述为理由而将它们归结为人的主观假设和选择、设计。现实生活世界在现当代西方哲学家那里是一个极为模糊的概念。有的人可能对之作出较为客观的解释,有的人则归根到底倒向各种形式的主观主义,甚至唯意志主义。

上述两种情况也可以说是现当代西方哲学家在转向现实生活和实践上存在很大局限性的阶级根源和认识根源。二者又是密切相关、互为表里的,构成了他们在取得对人与世界、主观与客观等等之间的关系的正确解释上不可逾越的障碍。这里最关键的问题是西方哲学家由于其阶级偏见并不真正理解人的社会性,不能正确理解人的社会实践的意义和作用。因为主观主义和唯心主义等等的存在及它们与客观主义(求实态度)和唯物主义的对立,其最后根源是离开或未能正确对待实践,因而也只有通过正确解决对社会实践的正确认识才能得到克服。马克思指出:"我们看到,主观主义和客观主义,唯灵主义和唯物主义,活动和受动,只是在社会状态中才失去它们彼此间的对立,并从而失去它们作为这样的对立面的存在;我们看到,理论的对立本身的解决,只有通过实践方式,只有借助于人的实践力量,才是可能的;因此,这种对立的解决决不只是认识的任务,而是一个现实生活的任务,而哲学未能解决这个任务,正因为哲学把这仅仅看作理论的任务。"[1]

马克思在有关这些问题上对西方哲学家的具有根本性意义的超越,主要就表现在他正确地解决了上述问题,而他之所以能如此,就在于他作为无产阶级革命家,把哲学上的主客、心物关系等理论问题与无产阶级的现实生活和革命斗争紧密地联系起来。马克思从分析作为一切实践形态的基础的生产劳动的内在矛盾、性质及其对人的生存和历史发展的决定性意义出发,建立了历史唯物主义,不仅为正确解决主客心物等哲学问题,也为无产阶级正确地认识自己的处境、使命和斗争方向提供了正确的世界观和方法论,实现了人类哲学发展上最伟大的革命变革。马克思把生活和实践的观点当作他的哲学的基本观点,这表面上看起来与一些西方哲学家没有多大不同。因为他们之中有的人(例如杜威和其他实用主义哲学家)也一再明确表示应当把生活和实践的问题放在哲学的首位,甚至称他们的哲学是生活哲学、实践哲学。然而,正如我们上面曾提到的,他们的阶级偏见使他们不懂得物质资料的生产劳动作为人类实践的基本形态的决定性意义,从而不懂得,更不接受马克思由此出发建立的历史唯物主义,不能按照历史唯物主义的原则来正确、全面地对生活和实践作出解释。他们只能从人和世界的某一层面、环节和角度去解释人的实践及人与世界的关

[1]《马克思恩格斯全集》第42卷,人民出版社1979年版,第127页。

系,而不可能从整体上对之作出正确解释。马克思从人的社会实践出发早已解决的问题在西方哲学家那里一直是困惑,是无法解决,甚至无法理解的"自在之物"。

如何正确认识生活和实践的观点是马克思主义哲学的根本观点,马克思又如何用这种观点克服西方哲学家在这方面的片面性和局限性,这是需要作更为深入、全面地论证的问题。我国哲学界在这方面还有较多争论。但不管怎样说,能否在坚持历史唯物主义的前提下强调生活和实践的观点的核心作用,应当看作是能否坚持马克思主义哲学的根本性标志。

马克思在哲学上对西方现当代哲学的超越既可以从他的哲学的社会历史背景和功能方面来考察,又可以从其理论内容的各个方面来考察。尽管马克思哲学的基本理论倾向在他从民主主义者转化为共产主义者初期就已基本确立了,但他本人及恩格斯等其他无产阶级的革命导师和领袖以及众多的马克思主义者和马克思主义哲学家后来对马克思主义哲学又作了重大的发展,这些发展往往同时又是对现当代西方哲学的超越。要较为全面和系统地揭示马克思主义哲学对现代西方哲学的超越,就需要具体地研究一百多年来马克思主义哲学的发展历程,特别是要将这种发展与无产阶级革命斗争的发展(包括其成功和所遇到的挫折)结合起来加以研究,并在各种不同层面将它们与现代西方哲学的发展作比较研究。这些就不是本文所能具体企及的了。

(原载《哲学研究》2001 年第 8 期,《新华文摘》2002 年第 1 期转载)

对哲学上的革命变革和现代转型的认识

一、西方哲学由近代到现代的过渡时期

19 世纪中期至 20 世纪初期是西方哲学的发展由近代转向现代的过渡时期,这是西方哲学史上一个极为特殊,而又非常重要的时期。

如果说由笛卡尔最早明确提出基本原则、由黑格尔最后建构出完整理论体系的西方近代哲学,作为自由资产阶级的意识形态,竭力高扬体现他们的阶级特性的理性,以致这个时代在哲学上被称为理性的时代的话,那么从 19 世纪中期开始,在西方哲学界中越来越响起了超越或反对被绝对化的理性和理性主义的呼声。西方哲学史上,特别是近代西方哲学中按照理性主义的精神构建的哲学体系大都受到批判,甚至被当作过时的废物而遭到唾弃。从传统的哲学眼光看,这种转化无异于哲学的蜕化。事实上许多西方哲学史家异口同声地把这个时代称为西方哲学凋零的时代。早在 19 世纪末,英国学者梅尔茨就法英两国哲学发展的情况指出:当时"哲学本身在法国只得到了贫乏的发展和培育……。英国在本世纪初期表现得明显地无所建树,……我们没有任何伟大学派可以做代表,……形而上学尚未在大卫·休谟的打击中恢复过来,思辨完全局限于社会和经济问题的领域。"[1]

然而也正是在这一时期,在西方哲学发展中出现了两个具有划时代意义的

---

[1] 梅尔茨:《十九世纪欧洲思想史》第 1 卷,商务印书馆 1999 年版,第 66—67 页。

事件。

一个事件是马克思在西方哲学的土壤上实现了哲学发展史上最伟大的革命变革。但是对于这一变革的伟大意义,当时只有在以马克思主义为指导思想的工人运动中才得到承认;而且即使在工人运动中,对马克思的理论的理解也经常出现一些偏离其本来意义的倾向,以致马克思本人还曾经不得不申明"我自己不是马克思主义者"[1]。至于在西方哲学界,则很少有人真正理解马克思哲学的意义,许多人甚至不承认马克思是哲学家,而只是一个写过著名的《资本论》等关于经济和社会问题的论著的经济学家和社会思想家。但是 20 世纪以来,在马克思主义指导下所发动的多次伟大的革命运动及其对世界历史发展的深刻影响,使西方学者对马克思的学说不能不刮目相看,许多人纷纷重新着手从事马克思和马克思主义哲学的研究。尽管这些研究大都存在着种种偏见,但很少有人能否定马克思哲学的现实意义,有的西方哲学家在一定程度上能对马克思的哲学作出相对客观的研究,个别人甚至通过这种研究而承认马克思主义哲学是当代唯一不可超越的哲学。

另一个事件是在西方出现了一批反传统哲学思维方式的哲学家(例如叔本华、克尔凯郭尔、尼采、孔德、斯宾塞等人)。他们的哲学在他们自己的时代,即使在哲学界中,也大都不为多数人所理解,更谈不上产生多大的现实影响,甚至往往被认为是哲学上的倒退。然而到 20 世纪,他们中不少人被西方各国各派主流哲学家异口同声地当作现代哲学的伟大先驱。当代西方主要哲学流派的一些基本观点,都可在他们 19 世纪的那些先驱者那里找到重要的理论来源。如果说由近代哲学到现代哲学的转化是一种具有根本性变更意义的哲学思维方式的转型、即西方哲学的现代转型,那么不管人们对这一转型的性质作怎样的估计和评价,都应当肯定它正是由 19 世纪中期以来的那些现代哲学的先驱最早推动的。

这样,原来被认为是西方哲学凋零时代的 19 世纪中下期实际上是整个人

---

[1]《马克思恩格斯选集》第 4 卷,人民出版社 1995 年版,第 695 页。

类哲学发展史上最重要的时期之一。对于 20 世纪在人类发展史上的伟大意义现在很少有人会表示怀疑;对于 20 世纪产生和流传的哲学,尽管人们有着各种不同、有时甚至是相反的评价,但它们越来越被当作真正的现代哲学而受到关注,在许多情况下甚至得到了越来越多的肯定。既然以 20 世纪的哲学为主体的现代哲学是从 19 世纪中期以来的哲学发展起来的,那为了准确地理解现代哲学,就必须对作为由近代到现代的过渡时期的 19 世纪中期以来的哲学认真加以追索。其中最重要的无疑是重新认识马克思在哲学上的革命变革以及现代哲学的先驱们最早推动的西方哲学的现代转型的真实意义以及二者之间的关系。

二、现代转型和革命变革的出现

从古希腊罗马到 19 世纪上半期,西方哲学经历了两千多年的发展。期间发生了许多重大变革,有的变革往往在某种程度上改变了整个时代哲学研究的基本前提、对象、目的、方法,以及基本理论框架和发展趋向,因而被认为具有方向性变革,或者说划时代性的哲学思维方式变革的意义。至于哪些变革具有这样的意义以及怎样解释和评价具有这样的意义的变革,持不同哲学观点的人的视界和标准不同,具体看法也往往各异。不过也有一些变革特别引人注目,不同倾向的哲学家都会承认它们有改变哲学发展方向的意义,只是各家对其具体解释和评价仍然可能大不相同。

1. 19 世纪上半期以前西方哲学的方向性变革

在古代哲学中,苏格拉底前后的哲学被认为具有不同发展方向。以赫拉克利特为代表的前苏格拉底哲学大都从世界万物的流变和生成中观察世界,以柏拉图和亚里士多德为代表的后苏格拉底哲学则致力于寻找万物的实体性的根基,并由此出发构建关于整个世界的存在体系。按照海德格尔的说法,前者关注的是存在者的存在,后者仅仅关注存在者而遗忘了存在者的存在。以经院哲学为代表的欧洲中世纪哲学往往与作为封建意识形态的天主教教神学融为一体,对天国的关注远甚于现实的人间,以致哲学由此沦落成了神学的附庸。这与以提出"人是万物的尺度"为标志的古代哲学对人的关注可谓有根本性区别。但有的哲学家认为它们在建构形而上学体系上仍然继承了柏拉图,特别是亚里士多德的传统,也有的人认为它们的理论(例如奥古斯丁、阿奎那的理论)的某些部分以神秘主义和非理性主义形式发展了前苏格拉底哲学关于存在者存在的某些思想。因此从根本性的哲学思维方式来说,中世纪的哲学在一定意义上是具有多样性的古代哲学的变形,也可以说是由古代哲学转向一种新的哲学思维方式、即近代哲学的过渡形态。

欧洲文艺复兴以来,以人文主义运动的兴起为标志,哲学研究从彼岸的天国重新回到了现实的人间。其后,笛卡尔明确地将心灵和身体(心物)、自我和对象(主客)当作彼此分离的实体区分开来(二元分立);从作为理性实体的自我("我思")出发来反思人与世界的关系、人对所处世界(对象世界)的认识,并由此建构关于整个世界的图景的哲学体系。这标志着西方哲学史上一个新的哲学时代、即近代哲学的正式开始。

由于近代哲学家大都直接或间接地肯定作为自我、主体的人本身都具有认知世界的能力(即广义的理性能力,或者说良知),直接或间接地把这样的理性主体当作全部哲学的出发点,并把建立关于整个世界的图景的无所不包的哲学体系当作哲学研究的根本目标,这一哲学时代由此常被许多西方哲学家称为理性的时代、主体性哲学的时代、体系哲学的时代。由于当时建立的理性哲学、体系哲学往往都具有凌驾于一切科学之上的形而上学性质,这个哲学时代也被称为主体性形而上学或理性形而上学的时代。由于对理性、主体性的强调都与对认识论的强调相关,都是把建立关于主体如何认知世界的理论,或者说认识论当作哲学研究的主要内容,因而当时的哲学家所实现的哲学的转向往往被许多西方哲学家称为认识论的转向。这种转向当然意味着西方哲学发展中的一次具有划时代意义的哲学思维方式的变革,推动西方哲学发展到了一个新阶段。例如,主客心物的明确区分,使思维对存在、精神对物质这个哲学基本问题凸显出来,大大地促进了唯物主义反对唯心主义、科学反对宗教的斗争。从 17 世纪到 19 世纪中期,或者说从笛卡尔哲学体系的提出到黑格尔学派的解体,西方哲学发生过许多重要变革,但在上述根本性的哲学思维方式上却大体上是一致的。这种哲学思维方式适应了资本主义早期发展阶段(自由资本主义时期)对哲学的要求。这点我们将在其他地方再加论述。

2. 西方哲学的现代转型的形成和发展过程

从 19 世纪中期起,西方哲学发展进入了一个新的变革时期。笛卡尔以来从主客二分出发构建理性主义哲学体系的近代哲学的内在矛盾不仅越来越明显暴露,而且越来越激化,以致陷入了深刻的困境甚至危机之中。这突出地表现在原来作为近代哲学两大进步的对理性的倡导以及对主客心物的明确划分因被绝对化而走到了其反面。相对于中世纪的宗教蒙昧主义,近代哲学强调理性的权威对促进哲学等思想文化各个领域的发展无疑起过重要的积极作用。然而这种权威后来因被绝对化而变成了新的迷信,对理性万能的鼓吹导致了理性的独断,用理性建构的哲学体系变成了脱离人的现实生活和实践的思辨形而上学体系。主客心物的明确区分为实现哲学上的认识论的转向、克服古代哲学的素朴性和直观性创造了必要的前提,然而将这种区分绝对化却又抹煞了二者之间的不可分割的联系,导致了将二者分裂的二元论,而二元论最终必然导致怀疑论或独断论。诸如此类的矛盾必将使曾经获得强大发展的西方近代哲学陷入困境。为了促使西方哲学进一步发展,必须克服和超越它的这类矛盾和困境,这意味着要求对之进行新的变革。由于这种矛盾和困境不只是涉及上述哲学的某一局部和方面,不只是涉及当时某一哲学家或某一学派的哲学(例如黑格尔及其学派的哲学),而是涉及将它们联系成为一个整体、体现整个时代的精神动向的哲学思维方式。因此这时西方近代哲学发展所需要的变革不是某种或某些哲学流派和理论之间的变革,而是它们作为一个整体的变革,也就是具有普遍性意义,或者说划时代意义的哲学思维方式的转型(转向)。以笛卡尔以来的近代哲学为代表的传统哲学从整体上必然被超越,具有新的哲学思维方式特征的哲学必将开始形成。这种转向不可能是简单发生和迅速完成的,而必然是一个有相当长时期的准备的复杂和曲折的过程。19世纪中期至20世纪初期可谓正处于这一过程中,因此我们大致可以把这一时期的西方哲学看作由近代转向现代的过渡时期的哲学。

把19世纪中期看成是这一过渡时期的开始,当然并不意味着在此之前西方近代哲学不存在严重的内在矛盾。事实上,早在17—18世纪西方近代哲学的盛期,就已有一些敏锐的思想家(例如法国哲学家帕斯卡尔和意大利哲学家维柯)对笛卡尔等同时代一些享有盛名的哲学家的理论提出了异议。在18世纪末和19世纪前期的英法两国,随着资本主义在政治和经济上的革命的先后实现,以唯物主义和启蒙运动等为主要表现形式的近代哲学也开始走向其末期,当时不少哲学家往往抛弃了他们的前辈所高举的理性主义旗帜,倒向各种形式的怀疑论、神秘主义和信仰主义,并由此造成了这两国哲学上少有的萧条局面。不过,在19世纪30年代黑格尔逝世和黑格尔学派解体以前,德国尚处于古典哲学的鼎盛时期。只是随着1848年革命后德国社会的巨变,才导致了德国哲学领域的巨变,而这标志着西方各国的哲学从整体上开始了由近代到现代的过渡进程。

在这一过渡时期,西方各国出现了众多的哲学派别,由于它们受到各国不同现实的经济、政治和社会条件的制约,继承了不同的文化和理论传统,与当时兴起的各门自然科学的联系各不相同,研究的问题及其方面和重点又互有差异,因而在具体理论形态上往往表现得形形色色。例如,在德法等有着长期理性主义传统的欧陆国家,绝对理性主义和独断论成了当时哲学发展的主要障碍,作为对它们的反叛,新起的哲学流派大都具有反理性(或非理性、超理性)主义特色。而在经验主义传统一直居统治地位的英国及在其影响下的美国,对近代哲学的超越主要表现为以进一步"拒斥形而上学"的方式对原有的经验主义哲学加以"现代化"的改造,特别是将原来带有某些抽象性和思辨性特征的经验主义改造成为与人的生活和行为有更密切联系,从而具有更多人本主义或人道主义特色的经验主义。实证主义和实用主义可谓是这种改造的突出例证,它们的有些代表甚至称自己的哲学为人本主义、人道主义。

然而,无论在欧陆还是英美,当时的哲学派别都有一个重要的共同之处:它们既从某些方面表现出了超越近代哲学思维方式的征候,又在某些方面保留有近代哲学思维方式的痕迹。考虑到我们在其他地方对这方面的问题将有相当具体的论述,这里不拟一一列举。总的说来,这些哲学流派的理论往往具有不彻底、新旧混杂、调和折中等特征。就各个具体的哲学流派或哲学家的理论来说,其中所包含的新的征候也许还不如旧的痕迹明显,以致人们可以有较多的理由把它们归入近代哲学之列。例如对当时在英法德等国出现的各种形式的有强烈神秘主义、信仰主义、反理性主义等倾向的流派(例如以德·比朗为代表的法国唯灵论),就很难说它们包括了多少体现现代哲学思维方式的内容,毋宁说只是体现近代哲学思维方式的堕落。因此只有从整个哲学的发展趋势看,才能谈得上当时的哲学发展已处于向现代哲学思维方式转向的过程之中。

20世纪初,西方哲学发展中出现了两个当时未引起人们高度注意、后来却影响深远的事件。一个是英国哲学家罗素和摩尔发动了对他们原来深受其影响的新黑格尔派唯心主义的反叛,一个是德国哲学家胡塞尔提出了以意向性原理为核心的现象学方法。前者被公认为发展了19世纪实证主义的反形而上学倾向,为20世纪在英美哲学中长期占支配地位的分析哲学运动的兴起开辟了道路;后者发展了现代哲学超越心物主客对立和分离以及实体主义的倾向,为20世纪在德法等欧陆国家广泛流行的现象学运动奠定了基础。这两个事件由此被许多哲学家认为是西方哲学近现代过渡期基本结束、现代哲学正式形成的重要标志。这种分期当然只有相对意义。西方各国哲学在近现代的发展和转化受到多种因素制约,各国的情况(包括哲学本身的发展状况)又互有差异,而且都非常复杂,很难对它们作出划一的概括。在评价各个哲学流派的近现代转型时,需要根据它们各自的具体理论作出具体分析。

3. 马克思在哲学上的革命变革

尽管从西方哲学本身来说,它们之由近代正式转向现代、或者说实现现代转型是以上述 20 世纪初的两个事件为标志的。但是,如果把马克思主义哲学归属于广义的西方哲学之内,那马克思在 19 世纪中期所实现的哲学上的革命变革就已正式宣告近代哲学的终结和现代哲学的来临。马克思的这一变革是19 世纪中期以来西方哲学发展中发生的最具划时代意义的事件。它不仅根本改变了整个世界哲学发展的方向,也从整体上改变了世界的思想文化甚至社会政治的发展方向。如何正确认识马克思在哲学上的革命变革的深刻意义及其与同时代西方哲学家在哲学上的变革的关系,是正确认识这一时期的哲学及其发展方向的关键所在。

关于马克思和恩格斯如何从黑格尔派唯心主义转向费尔巴哈的人本主义的唯物主义,从革命民主主义转向共产主义,并在批判继承人类先进哲学遗产的基础上进一步超越近代哲学的视野,按照革命无产阶级的实践的要求,实现了哲学上的革命变革以及这种变革的伟大理论和现实意义,众多的马克思主义哲学论著都有相当具体的论述,我们也将专门从西方哲学的近现代转型的角度另行阐述我们在这方面的一些新的思索。此处仅从 19 世纪中期整个西方哲学开始发生方向转折的角度,简单提出几个有待进一步具体探索的关于马克思主义哲学的产生及其与西方哲学的现代转型的关系的问题。

第一,马克思主义哲学具有世界性意义,但其产生和发展的背景主要属于西方范围。

马克思和恩格斯是德国人,其哲学活动是在德国和欧洲的现实环境下进行的。他们必然把批判继承德国和欧洲的哲学遗产作为他们建立自己的哲学的主要理论来源。更为重要的是:马克思和恩格斯的哲学理论如同他们的整个学说一样,是以他们所处的德国和欧洲的现实社会的发展方向作为背景而提出的。马克思明确肯定任何真正的哲学都是自己时代精神的精华的体现。当他提出自己的哲学理论时,最关切的必然是使之与现实生活和实践紧密相联,而决不容许它们成为脱离现实的抽象。只有从马克思和恩格斯所处的德国和欧洲的现实社会环境以及与之相关的哲学发展的趋势出发,才能领会他们的哲学理论的真谛。尽管他们的哲学与以往及同时代的西方哲学都有着原则的区别,特别是唯有它才具有世界性意义,但这种哲学本身仍然从属于广义的西方哲学范围,与同时代的西方哲学有着极为密切的联系,其中既有对立,又有统一。

第二,马克思在哲学上的革命变革与西方哲学家所实现的现代转型同样适应了西方哲学发展的共同趋势。

马克思和恩格斯之所以能在哲学上实现革命变更,当然与他们个人作为杰出和伟大思想家的天才禀赋分不开,但更为重要的是他们敏锐地觉察了并且自觉地适应了当时西方哲学发展必然出现方向性转换的趋势。当时的西方社会以及与之相适应的哲学处于严重的矛盾和危机之中这种现实,促使一切关心社会和哲学进步的人们对之加以揭露和批判,并为之探索新的发展方向。事实上,这种揭露、批判和探索从19世纪开始,特别是19世纪中期以后,已越来越发展成了一种普遍的潮流。马克思和恩格斯的哲学活动在一定意义上同许多西方哲学家一样正是适应着这一普遍潮流。因此只有从西方哲学、特别是近代哲学发展这种总的趋势出发,才能认识马克思在哲学上的革命变革的历史意义。

第三,马克思在哲学上的革命变革从其基本观念来说,不仅超越了近代西方哲学,也超越了现当代西方哲学。

尽管同样是适应西方近代哲学必然转向现代哲学这种总的潮流,但马克思和恩格斯在这点上与一般西方哲学家有着原则区别。这主要在于他们是作为无产阶级的革命导师来面对这一潮流的。他们在哲学上不仅能够摆脱一般西方哲学家所无法摆脱的理论脱离实际等局限性,而且非常自觉地把为消灭资本主义旧世界、建设社会主义和共产主义新世界、并由此解放无产阶级及全人类这一伟大的实践作论证当作其哲学的根本使命。也正是这一点使他们明确地把以生产劳动为基础的革命实践、以及通过这种实践来改造世界当作其全部哲学的出发点。马克思在《关于费尔巴哈的提纲》中就对此作了非常深刻和明确的论证。《提纲》最后指出,"哲学家们只是用不同的方式解释世界,问题在于改变世界。"[1]正因为如此,马克思通过革命变革建立的哲学一开始就从根本上

---

[1]《马克思恩格斯全集》第3卷,人民出版社1956年版,第8页。

超越了近代哲学的思维方式,避免了同时代西方哲学家在这方面的局限性。这一变革也没有西方哲学的现代转型所必然包含的那种以不彻底、新旧混杂、调和折中等为特征的过渡期,因而不仅超越了以往的哲学,也超越了现当代西方哲学。

第四,马克思主义哲学的发展同样是一个曲折的过程。

马克思在哲学上的革命变革超越了以往和现当代西方哲学,这只是意味着他从根本上超越了近代哲学思维方式并确立了现代哲学思维方式的根本原则,为现代哲学的发展开辟了正确道路;而并不意味着他立即就构建了马克思主义哲学的全面完整的体系,更不意味着他在19世纪中期就已穷尽了现当代哲学的全部真理。这一点是马克思本人和其他杰出的马克思主义者所一再强调的。作为个人,他们同其他人一样不能不受到现实客观条件和本人主观条件的限制。由于所处具体条件不同,在马克思本人不同时期之间、在马克思和恩格斯以及其他马克思主义者之间在哲学上都存在差异。因此,尽管马克思主义哲学的产生和发展不像西方哲学由近代到现代转化那样有一个漫长而曲折的过渡期,但仍然应当把它看作是一个不断丰富和发展的过程。而这一过程并非直线的,期间同样可能存在着种种曲折。在马克思主义哲学的发展史上,一直存在着"左"和右等各种形式的偏离它的本来意义的倾向。马克思主义哲学正是在克服这些倾向中发展的。

19世纪中期至20世纪初期西方哲学的演化是错综复杂的,从不同视野出发可以作出不同划分和解读。人们对于这一时期西方哲学出现了由近代到现代的转型(转向)以及马克思在哲学上实现了革命变革这两个重要事实,评价虽有所不同,表述方式更可能存在很大差异,却不至于否定其存在。"革命变革"和"现代转型"既有原则区别,但又密切相关。革命变革同样是在当时整个西方哲学发生哲学思维方式变革的背景下实现的,是其中最彻底的形态。如何看待"革命变革"和"现代转型"的关系,不仅是正确认识这一时期的哲学及其发展方向的关键所在,也是马克思主义者和西方哲学家为推动自己方面的哲学发展都不仅无法回避而且必须正确对待的重要问题。

三、对革命变革和现代转型的关系的认识中的曲折

马克思主义者和西方哲学家如何看待彼此在哲学上的变革问题,从他们互为对方时起就已存在了。在很长一段时期内,双方往往把这种联系看作外在对立关系。尽管各自都在以自己特有的方式对不再适应时代要求的近代哲学思维方式进行批判,并按照自己的特殊使命、处境和条件提出哲学发展的新方向,但彼此很少对同时代共同的哲学问题展开探讨性的对话,要么不直接涉及对方,要么在缺乏充分了解的情况下简单否定或指责对方。我们在以往的马克思主义哲学论著中较少见到对同时代西方哲学的肯定评价,而现代西方各派哲学在绝大部分时期内对马克思主义哲学要么不屑一顾,要么竭力歪曲和攻击。出现这种状况的原因很是复杂,作为双方的社会基础的无产阶级和资产阶级在政治和意识形态上的对立是决定性因素,双方在某些情况下存在的误解、曲解和偏见也多半由此而来。

1. 马克思和恩格斯为什么没有对同时代西方哲学给予肯定评价

马克思和恩格斯在实现哲学上的革命变革时,对德国古典哲学等西方近代哲学,都是既批判它们不能越出为资本主义"理性社会"辩护的阶级局限性以及最后必然陷入独断论和怀疑论、主观主义和相对主义等理论的局限性,又肯定它们在促进资产阶级反封建民主革命和资本主义经济以及思想文化发展上起过的积极作用,特别是肯定它们在理论上可能包含的唯物主义或辩证法等合理因素。然而对于与19世纪中后期流行的西方哲学,他们则很少给予肯定评价。这主要是因为他们当时认为西方资本主义制度已经腐朽没落,甚至行将灭亡,无产阶级革命在主要资本主义国家取得胜利的决战时刻即将到来。因此他们最关注的是指引革命无产阶级怎样从政治和意识形态上去进行反对资本主义的斗争,而不是去探究作为革命对象的资产阶级还能否对现存资本主义社会进行某些有效的改革、在一定程度上尚能推动社会进步,当然也不会去深入研究

当时的西方哲学家是否还能够对陷入困境的近代哲学作出某种具有积极意义的改造,提出某些合理的思想,对西方哲学的进步作出新的贡献。事实上,他们对同时代西方哲学家和流派(例如孔德等人的实证主义、叔本华等人的非理性主义、朗格等人的新康德主义)的研究主要是后者对当时工人运动的损害,哲学研究直接服从于当时无产阶级的革命斗争的需要。从维护革命无产阶级的思想统一、使之不受敌对阶级在哲学和社会思想上的消极影响来说,他们抱这种态度是理所当然的。如果当时西方资本主义制度和资产阶级的统治的确不可能再存在下去,那怎么可能对与之相应的哲学等意识形态给予肯定的评价呢!

2. 马克思恩格斯与时俱进的品格

然而,尽管马克思和恩格斯在《共产党宣言》等论著中对资本主义发展的总的规律和总的趋势的揭示以及由此得出的资本主义必然灭亡、社会主义必然胜利等论断完全正确,但对于这个"灭亡"和"胜利"究竟何时发生? 具体进程又是怎样的? 他们当时掌握的材料远非充分,难以对之作出准确估计。事实上,西方资本主义后来的一些演变过程偏离了他们当年的预计。这突出地表现在他们对资本主义经过自我调整在相当长的历史时期内还有继续发展的活力估计不足,由此对当时各国资产阶级及其思想家所提出的对原有资本主义制度作出某些改造即自我调整来暂时延续其存在进程的可能性也估计不足。然而从后来现实的历史发展过程看,资本主义的这些自我调整在一定范围和时期内确实起了缓和其矛盾,至少是延缓其灭亡的作用,甚至在某些方面能在一定程度上促使资本主义社会继续有所发展,并为过渡到社会主义和共产主义社会创造了更为有利的条件。既然如此,从理论上体现这个社会的发展的西方现当代哲学,也必然比马克思和恩格斯当年所设想的要复杂得多。通过不断寻找新的发展方向和道路,它们同样能够在曲折中超越近代哲学而继续获得发展,甚至是极为重要的发展。

我们更应当看到,作为无产阶级革命导师的马克思和恩格斯,在对待理论和现实问题上一直具有与时俱进的品格,他们从来不把在 19 世纪中期在材料不足的情况作出的那些预见绝对化,而是一再强调它们的相对性。他们一直在关注资本主义发展所出现的新情况,及时调整他们对无产阶级革命事业的策略。恩格斯晚年在察觉资本主义尚具有一定活力的事实后,就立即予以肯定,承认他和马克思在发表《共产党宣言》时期对资本主义继续发展的潜力估计不足。他在《卡尔·马克思〈1848年至1850年的法兰西阶级斗争〉一书导言》(1895年3月6日)中谈道,在1848年爆发欧洲资产阶级革命那种情势下,"我们不可能有丝毫怀疑:伟大的决战已经开始,这个决战将在一个很长的和充满变化的革命时期中进行到底,而结局只能是无产阶级的最终胜利。……历史表明我们也曾经错了,暴露出我们当时的看法只是一个幻想。历史走得更远:它不仅打破了我们当时的错误看法,并且还完全改变了无产阶级借以进行斗争的条件。1848年的斗争方法,今天在一切方面都已经过时了。……历史表明,我们以及所有和我们有同样想法的人,都是不对的。历史清楚地表明,当时欧洲大陆经济发展的状况还远没有成熟到可以铲除资本主义生产的程度;历史用经济革命证明了这一点,从1848年起经济革命席卷了整个欧洲大陆,……这一切都是以资本主义为基础的,可见这个基础在1848年还具有很大的扩展能力"。[1]马克思和恩格斯对于资本主义社会后来发展中出现的股份制也给予了适当的肯定,指出资本主义的股份企业,也和合作工厂一样,应当被看作是由资本主义生产方式转化为联合的生产方式的过渡形式。

马克思和恩格斯对西方资本主义在19世纪中期以后的进步的肯定实际上也蕴含着对与其相适应的这一时期哲学等西方思想文化的进步的肯定。例如恩格斯就肯定了随着资本主义的发展在道德方面的进步。"资本主义生产越发展,它就越不能采用作为它早期阶段的特征的那些小的哄骗和欺诈手段。……这些狡猾手腕在大市场上已经不合算了,那里时间就是金钱,那里商业道德必然发展到一定的水平"[2]。不过,由于他们当时在哲学等思想文化领域主要工作是更为明确地阐释唯物史观等他们本人的观点以及清算对工人运动产生毒

---

[1] 《马克思恩格斯选集》第4卷,人民出版社1995年版,第509—512页。
[2] 同上书,第419页。

害作用的思潮,例如冒充工人领袖的杜林的所谓哲学体系。后者虽然出现在马克思恩格斯时代,但无论基本观点还是理论框架都没有越出近代体系哲学的范围。因此恩格斯对杜林的批判实质上还是对近代哲学思维方式的批判。至于在工人运动以外流行的那些哲学流派的一般哲学理论,他们来不及较多关注和深入研究,自然不可能对之作出具体的重新评价。而且实证主义、唯意志主义、新康德主义、生命哲学等当时流行的哲学流派虽然各以其独特方式对西方哲学的现代转型作出过某些贡献,但只是在归根到底的意义上如此。它们的直接的理论形态大都不仅仍然带有浓厚的近代唯心主义和形而上学印记,而且往往以不同形式体现资产阶级反对无产阶级革命的要求。当然很难要求实现了哲学上的革命变革的无产阶级的革命导师马克思和恩格斯对之作出肯定。然而这并不意味着马克思和恩格斯对同时代西方哲学的评价没有随着他们对资本主义发展的重新评价而发生改变,而只是意味着他们未来得及去做这方面的工作。上面所提到的恩格斯所说"历史表明我们也曾经错了",这既适用于他们对当时西方资本主义的估计,也适用于他们对当时的西方资产阶级哲学的估计。

3. "左"和右的思潮对革命变革和现代转型关系的扭曲及其后果

马克思和恩格斯先后逝世后,在马克思主义和国际工人运动发展中出现过各种"左"和右的倾向。右的倾向在哲学上往往用新康德主义、马赫主义、实用主义等流派的哲学中消极方面,特别是其唯心主义来"修正"马克思主义,使之成为他们的修正主义的理论基础。"左"的倾向往往曲解了恩格斯对杜林等人、列宁对马赫主义等的批判的真实含义,把马克思主义的唯物主义和辩证法混同于脱离了人的现实生活和实践的近代物质实体本体论和抽象的概念辩证法,把作为马克思哲学核心的历史唯物主义混同于经济决定论或作为某种派生的理论,从而使实现了哲学上的革命变革的马克思主义哲学倒退到近代哲学的水平,并由此而在不同程度上倒向了教条主义和机械论。这两种倾向对马克思主义和工人运动的发展都产生过很大的消极作用,"左"倾教条主义的危害尤其严重。这在对待革命变革与现代转型的关系上也表现出来。

正是在"左"的思潮影响下,长期以来人们往往把马克思主义哲学与现代西方哲学简单对立起来,认为在马克思实现了哲学上的革命变革以后,只有马克思主义哲学才能体现哲学发展的前进方向,而同时代的西方哲学只能作为马克思主义哲学的敌对力量而存在;马克思主义产生以前的西方哲学作为资产阶级革命时期的意识形态具有唯物主义和辩证法等适应现实发展需要的合理因素,在哲学发展中具有进步作用;在此之后的现代西方哲学只能作为逆历史潮流的反动资产阶级的意识形态,必然是唯心主义泛滥,形而上学猖獗,本身不再有合理因素,不可能再有积极作用;西方哲学的现代转型不是进步,而是转向腐朽没落。

这种哲学上的"左"的倾向由于有时能援引马克思主义经典作家在某些特殊情况下对同时代某些西方哲学家的个别否定性评价作为根据,特别是由于有时能获得受到"左"的影响的政治力量的支持,因而在马克思主义学术界往往居有"正统"地位,坚持这种观点被认为是坚持马克思主义。正是在这种形势下,我国对马克思主义哲学和现代西方哲学的研究长期被分离,后者往往被认为只能为前者提供反面材料,本身并没有积极意义。这样后者的研究不仅受到很大限制,在很长时期内甚至被迫中断。这种"左"的倾向虽然具有坚持马克思主义的外表,但它脱离了马克思主义经典作家所再三强调的实事求是、理论联系实际、反对教条主义等根本原则,实际上背离了真正的马克思主义。

马克思早在 1842 年就指出:"正确的理论必须结合具体情况并根据现存条件加以阐明和发挥"[1]。恩格斯在《致威·桑巴特》(1895 年 3 月 11 日)中有一段很有名的话:"马克思的整个世界观不是教义,而是方法。它提供的不是现成的教条,而是进一步研究的出发点和供这种研究使用的方法。"[2]他在《致康·施米特》(1890 年 8 月 5 日)中指出:"……我们的历史观首先是进行研究工作的指南,并不是按照黑格尔学派的方式构造体系的诀窍。必须重新研究全部历史,必须详细研究各种社会形态存在的条件,然后设法从这些条件中找出相应

---

[1]《马克思恩格斯全集》第 27 卷,人民出版社 1972 年版,第 433 页。
[2]《马克思恩格斯选集》第 4 卷,人民出版社 1995 年版,第 742—743 页。

的政治、私法、美学、哲学、宗教等等的观点。"[1]针对一些人把马克思的个别论点绝对化,恩格斯在《致菲·屠拉梯》(1893 年 6 月 6 日)中指出:"杰维尔在许多地方把马克思的个别论点绝对化了,而马克思提出这些论点时,只是把它们看作相对的,只有在一定的条件下和一定的范围内才是正确的"[2]。用马克思和恩格斯的这些教导来看待马克思主义哲学和与现代西方哲学及它们之间的关系,最要紧的就是要从实际出发,而不要从概念出发,不要把马克思主义经典作家在特定情况下对某些同时代西方哲学流派所作的否定性评价当作全盘否定现代西方哲学的根据。

然而,上述"左"的教条主义倾向在这方面的立场与马克思和恩格斯的教导恰恰相反。按照这种倾向来研究马克思主义哲学和现代西方哲学及它们之间的关系,必将在理论上和现实上产生各种消极后果。我国现代西方哲学研究的长期严重滞后就是突出的消极后果之一。

我国学者对现代西方哲学的介绍和研究已有一百多年历史,五四时期曾达到高潮,当时马克思主义和各种西方哲学思潮的传入共同促成了对中国现代社会的变更发生深远影响的新文化运动。五四以后一段时期也还有一些学者继续从事这方面的研究,不过由于受国内外各种变化了的政治形势的影响,这种研究受到较多限制,而且与对马克思主义哲学的研究基本上是相分离的,对马克思主义哲学家很难发生明显的影响,更少有积极影响。从解放以后到"文革"结束前这 20 多年,由于"左"的政治和意识形态的干预更大,客观地研究现代西方哲学甚至被认为是对抗马克思主义,这方面的研究实际上处于停滞状态。除了翻译出版了少量供批判参考的材料外,极少有深入研究之作,以致学界的大多数人对现代西方哲学的实际所是更加模糊。在这期间,国内发动过多次对资产阶级反动思潮的批判运动。这类批判对巩固和维护马克思主义的主导地位在一定程度上是必要的,在不少情况下也有非常积极的成果。然而几乎每次批判运动都简单地把一些现代西方哲学流派(特别是实用主义、存在主义等流派)

---

[1]《马克思恩格斯选集》第 4 卷,人民出版社 1995 年版,第 692 页。
[2]《马克思恩格斯全集》第 39 卷,人民出版社 1974 年版,第 79—80 页。

当作被批判对象的思想理论来源,对之进行了激烈批判。大多数批判者对这些哲学流派的实际所是又并无深入研究,于是批判中无的放矢、指鹿为马的现象相当普遍。致使这类批判短期成果外表上虽然耀目,但长远的实际存在的负面影响却不容忽视。

马克思主义本来就是一种批判性学说,它公开提出在批判旧世界中创造新世界。对各种西方资产阶级哲学思潮进行批判当然是其整个批判课题中的应有之义。但批判应当是求实的,要对被批判一方的理论的实际所是有较为深刻和全面的了解,特别是要善于把它们的确存在的谬误和片面性与它们在某些方面所包含的合理内容区分开来。如果批判脱离了实际,把不应当否定的东西笼统加以否定、甚至颠倒是非,效果必将适得其反。例如,现代西方哲学许多哲学流派在超越近代哲学思维方式上,在对一些体现现当代社会特点的新的哲学问题的提出和研究上,在体现现当代科学技术的发展上,都可能存在积极因素。如果把这些内容也简单地当作唯心主义和形而上学去批判,不仅不能批倒对方,反而会批到马克思主义哲学头上,因为马克思主义哲学也应当包含这些方面的内容。不幸的是,由于受到教条主义的影响,多年来我国哲学界对现代西方哲学的批判一直存在这种脱离实际的倾向。这不仅妨碍对现代西方哲学的深入研究,更不利于马克思主义哲学研究的健康发展,使它在许多方面脱离实际,脱离时代和现代科学的发展,而这实际上也是对马克思主义本身的一种扭曲。

理论上的消极后果有时还会造成现实的消极后果。我国是一个以马克思主义为各项事业的指导思想的社会主义国家。如果马克思主义本身受到扭曲,它不仅难以正常地发挥作为指导思想的作用,甚至反而会造成各种失误。"左"的倾向的长期存在原因当然是多方面的。就马克思主义哲学说,对现代西方资本主义及与之相适应的哲学思潮长期采取简单否定的政策,不了解它们的发展的真实情况,从而使自己脱离了当代世界及其思想文化的最新发展,未尝不是一个重要的原因。

应当指出,由于受到政治和意识形态等制约而对相异的思潮简单否定的不只是一些马克思主义者,类似的情况在许多现代西方哲学家那里也普遍存在。他们同样往往在对真正的马克思主义哲学无知的情况下对之横加批判,对一系列符合客观实际的马克思哲学的基本原理简单否定。这当然驳不倒马克思主义,反而使他们自己更加陷入唯心主义等歧途。

(原载《江海学刊》2003 年第 5 期,《新华文摘》2004 年第 2 期、《中国社会科学文摘》2004 年第 1 期转载)

当代哲学走向：马克思主义与现代西方哲学的比较研究

　　人类很快就要进入 21 世纪。在新的世纪中哲学将朝什么方向发展？将会发生哪些重大变化？这是近年来中国和西方哲学界、马克思主义者和非马克思主义者都在热烈讨论的问题。中国哲学存在的条件及其本身状况都不同于西方，它当前存在的问题和今后的走向必有不同于西方的特点。然而当代中国是面向世界的中国，中国的现代化运动与整个世界在一定程度上已融为一体。因此当代中国哲学的发展变化与西方哲学也必然有不可分割的联系。除了对马克思主义哲学本身的研究外，中国哲学研究还包含继承和发扬中国传统哲学、学习和借鉴国外哲学等诸多方面，它们都以马克思主义哲学为指导、为丰富和发展马克思主义哲学服务，并与马克思主义哲学研究融为一体。因而当代中国哲学与西方哲学的联系最突出地表现为中国的马克思主义哲学与西方哲学的联系，研究当代哲学走向最重要的就是研究马克思主义与西方哲学的走向。

　　马克思主义哲学当然具有世界意义，但从社会背景和理论来源来说主要是西方的产物。这一点中外哲学界都很少有争议。分歧较大的是：它与在同一社会背景和理论渊源下产生的现代西方哲学究竟是什么关系？在很长一个时期内，人们往往把被教条化和僵化的马克思主义哲学理论形态当作马克思主义哲学的本来形态，并因它在基本倾向上与现代西方哲学不同而把这两种哲学完全对立起来。马克思主义哲学家大都对现代西方哲学全盘否定；西方哲学家对马克思主义哲学也总是极端敌视。双方处于对峙局面。80 年代末 90 年代初，国际形势剧变,马克思主义的发展遇到了重大挫折。许多西方学者就此宣告马克思主义"最终失败"。马克思主义学术界内部也有人在不同程度上动摇了原有的信念。这种情况的出现要求我们既要重新考察和认识马克思主义哲学和现代西方哲学的真实所是,特别是二者的产生在西方哲学史上的真实意义;也要重新考察二者一百多年来在各自的发展中遇到的问题和困难,二者是否能够以及怎样去克服它们? 二者是否还具有、或在什么条件下还具有生命力? 只有对这些问题有符合实际的认识,才能对二者的前途和当代哲学的走向作出较为准确的估计。

一、马克思主义哲学产生与现代西方哲学形成的意义

关于马克思主义哲学的产生和现代西方哲学的出现在哲学发展中的意义,我国哲学界过去作出了一组对立的评价:前者是哲学上的革命变革,后者是从进步向反动的转化。这种情况在改革开放后已有很大改变。在邓小平建设中国特色社会主义理论的指引下,我国理论界在很大程度上纠正了"左"的教条主义和僵化倾向。对于现代西方哲学现在很少再有人简单否定。除了专业队伍外,许多专事中国传统哲学和马克思主义哲学的人士也对之作了大量研究,并在自己的工作中借鉴了有关成果。然而在这方面仍有明显的不足,特别是对马克思在哲学上的革命变革和西方哲学由近代到现代转化的真实意义还缺乏深层的探索;而没有这样的探索,既有的成就也是不牢固的,在一定条件下还可能在不同程度上出现与以往类似的片面性。

将马克思主义教条化和僵化,现在谁都反对。然而,即使在"左"的倾向占支配地位的时期,又有谁公开赞成呢? 人们往往都是在维护马克思主义的名义甚至动机下将马克思主义教条化和僵化的。人们是否会将马克思主义教条化和僵化,这既取决于他们的主观愿望,更取决于他们能否以与马克思主义相一致的思维方式来理解马克思主义。在将马克思主义哲学教条化和僵化的人中,固然有它的反对者,但也有,甚至更多的是它的拥护者,有的甚至是杰出的马克

思主义者。然而,由于他们在某些方面未能越出近代哲学的视野,或受政治和意识形态等其他方面的制约和影响,以致不自觉地背离了马克思主义,特别是作为马克思主义哲学核心的实践原则。因此,如果对马克思在哲学上的革命变革理解片面,即使有最好的动机,也会背离马克思主义的。

对现代西方哲学不能简单否定,现在谁都同意。可是,过去也极少有人直截了当地宣称要对之简单否定。当时人们主要也只是说要用马克思主义观点对之进行分析批判,而这不能说是错了。问题在于人们对现代西方哲学的理解远远离开了其实际所是。例如,当时大家都认为西方哲学从近代到现代的转化是从唯物主义向唯心主义转化,现代西方哲学的根本特征是唯心主义泛滥。实际上大多数现代西方哲学流派所要求的是超越以追究世界的物质或精神本源为目标、以心物相互独立和主客完全分离为理论前提的传统的哲学思维方式,从而除了反对唯物主义以外,也明确要求反对唯心主义。他们之反对唯物主义,并不是为了宣扬唯心主义,而是使哲学不局限于传统意义上的唯物唯心之争,而转向具有自主个性的人及其所牵涉的世界,转向人的现实生活和实践。这种转向并不意味着笼统地否定外部世界(自然界)自在地存在,而只是认为这个世界如果不与人发生牵涉,就不能成为人的现实生活和实践所及的对象(客观)世界。哲学应当成为研究人的现实生活和实践的学问,而不应当成为超越这个界限的形而上学。因此,按照传统观点来批判现代西方哲学的唯心主义和形而上学,在一定意义上可能会批判一些它们正好要反对或超越的东西。

究竟应该怎样理解马克思在哲学上的革命变革和西方哲学由近代到现代的转化的真实意义?这是涉及面广泛、内容复杂且带有较大敏感性的系统工程,需要哲学界共同的努力探索。我个人近年来对这方面的问题也曾反复思考,在《西方哲学的近现代转型与马克思主义哲学和当代中国哲学的发展道路(论纲)》等几篇论文中发表过一些意见。其中包括了如下两点:

第一,现代西方哲学的出现是西方哲学发展史上一次划时代意义的哲学思维方式的转型,主要表现为多数现代西方哲学流派都以自己特有的方式力图超越以主客、心物等二分为出发点、以建立关于世界的本源、本质的理论体系为目标、以基础主义、本质主义等为理论特征的近代哲学,使哲学研究在不同程度上从抽象化的自在的自然界或绝对化的观念世界返回到人的现实生活世界。他们企图以此摆脱近代哲学的困境,为哲学的进一步发展开辟新的道路。他们的哲学总的说来更能体现这一时期西方社会各个方面发展的状况,因而具有重要的进步意义。西方哲学由近代转向现代标志着西方哲学发展到了一个新的、更高的阶段。

第二,马克思主义在哲学上所作的变革是哲学史上最具有进步性和革命性的事件。马克思主义哲学不仅比现代西方哲学更加彻底全面地超越了近代哲学的二元分立、基础主义、本质主义和思辨形而上学等倾向,而且为西方哲学的进一步发展指明了现实的道路。这具体表现在马克思不是简单地扬弃一切旧哲学,而是力图彻底打破它们由此出发的前提。他所关注的不是建立关于整个世界的严密完整的理论体系,而是直面人的现实生活和实践。他由此把实践观点当作其哲学的首要的、基本的观点;主张通过实践来充分发挥人的能动性和创造性,促进人的自由和全面发展。马克思正是通过对人的实践的意义的深刻揭示和全面阐释彻底地实现了对近代哲学的超越,实现了哲学上的革命变革。

总的说来,从批判和超越以二元分立、基础主义、本质主义等为特征,并已陷入困境的近代哲学思维方式说,从建立一种以强调人的现实生活和实践以及人的自主能动性和创造性为特征、以适应现代社会的时代精神的要求的新的哲学思维方式说,现代西方哲学和马克思主义哲学之间存在着重要的类似之处,可谓殊途同归。二者均属于现代哲学思维方式,具有某种程度的同质关系。我在上面提到的论文中对此已有较多论证,这里就不多说了。

二、马克思主义哲学的根本特征及其发展的曲折道路

肯定马克思主义哲学的产生和西方哲学从近代到现代的转化都是具有划时代意义的哲学思维方式的变革,这并不意味着可以把二者相提并论,也不表示这种变革是一劳永逸的。二者在社会阶级属性和理论形态上都存在着重要

区别。它们在发展中都会遇到各种问题和挑战,都需要进行新的变革。但二者的问题和挑战的性质不同,进行变革的形式和内容也不同。

马克思主义哲学是革命无产阶级的世界观和方法论的理论形态,这一点很少有人直接否定。重要的是要做到具体地,而不是抽象地看待马克思主义哲学的这种阶级属性与其具体的理论形态之间的联系,否则仍然无法正确地理解和坚持真正的马克思主义。马克思之把实践观点当作其哲学的首要的、基本的观点,正是由于他不仅是伟大的哲学家,而且是无产阶级革命的伟大导师。这二者的统一使他超越了同时代的西方哲学家无法避免的在理论与现实之间脱节的局限性,能自觉地把在哲学上的变革与无产阶级的现实的革命要求有机地结合在一起,从而使他的哲学具有高度的现实性和实践性。马克思在批判和超越西方近代哲学时,其所关注的不是像西方哲学家那样构建新的哲学体系,而是促进现实社会的改造,为其指明方向、提供指导。他在《关于费尔巴哈的提纲》最后一条中指出:"哲学家们只是用不同的方式解释世界,而问题在于改变世界"。这不仅是《提纲》的结论,也可以看作是他的整个哲学的结论。马克思主义哲学的根本目标就是为无产阶级改造世界服务。因此它不把理论当作教条,而当作行动的指南;它不刻守任何与现实生活和实践相背离的抽象原则,而是把它的原则与现实生活和实践紧密联系起来,既用来指导现实生活和实践,又在现实生活和实践中受到检验;它反对并超越任何封闭、僵固的体系,自然也避免了构建易于变得封闭和僵固的那种全面完整的体系,而坚持采取一种能动地面向现实生活和实践、面向未来的开放的思维方式,并由此使自己的理论不断得到丰富和发展。正因为如此,马克思主义哲学在其产生以来的一百多年中,在所涉足的各个领域都显示出强大的生命力,无论就其理论本身或在它的指导和影响下所进行的各种现实的革命和实践活动,都取得了极其光辉和伟大的成就。

马克思主义哲学的发展不可能没有曲折。早在马克思在世时就有人以颂扬他的名义曲解他的理论,以致他为了与这些人划清界限曾不得不宣称"我自己不是马克思主义者"。在往后的一百多年中,围绕着如何看待马克思主义哲学,无论在马克思主义者和非马克思主义者之间还是马克思主义者内部,一直都在进行着激烈的争论,马克思的哲学也一再受到曲解。以现代西方哲学各个流派哲学家为主的非马克思主义者由于不能摆脱资产阶级的眼界,自然看不到马克思主义哲学的革命意义。尽管他们中的一些人也力图超越西方近代哲学,甚至以某种含混的方式、在某种程度上把面向现实生活和实践当作哲学的新的方向。但他们却往往看不到马克思主义哲学对西方近代哲学的超越,特别是马克思主义的实践原则的真实意义。他们大都仍然是以近代哲学思维方式来看待马克思主义哲学,把马克思主义的唯物主义与近代唯物主义等量齐观,把马克思主义的辩证法与黑格尔的辩证法相提并论,把这些哲学存在的问题当作马克思主义的问题,并由此对之加以批判和攻击。例如,许多(甚至可以说是多数)有代表性的西方哲学家都竭力指责马克思主义哲学的"二元论"、"教条主义"。其实,马克思早在《关于费尔巴哈的提纲》等早期著作中,就已非常明确地把"实践"、"真正现实的、感性的活动"当作他的全部哲学的出发点,从而从根本上超越了唯心主义和直观的唯物主义的界限,动摇了产生"二元论"、"教条主义"的基础。

在马克思主义者内部,人们对马克思主义哲学也往往有不同看法。原因是多方面的。例如所处历史时期和社会背景上的差异都会使人对马克思主义哲学有不同的眼界,从而有不同的认识。这种不同大都是正常的现象。对马克思主义哲学的正确理解本身就需要考虑时期、地点、条件不同等多方面的因素。就对马克思主义哲学的曲解或误解来说,情况也是多样的。最常见,也最值得注意的是一些人往往按照近代哲学的思维方式来理解它。例如,把马克思对费尔巴哈的关系主要看作抛弃其人本主义而继承其唯物主义的"基本内核";把马克思对黑格尔的关系主要看作抛弃其唯心主义而继承其辩证法的"合理内核"。费尔巴哈的人本主义唯物主义对旧唯物主义的自然主义的一定程度的克服,黑格尔的唯心主义自我意识理论对传统的先验主体性原则的超越以及对人的自由、实践性和历史性等的揭示,这些本来都为马克思所肯定和强调,成了他的哲学理论的重要思想来源。然而它们后来被许多人忽视了。他们对马克思主义哲学的理解因而往往带有某种自然主义、纯粹理性主义和非人的色彩,而这些正是马克思所竭力批判和超越的近代哲学固有的倾向。诸如此类对马克思哲学的偏离为各种形式的教条主义和机会主义倾向所进一步发展,后者对马克思主义造成了极大损害、有时使之陷入困境甚至危机。出现这种偏离的原因各有不同,需要具体分析,但脱离现实生活和实践可以说是其共同特点。

显然,马克思主义哲学在其发展过程中之遇到困难、出现曲折,不是由于它本身存在内在矛盾或片面性,而是由于人们对它作了教条主义等脱离其实际所是的理解和发挥。既如此,为了克服这些困难和曲折,就不是超越、更不是放弃马克思主义,而是由被曲解或作了片面发挥的马克思主义返回到以现实生活和实践为出发点的真正的马克思主义。正是由于马克思主义哲学以现实生活和实践为出发点,所以它能克服由于背离现实生活和实践而造成的各种偏向和挫折,不断修正、丰富和发展自己的理论,使之在新的条件下继续具有强大的生命力。毛泽东思想克服了种种"左"右倾机会主义,引导中国革命取得了光辉胜利;邓小平理论批判和克服了"凡是派"等"左"的倾向,使中国社会主义建设取得了举世公认的伟大成就。他们的共同特点,就是紧紧适应中国革命和建设的现实和实践,从而克服和纠正了各种背离现实和实践的"左"的或右的倾向,创造性地发展了马克思主义。

总之,马克思在哲学上的变革并未给人们一张包治旧哲学百病的现成药方,而是指示了一条超越旧哲学建立新哲学的现实道路,这就是哲学与人的现实生活和实践紧密相联的道路。人们在这条道路上还会遇到各种险阻、受到各种干扰,甚至出现挫折和失败。但只要能紧随时代精神的脉搏,就仍然可以及时回到正确道路上来,在新的条件下获得新的发展。

三、现代西方哲学的矛盾和危机

现代西方哲学过去被笼统地归结为帝国主义时代垄断资产阶级的反动哲学,从而被全盘否定。这自然是片面的,要区别不同情况分别加以对待。但从整体上说,它们毕竟都未能摆脱资产阶级的狭隘眼界。这一点决定了现代西方哲学家不可能把哲学的改造与对西方资本主义的根本改造结合起来,不可能真正把现实生活和实践作为他们的哲学的出发点,从而他们的哲学必然在不同程度上与现实脱节,由此产生各种片面性,陷入各种矛盾。

与马克思主义哲学相比,现代西方各派哲学对近代哲学的超越都很不彻底,甚至自相矛盾。他们往往以不同形式重犯,甚至发展了近代哲学的某些片面性。例如他们在激烈抨击其思辨形而上学倾向时,又以新的形态去构造同样具有片面性的某种形而上学。他们对近代哲学的理性独断和绝对主义做了可谓淋漓尽致的揭露和批判,却又因忽视或贬低理性的作用而往往走向某种形式的相对主义和非理性主义。他们揭示了主客、心物等分离开来的种种弊病,特别是使人对象化和物化(异化)的弊病,强调发挥人的能动性和创造性,然而却由此走向了无视客观实际的主观主义。总的说来,西方现代哲学各个具体流派对近代哲学的超越只是在某些方面或环节上的超越,在其他方面则可能仍然徘徊于传统哲学的框架之中。只有从整个现代西方哲学的长期发展历程的角度来考察,才能谈得上它们对近代哲学的超越。换言之,马克思主义在19世纪中叶就已基本实现的哲学思维方式的变革,现代西方哲学是通过迂回曲折的道路在一个多世纪的漫长历程中才在某种程度上实现的。

正因为如此,现代西方哲学在其演化过程中遇到的矛盾和挑战比马克思主义哲学要严重得多。人们常用"矛盾重重、危机四伏"来形容其境况,也并非毫无根据。过去的问题在于过分强调其矛盾,仿佛现代西方哲学从来都不能克服其矛盾和困境,从来都不能获得进步。这当然不符合实际。19世纪中期以来西方哲学发生了思维方式转型意义的变革,这种变革正是通过在不同程度上克服各个流派和思潮的矛盾和困境来实现的。不过,就现代西方哲学的各种具体的流派和思潮来说,由于都存在着内在矛盾,因而都不可避免地要陷入其特有的困境和危机。事实上,在现代西方哲学演化的这一百多年中,不断有哲学家惊呼所处时期的哲学陷入困境和危机,他们往往宣称自己的哲学理论的目标就是使西方哲学摆脱这种困境和危机。然而他们同样由于内在矛盾而陷入新的困境和危机,甚至很快就被别的流派和哲学家所否定,几乎没有一个哲学流派或一种哲学理论具有长远的生命力。所以在一定意义上未尝不可以说现代西方哲学是一种处于困境和危机之中的哲学。

这种状况从 20 世纪 60 年代以来表现得更为明显。随着英美分析哲学运动之衰落与欧陆现象学存在主义运动之受到挑战,现代西方哲学由于其两种主要思潮都未能摆脱自己的困境而仿佛陷入了全面的危机,西方哲学界也普遍地由此发出了克服危机、为今后哲学的发展寻找新的出路的呼声。各种新的思潮应运而生,它们的共同特征是要求不仅超越近代哲学,也超越现代哲学,特别是上述两种思潮及其对立,使哲学研究完全越出它们的界限。其中最为突出并被广泛炒作的当属所谓后现代主义(Postmodernism)。它被一些哲学家渲染为实现了哲学上的新的变革,开辟了西方哲学的新时代,但又受到另一些哲学家的激烈非议,中国哲学界对它的看法也往往大相殊异。哲学上的后现代主义究竟是一种怎样的思潮? 它在西方哲学发展中究竟能起何种作用? 这是我们研究当代哲学走向时必须回答的问题。我的意见已在其他一些地方作了较具体的论述。这里限于篇幅,仅作如下简单说明。

后现代主义哲学除了指 20 世纪 60 年代以来流行的特定思潮以外,还可以有其他各种含义。从英语 Postmodernism(德法等西语类似)一词的语义说,它可以指现代"之后"或"后期"的哲学。由于"现代"(modern)通常泛指西方"现代化"(modernization)运动开始以来的整个资本主义时代(中文通常译为"近代"),因而后现代哲学实际上就是指从笛卡尔(也可上推到文艺复兴)开始的近代哲学之后或后期(后近代)的哲学。还有一些哲学家提出后现代主义只是表示一种不同于现代主义的思维方式,而不是时间概念。同一时代的不同哲学理论有的属于现代,有的属于后现代。从西方哲学的实际发展来说,由于从 19 世纪中期以来先后出现了各种类型的批判和超越近代哲学的思潮,它们在一定程度上实现了哲学思维方式的转向,因而具有后现代(后近代)哲学的意义。

既然后现代主义的含义不是单一的,就应当按照其不同含义来看待它们的作用。

如果后现代主义被用来泛指19世纪中期以来整个西方以批判和超越近代哲学为特征的哲学,那对它的评价就与对现代西方哲学的评价大体一致。既然后者在其发展中陷入了困境甚至危机,那单纯给予它们一个后现代主义的新名称并不能使它们摆脱这种困境和危机。

如果后现代主义指现代西方哲学之后的哲学,或者说20世纪60年代以后兴起的当代后现代主义,那是否应当对它们作出不同于现代西方哲学的评价,要看它们在理论上是否超越了现代西方哲学的范围。从一方面说,当代后现代主义思潮的出现在一定程度上适应了对现代西方哲学的发展进行新的反思和变革的需要。他们大都对尼采以来的现代西方哲学家的理论的矛盾和缺陷进行了揭露和批判,并以开辟哲学的新方向为己任。从揭露西方传统和现代哲学的缺陷和矛盾说,他们的工作是有价值的,至少能给人以启迪。他们所提出的反体系哲学和绝对一元论、反二元分立、反人类中心论、反绝对化的理性主义和非理性主义等主张在一定程度上的确反映了现代哲学发展的一种趋势。

然而,尽管当代后现代主义者不仅要求超越近代哲学,而且要求超越现代哲学,但他们的哲学并未真正超越后者,在基本哲学思维方式上与前此的现代西方哲学并无实质区别,仍然包含着后者固有的种种矛盾,不仅如此,由于他们对近代和现代哲学的批判(特别是对所谓基础主义、本质主义、逻各斯中心主义等的批判)比之前的现代西方哲学更加走向极端,具有更为强烈的主观主义、相对主义、虚无主义、非理性主义,甚至神秘主义的倾向,因而往往使现代西方哲学本来存在的矛盾更加激化。因此他们的哲学并不能适应对西方哲学发展进行新的变革的要求,也不能真正体现西方哲学的当代走向。正因为如此,尽管20世纪60年代以来它在西方哲学界曾轰动一时,近几年来却因受到越来越多的批评而有冷落之势。西方哲学家纷纷在讨论如何超越后现代主义,探索摆脱哲学困境的新途径。以取代和超越它为目标的所谓后后现代主义等思潮也由之而起。

在此值得一提的是:1997年11月在美国芝加哥大学举行了一次国际性后后现代主义(After Post Modernism, APM)学术讨论会。会议主题正是针对后现代主义的式微而探索哲学发展的新途径。会议的发起人、芝加哥大学的根德林(Eugene Gendlin)等人会前通过互联网络组织了为期几个月的非常热烈的通讯讨论。人们通过互联网络或电子信箱几乎每天都可以收到新的讨论信件。会后这种网络讨论曾继续多时。参与讨论者的哲学立场互不相同,但大都是对后现代主义的那些极端性理论提出质疑。会议发起人在广泛征求与会者的意见后于1998年2月18日通过网络发布的关于APM会议的报告显然就体现了这种倾向。例如其中指出:

"'我们继续批判现代性,但我们要超越某些后现代主义支派所主张的那种任意性。我们怀疑一切确定的基础,但并不意味着什么都不值得一提'。这是在芝加哥举行的APM会议上93位与会者……的座右铭。"

"虽然所有的词都带有不可避免的'形而上学'。问题显然不可能,也不应当'解决'。然而,我们能否比……以非中心化、不可确定性、断裂……做得更多一些呢?"

"我们现在所处的时期是破坏逻辑的基本原理及科学的'客观性'的时期刚刚过去。我们需要一种对科学的力量和限制的重新理解并找到使科学对象重新概念化的道路。借口科学无为并不能改变那些仍然决定着我们的社会政策和制度的那些假定和价值。而后哲学现在是、从来都是直接研究这些假定并探讨它们怎样才能可能的学科。"

"关于'真理'和'客观性'的一般陈述一直是含混的。但这并不是说就没有真理和客观性"。"我们不要单纯的多元论,而可以创造出'多重真理的复合'"。

报告还从科学、文化、历史、伦理、语言等各个方面对后现代主义的相关观点提出了质疑、甚至否定。在此不再一一引述了。

上面摘引的这些话语都表明,在美国和其他西方国家,为数众多的哲学家已企图在"后后现代主义"等旗号下超越后现代主义,对当代后现代主义者的那些纯粹否定性、主观主义、相对主义、虚无主义观点提出了质疑和挑战,克服后现代主义者的极端性和片面性,为陷于困境和危机中的西方哲学的发展寻找较为合理和健全的道路。不过他们所提出的理论并没有越出杜威、维特根斯坦、海德格尔等 20 世纪一些著名西方哲学家早已提出的理论的范围,他们也未对自己的观点作出系统和充分的论证,多数还只是片断之见;他们彼此之间往往存在很大差异。因此,所谓后后现代主义还只是一种开始显露的朦胧的倾向,谈不到已为西方哲学的发展找到了新的道路。但是,这种后后现代主义倾向的出现毕竟可以表明:当代后现代主义者所提出的哲学发展的新道路是一条走不通的路。

总之,包括后现代主义、后后现代主义等在内的现代西方哲学的各种思潮也许在某些方面对近代哲学及它们以前的现代哲学的缺陷有所揭示和克服。但由于它们本身都包含着内在矛盾,脱离了现实生活和实践,必将陷入新的困境并为其他流派所否定。现代西方哲学要超越其困境和矛盾,就必需超越它本身的范围。

四、马克思主义哲学和现代西方哲学发展的不同结局

从对马克思主义哲学和现代西方哲学的上述简单比较可以看出,尽管二者在超越近代哲学上殊途同归,但由于二者无论在阶级属性或理论形态上存在着根本性的区别,其各自的走向也必然表现出不同特点。

马克思主义哲学本身并无不可克服的矛盾,它具有强劲的生命力。连萨特等著名的西方哲学家也肯定它是当代唯一不可超越的哲学。它今后的发展不是走向另一种与之不同的哲学,而是通过更加紧密地投入现实生活和实践,在生活和实践中不断克服偏离其本身的倾向、吸取新的经验,从而不断得到丰富和发展。中国特色社会主义理论是当代马克思主义发展的最高成就和最好典范。它的根本之点正是要求打破各种僵化的教条,强调立足于现实生活和实践。在当代学习和研究马克思主义首先应当学习和研究这一理论。在这方面,最忌讳的莫过于把它纳入某种既定的理论框架中,或在这样的理论框架内来对之作出解释,甚至牵强附会地去建构某种中国特色社会主义理论的严密完整的科学体系,把本来是开放性的、充满活力的、与当代社会的时代精神息息相连的

中国特色社会主义理论扭曲成封闭性的、僵化的理论。

至于当代西方哲学,近期内也许不会发生重大变革。正像它所处的西方资本主义还有一定活力一样,西方哲学的现代思维方式还没有全面彻底地展现出来,它的各种思潮和流派还会通过探索和论争自觉不自觉地进一步朝着展现,甚至完善这种思维方式的方向发展。只有马克思主义哲学才最深刻地揭示了现代哲学思维方式,走向现代哲学思维方式的最正确,也最简捷的道路是接受马克思主义。由于西方哲学家无法摆脱固有的政治和意识形态等偏见,他们不可能自觉地走这一条路。然而,既然他们至今仍然走在朝向现代哲学思维方式的道路上,他们与马克思主义哲学之间的对话必然会得到加强。他们大都不会成为马克思主义者,但他们在哲学上将会以迂回曲折的方式、在不同程度上走向与马克思主义哲学接近的道路。因此,我们在一定意义上可以说,21 世纪哲学发展的道路,将是自觉地,或者不自觉地通向与现实生活和实践紧密相联的道路,而这正是马克思为哲学所开辟的道路。

(原载《天津社会科学》1999 年第 6 期,《新华文摘》2000 年第 3 期转载)

当代哲学走向：马克思主义还是后现代主义

在《当代哲学走向：马克思主义与现代西方哲学的比较研究》中，我对为什么以及怎样重新认识马克思主义哲学和现代西方哲学、二者的产生在哲学发展史上的意义、二者之间的关系及各自的发展状况和前途等问题提出了一些看法。此处拟就这一主题作进一步探讨。

一、当代哲学走向问题的意义及其全球化背景

哲学的走向问题可以有不同层次的意义：既可以是指局部的、短期性的变化，也可以是指整体的、长远性的变化；既可以是指一般性的发展，也可以是指根本性的变革。在根本性的变革中有时只是指根本对立的哲学立场之间的转变，有时则是指哲学思维方式的转型。后者涉及一个时代哲学研究的问题的性质、范围、方法和目标，只有这样的变革才具有划时代的意义。例如，通过认识论的转向所实现的变革形成了横跨几个世纪的近代哲学思维方式，而以马克思在哲学上所实现的革命为最高表现的哲学变革则意味着现代哲学思维方式的形成。在同一种哲学思维方式下，可以有不同，甚至相反的哲学立场。例如，在近代哲学中，有着唯物主义和唯心主义、经验论和唯理论等等派别的对立，它们之间往往存在着激烈的争论。但是这些不同的哲学派别在以主客分立（也就是所谓主体性原则的确立）为前提、以主体所固有的理性为手段、以研究认识论问题为中心、以建立关于整个世界的体系为目标上却有着重要的共同之处。马克

思在哲学上的变革之所以具有划时代的意义,就在于他全面彻底地超越了近代哲学思维方式,建立了以强调社会化的人的现实生活和实践(这正是马克思的唯物史观的出发点和核心)为特征的现代哲学思维方式。由于西方现代各派哲学各以不同方式在特定方面超越了近代哲学,因而它们在一定程度上也转向了现代哲学思维方式,并因此与马克思主义哲学有某些共同之处。因此在讨论当代哲学走向问题时,我们应当注意分清它在不同层次下的不同意义,特别重要的是要弄清楚马克思主义哲学和西方现代哲学的发展现在是否已到了要实现哲学思维方式转型的时候。

当代哲学走向问题近些年来之所以成为中外哲学界关注的热点问题之一,至少有两个重要原因。

一是无论是西方哲学还是马克思主义哲学,在当代的发展中都遇到了严重挑战,人们由此想到它们的进一步发展是否需要有新的方向性转换。这可以说是最主要的原因。上一篇文章中对此已较多论及。

二是现在正处于世纪之交,科学技术正在发生一系列新的革命性变革,特别是经济全球化浪潮比以往任何时候都进行得更为强烈,其范围还涉及经济和科学技术、政治和文化等众多领域。事实上全球化问题近些年来已成了中外学界普遍关注的热点问题。各国社会制度、经济发展状况以及历史和文化传统等虽可能有很大差异,但又同处于一个在这些方面都密切联系的时代,都难以脱离整个世界发展的潮流。各个世纪之交本来只具有纪年意义,并不意味着在哲学以及与之相关的上述这些方面都会发生划时代意义的剧变。然而当前的全球化浪潮使人们想到,这次世纪之交是否可能不同凡响,是否会导致哲学上发生划时代意义的新的转型。人们也正由此而致力于总结以往世纪哲学发展的经验教训,展望未来世纪哲学发展的可能方向。

马克思指出:"任何真正的哲学都是自己时代精神的精华"[1]。在估计当代哲学的发展是否会发生根本性的思维方式转型、进入到一个与马克思主义哲

---

[1]《马克思恩格斯全集》第 1 卷,人民出版社 1960 年版,第 121 页。

学产生的时代有本质区别的新的历史时代时,当然需要从不同方面和层次进行分析。其中也包括要认识全球化浪潮是否会从根本上改变我们的时代的性质。

中外学界对全球化概念并无统一的解释。就其实现程度说,既可以指一种趋势,又可以说是正在实现的过程或已有的结局。应用领域不同和应用人立场不同都会有不同意义。它在政治上既可以是指超级大国在全球强制推行霸权主义,也可以是指与之相反的全球范围内的多极化趋势;在经济上既可以是指全球范围经济联系和合作的加强,生产要素的优化配置,也可以是指发达国家通过跨国公司等实现的对其他国家的控制;有的人把全球化与世界主义、世界一体化相提并论,有的人则将其理想化为世界大同,互联网的发展则被当作科学技术领域全球化的标志。但总的说来全球化现象是市场经济发展的产物。正是市场经济使商品的生产和消费越来越世界化,而这又必然导致政治、思想文化等各个方面世界化。

尽管许多人把20世纪80年代罗马俱乐部提出"全球问题"的报告当作全球化理论提出的标志,实际上马克思和恩格斯早在一百多年前在《德意志意识形态》中,特别是在《共产党宣言》中都就已有明确论述。他们指出,正是商品经济造成了资产阶级,而资产阶级"由于开拓了世界市场,使一切国家的生产和消费都成为世界性的了"[1]。资产阶级在经济上造成的世界化导致在政治上也造成以他们为中心的世界化,"它使未开化和半开化的国家从属于文明的国家,……使东方从属于西方"[2]。与资产阶级实现以其为中心的世界化同时,作为其对立面的各国的无产者不仅形成为一支独立的政治力量,而且也变成世界性的了,成为了"世界历史性的存在"。作为《共产党宣言》结语的"全世界无产者,联合起来"正是无产阶级的国际主义意义上的世界化的集中表现。总之,全球化不仅是一个多义概念,而且从经济、政治等各个方面说都是一个具有不同倾向性(实质上也就是阶级性)的概念,而这些不同意义又存在于同一过程之中,是出于从不同角度和立场来看待这一过程。

---

[1]《马克思恩格斯选集》第1卷,人民出版社1995年版,第276页。
[2] 同上书,第277页。

从《共产党宣言》发表的一百多年来，由于市场经济体制在世界范围的极大扩展，全球化现象无论在深度和广度上也都有重大变化。不仅西方资本主义各国形成了统一的世界市场，包括中国在内的社会主义国家也越来越融入世界市场。在经济越来越全球化的基础上，其他各个领域的全球化过程也越来越迅猛进行。马克思主义者对于这一百多年来社会历史等各个方面的深刻变化当然必须有充分的认识，在分析社会历史和哲学等思想文化上的各种变革时必须有"世界历史"的眼光、即全球化的发展过程的眼光。然而这些变化的基本趋势仍然是马克思和恩格斯在《宣言》中所指出的世界历史的发展趋势，那就是冲破私人资本垄断的狭隘桎梏，导致共产主义。一百多年来世界历史的变化没有改变、而是证实了这种趋势。换言之，当前世界历史的发展仍处于《宣言》所揭示的趋势中。既然如此，作为历史发展趋势，即时代精神的体现的哲学也就不可能发生根本性的哲学思维方式转换意义的变革，由马克思所开辟的哲学发展的道路仍然是当代哲学发展的唯一正确道路。

这当然并不意味着当前强劲的全球化浪潮对哲学发展没有产生深刻影响、更不意味着从哲学上研究这一浪潮没有重要意义。最能既对"世界历史性"、"全球化"进程的不同意义和倾向性作出明确区分、又能对它们作出整体分析的是哲学。哲学总是处于同时代的经济、政治、科学技术以及各种思想文化形态的基础之上，或者说立于它们之巅。如果失去这样的基础，就必然倾覆。但也正因为哲学立于它们之巅，它能比它们本身更清楚地发现它们在运行中出现的各种偏向，为其指出前进道路。换言之，探索和确定一种具有全球性意义的哲学发展的正确方向必须立足于对这种哲学所处时代的经济、政治、思想文化和科学技术等各个方面的深刻而全面的认识，而一旦具有这种方向的哲学建立起来，就能够反过来指示出经济、政治等等各个方面的发展的正确方向。在这方面，从马克思到邓小平等无产阶级革命家为我们作出了光辉的榜样。他们从来不把自己的哲学理论当作教条，而总是既牢固地把握住社会和时代发展的大方向，又关注和研究在各种具体环境下的各种现实问题，因而能从哲学上把握住时代精神的脉搏，为经济、政治和思想文化等各个具体领域的发展指出正确的方向,使他们所领导的各项具体事业能取得胜利。

正因为如此,在探索和讨论当代哲学走向这样牵涉广泛的问题时,马克思主义者必须充分关注包括全球化浪潮在内的当代世界政治经济思想文化等各个方面显示出的新问题,新情况,从中更加深刻地领悟时代精神的精华所在,使我们的哲学研究更加能体现时代精神的要求。这样我们就会发觉,西方现当代哲学之陷入困境在一定意义上正是由于它们偏离了时代精神,而许多西方哲学家在全球化现象加剧等情况下高度重视当代哲学走向问题的研究也正是企图克服他们的哲学的困境。我们既要从他们的成败得失中吸取经验教训,又要看到他们在这方面与马克思主义哲学的原则区别,从比较研究中更为全面和深刻地认识马克思主义哲学的当代意义。

二、当代西方哲学的困境与后现代主义

全面和深刻地认识现当代西方哲学的发展动向需要从不同方面和层次对之加以研究。由于所谓后现代主义曾被一些西方哲学家当作摆脱当代西方哲学的困境的重要途径,甚至体现了在全球化条件下当代哲学发展方向,因此对其实际所是及其在西方哲学发展中的地位更需要有较为恰当的了解。我对后现代主义等问题的看法已在其他地方较多地谈到过[1],这里仅简单提及。

后现代主义一词的出现和被应用是 20 世纪中期以后的事。它最初仅被用来指称一种以背离和批判某些古典,特别是现代设计风格为特征的建筑学倾向,后来被移用于指称文学艺术、社会学、政治学甚至自然科学等诸多领域中具有类似反传统倾向的思潮。在哲学领域中,一些具有反传统哲学倾向的流派,特别是那些以反对和超越心物二元论、基础主义、本质主义、理性主义和道德理想主义、主体主义和人类中心论、一元论和决定论、唯一性和确定性、简单性和绝对性等为特征的哲学流派,也大都被归属于后现代主义哲学。例如,以伽达

[1] 参见《后现代主义与西方哲学的现当代走向》、《新编现代西方哲学》第 20 章"当代西方哲学的发展趋势与后现代主义"。

默尔为代表的哲学解释学,以福柯、德里达等为代表的后结构主义以及以蒯因、罗蒂等人为代表的新实用主义,由于都具有上述特征而被认为是 20 世纪 60 年代以来出现的当代后现代主义哲学的主要形态。还有一些哲学家虽然在哲学流派的归属上并不确定(例如以研究人类文化称著的法国哲学家利奥塔),但也被认为是活跃的后现代主义者。这些哲学流派或哲学家之间往往存在着重要区别,许多西方哲学家因此肯定后现代主义哲学的多样性,甚至提出有多少后现代主义者就有多少种后现代主义。然而西方哲学家在谈论后现代主义时,又基本上离不开上述那些特征。

是否可以把具有上述特征的哲学归属于后现代主义以及后现代主义是否都具有上述特征,这些都并不特别重要。现代西方哲学中哲学派别和思潮的划分以及各派究竟具有哪些特征,都很少具有严格的确定性。后现代主义哲学之所以引起我们关注,主要在于一些西方哲学家把它看作是一种与现代西方哲学根本不同的哲学、甚至构成了西方哲学发展上一个新阶段;而当它传入中国后,这种说法更为一些人所轻信,由此引起了种种思想混乱。这首先与后现代主义这个名词本身的意义的含混相关。

后现代主义的英文原词为 postmodernism,其词根为 modern,后者就其表示时代的含义说通常泛指西方资本主义市场经济体制的形成以来迄今的整个时代,是相对于 ancient(古代)和 medieval(中世纪)而言的。在汉语中有时译为现代,有时译为近代。例如 modernization 通译为现代化,极少有人译为近代化。但 modern philosophy 大都称为近代哲学,且特指从笛卡尔到黑格尔时代的哲学。至于黑格尔以后迄今的哲学,既可以仍作为 modern philosophy 的组成部分,也可以另称为 contemporary philosophy,但在汉语中,大都称为现代哲学,很少有人称之为近代哲学。中西方哲学家由此容易对 postmodernism 一词产生歧义。西方学者中只有极少数标新立异、自以为实现了哲学上的"伟大变革"的人把后现代主义哲学仅仅看作 20 世纪中期以来才出现的新思潮,大多数人则把后现代主义看作是对近代哲学意义上的 modern philosophy 的批判和反思,也可以说是整个 modern philosophy 后期的哲学或近代哲学之后的哲学。

几种说法的所指大体相仿。因此，从哲学上说，把 postmodernism 译为后近代主义较之后现代主义也许能较少地引起误会。不过既然 postmodernism 译为后现代主义几乎已是约定俗成了，我们也没有必要去改动它，但我们在西方学者的论著中看到对后现代主义的谈论时，最好注意其前后文、确定他们究竟是在何种意义上使用这个词的，避免错将旧论当新闻。

不过，出现这种错将旧论当新闻的情况，更重要的原因是不少人对于西方哲学在近现代以及现当代的变革的历史过程缺乏较为充分的了解。最早将西方后现代主义引入中国的多为文学界人士。他们对西方文艺领域中后现代主义对现代主义的批判也许很是了解，但对于它们的哲学背景未见得很熟悉。其实从哲学上来说，20 世纪中期以来一些西方哲学家提出的被当作后现代主义的理论，其基本观点是尼采以来许多西方现代哲学家早就提出过的，或者说他们的思想倾向是现代西方哲学发展中的较有普遍性的倾向。事实上，一些西方学者也认为后现代主义只是一种要求超越"现代性"的倾向，超越了特定的时间和学派的界限，可以把不同时期具有这种倾向的哲学理论都归入其内。除后结构主义、哲学解释学、新实用主义等哲学流派外，还包括海德格尔、哈贝马斯、弗洛伊德、马尔库塞、阿多诺、维特根斯坦、奥斯汀、戴维森、波普、库恩、拉卡托斯、费耶阿本德等人的理论，尼采、狄尔泰等一些 19 世纪思想家则被认为是后现代哲学的重要先驱。总之，19 世纪中期以来具有反传统哲学（特别是反笛卡尔和康德以来的近代哲学）特征的主要哲学流派大都被归属于后现代主义之列（有的人甚至将其思想渊源追溯到帕斯卡尔、维柯和卢梭）。这样理解的后现代主义哲学实质上就是指超越了近代哲学视野的一种具有较普遍意义的哲学思维方式，可以称之为现代哲学思维方式。

总之，无论从英语等西语中后现代主义一词的本来意义来说还是从当代后现代主义者的理论与实现了西方哲学近现代转型的那些著名哲学家的理论的比较来说，都不能证明后现代主义在西方哲学史上是不同于，或者说超越了现代西方哲学的另一个发展阶段。

这当然不是说一百多年来的西方哲学没有发展，也不是说近几十年来西方哲学家在后现代主义等名目下提出的种种理论只是简单重复其前辈哲学家。他们与之相比至少有如下几点区别。第一,他们大都指责前辈哲学家对传统形而上学的批判不彻底、在批判基础主义时往往又陷入另一种形式的基础主义,而他们力图克服这种不彻底性。例如罗蒂、德里达等人都明确地承认自己在继续尼采以来的许多重要哲学家的工作,但又要求克服他们的不彻底性。德里达就说正因为他受惠于海德格尔,他才要"在海德格尔的著作中寻找其属于形而上学或他所谓的存在——神学印记。"[1],以便最终摆脱形而上学思维方式。第二,他们进一步发挥了某些现代西方哲学家的反主体性和人类中心论倾向,但不同意后者仍然把人作为一种具有实在性的主体,而要求像消解其他实体性的存在那样消解人的存在,以此使人不受任何外在的或内在的制约,而只领略当下的、现实的生活。第三,他们对现代西方哲学中的非理性主义做了改造,不仅要超越理性主义,也要超越非理性主义。在他们那里,一切都成了变动不居的、非决定的、不可比较、不可公度的东西。人的认识成了一种相对主义、无政府主义式的自由嬉戏。第四,当代后现代主义者把对传统和现代西方哲学的超越发展成了对哲学本身的超越,消解了哲学的本来意义,使哲学变成某种非哲学的东西。最值得注意的是他们把哲学和诗融合起来。德里达提出哲学与诗同源,认为从事哲学就是从事诗的创作。也正是在这种意义上他把哲学当作隐喻之学。

对于当代后现代主义对现代西方哲学的种种超越,无疑都应当分别作出具体研究。但总的说来,这些超越或者是对前辈哲学家的观点的发挥,使之更为彻底(例如对基础主义的批判);或者将其引向极端(例如极端相对主义)。这就是说,当代后现代主义哲学家所进行的种种批判和变革不管怎样激烈和奇特,都是在现代西方哲学思维模式这个总的框架内进行的。因此不管从肯定或否定方面说,都不能认为他们实现了对现代西方哲学的根本性超越或新的方向性转换,而只能把它们当作整个现代西方哲学发展中出现的一种引人注目的动

---

[1] 德里达:《立场》,芝加哥大学出版社 1981 年版,第 9—10 页。

向。一些当代后现代主义哲学家的确在一定程度上察觉了并试图克服现当代西方哲学发展中存在的一些问题及所处的某些困境，但他们并没有，也不可能达到预期的目标，他们没有，也不可能为当代西方哲学的发展找出正确的道路。

当代后现代主义的上述局限性并不意味着对它的研究不重要。它的出现至少具有如下几点意义。第一，它对近代等西方传统哲学的批判虽有片面性和极端性，但毕竟揭示了后者的许多缺陷和矛盾，由此可以看到西方哲学由近代向现代的转向作为基本哲学思维模式变换的必然性和进步性。第二，它对西方现代哲学的批判和超越虽然同样有很大局限性，但毕竟同样暴露了后者的种种矛盾以及所陷入的困境。这意味着现代西方哲学所体现的现代哲学思维方式有严重缺陷，必需加以批判和超越。第三，它虽然在基本哲学思维模式上没有超越现代西方哲学，从而未能体现当代哲学的现实走向，但毕竟为研究当代哲学的走向提供了某些值得思索的设想。第四，它在批判近现代哲学时把马克思主义哲学也列入其内。这固然可以说是对马克思主义哲学的攻击，但也许更应看作是对被僵化和教条化的马克思主义哲学的种种弊端的揭露，这有助于我们思考如何重新认识和恢复马克思主义哲学作为现代哲学的本来意义，认识它如何既超越近代西方哲学也超越现代西方哲学。

三、马克思主义哲学发展中的曲折及其经验教训

研究当代哲学走向问题既涉及对现代西方哲学，特别是后现代主义哲学的重新评价，也涉及对马克思主义哲学的重新认识。二者又是密切相关的。我个人一直主张把对这两种哲学的研究结合起来：既在马克思实现了哲学上的伟大革命的背景下来重新认识和评价西方哲学近现代之间的变革，又在西方哲学变革这个大背景下重新认识以之为理论来源的马克思在哲学上的变革的意义。我由此对二者都有了一些新的想法，这在我近几年的一些论著中都有所体现[1]。这

---

[1]　参见本书《西方哲学的近现代转型与马克思主义哲学和当代中国哲学的发展道路》；另见《新编现代西方哲学》绪论。

里想补充的是:马克思主义哲学在其发展历程中之出现过一些曲折,重要原因之一在于人们有时往往按照为马克思所批判和超越了的近代哲学思维方式来理解和解释马克思主义哲学,从而偏离了其实际所是、扭曲了其本来意义。

在马克思主义哲学的发展过程中出现的挫折中,最严重的从国际上说是20世纪80、90年代之交发生的苏东剧变,从中国国内说是60—70年代发生的"文化大革命"。前者公开从右的方面攻击和抛弃马克思主义,使苏联和东欧的一些社会主义国家倒退到了资本主义;后者以极"左"曲解马克思主义,使中国的社会主义事业陷于动乱。二者在外表上有右和极"左"之别,但都背离了马克思主义;从哲学根源说都背离了马克思在哲学上的革命变革的本来意义。马克思的变革的根本内容是批判和超越了以体系哲学为特征的近代哲学思维方式,建立了以强调人的现实生活和实践为特征的现代哲学思维方式;然而上述两种背离都是使马克思主义哲学又倒退到近代哲学思维方式上去,即使之近代化。

马克思主义发展中的上述挫折在一定意义上正是哲学上这种倒退的产物。因为马克思主义之能成为革命无产阶级的精神武器,正在于它破除了旧的(近代)哲学思维方式,建立了新的(现代)哲学思维方式。谁如果打着马克思哲学的旗号,却仍然用近代哲学思维方式来理解和应用它,那不管他出自什么动机,都会使它失去它本来具有的强大生命力和战斗力。

这样说并不是全盘否定近代哲学。笛卡尔等近代西方哲学家高举理性主义的旗帜以不同方式对宗教神学及作为其"婢女"的经院哲学发起批判,他们明确地区分主客心物使哲学基本问题凸显,并由此实现了西方哲学发展中的认识论转向,这大大地促进了唯物主义反对唯心主义、科学反对宗教的斗争,也为近代自然科学的发展开辟了道路。主客之明确区分开来也确立了主体的独立地位,这为资本主义商品经济(市场经济)体制的确立创造了必要前提,促进了西方各国现代化的实现。对于正处于实现现代化过程的中国来说,近代西方哲学的许多原则更是值得研究和借鉴。

但是,近代西方哲学在它后来的发展中越来越片面化了,这突出地表现在把理性绝对化上,对理性的颂扬变成了对理性的迷信。哲学家们(无论是持唯物论还是唯心论、经验论还是唯理论立场)纷纷用理性构建起无所不包(涉及自然、社会到人等宇宙间的一切)的哲学体系,这种理性化的体系哲学成了具有独断地位的形而上学。科学必须服从作为理性化体系哲学的形而上学的要求;国家、社会等等都是理性观念的体现,它们的合理性都只能由理性形而上学来判决;人是理性的动物,人的一切只能由人的自然理性来说明,人的自由和个性必须受理性形而上学来制约。这种体系哲学越是严密完整,就越是严重阻碍了科学的进一步发展、社会变革的实施以及人的自由和个性的发挥。这样本来起过进步作用的近代理性哲学越来越脱离了人与自然和社会的现实关系,越来越与人本身的发展发生冲突。19 世纪以来自然科学一系列重大发现对这种企图居于科学之上的体系哲学产生了强大的冲击,19 世纪 30 年代出现的经济危机使早已隐藏着的理性社会(资本主义社会)的矛盾开始显露,随着社会矛盾和经济危机的激化而起的无产阶级对这个理性社会的反抗运动的加剧更使以往被认为不可动摇的理性权威受到了动摇。这一切都意味着近代体系哲学已在很大程度上失去了其历史必然性,必然被新的哲学思维方式所取代。

马克思之所以在哲学上实现具有划时代意义的伟大革命变革,正在于他深刻地察觉到了近代哲学作为体系哲学的根本缺陷是脱离了人的现实生活和实践,从而针锋相对地提出了一种把人的现实生活和实践作为出发点和根本特征的哲学来取代它。他的《关于费尔巴哈的提纲》的核心思想正是强调实践的观点在哲学研究中的决定性意义。因为"全部社会生活在本质上是实践的。凡是把理论引向神秘主义的神秘东西,都能在人的实践中以及对这个实践的理解中得到合理的解决。"[1]这种实践不是人作为孤立的个体的活动或作为体现人的自然共性的人的"类"的活动,而是社会化了的人的活动。因为"人的本质不是单个人所固有的抽象物。在其现实性上,它是一切社会关系的总和。"因此马克思的哲学是一种以社会化了的人的现实生活为基础的实践哲学,也就是他后来作了进一步发挥的唯物史观。唯物史观当然是唯物主义,但这不是近代哲学中

---

[1]《马克思恩格斯选集》第 1 卷,人民出版社 1995 年版,第 56 页。

那种立足于自在的自然的直观的唯物主义,而是"把感性理解为实践活动的唯物主义"[1],也就是立足于人的实践性和历史性的唯物主义。

马克思哲学的根本目标是为无产阶级改造世界服务,因此它不把理论当作教条,而当作行动的指南;它不刻守任何背离现实生活和实践的抽象原则,而是把它的原则与现实生活和实践紧密联系起来,既用来指导现实生活和实践,又在现实生活和实践中受到检验。马克思竭力反对并力图超越任何封闭、僵固的哲学体系,自然也避免构建易于变得封闭和僵固的那种严密完整的哲学体系,而坚持采取一种能动地面向现实生活和实践、面向未来的开放的思维方式。他和恩格斯对德意志意识形态的批判就其直接意义说是对费尔巴哈、鲍威尔等人的形而上学的批判,但就其实质说也是对全部传统形而上学,特别是笛卡尔以来近代理性派形而上学的批判,而后者的突出特征就是脱离现实生活和实践来建构关于整个世界的无所不包的哲学体系。

马克思主义哲学的发展道路是不平坦的,除了受到西方哲学家的攻击外,在马克思主义内部也存在对它的种种扭曲,不过出自不同动机。其中有的人是忠诚的,甚至是杰出的马克思主义者,他们对马克思理论的曲解往往出于误解;有的人只是打着马克思主义旗号,不是真正的马克思主义者,他们之曲解马克思往往具有反马克思主义的目的。但是从哲学理论根源来说,他们都是自觉或不自觉地按照近代哲学思维方式来理解和解释马克思的理论,或者说用近代体系哲学来混淆马克思的实践哲学。

上述扭曲情况在第二国际理论家和普列汉诺夫那里就有表现。在斯大林时代的苏联,这种把马克思哲学近代化、体系哲学化的倾向有了更大发展。斯大林在《联共(布)党史简明教程》(1938)第 4 章第 2 节中对马克思主义哲学所作的概括长期以来被认为具有权威性。尽管其中许多内容是马克思主义的,却又使整个马克思主义哲学具有明显的封闭性和独断性,从哲学思维方式来说它更接近西方近代哲学,或者说它在一定意义上倒退到了脱离现实生活的体系哲

---

[1]《马克思恩格斯选集》第 1 卷,人民出版社 1995 年版,第 56 页。

学。尽管包括斯大林在内的俄国马克思主义者通过十月革命以及后来的社会主义建设的现实斗争在许多方面丰富和发展了马克思主义哲学，而后者也促进了他们在现实斗争中取得胜利；然而对作为指导思想的马克思主义哲学的近代化使他们在各个方面都出现了与现实生活和实践严重背离的僵化和教条化的倾向，也都导致了严重的消极后果。这在经济领域表现得特别突出。

尽管社会主义制度曾经促使苏联的经济取得飞速发展，从一个相对落后的国家一度变成了在某些方面可以与美国相匹敌的超级大国。然而越来越僵化和教条化的计划经济体制严重地违背了经济发展的规律，国民经济各部门的发展严重失调，也未能融入统一的世界市场，致使经济发展在一些重要方面越来越停滞不前。在这种情况下斯大林却提出要以产品交换来取代商品交换[1]，他的一些后继者甚至进一步宣布要在短期内建成共产主义。这种严重脱离实际的倾向使苏联经济在与西方资本主义国家的"和平竞赛"中越来越处于下风，最后遭到失败。

在包括哲学在内的意识形态领域，尽管苏联的马克思主义者在很长时期内力图用马克思主义来批判各种西方现当代哲学思潮，但正由于把马克思主义哲学近代化，他们的批判同样往往脱离了其实际所是。以致所批判的在某些情况下可能正是应当吸取的合理因素，而对应当加以批判或超越的东西却往往视而不见。这样的批判同样只能产生败坏马克思主义哲学的声誉的后果。

总之，马克思主义者如果脱离了马克思主义的实际所是，如果从马克思的以现实的人的社会生活和实践为出发点的哲学又倒退到近代哲学思维方式上去，结果只能是严重背离和损害马克思主义。苏联一些领导人公开背离和反对马克思主义的"新思维"等极右理论之所以能成为时髦，他们公开解散共产党和废弃社会主义的极右的背叛行为之所以能得逞，并非由于他们个人有多大号召力，而是由于长期以来对马克思主义的本来意义的背离使马克思主义在很大程度上失去了广大人民群众的信任。对一切真正忠诚于马克思主义的人来说，这

---

[1] 参见他的《苏联社会主义经济问题》。

是一个应当认真总结的深刻的教训。

这种以近代哲学思维方式来理解和解释马克思主义哲学的倾向在中国同样存在。中共党史上多次反对右和"左"的斗争从哲学理论上说就是反对放弃和扭曲马克思主义根本原则、特别是其实践性的斗争。因为"机会主义和冒险主义,都是以主观和客观相分裂,以认识和实践相脱离为特征的"[1]。由于"左"的教条主义打着维护马克思主义的招牌,其欺骗性和危害性更大。甚至像毛泽东这样伟大的马克思主义者有时也未能幸免受其影响。

毛泽东在领导中国革命的实践活动中所写的许多论著都极大地丰富和发展了马克思主义辩证法,在将马克思主义的普遍原理与中国革命的具体实践相结合上做出了杰出的贡献。他为反对以教条主义为主的机会主义在党内的影响而写的《实践论》、《矛盾论》等论著更是以立足于现实生活和实践来反对"体系哲学"的光辉典范。然而毛泽东晚年由于过分强调不断革命而在一定程度上脱离了中国的现实条件。这在哲学等理论上也明显地表现出来。他在1953年斯大林逝世时发表的《最伟大的友谊》纪念文章中把《联共(布)党史简明教程》当作最有权威性的马克思主义经典著作,其中的第4章第2节《辩证唯物主义与历史唯物主义》由此更被看作是对马克思主义哲学的最有权威性的概括。中国的马克思主义哲学研究本来已受斯大林时代苏联模式的影响。经过毛泽东的肯定和提倡,更进一步促使这种模式成了中国马克思主义哲学的"法定"模式。

这种对马克思哲学的实际所是的偏离在中国的政治、思想文化和经济领域都产生过严重的消极后果。毛泽东在政治上之过分强调以阶级斗争为纲与他后期在哲学上把唯物唯心的斗争绝对化和简单化的倾向有着密切联系。50年代中期由他直接领导的对实用主义的批判就突出地表现了这一点。从克服和肃清学术领域内的资产阶级影响、确立和巩固马克思主义的领导地位来说,这场批判有其必要性,也取得了重大成果。然而批判中把实用主义简单地归结为唯心主义和形而上学、把马克思主义和实用主义的对立绝对化却偏离了这两种

[1]《毛泽东选集》第1卷,人民出版社1991年版,第295页。

哲学的实际所是，由此也造成了不少消极后果。关于这一点我在其他一些地方已有较多论述[1]，这里只补充一点：对实用主义的批判之出现偏向，主要理论根源仍然是忽视了现代哲学和近代哲学的根本区别，特别是忽视了马克思在哲学上的革命变革的根本意义。

对"文革"造成的动乱，经历过的人大都刻骨铭心。然而"文革"正是由毛泽东这样的革命导师亲自发动并领导的，是在批判资产阶级和修正主义反动路线、坚持和发展马克思主义的名义下进行的。林彪、"四人帮"等无疑是这场动乱的罪人。然而他们之所以能猖獗一时，也正因为他们打的是马克思主义的旗号，喊的是马克思主义的口号。这使千千万万对马克思主义有崇高信念，但对之又无深刻了解的人一度跟随其后，汇成了一股几乎势不可挡的狂潮。这里关键的问题是：林彪、"四人帮"等人对马克思主义作了肆无忌惮的篡改。他们搞的语录战、个人迷信等都是把马克思主义的原理，甚至词句绝对化、僵化和教条化的极端表现，他们不仅将马克思主义扭曲倒退到了近代哲学的地步，甚至也扭曲倒退到了欧洲中世纪和中国封建专制主义的地步。而他们之所以能得以做出这样的扭曲，是因为背离马克思主义的实际所是的"左"的思潮早已存在，并有深刻的影响，他们正是在此基础上将其发展到极端。

中国的"文革"使马克思主义在中国的发展受到了很大的挫折，80—90年代之交的苏东剧变则更使马克思主义在世界范围遭到了更严重的挫折。马克思主义者应当承认这些挫折，并学会从中吸取经验教训。但进一步的思考使我们不难发觉，这并非马克思主义本身的失败，而是人们用近代西方哲学来扭曲马克思主义哲学所导致的失败。

四、当代哲学走向：马克思主义还是后现代主义

从全球化的观点来观察当代哲学的发展可以发觉，无论现当代西方哲学还

---

[1] 参见本书《重新评价实用主义》；另见《实用主义研究的六十年轮回》，载杨文极：《实用主义新论》序；《重新认识杜威的实用主义》，《探索与争鸣》1996年第8期。

是马克思主义哲学都有各自的问题,都遇到了新的挑战或受到过某些挫折;在迈向 21 世纪的过程中,它们各自都需要总结既往发展的经验教训,探索新的发展方向。那么它们究竟是否会发生根本性的、或者说哲学思维方式转型意义上的变革呢? 这是我们通过上面的讨论应当进一步思考的问题。

对于现当代西方哲学的处境,现在很少再有人用穷途末路等词汇来形容了。但它们存在矛盾和危机、处于某种困境之中,则是西方哲学家都肯定的事实。在众多现当代西方哲学流派中几乎没有一个流派能得到公认,也没有一种哲学理论不受到批驳。当代后现代主义思潮的出现曾使一些人受到鼓舞,仿佛它为西方哲学的发展找到了新的方向。然而正如我们上面谈到的,尽管它的确适应了对西方哲学发展进行新的反思和变革的需要,一些当代后现代主义哲学家也以开辟哲学的新方向为己任,但他们的哲学大体上只是对尼采以来的西方现代哲学的一些基本观点的重述,有的虽有所发挥,也并未越出现代西方哲学的基本思维框架,甚至使后者的某些本来就存在的矛盾和片面性更加极端化。因此尽管后现代主义在西方哲学界曾轰动一时,但好景不长。一些西方哲学家在"后后现代主义"(post-postmodernism,after-postmodernism)等各种名目下早已开始对之加以批判,企图为西方哲学的发展另外寻找较健全的道路,但他们大都仍是回到当代后现代主义之前的那些现代西方哲学家的原有立场上去,例如主张"重写"(利奥塔)或"重振"(哈贝马斯)"现代性",当然谈不到已为西方哲学的发展找到了新的道路。这种状况表明:无论是当代后现代主义者还是他们的批判者都没有为西方哲学发展找到一条具有思维方式转型意义的发展道路。

在全球化倾向加剧的条件下西方哲学今后应当怎样走? 目前在西方哲学家中众说纷纭。最值得注意的是包括当代后现代主义者在内的许多西方哲学家纷纷把他们对近代哲学的一些根本观念的批判与马克思的名字联系起来,有的人甚至把马克思哲学当作从现代通向后现代的必经之路。他们由此与原有的西方马克思主义一道汇成了一股通向马克思的强大潮流。萨特等人早就提出过的马克思的哲学是当代唯一不可逾越的哲学的论断现在已经为越来越多的西方思想家所接受。就在 1999 年,马克思居然被西方媒体评列千年伟人之首。这在一定意义上意味着不是个别人，而是相当多的人肯定了马克思开辟的哲学道路是当代哲学发展的正确道路。

众多的西方哲学家确认马克思的哲学道路是当代哲学发展的唯一正确的道路，这当然值得马克思主义者为之高兴，甚至受到鼓舞。但对于当前盛行的这种涌向马克思的潮流我们也应冷静分析。关键问题在于他们是按照马克思的哲学的本来意义来解释马克思的哲学还是仅仅企图借用马克思的名字来宣扬后现代主义之类他们自己的理论。在历史上，打着马克思的旗号来曲解、甚至反对马克思本人的学说的情况实在太多了。我们不能在这方面再发生迷误。

对于马克思主义者来说，当然需要重新研究和认识西方近现代哲学的发展和变化的历史，从它们的成败得失中吸取经验教训，并注意它们的发展动向；但更为重要的是在整个西方近现代哲学转型的大背景下更为深刻、全面地认识马克思在哲学上的革命变革的伟大意义，从一百多年来世界的社会政治和思想文化领域的错综复杂的斗争的大背景下来重新认识对马克思哲学的"左"和右的扭曲及它们所造成的严重的后果，由此既能划清马克思主义哲学与各种西方哲学流派的界限，又能划清马克思哲学的本来意义与对它的"左"和右的扭曲形态的界限。在这方面，国际上的苏东剧变和国内的十年"文革"的教训值得进一步研究。我们应当从中吸取教训，更加坚定对马克思主义哲学的信念。

为了更好地认识和理解马克思哲学的本来意义，需要从不同方面作出努力。其中最重要的是要真正超越近代哲学视野，克服用马克思一再批判的近代哲学思维方式来理解和解释马克思的理论的倾向，真正做到把生活和实践的观点当作他的根本观点，不把他的理论当作教条而当作行动的指南。十年"文革"后关于实践是检验真理的标准的讨论之所以能起到扭转我国哲学研究方向的作用，就在于它正好符合马克思把实践的观点当作他的基本观点。邓小平建设中国特色社会主义理论之所以能指引我们各个方面都取得光辉的胜利，就在于他在新的条件下丰富和发展了马克思关于实践和现实生活的首要意义的学说。

总之，无论从一百多年来世界哲学发展的历史及当前的现实看，只有马克思所开辟的哲学发展方向才是当代哲学发展唯一正确方向，尽管全球化的趋势一百多年来发生了深刻变化,但从哲学上说,这并没有超越马克思哲学所体现的现代哲学思维方式的范围。由于邓小平理论在新的形势下丰富和发展了的马克思的学说,因而也将越来越具有世界意义。

(原载《学术月刊》2001年第4期,中国人民大学复印报刊资料《哲学原理》2001年第6期转载)

重谈马克思主义哲学与现代西方哲学的比较研究

——对把"比较研究"当作"相提并论"的回应

一、为什么要重谈

马克思主义哲学和现代西方哲学的比较研究曾是我国哲学界讨论得较多的论题之一。我曾较早参与,并在十多年前就提出:西方哲学由近代到现代的转化不能简单看作是由唯物主义转向唯心主义,而是哲学思维方式上一次重要的转型,标志着西方哲学发展到了一个新的阶段;在超越西方近代哲学的一些局限性上,西方哲学家进行的现代转型与马克思在哲学上的革命变革既有原则区别,又有重要的共同之处。我的这种见解正是基于对革命变革与现代转型的比较研究得出的。我在此之后发表的一些论著继续从不同角度讨论了这方面的问题。为了把对问题的探讨更加深化和具体化,近几年我主持了一个"哲学上的革命变革和现代转型"课题,将马克思主义哲学的形成与 19 世纪西方各国哲学的变迁结合起来研究,进一步论证和阐释了上述见解。

我的见解并非个人标新立异。改革开放以来哲学界众多专家,特别是重新研究过现代西方哲学的专家大都主张抛弃以往那种将马克思主义哲学与现代西方哲学绝对对立起来并对后者简单否定的态度,纷纷着手重新研究这两种处于同一时代的哲学的关系。我明确提出上述见解,无非是较为自觉地适应了我国哲学界的这种前进趋势。正因为如此,上述见解提出后在同行专家中引起了广泛共鸣。但这种见解与过去流行的观点毕竟差异很大,在某些方面甚至是对后者的否定,必然不为一些仍然在不同程度上坚持过去流行的观点的人士所赞同。尽管我至今没有看到过公开发表的批评文章,但从 90 年代中期我提出上述见解以来还是陆续听到过一些不同意见。近一年来就有一位年逾八旬的马克思主义哲学家多次给我写信表示异议。他告诉我他写过不少文章,因未能发表,便以写信的方式来发表意见。看得出他企图维护马克思主义,但所持观点实在太陈旧,严重脱离马克思主义和西方哲学在当代的发展,在学界难以受到关注(这大概也是他的文章未能发表的主要原因),我也就没有同他展开讨论。

但我在办理上述课题结项时由有关部门转来的一位专家对作为课题最终成果的书稿[1]的意见却使我感到必须作出回应。意见中突出的有两点:一是认为书稿将马克思在哲学上的革命变革和西方哲学的现代转型作比较研究意味着将二者相提并论;二是认为马克思在《资本论》第一卷第二版跋中那段关于资产阶级取得政权后其经济学家以利害代替是非作为判断标准的话就是马克思主义经典作家评价现代西方哲学的标准。这两点意见不仅与我不同,也与我国哲学界十多年来好不容易形成的共识大相殊异。如果这些意见被肯定,那改革开放以来我国哲学界在克服"左"的扭曲、坚持用发展着的马克思主义来研究和评价现代西方哲学上所取得的进步就会被否定。这种意见在具体研究过现代西方哲学的学者中不会有人赞成,但在不善于以发展的观点来理解马克思主义哲学、对现代西方哲学又不太了解的人士中还可能找到支持者。尽管上述意见没有发表,考虑到对其是非的辨析将影响到我国现代西方哲学研究的正确方向,因此我觉得还是应当将其提出来请学界共同讨论。我不知道,也不愿知道这位专家是谁,因此我的回应不是针对他个人,而只是针对他代表的这些意见,后者适应更多的人(例如上面提到的那位老人)。我将对上述两点分别作出回应,本文仅涉及第一点。

---

[1] 后来以《西方近现代过渡时期哲学:哲学上的革命变更与现代转型》为书名由人民出版社出版。

二、比较研究不等同于相提并论

将马克思在哲学上的革命变革和西方哲学的现代转型作比较研究在哲学研究中并不是一件新事。当马克思主义者用自己的立场、观点和方法来理解、分析和评价各种现代西方哲学时,实际上已是在以一定的方式对这两种哲学作比较。现代西方哲学家对马克思主义哲学的研究大体上也是如此。比较研究不仅适用于马克思主义哲学与现代西方哲学之间,也适用于其他各种不同哲学之间。东西方哲学之间、各个不同时代的哲学之间(包括马克思主义哲学的各种不同阶段之间)、同一种哲学内部的不同学派之间都可以,而且应当作比较研究。即使研究某一学派,甚至某一哲学家的哲学,也不能局限于其本身,而必须与其他哲学进行某种形式的比较研究。只有通过与有一定社会历史或思想理论联系的其他哲学的比较研究、揭示它们之间的同一和差异等种种关系,人们才能从历史和理论等广泛的背景下较为深刻地理解某一种哲学的意义,从而能够进一步对之作出较为具体和明确的评价。因此,比较研究可以说是哲学研究中一种普遍和必要的方式。它本身并不表示某种确定的哲学立场;抱着各种不同哲学立场的人都可以,而且必然以某种方式从事比较研究,对所研究的对象得出各有特色的结论,作出不同的评价。在这一点上抱不同学术观点的人似乎不应当有很大争议。反对将马克思主义哲学和现代西方哲学进行比较研究的人实际上无法否定比较研究本身,当他们反对作这种比较研究时自己就已以某种方式将这两种哲学作了比较。

相提并论一词也可以有不同意义。研究两种哲学的关系当然必须同时提及二者、将二者放在一起加以讨论,这也可以说是某种形式的"相提并论"。在探讨不同、哪怕是相互对立的理论的关系时,只要不把彼此有别的东西简单等同起来,抹杀它们之间的原则界限,上述形式的相提并论仍然是需要的,否则无法比较。在马克思在哲学上的革命变革和现代西方哲学的现代转型的关系的讨论中批评对方将二者相提并论,显然不是指这种意义,而是认为对方混淆了革命变革和现代转型的原则界限。这已涉及坚持还是背离马克思主义立场的大是大非问题了。如果比较研究必然会导致这样的结局，那当然是应当反对的。

然而比较研究作为一种研究方法本身并不预定有怎样的结局，究竟有何结局取决于怎样进行比较研究。就马克思在哲学上的革命变革和西方哲学的现代转型的比较研究来说，导致什么样的结论取决于是否能以发展着的马克思主义，特别是以马克思主义的求实的原则为指导来进行。如果放弃用马克思主义原则作指导，对这两种哲学作比较研究当然可能导致抹杀二者之间的原则区别，甚至将西方哲学的现代转型置于马克思的哲学变革之上；或者抹杀二者之间现实存在着的联系，将二者简单地对立起来。这都意味着扭曲二者之间的真实关系。如果能坚持马克思主义作指导，那不仅不会导致将二者相提并论的结局，反而因有对方作为参照系而能更好地揭示二者之间的真实关系，由此更好地突出马克思在哲学上的革命变革的伟大历史意义，特别是它在原则上既超越近代西方哲学，又超越现代西方哲学的意义。我在倡导并具体从事对马克思的哲学变革和西方哲学的现代转型进行比较研究时一直强调要用马克思主义来指导，在某专家参与评审的书稿中我们对此反复作了强调。

究竟怎样坚持马克思主义的原则呢？这当然有多方面的牵涉。其中最为重要的是揭示革命变革和现代转型的社会历史和思想理论背景，由此进一步揭示二者的实际所是，即它们的真实含义。说我们"将西方哲学转型与马克思在哲学中实现的革命变革相提并论"的专家并未指出我怎样相提并论，而只指出了"由此引申出的一系列见解有欠适当"。后者似乎是他所谓我将这两种哲学相提并论的表现。主要是我认为革命变革和现代转型具有某些共同的社会历史和思想理论背景以及向现实生活和实践的转向是这种革命变革的根本内容。我的确有相关见解，但它们都以尊重马克思主义的求实原则为前提，都与肯定并强调革命变革和现代转型之间存在原则区别相联系。撇开了这些前提和联系，就不再是我的见解，就会扭曲整个比较研究的意义。其实，我的见解过去都作过阐释，在作为上述课题最终成果的送审书稿中更作了明确的强调和发挥。

只要较为如实地对待这些阐释,似乎不应当有这样的扭曲。遗憾的是这位专家没有这样做。为了维护在马克思主义原则指导下对马克思主义哲学和现代西方哲学进行比较研究,并由此推动对这两种哲学的研究,我感到有必要对有关见解再次简单作出申述,看看它们究竟是否有欠适当,是否会导致将马克思主义哲学和现代西方哲学相提并论。

三、肯定共同的社会历史和思想理论背景是否会导致相提并论

肯定革命变革和现代转型具有共同的社会历史和思想理论背景是否就会把二者相提并论呢?这取决于人们究竟怎样看待和解释这种共同背景。

如果将共同背景绝对化,忽视革命变革和现代转型各自在社会历史和思想理论背景上的特殊性,由此抹杀二者之间的原则区别,那的确会将二者相提并论。

如果既肯定二者在社会历史和思想理论上存在共同背景,又强调它们在这种背景上的特殊性,并准确和深刻地揭示这种共同性和特殊性之间的联系,那不仅不会导致将二者相提并论,反而会因为这种比较研究而能更具体和深刻地揭示它们的联系和区别,从而不仅能更好地突出马克思在哲学上的革命变革的伟大意义,也能从现代西方哲学的是非成败中吸取经验教训,更好地促进马克思主义哲学研究的丰富和发展。只有通过与马克思主义哲学同时代、具有共同社会历史背景和思想理论背景的现代西方哲学的比较,马克思的哲学变革的伟大意义才能更好地凸显出来。二者如果不是处于同样的社会历史时代,不是都以西方传统哲学为主要理论来源,虽然也可以相互比较,但那并不能凸显出马克思主义哲学的优越性。例如,将马克思主义哲学与西方近代哲学和古代哲学或其他哲学作比较在一定程度上都可以显示出马克思主义哲学的意义,但这远远不及与处于同时代、具有某些共同背景的现代西方哲学作比较那样突出地显示马克思的哲学变革的伟大意义。

我在有关论著中都曾明确表示我从事马克思主义哲学和现代西方哲学的

比较研究的目的是更好地突出马克思主义哲学的伟大意义。我们在《新编现代西方哲学》和《马克思主义与西方哲学的现当代走向》[1]两书中在这方面就都有较多论述。如果上述评审专家没有看过我们的这些论著,至少应当看过他参与评审的我的上述书稿。这部书稿的《序言》、《绪论》对本书的主旨及我们关于这两种哲学的比较研究的基本观点都有概述。例如《序言》第一段中我就明确提到:"项目的主旨是将马克思在哲学上的革命变革与西方哲学的现代转型结合起来进行研究,通过分析这两种哲学的共同的和特殊的社会历史和理论背景来重新认识和理解它们作为同一时代哲学的共同之处和作为不同阶级意识形态的根本区别,由此更为准确和深刻地认识它们本身的真实意义以及彼此之间的真实关系。这种研究对促进我国马克思主义哲学和现代西方哲学研究应有积极作用,特别是促使我国现代西方哲学研究提高到与马克思主义哲学研究相结合的新阶段,有利于更好地为丰富和发展我国马克思主义哲学研究服务。"这段话的含义应当说是一清二楚的。这里似乎找不到抹杀这两种哲学的原则界限意义上的相提并论的影子。

如果专家评审本书稿时觉得《序言》中的这段话还不够清楚,他应当看看书稿的《绪论》,其中对于革命变革和现代转型的共同的社会历史和思想理论背景以及二者的共同之处和有着本质区别的独特意义的概述应当说是更为清楚了。为了检验我关于这两种哲学的比较研究的基本观点是否能为学界接受,我曾将《绪论》分为两篇文章先行发表[2],以便广泛征求意见。但至今为止我尚未收到对这两篇文章的不同意见。

如果评审专家觉得《绪论》中的论述尚不够具体系统,书稿第一篇《西方哲学由近代到现代的转向》的论述已经是相当具体了。在这一篇的前言中我就曾指出:"革命变革作为代表社会发展前进方向的无产阶级革命家在哲学上所实现的变革,与从根本上说是作为资产阶级意识形态的代言人的西方哲学家所实

---

[1] 分别于 2000 年和 2002 年由人民出版社出版。

[2] 即《对哲学上的革命变更和现代转型的认识》(《江海学刊》2003 年第 5 期,《新华文摘》2004 年第 2 期,《中国社会科学文摘》2004 年第 1 期转载)和《西方哲学的革命变更和现代转型》(《学术月刊》2003 年第 10 期)。

现的现代转型,无论从进行变革的出发点、目标、方法以及理论形态等方面说,都必然存在原则区别,应当按照它们各自的实际所是分别对之加以分析研究,不能将二者相提并论,也不能用对二者的比较研究来代替或削弱对二者本身的具体研究,更不能将二者加以混淆。但是,这两种哲学上的变革毕竟大体上是在同一历史时代实现的,二者有着大体一致的社会历史和科学文化背景,也都企图使西方哲学的发展摆脱原有的困境和危机,为其找到新的发展道路。因此二者之间又必然存在密切的联系,在某些方面必然存在重要的共同之处。忽视了二者之间的原则区别固然对二者都不能有如实的认识,看不到二者的共同之处同样无法正确认识二者的本真意义。"这一篇分成"革命变更与现代转型共同背景"、"马克思在哲学上的革命变革"、"西方哲学的现代转型概述"三章,从不同方面阐释了前言中的基本观点。专家说我在此将马克思在哲学上的革命变革和西方哲学的现代转型相提并论,这与我所表达的见解正好相反。

更使我不解的是,专家引出书稿第 70 页(第一篇第四章第一节)中的半句话,把这句话的后半句以及随后的说明和限定都略去,作为我"相提并论"的根据。

书稿第 70 页上的原文是:"马克思的哲学变革和西方哲学的现代转型具有某些共同的社会历史和思想理论背景,但这种共同的背景对二者又有着不同的意义。对于同一背景,不同的哲学倾向可以有不同的取向,由此呈现出各自的独特性。马克思主义哲学和现代西方哲学是两种在性质上有着原则区别的哲学。它们虽然具有共同的社会历史和思想文化背景,但它们与这种背景的具体联系必然具有重要区别。"我的这段话强调马克思的哲学变革和西方哲学的现代转型具有原则区别的含义是一清二楚的。马克思和恩格斯与同时代的西方哲学家都生活于同一西方社会中,都面对着同样的社会历史条件和思想文化背景,我肯定二者"具有某些共同的社会历史和思想理论背景",这是对客观事实应有的尊重。考虑到在共同背景下二者也必有差别,我在此将这种共同背景限定为"某些",以避免误解。然而这位专家却把至关重要的"某些"两字删去了,似乎我认为二者具有完全共同的背景。这就扭曲我的说法了。更不应该的是:

他只引了我这句话的前半句,却不引"但这种共同的背景对二者又有着不同的意义"这个后半句。至于紧接着的几句话,由于明显地是强调马克思的哲学变革和西方哲学的现代转型的原则区别,就更不引了。在探讨严肃的理论问题时,对与自己不同的理论不作求实的分析,甚至随心所欲地曲解对方的表述、断章取义,这似乎有悖应有的学术规范和学术道德。

究竟如何看待马克思主义哲学和现代西方哲学,特别是马克思的哲学变革和西方哲学的现代转型的关系是一个相当复杂的问题,我的书稿中有较为系统的阐释,其中部分论述已作为前期成果发表[1],书稿也很快将出版,可供参考。本文有限的篇幅难以具体论及。

四、肯定转向现实生活和实践为革命变革的根本内容是否与现代转型相提并论

专家举出我"将西方哲学转型与马克思在哲学中实现的革命变革相提并论"的另一根据,是我"说向现实生活和实践的转向,是这种革命变革和转型共同的'根本内容'(第22页)"。

在专家注出的我的书稿第22页上的确有相关语句,但他对我的原文用辞作了删改,以致改变了含义。其实,我在此同样是既肯定革命变革和现代转型的某些共同之处,又强调二者之间的原则区别,并非将它们相提并论。第22页上的原文是:

"如果上面的说法能够成立,那么,从近代哲学到现代哲学的转向,在一定意义上可以说是向现实生活和实践的转向。这种转向既是马克思在哲学上的革命变革的根本内容,也是西方哲学的现代转型的根本内容。这当然不意味着可以忽视二者之间在理论上和社会基础上的原则区别,而只是说明二者同作为现代哲学都必然以某种方式体现这个时代的特征,因而二者必然存在共性。马

---

[1] 参见本书《西方哲学现代转型的科学背景》、《哲学上的革命变革和现代转型的社会历史背景》。

克思和马克思主义者对作为现代哲学根本特征的现实生活和实践的观点作了最科学、最深刻和最全面的阐释,较之现代西方哲学具有无比的优越性,因而我们应当毫不犹豫地坚定对马克思主义哲学的信念。"

这一段话主要涉及三个问题。1.西方哲学从近代到现代的转向在一定意义上是否可以说是向现实生活和实践的转向? 2.这种转向是否可以说是马克思在哲学上的革命变革的根本内容? 3.如果对上面问题作肯定回答,是否会由此将革命变革和现代转型相提并论?

这段话中其实已包含对这三个问题的回答,在其前后文中又都有论证。前文中的论证是概述性的,后面的书稿正文有专门的章、甚至专门的篇对这些问题作了相当系统和具体的探讨。只要在学术讨论中有严肃的态度,不抱偏见,联系上下文来看待这段文字,对其观点似乎不应产生误解。遗憾的是专家显然没有仔细阅读这段话,更没有联系其上下文,以致得出了与我们的原意相反的解释。考虑到其他学者(例如上面提到的那位老人)在特定情况下也可能产生误解。我下面对这三个问题再简单作答。在书稿出版以前,关心这些问题的读者还可参看我在其他地方所作的较为具体和系统的阐释[1]。

第一,西方哲学从近代到现代的转向在一定意义上可以说是向现实生活和实践的转向。

关于这一观点,我从90年代中期正式提出重新评价现代西方哲学以来,在一系列论著中都已表述过了。在这部书稿中,不仅在《绪论》中作了明确的概述,在正文的有关篇章中还结合马克思主义哲学和现代西方哲学形成的历史过程作了相当具体的论证。就在上面那段文字前面,我就曾谈道:

"与马克思恩格斯同时代的西方哲学家对近代哲学思维方式的批判在一定程度上同样蕴含着朝向现代哲学思维方式的趋向。孔德等人之拒斥形而上学并不是简单地否定人以外的世界自在地存在,而只是认为不与人发生关系(也就是不为人所经验到、即不处于人的经验中)的自在的世界不是人的现实的认

---

[1] 参见本书《深化对马克思主义哲学基础理论的认识》、《从经典马克思主义到西方马克思主义》。

识和实践的对象,对人也没有意义,因而主张哲学研究应以人的经验世界为对象。这种观点在一定条件下当然可能导致不可知论甚至唯心主义,但同时也可意味着哲学应当面向人化的世界,在这点上他们与马克思对人化世界的强调显然有共同之处。尼采等人鼓吹的唯意志论当然有唯心主义的倾向。但他们不像近代唯心主义者那样把意志当作精神实体,而把它当作一种趋向,当作不断向前推进的活动、力量。他们认为这种趋向、活动、力量就是现实的人的生活。换言之,他们以某种片面、甚至歪曲的形式把人的现实生活和实践当作哲学的基础。如果说19世纪中下期的西方哲学家在表达这种关于生活和实践的观点上还相当含糊、隐晦的话,20世纪以来的许多哲学家(例如杜威、怀特海、维特根斯坦、海德格尔等人)就说得清楚得多了。我当然不能说19世纪中下期以来的西方哲学家都赞成把生活和实践的观点当作哲学的基本观点,但如果我们对众多的流派和思潮的理论加以比较分析,不难发觉多数派别和哲学家直接或间接地、或隐或显地朝向这个方向。"

"需要指出的是:现代西方哲学流派的理论形形色色,同一流派的不同哲学家也各有特色。在对由近代到现代的转向上他们也有各种不同的提法,例如历史的转向、生命和价值的转向、生活世界的转向、语言的转向、生存论的转向,等等。它们之间当然有很大差别,但在拒斥抽象地谈论自在的物质或精神世界、而强调对人化世界的关注以及以某种间接或隐晦的形式强调人的现实生活和实践在哲学研究中的核心作用上,它们之间又有较多共性"。

正因为19世纪中下期以来的西方现代哲学都有上述共性,我才说"从近代哲学到现代哲学的转向在一定意义上可以说是向现实生活和实践的转向"。考虑到西方哲学由近代到现代的转向中存在着种种复杂的情况,特别是大都不是明确地指出它们的转向是转向现实生活和实践,再加上它们的转向存在种种片面性、曲折性、不彻底性,我所说它们的向现实生活和实践的转向只是"在一定意义上可以说"。这意味着并不是说它们完全实现了这种转向,更不是说它们的各个流派都实现了这种转向。当我们说西方近代哲学转向现代哲学是转向现实生活和实践时,我指的只是现代西方哲学发展的一般趋势。我的这种看法完全可能存在种种片面性,我也一直愿意与不同见解的学者对上述问题共同探讨。但是我认为在学术讨论中应当尽可能如实地理解对方的见解,否则难以达成共识。上述评审专家没有顾及,甚至有意忽视了"在一定意义上可以说"这个极为重要的用词,这显然偏离了我的原意。

在马克思主义受到严重扭曲的时代,曾经形成过一种对西方哲学由近代到现代的转向持全盘否定评价的倾向,即认为这一转向无非是由唯物主义转向唯心主义、辩证法转向形而上学、进步转向反动。坚持这种观点被认为是坚持马克思主义。由于这种观点明显脱离现代西方哲学发展的实际状况,改革开放以来公开支持的人越来越少了,但其影响在一定范围内仍然存在。上面提到的那位老学者在给我的信中就一再强调现代西方哲学只能是以唯心主义反对唯物主义。对于许多现代西方哲学家不仅反对唯物主义,也反对传统的实体性的唯心主义(大部分现代西方哲学家都是如此),他感到不可理解,并断言在西方哲学家中不可能找到这样的人。对现代西方哲学家中普遍存在的对传统形而上学的拒斥,他既不理解,更不承认。对于一位对现代西方哲学没有实际了解而对马克思主义哲学也未以发展着的观点来重新认识的老人,他有这样的观点也许并不奇怪。但是,一位受到重要职能部门信任的评审专家在谈论对现代西方哲学的评价标准时仍然坚持以往全盘否定的态度就使人感到不可思议了。

第二,向现实生活和实践的转向在一定意义上可以说是马克思的哲学变革的根本内容。

关于马克思在哲学上的革命变革的根本意义可以说是马克思主义哲学研究中的核心问题,从来都受到哲学界的特别关注。在相当长一段历史时期内,大家都接受如下的提法:马克思和恩格斯批判了黑格尔的唯心主义,吸取了其辩证法的合理内核;批判了费尔巴哈的形而上学,吸取了其唯物主义的基本内核,由此建立了辩证唯物主义和历史唯物主义。尽管辩证唯物主义和历史唯物主义这个名称不是马克思和恩格斯本人提出的,但由于它能全面和深刻地表达马克思主义哲学的含义,后来的马克思主义经典作家和许多伟大的马克思主义者经常使用这个名称,我国党和国家的重要文献同样使用这个名称。这个名称由此长期以来一直被普遍认可,它本身不应受到怀疑。

然而近年来一些马克思主义哲学家觉得这个本来正确的名称曾经遭到过"左"右倾机会主义、特别是教条主义的长期扭曲(四人帮等马克思主义的叛徒也往往打着坚持"辩证唯物主义和历史唯物主义"的旗号),在某些情况下可能偏离了马克思主义哲学的本来意义,因而主张用马克思本人在《1844 年经济学哲学手稿》《关于费尔巴哈的提纲》等论著中的一些著名论断作为根据而用"实践的唯物主义"、"新唯物主义"等其他名称来补充。马哲界为此进行过热烈的讨论。这些讨论对进一步深刻理解马克思主义哲学显然有重要意义。不过按照我个人的想法,使用什么名称来指称马克思主义哲学固然重要,但更为重要的是准确地把握马克思在哲学上的革命变革的根本意义。只要把握住了马克思在哲学上的革命变革的根本意义,那说马克思主义哲学是辩证唯物主义和历史唯物主义或实践的唯物主义、新唯物主义并无实质区别。这些名称既都可以表达马克思主义哲学的根本意义,也都可能因解释不当而被扭曲。

什么是马克思在哲学上的革命变革的根本意义呢? 通常的回答是马克思和恩格斯将唯物主义和辩证法有机地统一起来,建立辩证唯物主义,或者说辩证唯物主义和历史唯物主义。这样回答当然正确。但马克思和恩格斯究竟怎样将唯物主义和辩证法统一起来呢? 或者说辩证唯物主义和历史唯物主义是怎样得以成立呢? 这不能仅仅以唯物主义和辩证法本身来解释。用唯物主义和辩证法来统一唯物主义和辩证法是同语反复,在逻辑上难以成立。一般地谈论唯物主义和辩证法,更不能算是马克思主义哲学的根本特征。因为关于唯物主义和辩证法的一般观点,在马克思以前的法国唯物主义者和黑格尔等辩证法家早已分别明确提出过。但他们都未将二者统一起来。费尔巴哈在批判黑格尔的唯心主义过程中提出了人本主义的唯物主义,使唯物主义超越了纯粹自然主义的局限性,但由于他脱离人的社会性和人的实践来看待人,看不到人的能动性,他的唯物主义仍然与辩证法相分离。马克思和恩格斯在哲学上实现革命变革的独特之处主要在于他们作为无产阶级革命导师的品格使他们得以把关于革命无产阶级的世界观的理论与无产阶级的现实生活和实践统一起来,这突出地表现在他们把以生产劳动为核心的社会的人的现实生活和实践提到了哲学的首位,他们正是通过对现实生活和实践的强调把唯物主义和辩证法有机地统一起来了。他们由此既超越了旧唯物主义的那种脱离人的现实生活和实践的自然主义的唯物主义,也超越了黑格尔等唯心主义哲学家那种将人的能动性绝对化、抽象化的思辨性辩证法。因此,现实生活和实践的观点是整个经典马克思主义哲学的根本观点。它不仅因强调人的实践在认识中的决定作用而具有认识论意义,而且还因强调人的实践使物质、自然的存在成为对人具有现实意义的存在而具有存在论(生存论)意义。现实生活和实践永远处于进化和发展的过程中,对现实生活和实践的强调使马克思主义哲学必然与时俱进,不断得到丰富和发展。因此,不管是用辩证唯物主义和历史唯物主义还是用其他名称来指称马克思哲学都不能离开现实生活和实践的观点,否则就会划不清马克思的唯物主义与旧唯物主义、马克思的辩证法与黑格尔等人的辩证法的界限,都会偏离马克思哲学的真实意义、偏离马克思在哲学上的革命变革的真实意义。

第三,肯定向现实生活和实践的转向不会导致将革命变革和现代转型相提并论。

如果我们能肯定转向现实生活和实践是马克思在哲学上的革命变革的根本内容,又能肯定与马克思大致同时代的一些西方哲学家也在以他们特有的方式、通过迂回曲折的道路在一定意义上转向现实生活和实践,那么我们也应当肯定二者之间在这方面存在着某些共同之处。但是我们并未由此将二者相提并论,而是明确肯定并强调二者之间在社会基础和理论上都存在着原则区别。书稿第22页中那段被某专家引为我将二者相提并论的话所强调的正是这种原则区别。在书稿的"代结论"中,我提到了马克思在哲学上的革命变革对同时代西方哲学家的三点原则区别。"第一,马克思在哲学上的革命变革从根本上改变了西方哲学发展的社会阶级基础,使它完全符合现当代社会发展的前进方向,从根本上克服了近代和现当代西方哲学家因阶级偏见无法摆脱的片面性和局限性"。"第二,马克思把对传统形而上学的批判与对世界观和本体论研究的改造结合起来,避免了西方现代哲学家在批判传统哲学的形而上学时普遍存在的相对主义和虚无主义倾向"。"第三,马克思在历史唯物主义基础上把生活和实践的观点当作其哲学的基本观点,克服了西方哲学家在转向生活和实践道路上的唯心主义倾向"。这三点区别是对整个书稿的阐释和论证的一个概括。它的确会质疑"将西方哲学转型与马克思在哲学中实现的革命变革相提并论"这个结论,但这个结论不是我的,而正好是我们所一再反对的。

(原载《社会科学》(上海)2008 年第 5 期,中国人民大学复印报刊资料《哲学原理》2008 年第 10 期转载)

对《马克思主义与西方哲学的现当代走向》一书中若干问题的澄清

《马克思主义与西方哲学的现当代走向》(人民出版社 2002 年版,以下简称《走向》)原是我承担的"九五"国家社科基金同名重点课题。2001 年初我曾将打印稿作为主要成果按规定程序申办结项。本来应当等看到专家鉴定意见、将书稿作必要的修改后再出版。考虑到书稿大部分章节作为论文发表过,其中所提出并从不同角度论证的三个主要观点[1]已广为人知,反应迥然相异[2],而有关马克思主义哲学和现代西方哲学的比较研究近年来已受到哲学界的更多关切。为了及时回应不同见解并促进这方面的讨论,我就将书稿交出版社先行出版了。国家社科基金办转来的专家鉴定意见我在 2003 年才收到,自然无法据以来修改此书。好在我还在继续从事同类课题的研究,这些意见对我进一步思考有关问题仍很有启发。不过有些意见可能出于对我在书稿中某些阐述存在误解,也有个别意见在学术观点上与我有较大差异、与当前马哲研究中多数人的观点似乎也不同。类似的误解和不同见解在其他一些专家和读者中估计也

---

[1] 第一,西方哲学由近代转向现代是西方哲学发展史上哲学思维方式的一次新的重要转型,标志着西方哲学发展到了一个新的、更高的阶段,而不应简单将其归结为由唯物主义和辩证法转向唯心主义和形而上学,由进步转向反动。第二,马克思在哲学上的变革是哲学史上最伟大的革命。马克思不仅比现代西方哲学家更彻底和全面地超越了陷入种种矛盾和困境的近代哲学,最为明确地为西方哲学的进一步发展指出了现实的道路,而且把哲学的变革与对现实世界的革命改造结合在一起。第三,从批判和超越近代哲学的种种片面性和局限性、建立一种强调人的现实生活和实践以及发挥人的自主能动性和创造性为特征的哲学来说,西方哲学的现代转型与马克思在哲学上的革命变革可谓殊途同归,但二者无论在理论上和社会作用上都有原则区别。

[2] 有的教授称赞我的这些观点"极大地改善了我国现代西方哲学研究中的政治空气和学术空气";据说也有的教授认为我的观点如果能够成立,就会在超越近代哲学思维方式的名义下否定一部分老一辈马克思主义哲学家多年的研究。

存在。我理应都给予回应。在本文有限的篇幅内,只拟对引起误会的三个问题作进一步阐释。至于对一些不同学术观点,估计一时难以达成共识,只好将来择机作答。

在本书稿的专家鉴定"意见二"中提到,"作者强调现代西方哲学与近代西方哲学在思维方式上的变革是有道理的,但有三个问题需要澄清"。考虑到这三个问题也为其他专家和读者以不同方式向我提及过,较有代表性;其中体现的观点与我较为接近,但也存在某些因误会引起的差异。下面首先依次引述这三个问题,然后表述我自己的理解。

一、哲学思维方式与哲学家的基本哲学立场

"第一,哲学家按照什么思维方式建构自己的哲学理论固然极为重要,但更有决定意义的还是这一哲学的理论内容,即世界观内容。具有基本相同思维方式的哲学可以有大不相同甚至基本对立的内容,起着不同的社会作用。本书现在的写法容易给读者一种印象,似乎判定哲学进步程度的唯一标志的就是思维方式。纠正过去片面强调阶级性的偏颇是必要的,但现代西方哲学就其基本倾向来说毕竟是现代资产阶级的意识形态,有的流派的资产阶级党性还非常强。对此不必讳言,而应该清楚地指明。"

《走向》的基本观点与这条意见其实是一致的。但对下面两个相互关联的问题的思考方式也许有些差别。1.如何看待哲学思维方式与由其所构建出来的哲学理论内容之间的关系? 2.强调了哲学思维方式的重要性是否会降低哲学家由这种哲学思维方式构建出来的具体的哲学理论倾向的重要性?

为了回答这两个问题,首先要对哲学思维方式这个概念的意义加以限定。

哲学思维方式这个概念有不同意义。如果把神话、宗教、科学、文学艺术等人类其他精神活动形态作为参照系,那哲学思维方式指的是哲学作为人类精神活动的一种独特形态在思维方式上不同于神话、宗教、科学和文学艺术等的地方。例如哲学和科学都运用理性思维,但哲学主要是从整体上把握世界的思

维,科学则主要是把握具体对象的思维;神话和宗教给人的理性思维加上幻想或神的启示的前提,文学艺术则多借重于形象直观。《走向》不是从这种意义上来讨论哲学思维方式的。

哲学思维方式这个概念也可以用来区分各个不同历史时代的哲学发展的基本特征和趋势,后者包括这一时代的哲学赖以建立的理论和社会前提,哲学研究的基本方向、目标、方法以及基本的理论预设和框架。简言之,它应当从哲学理论上体现这一历史时代的精神动向,或者说时代精神的走向。每一历史时代的哲学当然包括各种各样的哲学流派和理论,它们彼此的关系错综复杂(相似或相异、交叉或并行、直接融合或根本对立)。但是,不管它们处于什么关系中,都必然各以其独特的方式在某种程度上体现这个历史时代的精神动向和哲学发展的基本趋势。这意味着每一独特的历史时代都有与这个时代相应的哲学思维方式,而每一哲学思维方式都体现了相应历史时代的哲学等思想文化发展的动向。西方近代和现当代哲学的发展的状况都是这样。当我谈论西方近代或现代哲学思维方式时,指的正是近代或现代的哲学发展的这种基本趋势,而哲学思维方式的转型则意味着哲学发展趋势在某种意义上发生了根本性的变革。

如果我们能够肯定哲学思维方式具有上述意义,那强调哲学思维方式的重要性与强调各种各样的哲学流派和思潮以及各种各样的具体的哲学理论的差异和对立的重要性并不彼此排斥。特殊和个别的哲学流派或者具体的不同哲学家的理论,由于受到特定的社会历史条件(包括哲学家的阶级地位和政治立场)和思想文化条件的影响和制约,会表现得形形色色,彼此之间可能存在着很大差异,甚至处于直接对立的地位,当然也会起着不同的,甚至相互对立的社会作用。哲学上的唯物主义和唯心主义、辩证法和形而上学、进步和反动等等之间的差异和对立即由此而来。有的流派代表反动阶级的利益,它们在这方面党性和阶级性的确可能都很强。然而,这些存在差异和对立、起着不同社会作用的哲学理论和流派,包括那些反动党性强的流派,都无法脱离它们所处的历史时代的哲学发展的一般趋势,无法摆脱这一历史时代的哲学思维方式的影响。

而后面这种状况也并不排斥特殊的哲学流派和理论之间的差异和对立。总之，我们应当肯定"具有基本相同思维方式的哲学可以有大不相同甚至基本对立的内容，起着不同的社会作用"，同时也应肯定理论内容和社会作用上极不相同，甚至彼此对立的哲学派别可以有基本相同的哲学思维方式。后一点由于长期被忽视，也许更值得注意。

就以近代哲学来说，我们无疑应当具体地研究和分析从笛卡尔到黑格尔的各种哲学派别和哲学家的独特的理论及其社会作用，发现它们之间的各种矛盾和冲突。我国哲学界过去强调运用唯物史观关于哲学的党性和阶级性的原则来研究哲学史，在对近代哲学研究中特别关注唯物主义和唯心主义的对立以及当时各派哲学所体现的社会阶级斗争的状况，这无疑是对的，这种原则现在和将来都应当坚持。但毋庸讳言，过去也存在把这种对立和斗争绝对化的倾向，忽视了这些彼此对立哲学流派同样作为西方近代这个历史时代的产物必然存在着某些共性。而这必然使人们陷入片面性，由此在理论和现实上都造成了不少失误。

正因为如此，我们在强调西方近代哲学中唯物主义和唯心主义、辩证法和形而上学、经验论和唯理论等等的差异和对立时，还要看到它们在体现近代哲学思维方式上的共性。它们大都具有这个时代的哲学所共有的优胜之处。例如，在主客二分的共同前提下，在强调人本身所具有的理性能力能够认识人所经验到的现实生活世界这个共同主张下，近代各派哲学共同实现了所谓认识论的转向，而这一转向意味着西方哲学发展史上的一次重要的进步。然而这个时代的哲学也有其共同的缺陷。例如他们都离开人的现实社会生活和实践来理解人。许多唯物主义者对人作了纯粹自然主义解释，以致把人看作是与其他自然物类似的自然物，甚至把人比作一架机器。唯心主义者(特别是黑格尔)尽管发挥了人的能动的方面，但又都是以歪曲和抽象的形式发挥的。这一点马克思在《关于费尔巴哈的提纲》第一条中就已非常明确地指出了。

总的说来，尽管近代唯物主义和唯心主义、辩证法和形而上学之间存在着种种对立和冲突，但它们都是在近代哲学发展的总的趋势下、在体现这种趋势的近代哲学思维方式的框架下活动的。这使它们既有共同的成就,也有共同的问题。后者使它们越来越陷入各种不可解脱的矛盾和困境之中,从而使它们的存在成了西方哲学进一步发展的障碍。西方哲学要求得进一步发展,必须超越近代哲学思维方式的界限。这种超越不只是对近代哲学某一哲学派别或哲学家的哲学的超越,而是对由近代哲学思维方式所联系起来的整个近代哲学的超越。

如果上面的说法能够成立,那么哲学思维方式与由这种思维方式构建出来的哲学理论内容之间的关系就是同一历史时代内的哲学发展中的普遍和特殊、一般与个别、共性与个性的关系。强调哲学思维方式的重要性不仅不会降低由这种哲学思维方式构建出的具体的哲学理论的重要性,而且有利于更为全面和深刻地理解其重要性。例如,如果我们较好地理解了主客二分作为近代哲学思维方式借以建立的前提的作用以及它后来被绝对化而造成的消极影响,那肯定能更好地理解笛卡尔在这方面的是非成败。

如果一定要从比较的角度来谈论这二者的重要性,那首先要揭示它们所属的不同层次的意义。每一历史时代的哲学流派和哲学理论都是形形色色的,其中有的派别在思想内容以及可能产生的社会影响都比其他流派更为合理和积极,有的流派则相反,对它们当然可以,而且应当加以比较。然而,拿这些具体的哲学流派与它们所属的哲学思维方式作比较就不能简单地说何者更为重要,只能追问它们在何种程度上符合或偏离所属的哲学思维方式。如果要追问某种哲学思维方式的重要性,那就要超越这种哲学思维方式的范围,用与之不同的哲学思维方式来比较。例如近代哲学思维方式如何实现认识论的转向,超越了前此的哲学思维方式,以及它如何因种种内在矛盾的激化而必然被现代哲学思维方式所超越。当着一种哲学思维方式不再能适应所处历史时代的发展、不再能体现时代精神的发展趋势时,从根本上变更哲学思维方式往往就成了哲学发展的决定性因素了。当然,即使在这种情况下,也不能脱离对具体的哲学流派和理论的研究,因为哲学思维方式的变革也只有通过变更各种具体的哲学理论才能实现。

至于说《走向》"现在的写法容易给读者以一种印象,似乎判定哲学进步程度的唯一标志的就是思维方式"。我想这是出于对《走向》的误会。这也许是由于我在《走向》中对哲学思维方式与哲学家的基本哲学立场的关系的论述还不够明确,未能为专家所理解。所以我在上面补充说了这些话。

还要说明的是:《走向》与作者的《新编现代西方哲学》是结合着写的,二者有所分工。《新编》作为一部教材,着重于对各种现当代西方哲学的具体流派的客观介绍。在《新编》对现代西方哲学流派作了较为具体的介绍以后,《走向》似乎没有必要重复这方面的内容,而着重于在马克思在哲学上实现革命变革这个背景下从理论上分析西方哲学在哲学思维方式上的现代转型,并对这种转型从各个方面作了较多的论证。关于这种写法,我在《走向》的序言中已做了较具体的交代。如果不考虑这个背景,单就《走向》而言,对具体流派和哲学家的理论内容说得的确较少。如果是由于这一点而使人产生"判定哲学进步程度的唯一标志的就是思维方式"这种印象,那我只能对此表示遗憾了。

二、"主客二分"的思维方式及现代西方哲学对它的超越

"第二,仅就思维方式而言,也不宜把突破'主客二分'的思维方式一概看成进步,而要看如何突破。近代哲学只看到'主客二分'固然不够,但并非凡反对'主客二分'的思维方式都是进步。有些现代西方哲学流派以根本否定物质第一性来'突破'、'超越''主客二分',就这一点来说甚至比旧唯物主义的'主客二分'还要退步。在这一点上,列宁当年对经验批判主义的批判并没有错。"

这条意见中所谈到的"主客二分"或者广义地说"二元分立"思维方式涉及如何评价近代西方哲学以及现代西方哲学和马克思主义哲学对近代哲学的超越等重大问题,这些问题为学界所普遍关注。我最近收到吴启文教授读了我的《新编》中有关论述以后寄来的信,他的看法与这条意见相仿,但提得更为明确。他说,"二元分立是认识论的基础,否定了二元分立也就取消了认识论。不论是科学思维方式还是马克思主义哲学。都是以二元分立为基础的。按此标准就

得把二者排除在现代哲学思维方式之外,恐怕难以说得通吧?""二元分立说过了头否定了两者的统一诚然不对,但过分片面强调了二者的合一,以至达到主客不分,显然也不会比前者高明。过犹不及嘛! 能否因为给它冠以'现代的'就会高于和优于主客两分了呢?""书中[1]第 9 页上说,'实现了西方哲学中的认识论的转向的近代哲学实际上却以在认识论上的失败而告终',但实际上现代西方哲学都是以近代哲学已取得的成就为起点的,特别是科学主义诸流派。书中的上述说法是否太笼统太绝对了? 是否应当多作些分析呢? 依我看,主客不分的现代西方哲学在认识论上的失败超过了近代哲学。"

上面两个来源的意见都表明对我在有关问题上的论述存在怀疑和异议。但它们在某些方面可能是出于误会。因为我在《走向》和《新编》中都没有笼统地否定过近代哲学的"主客二分",在提到现代西方哲学对"主客二分"的超越时,大都同时肯定了"主客二分"是近代哲学的一个重大进步;《走向》和《新编》更没有认为"凡反对'主客二分'的思维方式都是进步"。如果仔细看了我在《走向》和《新编》中的有关阐释,误会也许会少一些。但既然向我提出了问题,那说明我的论述至少不够充分和明确。下面就怎样理解"二元分立"的含义、特别是它在近代哲学发展中的作用和局限性、以及怎样理解和评价现代哲学对"二元分立"的超越问题作些补充说明。

"二元分立"通常指心物、思有、主客等相关范畴之间彼此相对而立。从本体论(存在论)和宇宙论的意义上谈论这些概念及它们之间的关系古已有之。远古时代人们就试图探究灵魂与肉体及外部世界的关系;早期希腊哲学家把水、火、土、气等自然元素当作万物之本原,后苏格拉底时代柏拉图等人把理念(抽象概念)当作万物之模本,中世纪经院哲学家寻问世界是否神的创造以及物质能否思维? 这些都是把精神和物质的关系问题当作本体论和宇宙论问题,探究世界万物本原或根基成了体现哲学基本问题的主要形式。在此精神和物质的关系不是作为主体和客体(对象)相互作用的关系,而是何者第一性(本原)、

---

[1] 指《新编现代西方哲学》,人民出版社 2000 年版。

何者第二性(派生)的关系。这种二元分立还不能算是认识论意义上的主客二分。

只有到了近代,随着人文主义运动以及与之相关的理性主义思潮的兴起,具有理性能力的人才被作为独立的认识主体而与作为其对象(客体)的世界区别和分离开来,精神和物质的关系开始被作为主体和客体、思维和存在的关系,主客二分的思维方式才随之出现。笛卡尔之从"我思"引出作为认识主体的精神和作为认识对象的身体(物质)两个并行的实体存在是这种主客二分思维方式的典型形式。许多近代哲学家尽管并不一定把精神和物质等当作彼此独立存在的实体,但同样把它们看作是并行而立的,可以而且应当将其分别,甚至分离开来加以考察,因而同样主张主客二分。他们正是在主客二分的前提下来探讨主体如何认识和作用于客体、客体如何作用和呈现于主体,由此建构出了由经验论、唯理论到德国古典哲学的各种类型的认识论。哲学基本问题作为精神和物质的关系问题除了原有的本体论意义外,由此又有了以主客、思有等二元分立为前提的认识论意义。所以恩格斯说,思维对存在、精神对自然界的关系这个全部哲学的最高问题虽然早已存在,"但是,这个问题,只是在欧洲人从基督教中世纪的长期冬眠中觉醒以后,才被十分清楚地提了出来。才获得了它的完全的意义。"[1]正是由于哲学基本问题的认识论方面的意义成了哲学研究的核心问题而突现出来,西方哲学由古代和中世纪向近代的转向也由此被称为认识论的转向。由于主客二分成了这一转向的前提,它在近代西方哲学的发展中可谓起了转折性作用。

但是,主客二分的思维方式在西方哲学史上虽起过上述转折性作用,却又存在严重的局限性。这突出地表现在许多近代西方哲学家正是在这种思维方式下把在人的现实的认识活动中主客、思有等在实践的基础上相互作用的统一的过程人为地分裂开来了。

从本体论上说,物质是第一性的、本原性的;意识是第二性的、派生的,是物

---

[1]《马克思恩格斯选集》第4卷,人民出版社1995年版,第224页。

质的产物。我们可以说没有物质就没有意识；但不能倒过来说没有意识就没有物质。物质是不以意识为转移而客观地（自在地）存在的。这是旧唯物主义者，甚至某些素朴实在论者都肯定的唯物主义世界观的最一般的原则。

然而，从人的现实的认识过程来说，心物、思有作为主客分立（对立）的双方是相互依存的。没有客体当然谈不到只有与客体相对应才能存在的主体，没有主体同样谈不到只有与主体相对应才具有现实意义的客体。物质、事物本身作为自在的存在当然具有各种不同的属性，有其本身存在的方式和发展的规律性，这些都是不以人的意识为转移而客观自在地存在，但在它们还没有与主体相对应、呈现于主体以前，就还未成其为客体（对象）。只有它们被对象化（客体化），即成为作为主体的人的对象时，才成为与主体既相互区别又相互依存的客体。从这种意义上说，客体也可以说是以主体的存在为转移的，是主体的产物，只是这种产物并非主体从虚无中创造，而是由主体揭示客体的某种自在存在的属性。不能把肯定在认识论意义上主客体的这种相互依存看作是根本否定物质第一性。

揭示现实的认识过程中主客的相互对立和依存关系，促进在哲学发展上实现认识论转向，这本来是近代西方哲学的重大成就。然而，由于当时的哲学家大都脱离了现实生活和实践来看待认识问题，他们从主客二分出发要么不能达到主客统一，要么只能在唯心主义基础上达到统一，因而他们在认识论上最终必然失败。

就以在近代西方哲学发展中发生了重要影响的经验论和唯理论来说，二者在思维方式上都立足于主客二分，都企图从具有认知（感知或推理）能力的主体出发建立一套关于如何认识世界（客体）的完整的认识论。二者在这方面也都有重要贡献。然而正是由于脱离了现实生活和实践这个中心环节，经验论哲学家虽然肯定一切起源于经验，却不能正确解释感性经验知识究竟如何产生以及如何符合外部世界本身的性质和规律，也不能正确解释如何使感性经验知识上升到具有普遍和必然意义的理性知识，更不能解释如何使主体的知识客观化，即用之于实践。这样本来认为可靠的知识就失去了根基、变得不可靠了。休谟正是因彻底地发挥了经验论的原则而合乎逻辑地得出了怀疑论的结论。因而在经验论那里主客从根本上说是被割裂的。唯理论哲学家只肯定理性知识的可靠性，不承认感觉经验的可靠性，但他们无法否定感性经验知识的存在，而在感性经验知识范围内，他们同样会陷入怀疑论。至于对他们所谓可靠的理性知识，为了说明其来源，他们只好以不同方式求助于上帝（从笛卡尔的天赋观念到莱布尼茨的天赋理性能力），并由此走向独断论。不管是怀疑论还是独断论，都是以主客二分为前提、却又都达不到主客统一，也就是都以主观和客观相分裂、认识与实践相分离为特征。在近代西方哲学中，黑格尔从绝对唯心主义出发肯定了心物、思有、主客的同一性，提出了"实体就是主体"的著名思想，以辩证法论证了主体的能动性，对各种形式的二元论及将主客二分绝对化所导致的怀疑论和独断论进行了激烈的批判，由此使西方近代哲学可谓发展到了其顶点。然而，由于黑格尔是在唯心主义基础上做到这一切的，从而归根到底仍是失败。

关于近代西方哲学如何因其内在矛盾而陷入危机和困境，以致必然走向终结和被超越，有多方面（理论和社会历史）的原因，将主客二分绝对化只是其中一个重要方面。我在《走向》一书第一篇第二章（"对西方哲学的近现代转型的历史和理论分析"）和第三章（"超越近代哲学的视野"）中对此已有较多论证。这里仅就现代西方哲学对主客二分思维方式的超越简单再作两点补充。

第一，这种超越并非简单地否定主客二分的思维方式，而只是超出其界限。

《走向》和《新编》中都没有笼统地否定过"主客二分"。因为事实上现代西方主要哲学流派大都没有简单和绝对地否定主客二分。由于认识论和理论理性（包括工具理性）必以主客二分为前提，在这一范围内任何哲学思考都无法完全摆脱主客二分的思维方式。科学主义哲学思潮谈论科学认识时固然如此，叔本华、尼采、柏格森等典型的意志主义和非理性主义者在谈论对于现象（经验）世界的认识时也是如此。但是，现代西方各派哲学有一个显著的趋势，就是使哲学越出单纯的认识论和理论理性的范围，同时关注、而且更加关注人的情感意志和审美意识，甚至使之支配人的认识和理性，这就要求超越主客二分原则及与之相关的认识论和理论理性的范围。那些强调哲学的人文关怀的人本主义、非理性主义思潮自然如此;科学主义思潮也越来越显示出了超越以往单纯的理性主义界限而转向赞成有更多的人文关怀,单纯的科学主义越来越被许多人当作一种含有贬义的称呼。现代西方哲学流派的这种要求超越认识论(理论理性和工具理性)界限的倾向情况复杂。个别流派和人物的确明显地走过了头,存在贬低和否定认识论与理性的作用的倾向。这与其说是他们在认识论上的失败,不如说是他们有意在哲学中撇开认识论。至于大多数西方哲学流派,他们之要求越出单纯的理论理性和工具理性范围而要求有更多人文关怀,似乎应当看作是哲学发展中的一种进步。

第二,这种超越与现代西方哲学流派是否根本否定物质第一性没有直接因果联系。

现代西方哲学流派对主客二分的超越与他们对传统形而上学的实体本体论的超越密切相关。传统形而上学把物质或精神实体当作世界的基础和本质,主客、思有关系问题的谈论也由这种实体本体论出发。现代西方各派哲学则大都主张撇开实体本体论来谈论主客、思有关系问题。他们认为主体和客体只有互为对方、只有处于相互作用的过程中才有意义。至于作为自在地存在的物质实体或精神实体,如果是处于主客关系之外,对主客关系就不发生影响,可以存而不论。从这种观点出发可以作出不同的结论。如果承认主客关系中的客体具有现实的物质基础,那当然会引向唯物主义。马克思在《神圣家族》中所强调的"和人道主义相吻合的唯物主义"[1]指的就是从主客相互作用中看待物质的唯物主义。如果否定主客关系中的客体具有物质基础,那当然就会引向唯心主义。在西方哲学流派中的确存在以主客不可分割为借口来否定物质第一性的情况,但不能把这种情况泛化。一些过去我们批判得很多的流派其实并不都是否定物质第一性的。例如,从本体论上说,詹姆士、杜威等实用主义哲学家就公开否定精神实体的存在,认为它们是物质的功能;他们明确承认人类出现以前自然界本身的存在,即自然界的先在性,但他们认为这种自然界尚未处于主客

[1]《马克思恩格斯全集》第2卷,人民出版社1957年版,第160页。

关系之中,尚未成为哲学和科学研究的对象,因而无从谈论。对他们这方面的观点,我们过去误会颇多,值得重新研究。

三、马克思主义哲学和现代西方哲学关系中的两个问题

"马克思主义哲学与现代西方哲学在思维方式上有同一性,对现代西方哲学的某些认识成果可以而且应该批判地吸取,这是没有问题的。但马克思主义哲学与现代西方哲学毕竟是根本对立的哲学。对这种对立似乎还应当多作些具体的论述。作者认为马克思主义哲学超越现代西方哲学就在于'更全面和更深刻地体现了现代哲学思维方式的特征',这似乎没有说到问题的实质。仅仅从思维方式上是不能说清楚马克思主义哲学与现代西方哲学的本质区别的。"

我大体上接受上面这段话中提出的意见。《走向》中所阐释的观点与此也并无实质性差异,只是由于关注的重点不同,有的认识由此可能有些区别。下面就两个问题再谈一些看法。

第一,在处理马克思主义哲学和现代西方哲学关系问题上存在的主要倾向。

马克思主义哲学和现代西方哲学的关系是对立统一关系,这一点很少有人表示异议。即使在"左"的影响深重的年代人们也大都是这样说的。问题在于究竟怎样解释这种对立统一关系。

在很长一段时期内,大家所强调的主要只是二者的根本对立。从这两种哲学所体现的阶级背景来说,是革命无产阶级与反动资产阶级的根本对立;从它们的理论形态说是彻底的唯物主义和辩证法与彻底的唯心主义和形而上学的根本对立。至于二者的统一(同一性),当时大家看到的主要只是二者作为对立双方处于同一个历史时代中。双方的理论在体现时代精神的发展趋势上是否存在共同之处呢?人们难有肯定回答,对现代西方哲学实际上是抱全盘否定态度。这种态度源于一个流传已久、被认为不可动摇的观念:在作为革命无产阶级意识形态的马克思主义哲学产生以后,同时代的西方哲学只能体现反动资产

阶级的利益,在理论上只能是彻底的唯心主义和形而上学,不可能有任何积极意义;即使其中包含的某些知识材料也是以歪曲的形式表现出来的,同样应当加以批判。总的说来,对这两种哲学,当时人们很难具体地谈论其统一。

随着改革开放以来对"左"的影响的清算,现代西方哲学的研究不仅得到恢复,而且有很大发展。除了本专业学者在个案研究上成果卓著外,许多其他领域的学者事实上早已开始在借鉴现代西方哲学研究的成果。以往那种对现代西方哲学全盘否定的态度越来越难以得到支持,许多过去持这种态度的人现在也开始承认这种哲学中存在某些合理的认识成果。

在这种情况下,如何在坚持马克思主义原则立场的前提下重新评价现代西方哲学及其与马克思主义哲学的对立统一关系,就成了我国哲学研究中直面的一个极为重要的现实问题。关于二者的对立的一些重要原则当然仍然需要强调和坚持。但这方面的问题在新的形势下也要有新的认识,而这往往取决于对二者的统一性是否能有较为求实的认识。仅仅简单承认这两种哲学处于同一个历史时代是远不够的,承认现代西方哲学中存在着某些可供批判借鉴的知识材料也还不够。最重要的是我们能否认识到现代西方哲学在某种程度上同样能从哲学理论上体现现代时代精神发展的趋势。现代西方社会尽管充满着种种矛盾和危机,预示着资本主义最终必将被社会主义所取代。然而,在一定历史时期内资本主义毕竟仍然存在着一定的活力,正是这种活力使资本主义社会在经济和科学文化等各方面还能有较大的发展,以致我们在这些方面还不得不以赶超它们为目标。由于哲学是经济和科学文化等各个具体方面的集中体现。现在许多持正统观念的人也充分(有时甚至过分)肯定西方社会在这些具体方面的进步,但却仍然简单否定其在哲学上也能取得进步,这似乎显得自相矛盾。如果抱着马克思主义的求实态度,除了肯定现代西方哲学与马克思主义哲学同处于一个历史时代以及它们也可能包括某些知识材料外,还应当从西方哲学发展上来重新认识现代西方哲学派别在哲学理论本身中存在的某些合理性及其与马克思主义哲学的共性,这样对二者的同一性有就会有更加全面的理解。

总之,在坚持马克思主义哲学的根本原则、认识到其与现代西方哲学的根本对立这个前提下,我们应当更加具体和全面地关注其与现代西方哲学的同一性。我在编写《走向》时关注的重点正在这一方面。《走向》的主旨之一就是通过分析西方近代哲学在哲学思维方式的变革(以实现认识论的转向为主要标志)以及这一变革在西方哲学史上的进步和所包含的内在矛盾,这种矛盾怎样变得激化,怎样由此使近代哲学陷入它本身不可克服的困境和危机之中,从而必然被具有新的哲学思维方式的现代哲学所取代。由此证明,西方现代哲学之取代近代哲学,并非长期以来简单地归结的那样是由唯物主义转向唯心主义、由辩证法转向形而上学、由进步转向反动,而是具有划时代意义的哲学思维方式的根本性变革,它标志着西方哲学在现代的发展在不同程度上超越了它在近代所必然存在的种种局限性,进入了一个新的更高的阶段。从这方面说西方哲学由近代到现代的这种转化和发展与马克思在哲学上的革命变革以及马克思主义哲学的发展有着重要的共同之处。为了丰富和发展马克思主义哲学,马克思主义者在坚持自己的原则立场的同时应当同样关注并具体地研究西方哲学的发展,从中吸取经验教训。

第二,如何看待马克思主义哲学和现代西方哲学的本质区别。

对马克思主义哲学和现代西方哲学的同一性予以较多关注是以坚持马克思主义的原则立场为前提的。因此,在较多地关注和谈论这种同一性时不要忘记这两种哲学之间的根本对立。《走向》更多关注的是过去往往被忽略,甚至被抹煞的二者的同一性。但它并没有因此忽视、更未否定这两种哲学之间的根本区别。

事实上,在我发表了一系列关于西方现代哲学对近代哲学的超越以及马克思主义哲学与西方现代哲学在这种超越上殊途同归的文章后,为了避免学界误以为我把这两种哲学相提并论,或混淆它们的界限,我特意写了《马克思在哲学上的革命变更对西方现当代哲学的超越》一文[1],全文又作为《走向》一书第1篇第8章第5节收入《走向》中。本文的主旨正在阐明马克思主义哲学与西方

---

[1] 参见《哲学研究》2001 年第 8 期,《新华文摘》2002 年第 1 期转载。

现代哲学的原则区别。其中主要论述了如下三个观点。

第一，马克思在哲学上的革命变更从根本上改变了西方哲学发展的社会阶级基础，使它完全符合现当代社会发展的前进方向，从根本上超越了近代和现当代西方哲学家因阶级偏见无法摆脱的片面性和局限性。第二，马克思把对传统形而上学的批判与对世界观和本体论研究的改造结合起来，避免了西方现代哲学家在批判传统哲学的形而上学时普遍存在的相对主义和虚无主义倾向。第三，马克思在历史唯物主义的基础上把生活和实践的观点当作其哲学的根本观点，克服了西方哲学家在转向生活和实践的道路上的唯心主义倾向。

上面我只是摘引了三个观点的概括。大概也可以表明我并没有认为马克思主义哲学对现代西方哲学的超越仅在于"更全面和更深刻地体现了现代哲学思维方式的特征"。如果觉得还不明白，请去翻阅《走向》或发表的论文。

我在此想补充说明的只是：我完全同意"仅仅从思维方式上是不能说清楚马克思主义哲学与现代西方哲学的本质区别的"；但我同时认为，撇开对哲学思维方式的具体分析，仅仅一般地分析这两种哲学的阶级基础的根本区别也难于对这两种哲学的根本区别有具体和深刻的认识。较为全面的办法是对这二者都作深入和具体的研究。而这需要作大量的个案研究，特别是关于那些影响较大、在一定程度上能体现当代哲学的发展趋势的哲学流派的个案研究。在此基础上，加强对这些哲学流派和马克思主义哲学的比较研究。

事实上，一些马克思主义哲学家已开始在从事这方面的工作。例如，近年来一些中青年学者在对海德格尔等人的哲学的研究的基础上，进一步发掘马克思的哲学遗产，揭示马克思哲学的生存论意义，并将其与马克思对现实生活和实践的观点的强调结合起来，作了大量很有意义的研究。其实，如果我们能对维特根斯坦、杜威等人的思想作较深的发掘，也会发觉在他们那里同样存在许多与海德格尔，甚至与马克思接近的思想。这些思想也许在较大程度上体现了当代哲学发展的一种重要趋势，是对时代精神前进方向的一种体现。然而，同样是体现时代精神前进方向的思想，在马克思那里与在海德格尔、维特根斯坦、杜威等人那里有着原则的区别，这种区别正体现了马克思哲学与现代西方哲学的根本区别。

因此,为了更好地理解马克思主义哲学与现代西方哲学的对立统一关系,重要的不是抽象地谈论它们之间的统一和根本区别,而是扎扎实实地从事一些基础性的研究。既重新研究马克思等经典作家,纠正以往对他们思想的种种扭曲;又重新研究海德格尔、维特根斯坦、杜威等西方哲学家,还他们的思想以本来面貌。在这一基础上从社会历史背景和理论特征上将他们的理论做具体而全面的比较研究。如果我们能够这样做,那我们既能发觉他们的统一性,又能发觉他们的本质区别。这种研究比抽象地谈论它们的根本对立和统一显然处于更高的层次。我个人有志如此久矣,怎奈学术水平不高,近年来又年老体衰,难以做出有价值的具体成果。但我愿与学界同仁共勉,争取在有生之年能多少有些作为。

(原载《中国人民大学学报》2004 年第 1 期)

马克思主义如何评价现代西方哲学

第四篇

马克思主义经典作家对现代西方哲学的否定性评价

启伟兄：

　　收到你的信很久了。尽管你说你的信只是你我之间的学术聊天，但你聊的是关于马克思主义哲学与现代西方哲学的关系这样重大的问题，你谈得很系统，是一篇经过深思熟虑的学术论文。我理应接过你提出的问题说一些想法，不巧当时我已办好赴美手续，只好暂时搁下。回国后我又一直忙于其他一些急待完成的工作，未能多顾及于此。更重要的原因是：你的文章中对长期以来全盘否定现代西方哲学的"左"的宗派主义倾向的来龙去脉已作了详尽的历史考察，对马克思主义本质上反对任何一种宗派主义也作了相当深刻的理论分析。一切尊重历史事实以及马克思主义基本原则的人对你所谈的大概都不会有多大异议。我觉得你的信中留下的主要问题是究竟怎样看待和合理解释你引述的马克思主义经典作家对同时代西方哲学家和哲学流派所作的那些否定性评价，而这是我一时难以回答的。

一、为什么要重新认识马克思主义经典作家
对现代西方哲学的否定性评价

　　马克思主义经典作家在论及同时代的西方哲学时大都作了否定性评价。过去，当人们在"左"的影响下对现代西方哲学作简单否定时，往往引此为理论根据。现在，当我们要按照马克思主义的求实原则去克服"左"的倾向、对现代

西方哲学重新作出评价时,怎样处理与马克思主义经典作家当年对它们所作的那些否定性论断的关系呢?或者说,究竟怎样看待他们在理论上的严格的求实精神与他们对同时代的西方哲学家基本上持否定性评价这种看来矛盾的现象呢?我想这是问题的主要所在。你的文章中指出了他们提出那些否定性评价是出于对所处时期欧洲社会历史进程和阶级斗争形势的分析,但你对此未作具体论证。我如果接过你的话题继续讲下去,势必需要对他们提出这些评价的缘由和意义作出力所能及的解释,这在政治和意识形态上都是非常严肃的工作。我对此虽有所思索,并初步形成了一些想法,但总觉得它们不够成熟,担心说出来反而会产生负面影响,几次尝试动笔都欲言又止。

然而我又强烈感到,如果不能对这个问题作出合理解释,就难以对这两种哲学的关系获得全面和深刻的认识,更难以从根本上克服以往对现代西方哲学的简单否定态度。尽管随着我国学界对"左"的倾向的批判以及对这两种哲学的研究近年来的重大进步,已很少再有人全盘否定现代西方哲学。但究竟怎样看待二者的关系,哲学界的讨论尚未尽能做到深入具体,当然也很难有广泛的共识。例如有些哲学家虽然肯定这两种哲学都是在批判继承西方哲学,特别是西方近代哲学的基础上产生的,因而必然有着密切联系。但在作具体解释时,往往过多强调二者的对立,而较少肯定其统一。大家明确肯定马克思在哲学上的革命变革,但不敢肯定西方哲学从近代到现代的转型包含了重要进步。其所以如此,原因当然是多样的。担心对现代西方哲学明确作出肯定评价可能会与马克思主义经典作家的某些否定性评价发生冲突,从而担心由此背离,或者担心被人指责为背离马克思主义立场,显然是重要原因之一。

正因为如此,能否做到以马克思主义的求实态度和发展眼光来重新认识马克思主义经典作家(特别是马克思恩格斯本人)对同时代西方哲学作出否定性评价的缘由和意义,就成了我们能否如实和深刻地认识现代西方哲学的实际所是及其与马克思主义哲学的关系的重要因素之一。这当然需要从多方面加以研究。我认为最重要的有两方面:第一,重新研究西方哲学从近代到现代的转型与马克思在哲学上的革命变革的关系,由此对现代西方哲学的实际所是作出体现马克思主义的求实精神的客观和准确的评价。第二,分析马克思和恩格斯在什么条件下、出于什么原因对现代西方哲学作出否定性评价,他们的这些评价与他们的学说本身在本质上是否一致? 这两方面是不可分割的。没有前一方面的研究作为基础,很难对后一方面作出正确解释,而后一方面的正确解释,将会帮助我们更深刻地理解前一方面问题的意义。

二、重新认识现代西方哲学及其与马克思主义哲学的关系

关于第一方面的问题,近年来我从不同角度提出了如下三个基本观点。

第一,现代西方哲学的出现是西方哲学发展史上哲学思维方式(涉及哲学研究的前提、基础、方法、目标、基本理论架构等)的一次新的重要转型,主要表现为多数哲学流派都以自己特有的方式、在不同程度上企图超越(不是简单否定和抛弃、而是超出界限)近代哲学思维方式,后者以主客心物等二分为前提,以倡导和颂扬与信仰相对立的理性为旗号和基础,以建立关于整个世界的本质的理论体系为目标,以基础主义、本质主义等为理论特征,以认识论的转向的实现为主要表现形式。他们由此使哲学研究在不同意义上从抽象化的自在的自然界或绝对化的观念世界返回到人的现实生活世界。他们企图以此摆脱近代哲学因脱离人的现实生活和实践而陷入的独断论和怀疑论等困境,为哲学的进一步发展开辟新的道路。他们的哲学总的说来更能体现这一时期西方社会各个方面发展的状况,具有重要的进步意义。西方哲学由近代转向现代标志着它发展到了一个新的、更高的阶段,而不能像过去那样简单将其归结为由唯物主义和辩证法转向唯心主义和形而上学,由进步转向反动。

第二,马克思在哲学上的变革是哲学史上最伟大的革命。马克思不仅比现代西方哲学家更彻底和全面地超越了具有上述特征和倾向的近代哲学,而且最为明确地为西方哲学的进一步发展指出了现实的道路。他不再企图从被绝对化的观念或脱离与人的牵涉的自在自然界出发来构建关于整个世界的严密完整的理论体系,而是在坚持唯物主义的基本前提下直面人的现实生活和实践。

自然界是与人发生交互作用的自然界,人是处于现实社会生活中的人。马克思由此进一步建立了他的唯物史观,即历史唯物主义。马克思的哲学可以从不同角度分别用新唯物主义、实践的唯物主义、辩证唯物主义等名称来表示,但它们的基本含义相同,都是把社会实践观点当作其整个哲学的首要的、基本的观点。只有通过以物质资料的生产劳动为核心的社会实践,才能形成人与人之间的各种社会关系,才能有人与自然的交互作用,才能解决主客心物等关系问题;只有通过社会实践,才能充分发挥人的能动性和创造性,促进人的自由和全面发展。马克思正是通过对人的社会实践的意义的深刻揭示和全面阐释彻底地实现了对近代哲学的超越。

第三,从批判近代哲学的种种片面性和局限性、建立一种强调人的现实生活和实践以及发挥人的自主能动性和创造性为特征的哲学来说,马克思在哲学上的革命变革与西方哲学的近现代转向可谓殊途同归,都是具有划时代意义的哲学思维方式的转型。但二者无论在理论上和社会作用上都有原则区别。西方哲学家不可能把哲学的变革与对西方资本主义的革命改造结合起来,他们的哲学必然在不同程度上与现实脱节,由此必然存在各种不彻底性和片面性,陷入各种矛盾和危机。马克思作为无产阶级革命的伟大导师,自觉地把在哲学上的革命变革与无产阶级的现实的革命要求有机地结合在一起,从而克服了西方哲学家无法避免的种种不彻底性和片面性。他既超越了西方近代哲学,也超越了西方现代哲学。马克思不仅为哲学发展指出了崭新的方向,而且通过这种哲学的建立而揭示了社会发展的新方向。因此马克思所开辟的哲学发展道路是当代哲学发展的唯一正确的道路。

上述观点在我的《新编现代西方哲学》一书导论以及近几年发表的一些论文中分别作了较为详细、具体的论证。为了减少重复,此处仅作以上概述。我当然知道,我的这些观点,特别是关于西方近现代哲学的转型意味着西方哲学发展到了一个新的、更高的阶段、与马克思在哲学上的革命变更殊途同归的观点,与我国哲学界中以往流行的观点有很大差别,明确提出这些观点存在风险。既然我确信自己是以马克思主义来指导自己的研究,是以促进马克思主义哲学的创新和发展为宗旨,对这种风险也就坦然了。

而且我提出这些观点经过了认真探索,力图使之较有充分的根据。我在研究西方各派哲学从近代到现代的转化时非常注意它们的个性,但也注意它们的共性,即将各派特殊具体理论加以分析,找出其中具有普遍性的倾向。我由此发现,尽管西方各派哲学从近代到现代的转化都是通过曲折和漫长的道路实现的,而且都存在着各种片面性和不彻底性(包括各种形式的主观主义、相对主义、非理性主义等),但它们在"语言的转向"、"后形而上学的转向"、"生活和实践的转向"、"存在论的转向"、"生活世界的转向"、"历史和人学的转向"、"后现代的转向"等等名目下实现的转向,都在不同程度上超越了近代哲学那种绝对理性主义或抽象自然主义等界限,在不同意义上转向了人的现实生活世界,使哲学发展进入一个新的阶段。而这种转向在哲学发展的根本方向上与马克思在一百多年前所实现的哲学上的革命变革有着重要的共同之处。最近几十年来,海德格尔、萨特、德里达、哈贝马斯、福柯等人不约而同地肯定马克思开辟了现代哲学发展的道路不是偶然的,毋宁说是由于他们也认识到了许多现代西方哲学家的新理论归根到底没有超越马克思的眼界。

由于有了对西方近现代哲学转型的上述新的认识,当我回头来重新研读《关于费尔巴哈的提纲》、《1844年经济学哲学手稿》、《德意志意识形态》、《资本论》等马克思的著作时,我就觉得自己的理解比过去要深刻和具体得多,特别是较有能力把马克思本人的学说与后人在"马克思主义哲学"名义下对它的误解和扭曲区分开来。由此对他在哲学上的革命变革的意义就有了新的认识,而这种认识又指引我更好地重新认识西方哲学。

三、重新评价现代西方哲学的循序渐进的历程

我对第二方面的问题的体会与我对我国马克思主义哲学和现代西方哲学研究的进步的曲折历程的认识一致,因此我想将二者结合起来讲。

你对马克思主义经典作家关于现代西方哲学的否定性评价作了相当全面

和具体的引述。长期以来,这些评价被当作体现马克思主义对待现代西方哲学的态度的权威论断。这在一定程度上助长了对本学科简单否定的倾向。你谈到的十月革命后俄国的无产阶级文化派和中国"文化大革命"中的"四人帮"在这方面当然是登峰造极;不过在不同时期和不同国家中,在持"正统"立场的马克思主义者中也都在不同程度上有这种倾向。由于这种倾向已影响深远,要克服它,既要重新研究马克思主义哲学和现代西方哲学,摆脱各种对它们的偏离或扭曲,更要重新探究经典作家对现代西方哲学作出否定性评价的历史背景和本来意义(例如其具体所指),避免把他们在特定历史条件和特定范围内所作的评论普遍化和绝对化。这些都不可能一蹴而就,必然要经历一个较为曲折的过程。

改革开放以来,随着对"左"的思潮的批判,大家越来越发觉以往全盘否定现代西方哲学不符合其实际所是,也不符合马克思主义经典作家所再三强调的求实原则,因而纷纷要求作重新评价。但在具体做时大家又深感问题较多、较复杂。原因是多方面的,其中最主要的是人们难以很快摆脱沿用已久的理论框架和评价模式的影响,在认识和评判现代西方哲学时仍然自觉或不自觉地将其纳入这种框架下。马克思主义经典作家对同时代的哲学流派所作的那些否定性评价依旧引为权威论据,而较少去考虑他们作如此评价的特殊时代背景及因此造成的局限性,更不敢作出与之不同的评价。这种状况在西哲研究同行中相当普遍,特别在 80 年代初如此。我自己就有过这种经历。

20 世纪 70 年代末我整理《现代西方哲学》书稿时,已接触了较多原始材料,开始感觉到过去对现代西方哲学简单否定有失于偏,因此有心把这部书编写得较客观些。80 年开审稿会时,两位老前辈建议我着力把现代西方各派哲学本身的理论讲清,不要勉强用马克思主义去批判。我也觉得生硬地批判不妥,但又强烈感到"左"的影响在当时中国的意识形态领域还较严重。如果本书对西方哲学流派只作纯客观介绍,不作批判,可能会被人指责为放弃和违背马克思主义,宣扬资产阶级腐朽思想。作为权宜之计,我基本上采用了当时仍被普遍采用的批判模式,把所能找到的经典作家批判同时代西方哲学的言论大都引用上了。后来事态的发展证明了我的担心不是多余的。尽管本书并未越出"左"的批判模式的界限,却仍一度被某些权威人士视为散布资产阶级精神污染的典型。

不过改革开放在我国毕竟已是主流。越来越多的人不赞成对本学科简单否定,主张至少应当肯定其中可能包含的唯物主义和辩证法的因素以及许多知识材料。一些学者甚至已开始设想是否应当越出把现代哲学发展史归结为唯物主义和辩证法反对唯心主义和形而上学的斗争史这个流行已久的哲学思维模式的界限,在更广宽的基础上对现代西方哲学重新作出评价。这当然需要对现代西方哲学及其各个流派作扎实可信的个案研究,更需要排除长期以来对的马克思主义的各种扭曲,重新认识它的本来意义。尽管这样做困难很多,但大家都在朝这方面做出努力,我个人也是如此。

我这些年一直关注不断修订那本《现代西方哲学》。本书 1981 年初版的缺陷,除了内容介绍上不够全面和准确外,最主要的是未能摆脱"左"的评价模式,而这也正是当时国内本学科研究中的主要缺陷。从 80 年代中后期做第一次修订起,我重点思考的就是如何突破"左"的评价模式,贯彻马克思主义的求实原则。

作为投石问路,我在 1986 年发表了《重新评价实用主义》一文。这主要是考虑到我国哲学界长期以来在对现代西方哲学的批判中实用主义都被首当其冲。"帝国主义反动哲学"、"主观唯心主义"、"市侩哲学"、"诡辩论"等坏名声都被加于其上。我个人对实用主义作过较多研究,发觉实际情况并非如此。为了改变人们对它的偏见,我故意用了"不能把实用主义归结为帝国主义反动哲学"、"实用主义不是十足的主观唯心主义"、"不能把实用主义归结为市侩哲学"、"不能把实用主义归结为诡辩论"作小标题。我估计可能遭到批判,但我想任何批判总得根据事实,而我相信自己能根据有关实用主义的事实来澄清是非,如果我能成功地澄清实用主义的是非,那对澄清其他流派的是非也会有较大帮助。

使我感到意外的是此文并未引来麻烦,反而得到一些同行的赞许。这给了我很大鼓舞,使我在 1990 年出版的《现代西方哲学》修订本中对其他哲学流派也敢于抱较为客观和求实的态度,并在一定程度上突破了旧有的理论框架和批判模式。例如我已尝试不单以唯物唯心来为各派哲学划界和定是非,而是尽可能对之作出具体分析。对于近现代西方哲学及其与马克思主义哲学的关系,尽可能提出一些新的看法。尽管我还未敢、更确切地说还无多大把握从理论上对马克思主义经典作家的那些否定性评价作出适当的解释;但我已不再根据他们在特定条件下的论断,而主要是根据现代西方哲学流派的实际所是对其作出新的评价。例如,对为马克思和恩格斯所批判过的孔德等人的实证主义、叔本华等人的非理性主义、朗格等人的新康德主义,列宁所批判过的马赫主义和实用主义等流派,在某些方面我都作了肯定。更主要的是:我已大体上肯定了西方哲学由近代转向现代是进步,不是倒退。尽管由于我在这方面的研究不充分,有关这方面的论述自然不很明朗、透彻;但专家和读者对我的工作的认可,鼓舞我朝这方面继续做出努力。

90年代以来,我国的马克思主义哲学和现代西方哲学研究都取得了新的重大发展。马克思主义哲学的被教条化和僵化的理论框架虽未完全被冲破,但坚守者已是很少了;对现代西方哲学的深入具体的研究除了本专业学者外,也越来越引起马克思主义哲学家的重视,他们越来越多地将这方面的知识运用于促进马克思主义哲学的创新。将二者结合起来进行研究可谓正成为不可逆转的潮流。我个人一直力图顺乎这一潮流,甚至企图能起某种推动作用。我关于这两种哲学的关系的上述三个基本观点正是由此提出的。在《现代西方哲学》修订本中,为了避免与流行的批判模式直接发生冲突,我对一些哲学流派所作的新的评价往往还只能隐约地提出;而在2000年出版的《新编现代西方哲学》中,我在导论中就明确提出了要超越以往流行的理论框架和批判模式,对上述三个基本观点也有较为集中的论述。

四、用求实和发展的观点看待马克思主义经典作家的评价

应当看到,即使是在最近几年,研究这两种哲学的学者在谈论二者的关系上思想似乎还未完全放开。许多马克思主义哲学家已在大量借鉴现代西方哲学的优秀成果,他们提出的许多具有创新意义的观点有的源于相关现代西方哲学,但有时却避免直接引述它们,也避免触及马克思主义经典作家对西方哲学

的否定性评价。研究现代西方哲学的学者早已不援引这些评价,但也避免谈论其是非。存在这种现象的原因主要已不再是对这两种哲学缺了解,更多地是政治和意识形态上的顾忌。毕竟还有人习惯于把经典作家在特定历史条件下所作的论断当作评价现代西方哲学的根据,把借鉴现代西方哲学视为偏离马克思主义,甚至仍简单地把"西化"、"资产阶级自由化"等现象的出现与西方思潮的研究联系起来。为了避免与他们争论,大家宁肯出言谨慎。这些年的经验证明:避开争论,这两种哲学的研究仍可取得进步。在条件不具备时这种回避甚至是必要的。"左"的倾向在我国的影响实在太深了,在思想文化方面提出的观念稍有"超前"反而可能导致退步。

然而,回避争论毕竟只能是权宜之计。只要马克思主义经典作家关于现代西方哲学的那些否定性评价的缘由和是非没有得到适当解释,它们必然不断引起人们的关注和争论,而这必然会影响这两种哲学的关系问题的正确解决。因此只要条件允许,就应当通努力对这些否定性评价作出适当解释。只要是抱着坚持和维护马克思主义的目标,那对于一切与实际所是不符、与现实发展脱节的理论和论断,哪怕是马克思主义经典作家提出的论断,都不应再坚持,而应按照现实发展的实际状况对它们加以纠正。

马克思主义经典作家都强调不要把他们的理论当作教条,而应当作行动的指南。恩格斯曾强调不能把马克思的个别论点绝对化,因为马克思提出这些论点时"只是把它们看作相对的,只有在一定的条件下和一定的范围内才是正确的"[1]列宁也指出:"我们决不把马克思的理论看作某种一成不变的和神圣不可侵犯的东西"[2]。针对我国各个领域(包括政治思想领域的状况)"左"的教条主义仍然产生危害的状况,江泽民总书记在纪念党的 80 周年的重要讲话中特别指出:"如果不顾历史条件和现实情况的变化,拘泥于马克思主义经典作家在特定历史条件下、针对具体情况作出的某些个别论断和具体行动纲领,我们就会因为思想脱离实际而不能顺利前进,甚至发生失误。这就是我们为什么必

---

[1] 《马克思恩格斯全集》第 39 卷,人民出版社 1974 年版,第 80 页。
[2] 《列宁选集》第 1 卷,人民出版社 1995 年版,第 274 页。

须始终反对以教条主义的态度对待马克思主义理论的道理所在。"[1]因此,如果说过去由于受到"左"的政治和意识形态的干预,使大家无法按照马克思主义经典作家的教导纠正他们的一些不尽符合新的历史条件的论断,现在应当说已经具有这样的条件了。

马克思和恩格斯对同时代西方哲学作出否定性评价的时期大致是19世纪中下期。当时正是欧洲主要资本主义国家的社会阶级矛盾已明显暴露并日益激化的时期,无产阶级已由资产阶级反封建的同盟军发展成了一支独立的政治力量,从自在阶级变成了自为阶级。它与资产阶级的矛盾已上升为社会主要矛盾。马克思和恩格斯作为无产阶级的革命导师关注的是如何动员和领导无产阶级去进行反对资本主义制度和资产阶级统治的斗争。他们当时认为资本主义已经腐朽没落,社会主义革命在西方主要资本主义国家同时取得胜利的时期即将到来。1848年发表的《共产党宣言》的基本思想就是宣布资产阶级的统治和资本主义制度的必然灭亡以及无产阶级革命及和共产主义新社会的必将实现。"资产阶级不能统治下去了","它的存在不再同社会相容了"、"资产阶级的灭亡和无产阶级的胜利是同样不可避免的"。[2]

正因为如此,在哲学和思想理论上,马克思和恩格斯所关注的同样是在批判继承以往优秀哲学遗产的基础上建立关于无产阶级革命的世界观和方法论的理论,并非常自觉地与同时代的一切资产阶级哲学理论(包括各种改良主义和空想社会主义等其他形式的社会主义理论)严格划清界限,甚至与之针锋相对。《宣言》和他们当时的其他论著都体现了这种倾向。这具体表现在:他们无论是对孔德等人的实证主义思潮,还是叔本华等人的非理性主义哲学思潮以及一切以继承休谟和康德、黑格尔等近代哲学的某些成分结构起来为特征的同时代的哲学,一律采取坚决否定的态度。正像他们当时并未考虑这些国家的资产阶级是否还能对现存社会作出某些有效的改革、从而在一定程度上尚能推动社会进步一样,他们同样没有去深入研究这一时期的资产阶级哲学家是否还能够

---

[1] 江泽民:《纪念中国共产党成立八十周年》(2001年7月1日)。
[2] 《马克思恩格斯选集》第1卷,人民出版社1960年版,第263页。

对陷入困境的西方近代哲学作出某种具有积极意义的改造,是否还能够提出某些合理的思想、对西方资产阶级的哲学的进步还能够作出某种贡献。出于资本主义行将灭亡的预计,这些问题实际上处于他们的视野之外,更不会为他们所特别关注。总的说来,他们对同时代西方哲学家的态度主要是着眼于这些哲学家及其理论与当时工人运动的关系,哲学斗争直接服从于当时的政治斗争。

例如,马克思曾多次提到并批判过孔德。他在 1866 年 7 月 7 日给恩格斯的一封信中谈到:"我现在在顺便研究孔德,因为对于这个家伙英国人和法国人都叫喊得很厉害。使他们受迷惑的是他的著作简直像百科全书,包罗万象。但是这和黑格尔比起来却非常可怜(虽然孔德作为专业的数学家和物理学家要比黑格尔强,就是说在细节上比他强,但是整个说来,黑格尔甚至在这方面也比他不知道伟大多少倍)。而且这种腐朽的实证主义是出现在 1832 年!"[1]在为总结巴黎公社起义的经验教训而写的《法兰西内战》初稿中,有一节《工人和孔德》,其中谈道:"巴黎工人知道,孔德在政治方面是帝国制度(个人独裁)的代言人;在政治经济学方面是资本家统治的代言人;在人类活动的所有范围内,甚至在科学范围内是等级制度的代言人;巴黎工人还知道,他是一部教义问答的作者,这部新的教义问答用新的教皇和新的圣徒代替了旧教皇和旧圣徒。"[2]前一段话批判的主要是孔德企图建立的无所不包的实证主义体系,而这正是孔德哲学中最消极的部分。在以黑格尔的无所不包的绝对理性主义为顶点的近代体系哲学因与现实严重脱节而陷入不可解救的困境以后,孔德却企图用新的形式建立体系哲学,可以说是哲学上的一种倒退。马克思的这段话鲜明地体现了他对体系哲学的否定态度。然而,孔德哲学中所包含的对黑格尔的绝对理性主义批判和反形而上学立场,孔德之要求对社会现象进行实证研究及由此成为社会学创始人的作用,却完全没有为马克思所提及,说明他根本没有考虑这一方面。至于后一段话,则更明显地表现出马克思完全是从总结巴黎公社起义中孔德理论对工人运动的消极作用的角度来评价孔德的。这种批判必然是一种否

---

[1] 《马克思恩格斯全集》第 31 卷,人民出版社 1972 年版,第 236 页。
[2] 《马克思恩格斯选集》第 2 卷,人民出版社 1957 年版,第 423—424 页。

定性的政治批判。

恩格斯把叔本华的哲学归结为 1848 年革命失败后德国资产阶级消沉颓废情绪在哲学上的反映,是"适合于庸人的浅薄思想"[1]。后来忠实于恩格斯观点的梅林对这种评价作了较为具体的解释和发挥:"叔本华的悲观主义证据如此可怜,资产阶级在尚有一丝勇气的时候,从来对它讥笑不已。但当资产阶级在五十年代中挨了官僚封建反革命势力一顿痛揍而感到头痛的时候,这种悲观主义对它就非常适合了。"[2]这里的批判同样只是一种从当时工人运动出发作出的政治批判。至于叔本华对黑格尔等传统绝对理性主义的批判以及在一定程度上对人的精神活动中现实具有的非理性方面的揭示在西方哲学发展史上的作用,则被完全忽视了。

马克思和恩格斯对同时代的各种哲学流派和思潮都是密切关注的。但他们从参与并领导无产阶级的革命斗争起,观察这些哲学的着眼点就是它们在这一斗争中所起的作用。恩格斯的《反杜林论》对杜林的理论作了深入系统的批判,就是因为杜林当时在"作为社会主义的行家,同时兼社会主义的改革家"的伪装下抛出了一个将对工人运动在各方面都将造成极大损害的体系,才促使恩格斯不得不放下其他工作而给予回驳。马克思和恩格斯都曾批判新康德主义者朗格,主要原因就是朗格直接卷入了工人运动,而马克思和恩格斯的批判主要是朗格的《工人运动》一书中所表述的观点,而较少涉及其他方面。至于一些不直接被用来攻击马克思主义和工人运动或不对后者直接产生损害的哲学流派,他们大都未去作深入系统的研究,也未去作系统的批判;即使批判,也大都较为笼统,或者只涉及其中的个别观点。总的说来,马克思和恩格斯对同时代西方哲学流派的批判大都是,至少主要是政治批判。其实,后来列宁也是如此。他之所以写作《唯物主义和经验批判主义》并对马赫主义作激烈批判,就是因为当时俄国的一些自命为马克思主义者的人用马赫主义来取代马克思主义,对当时的工人运动产生了极大的危害。关于如何评价列宁的这一批判,牵涉面较

[1] 《马克思恩格斯选集》第 3 卷,人民出版社 1956 年版,第 467 页。
[2] 梅林:《文艺批评论文集》,1934 年俄文版第 2 卷,第 500 页。

大,此处从略。

从维护革命无产阶级的思想统一、不受敌对阶级在哲学和社会思想上的消极影响来说,马克思主义经典作家对他们同时代的西方哲学流派采取否定态度是可以理解的。因此我倒并不认为他们的这种态度同他们一贯坚持的对意识形态的历史唯物主义的分析相抵触。相反,我认为他们对当时哲学等意识形态状况的态度与他们对当时资本主义现实社会的分析恰恰是一致的。如果当时西方资本主义制度和资产阶级的统治像他们当时分析的那样不可能再存在下去了,那他们对西方哲学等当时的西方资产阶级意识形态怎么可能采取肯定的态度呢!

五、马克思主义经典作家的与时俱进的态度

然而,尽管他们在《共产党宣言》等论著中对资本主义发展的总的规律和总的趋势的揭示以及由此得出的资本主义必然灭亡、社会主义必然胜利等论断完全正确,但对于这个"灭亡"和"胜利"的过程究竟如何估计,特别是何时具体发生,他们当时掌握的材料远非充分,由此作出的判断难于准确。事实上,西方资本主义后来的演变过程出乎他们当年的预计,它在相当长的历史时期内还存在继续发展的活力。与之相适应,从理论上体现这个社会的发展的西方现当代哲学,也比马克思和恩格斯当年所设想的要复杂得多,通过不断寻找新的发展方向和道路,它们同样能够在曲折中超越近代哲学而继续获得发展,甚至是极为重要的发展。而对于这种发展,马克思和恩格斯当时没有,也不可能去探讨。也正因为如此,要合理解释他们对同时代西方哲学采取否定态度,关键在于正确认识19世纪中下期以来西方资本主义及与之相适应的哲学等意识形态发展中出现的特殊情况。

19世纪中期以来西方资本主义内在矛盾和危机的暴露以及它们在某些情况下的激化,的确显示了资本主义走向灭亡的趋势。当时各国资产阶级及其思想家在不同程度上也察觉到了这种趋势,有的人甚至已在惊呼"西方的没落"。为了维持资本主义制度的生存和发展,他们纷纷在寻找解救的办法。各种在不

触动资本主义基本制度而又对之作出某些改造的理论和方案(包括倡导以发展科学技术和实行产业革命为特征的"新启蒙主义"和各种类型的社会改良主义)先后出现。由于它们都不过是在资本主义范围内进行的自我调节,与无产阶级的革命理论相对立,马克思和恩格斯对之采取了批判态度。然而从现实的历史发展过程看,应当承认它们在一定范围和时期内起了缓和资本主义的矛盾,至少是延缓资本主义的灭亡的作用,甚至在某些方面能在一定程度上促使资本主义继续有所发展,并为过渡到社会主义和共产主义创造了更为有利的条件。

对资本主义后来尚具有一定活力的事实,恩格斯晚年就有所察觉。他肯定他和马克思在《共产党宣言》中揭示的资本主义的发展及其必然灭亡的规律的正确性,但同时也明确承认他们对资本主义继续发展的潜力估计不足。例如他说,在 1848 年爆发欧洲资产阶级革命那种情势下,"我们不可能有丝毫怀疑:伟大的决战已经开始,这个决战将在一个很长的和充满变化的革命时期中进行到底,而结局只能是无产阶级的最终胜利。……历史表明我们也曾经错了,暴露出我们当时的看法只是一个幻想。历史走得更远:它不仅打破了我们当时的错误看法,并且还完全改变了无产阶级借以进行斗争的条件。1848 年的斗争方法,今天在一切方面都已经过时了。……历史表明,我们以及所有和我们有同样想法的人,都是不对的。历史清楚地表明,当时欧洲大陆经济发展的状况还远没有成熟到可以铲除资本主义生产的程度;历史用经济革命证明了这一点,从 1848 年起经济革命席卷了整个欧洲大陆,在法国、奥地利、匈牙利、波兰以及最近在俄国刚刚真正确立了大工业,而德国简直就成了一个头等工业国,——这一切都是以资本主义为基础的,可见这个基础在 1848 年还具有很大的扩展能力。"[1]马克思和恩格斯一直对资本主义社会不断进行观察,注意研究它的新变化。例如,随着资本主义的发展,出现了股份公司,他们随即对之作了研究,并指出资本主义的股份企业,也和合作工厂一样,应当被看作是由资本主义生产方式转化为联合的生产方式的过渡形式。[2]

---

[1] 《马克思恩格斯选集》第4卷,人民出版社 1995 年版,第 509—513 页。
[2] 《马克思恩格斯选集》第2卷,人民出版社 1995 年版,第 520 页。

与在社会政治和经济等方面进行资本主义范围内的改造(自我调节)相适应,西方各国资产阶级在哲学上也在进行着各种改革。19 世纪中期以来西方哲学中所发生的重大变革,特别是我们上面谈到的西方哲学所实现的从近代到现代的转型,正是这种改革的集中表现。马克思和恩格斯对同一时期的西方资产阶级哲学中所发生的变革之未作肯定,而基本上采取否定态度,主要原因就在他们当时估计资本主义行将灭亡,资产阶级的哲学也必然失去进步意义。他们既没有去考虑西方资本主义可以通过自我调节而能在一定范围内摆脱危机、获得进一步发展的空间,也没有去研究当时的资产阶级哲学家通过对陷入矛盾和危机的近代哲学的批判和超越而可以为哲学的发展开辟新的道路,获得新的进步。这当然意味着他们未能超越当时欧洲资本主义发展的复杂性所决定的时代的局限性。上面所提到的恩格斯所说"历史表明我们也曾经错了",这既适用于他们对当时西方资本主义的估计,也适用于他们对当时的西方资产阶级哲学的估计。

但是我们更应当看到,作为无产阶级的革命导师的马克思和恩格斯,在哲学上也如在其他方面一样具有与时俱进的品格。他们一直在关注资本主义发展所出现的新的情况,及时调整他们对无产阶级革命事业的策略。上面谈到,恩格斯晚年看到工人阶级斗争条件的根本变化而肯定他们在资本主义制度范围内争取普选权的意义,并认为旧式的武装起义过时[1]。同样,他们也一直关注资本主义发展条件的变化在哲学等意识形态方面的影响。例如恩格斯就指出了随着资本主义的发展在道德方面的进步。"资本主义生产越发展,它就越不能采用作为它早期阶段的特征的那些小的哄骗和欺诈手段。……这些狡猾手腕在大市场上已经不合算了,那里时间就是金钱,那里商业道德必然发展到一定的水平"[2]

当然,资本主义在道德领域的变化只是从一个角度体现了其在哲学上的变化。19 世纪中下期西方哲学中的变革尽管具有哲学思维方式的根本性变革或转型的意义。但这种变革和转型基本上是由资产阶级思想家在处于重重矛盾

---

[1] 参见《马克思恩格斯选集》第 4 卷,人民出版社 1995 年版,第 516—518 页。
[2] 同上书,第 419 页。

和危机的资本主义制度内部进行的,它们在政治倾向上必然(至少归根到底)以某种方式在不同程度上体现资产阶级反对无产阶级革命的要求,在哲学理论本身上也必然包含着深刻的矛盾和各种片面性。这种变革和转型的过程是一个非常复杂而又充满着种种曲折(其中有时还包含着各种类型的倒退)的过程。因此它们不仅不可能与马克思的革命哲学相提并论,甚至连它们本身也往往难以清楚明白地表现出来,人们对之可以作出不同的,甚至相反的解释。实证主义、唯意志论、新康德主义等马克思和恩格斯所批判过的流派虽然已具有现代哲学的某些特征,但又仍然带有近代哲学的某些印记,人们完全可以据以将其列入唯心主义或形而上学范围。事实上,不仅马克思主义者从反对资本主义制度的角度出发对它们加以批判,在它们内部也存在着各种斗争,彼此指责对方为唯心主义或形而上学。西方哲学由近代到现代的转型只有到 20 世纪,随着分析哲学和现象学思潮的兴起,才有其相对明确的形式。而且即使是这些思潮,也仍然具有各种不彻底性。马克思主义者既要抱着求实的态度,肯定它们对于近代哲学的进步,特别是在促进现代资本主义各个方面发展中的意义,又要揭示和批判它们存在的种种片面性和局限性,并由此更加确信只有具有与时俱进品格的马克思主义哲学才能代表当代哲学发展的正确方向。

*　　　*　　　*　　　*

我上面提出的一些想法当然没有很好地回答你所留下的问题,顶多只能说是我在这方面所作的一些初步探索,其中很可能存在错误,很希望听到你的意见,更希望我们之间的讨论能引起学界对这方面问题的重视,共同来求得正确的解决。

刘放桐,2002 年 2 月 15 日

(原载《学术月刊》2002 年第 8 期,《中国社会科学文摘》2002 年第 6 期转载)

再论如何看待马克思和恩格斯对同时代西方哲学的否定

——对一种复旧性观点的回应

一、为什么要再次谈论马恩对同时代西方哲学家的否定评价

几年以前,我和北京大学陈启伟教授以学术通讯的形式就如何看待马克思主义经典作家对同时代西方哲学的否定作过一次讨论。陈启伟教授在给我的信中对以往我国哲学界全盘否定现代西方哲学的来龙去脉作了具体考察,对马克思主义本质上反对任何一种宗派主义的态度作了深刻的理论分析。他的论述体现了我国哲学界绝大多数人的观点。经过改革开放以来对马克思主义的重新学习和对现代西方哲学的重新研究,大家都认识到对现代西方哲学简单否定既不符合马克思主义的意识形态理论和马克思主义经典作家一贯强调的求实态度,更不符合现代西方哲学发展的实际状况。

然而大家又都知道,马克思和恩格斯当年对同时代西方哲学家的确大都作了否定评价,这种否定被后来一些马克思主义学者当作全盘否定现代西方哲学的重要理论根据。为了在新的历史条件下用发展着的马克思主义观点对现代西方哲学作出符合客观实际的新评价,克服以往简单化的全盘否定态度,就不能再把马克思和恩格斯当年在特定社会历史条件下对特定理论所作的评价的适用范围扩大化。但如果没有对这些评价作出合理解释而简单地抛弃它们,就可能引起人们对马克思主义的误解,也可能被认为背离马克思主义。因此,近

些年来许多同行专家在谈论现代西方哲学时往往避免直接涉及这些评价,有的专家甚至避免提及与马克思主义哲学的关系。这种回避的确可以暂时摆脱一些困扰。但如果我们肯定中国的现代西方哲学研究应当用马克思主义来指导,那我们实际上无法避开这些评价;应当将其与马克思和恩格斯当时面对的阶级斗争的形势结合起来思考,揭示坚持马克思主义的基本原则与在特殊历史条件下对同时代的西方哲学作出否定评价之间的联系和区别,由此证明坚持马克思主义的基本原则不仅不排斥,而且需要在新的历史条件下对现代西方哲学作出新的评价。陈启伟教授的信除了<u>上述考察</u>和分析外,最重要的就是把如何看待马克思恩格斯对同时代西方哲学的否定评价问题明确地提了出来。

对经典作家对同时代西方哲学家的否定性评价问题,同行专家大都早已在思考。我因为近十多年来较多从事马克思主义哲学和现代西方哲学的比较研究,更无法回避这个问题,对此也早已有些看法,因不成熟而未提出。陈启伟的信促使我对之进一步思考,并把初步看法提出来供大家讨论。

简单说来,我认为马克思和恩格斯对哲学等同时代资产阶级意识形态的否定是在无产阶级和资产阶级已正式成了敌对阶级、二者之间的阶级斗争在理论和实践上都已采取了日益鲜明和带有威胁性的形式(突出地表现在无产阶级准备发动,甚至已经发动推翻资本主义的革命)的情况下作出的。在这种特定条件下,为了保证无产阶级在政治上和理论上不受资产阶级思想家的影响,马克思和恩格斯只能将当时的西方哲学当作敌对阶级的意识形态而加以批判,而不可能去深入研究和具体分析这些哲学是否和怎样超越了近代哲学的某些局限性。但这并不表示他们后来没有看到由产业革命推动的欧洲资本主义出现的新发展,更不表示他们否认后来在阶级斗争相对平静的新的历史条件下对资产阶级思想家的理论应当重新作出研究和评价。因此不能把他们在特定情况下对同时代西方哲学家的否定绝对化,当作评价现代西方哲学的普遍原则;而要以他们一再强调的与时俱进的观点,具体地分析变化着的资本主义社会和资本主义意识形态,以唯物史观的求实的态度具体地揭示它们的是非成败,从中吸取经验教训。我正是按照这种观点给陈启伟教授写了一个回复。征得他的同意,我将他的信和我的回复交给上海《学术月刊》,分别以《如何看待马克思、恩格斯对现代西方哲学的评价》和《也谈马克思主义经典作家对现代西方哲学的否定性评价》为题发表于该刊 2002 年第 8 期,《中国社会科学文摘》同年第 6 期对两文都作了详细转载。

据说我们的讨论在研究现代西方哲学的同行专家中获得了较广泛的认同。我在往后几年发表的几篇文章从不同角度进一步阐释了这方面的观点,也没有看到有不同意见的文章发表。我当然相信学界对如此敏感的问题肯定会有不同意见。事实上,有一位从事马克思主义哲学研究的老专家曾多次写信给我表示不赞成我对重新评价现代西方哲学的见解,认为现代西方哲学仍然只能定性为唯心主义和形而上学,谈不到它们对近代哲学有重要进步。作为一个年过八旬的老人,因跟不上我国马克思主义哲学和现代西方哲学研究的进步而恪守旧的模式,这并不奇怪。由于他已淡出学界,他的守旧意见不会对学界产生影响。

但是,我在两年前办理一项课题结项时由主管部门转达的一位评审专家的意见却引起我高度关注。评审专家对课题成果提出不同意见本来很正常。然而这位专家却以武断、断章取义的方式把书稿关于马克思主义哲学和现代西方哲学的比较研究的论述简单地定性为将这两种哲学相提并论。尤为使我关注的是:他把马克思《资本论》第一卷第二版跋中那段在特定历史情况下否定同时代资产阶级政治经济学的话引申和扩大当作评价现代西方哲学的普遍规则。他的主观意图可能是维护马克思主义,但结果只能是在马克思的名义下重新恢复对现代西方哲学的全盘否定。

这位专家的意见并未公开发表,更没有影响我的书稿的结项和出版(书稿早已结项并以《西方近现代过渡时期的哲学:哲学上的革命变更和现代转型》为名由人民出版社于 2009 年 3 月出版),因此我没有必要,甚至不适宜公开作答。但是我又强烈感觉到,这种意见在哲学界的少数人中有一定代表性。不仅上述老人的意见与之相似,后来我还受到过持类似立场的学者的批评。例如有人援引马克思和恩格斯分别批评过孔德和叔本华来指责我对这些人有所肯定是背离马克思主义。他们的意见究竟是否符合马克思主义,这不仅关系到对马克思和恩格斯在特定条件下的某些论断的理解,更关涉到怎样用发展着的马克思主义来指导我国现代西方哲学研究。如果肯定他们的意见,势必全盘否定改革开放以来我国学界在重新建设和评价现代西方哲学等涉外学科上的进步。这种明显的复旧性批评显然超越了我和他们个人之间的分歧,而涉及我国现代西方哲学等涉外学科研究的根本方向。因此我还是觉得应当就所涉及的问题向学界提出,以便通过公开讨论来提高对有关问题的认识。

二、《资本论》二版跋不是评价现代西方哲学的普遍标准

在研究和评价现代西方哲学上,大家的分歧也许并不在于是否肯定应当用马克思主义指导,而在于究竟怎样用马克思主义指导。改革开放以前对现代西方哲学的全盘否定大都是在坚持马克思主义的名义下进行的,往往也援引马克思主义经典作家的一些话语作为理论根据。然而由于对这些话语作了教条主义的扭曲,实际上偏离了马克思和恩格斯的本意。一些专家和学者所表现的对马克思的话的解释似乎与此类似。我并不怀疑他们有维护马克思主义的初衷,但认为他们不是用发展着的马克思主义观点来看待我国学界在重新研究和评价现代西方哲学上的进步,而是把马克思主义经典作家在特定情况下对同时代西方哲学的否定评价简单化和绝对化,他们的意见由此具有明显的倒退倾向。

关于马克思主义经典作家对同时代西方哲学的否定,我们在书稿中所阐释的理解不见得准确。专家们如果是以求实的态度与我们商榷,我们应当欢迎。遗憾的是:他们对此并没有作客观和具体的分析,而是把马克思和恩格斯在特定情况下的论断普遍化,引申为普遍适用的原则。其中最有代表性的是有人把马克思《资本论》第一卷第二版《跋》中有限定意义的论断扩大为评价哲学等现代西方思潮的普遍准则。理由是马克思"对现代西方哲学的评价所依据的却是西方资产阶级理论家在资产阶级取得政权以后,以利害代替是非作判断标准"。这样,《跋》中的相关话语就被当作评价现代西方哲学的普遍标准。为了明辨是非,最重要的是重新揭示马克思的这个《跋》中相关的话语的真实意义,特别是

马克思本人是否把《跋》中的话当作评价现代西方哲学的普遍标准。

被一些专家引为根据的是马克思《跋》中如下的话：

> 1830 年,最终决定一切的危机发生了。资产阶级在法国和英国夺得了政权。从那时起,阶级斗争在实践方面和理论方面采取了日益鲜明的和带有威胁性的形式。它敲响了科学的资产阶级经济学的丧钟。现在问题不再是这个或那个原理是否正确,而是它对资本有利还是有害,方便还是不方便,违背警章还是不违背警章。不偏不倚的研究让位于豢养的文丐的争斗,公正无私的科学探讨让位于辩护士的坏心恶意[1]。

马克思这段话主要涉及资产阶级古典政治经济学作为一门学科在法国和英国资产阶级取得政权后的状况。他明确地把他对资产阶级政治经济学的否定限定在 30 年代经济危机爆发以后"阶级斗争在实践方面和理论方面采取了日益鲜明的和带有威胁性的形式"的时期。对在此之前的资产阶级政治经济学,马克思没有简单否定,而是分别不同情况作了不同程度的肯定。例如他在《跋》中分析了 1820—1830 年间无产阶级和资产阶级的阶级斗争尚未激化的时期英国资产阶级政治经济学的活跃发展的情况以及它们在某种程度上的"公正无私的性质"。这时英国和法国的资产阶级革命都早已发生,但由于政治、经济等多方面的原因,资产阶级和无产阶级的阶级斗争还处于潜在状态。只有到 19世纪 30 年代经济危机爆发、资本主义内在矛盾被激化、资产阶级和无产阶级处于公开敌对地位的时候,资产阶级经济学才真正没落。至于在此之后资本主义是否能出现相对稳定的发展时期,资产阶级和无产阶级的敌对是否将一直处于公开的、激化的状态,《跋》中没有作具体论述,也没有否定这种可能性。从西方资本主义后来的实际发展看,19 世纪 70 年代以后出现了相对和平发展的时期,马克思和恩格斯后来也对此作过肯定。因此,马克思《跋》中的上述否定并不是

---

[1]《马克思恩格斯选集》第 2 卷,人民出版社 1995 年版,第 107 页。

他对资产阶级经济学的普遍否定,更不能将其扩大作为评价现代西方哲学的普遍根据。马克思在《跋》中除了论及他的辩证法和黑格尔辩证法的关系外,并没有直接涉及对同时代哲学的评价。笼统地将其引申作为评价现代西方哲学的根据,就更显得太牵强了。

恩格斯在《费尔巴哈与德国古典哲学的终结》中有一段话倒是直接针对1848年以后德国资产阶级哲学没落状况的。他说:"在包括哲学在内的历史科学的领域内,那种旧有的对在理论上毫无顾忌的精神已随着古典哲学完全消失了;取而代之的是没有头脑的折衷主义,是对职位和收入的担忧,直到极其卑劣的向上爬的思想。这种科学的官方代表都变成毫无掩饰的资产阶级的和现存国家的玄想家"。但恩格斯立即对之作了限定:"但这已经是在资产阶级和现存国家同工人阶级公开敌对的时代了"[1]。

资产阶级在取得政权以后成了统治阶级,阶级地位发生了根本变化,这使他们的意识形态的阶级倾向性也必然发生根本变化。马克思和恩格斯从革命无产阶级的立场出发明确地指出了这种变化,这与他们的历史唯物主义关于意识形态的理论也完全一致。谁忽视了这一点谁就可能背离马克思主义。因此马克思在《跋》和恩格斯在《终结》中对同一时期资产阶级意识形态的否定正是他们作为无产阶级革命导师的鲜明的阶级立场的体现。我们应当高度重视这些否定的深刻意义。但是我们同时应当注意马克思和恩格斯又对这些否定作了明确限定,他们并没有把这种否定当作对现代西方哲学等资产阶级意识形态的全盘否定,我们不能把这种否定当作评价这些意识形态的普遍标准。

把《资本论》第二版跋等马克思和恩格斯在特定历史时期对同时代某些西方资产阶级学者的否定当作是他们对整个现代西方哲学等资产阶级意识形态的全盘否定,除了不符合上面所提及的马克思和恩格斯本人所作限定外,至少还会碰到两个困难:一是难以与他们的历史唯物主义,特别是与他们关于意识形态的一些著名论断一致,另一是难以解释一百多年来西方哲学的实际状况。

---

[1] 《马克思恩格斯选集》第4卷,人民出版社1995年版,第258页。

下面我们再就这两点分别加以解释。

马克思主义在评价任何一种哲学时都不只是简单地从后者体现的阶级立场出发来判断,而是既关注其社会历史根源,又关注其思想理论根源。马克思在《路易·波拿巴的雾月十八日》中明确指出判定一种思想理论的阶级性并非指其思想家"原则上只是力求实现其自身的阶级利益",而是他的思想不能越出某个阶级的生活所不能越出的界限。就是说,标准不是直接的利害,而是归根到底的物质利益和阶级地位[1]。恩格斯在《终结》中说:"任何意识形态一经产生,就同现有的观念材料相结合而发展起来,并对这些材料作进一步的加工;不然,它就不是意识形态了,……人们头脑中发生的这一思想过程,归根到底是由人们的物质生活条件决定的,这一事实,对这些人来说必然是没有意识到的,否则,全部意识形态就完结了。"[2]恩格斯由此把哲学当作更高的即远离物质经济基础的意识形态,在这里,观念同自己的物质存在条件的联系,愈来愈混乱,愈来愈被一些中间环节弄模糊了。

其实,哲学等意识形态的社会历史根源也不能简单地归结为特定阶级的利害,而包含了整个时代全部社会阶级关系等复杂的社会历史条件。即使是阶级利害关系对意识形态的制约也只有在"阶级斗争在实践方面和理论方面采取了日益鲜明的和带有威胁性的形式"的年代才直接表现出来。李嘉图的政治经济学出现在英国资产阶级革命之后,而且他已"有意识地把阶级利益的对立、工资和利润的对立、利润和地租的对立当作他的研究的出发点",但由于当时"阶级斗争处于潜伏状态或只是在个别的现象上表现出来的时候,它还能够是科学"[3]。

这就说明,既撇开意识形态的思想理论背景,又将其阶级背景片面化,由此将马克思主义评价整个现代西方哲学的标准仅仅归结为"以利害代替是非作判断标准",是对马克思主义历史唯物主义关于意识形态理论的明显的

---

[1]《马克思恩格斯选集》第2卷,人民出版社1995年版,第33页。
[2]《马克思恩格斯选集》第4卷,人民出版社1995年版,第254页。
[3]《马克思恩格斯选集》第2卷,人民出版社1995年版,第106—107页。

扭曲。

从现实的方面说,如果把马克思恩格斯当年在特定条件下对经济学、哲学等资产阶级意识形态的否定性评价当作马克思主义评价它们的普遍原则,必然造成对往后一百多年西方经济学、哲学以及一切人文社会学科的全盘否定。这显然不符合这些学科发展的实际状况,也不符合马克思主义者从对这些西方学科的成败得失的研究中吸取经验教训,以便更好地丰富和发展马克思主义。这在经济学领域表现得特别突出。我国社会主义的市场经济当然不同于西方资本主义的市场经济,但前者在许多方面却又借鉴了后者。从学界到政府高层官员,对那些获诺贝尔经济学奖的学者的意见就非常重视。在哲学、社会学等众多学科领域也大体类似。社会学不仅是由与马克思和恩格斯同时代的孔德创立的,其众多分支学科都是由后来的资产阶级社会学家建立的,当马克思主义者意识到需要建立和发展社会学时,他们都不得不批判地借鉴西方社会学。就哲学本身领域说,西方哲学固然是资产阶级哲学,与马克思主义哲学有着原则区别,但它们毕竟在一定范围内体现了西方现代社会发展的成果,特别是自然科学等人类认识的成果,与西方社会各方面的发展密切相关。如果以马克思主义的名义对它们简单否定,不仅不能影响它们在西方世界发生作用,也不能取信于早已开始广泛接触它们的中国读者(特别是青年学生),反而会因不实事求是而败坏马克思主义的声誉,更谈不到从这些哲学的是非成败中吸取经验教训来丰富和发展马克思主义。

总之,把马克思和恩格斯当年在特定历史条件下对现代西方哲学的否定性评价看作是他们对整个现代西方哲学的普遍有效的评价,这种认识在理论上严重扭曲了历史唯物主义,在现实上明显不符合现代西方哲学发展的实际状况。以这种认识对待现代西方哲学研究,必然否定改革开放以来我国哲学界重新研究和评价现代西方哲学的积极成果,特别是将否定马哲界通过这种重新研究和评价在丰富和发展马克思主义哲学上所取得的成果,从而会使我国现代西方哲学研究引向背离真正的马克思主义的方向。在这种情况下,即使抱这种认识的人真正有维护马克思主义的动机,结果仍然只能是事与愿违。

三、以历史唯物主义的求实态度认识马恩对
同时代西方哲学家的评论

正因为把《资本论》二版跋中的某些话语绝对化、当作评价现代西方哲学的普遍准则的观点存在明显困难,我国哲学界很少有人会表示认同。最近十多年来国内学者似乎很少有人再援引这些话语来否定现代西方哲学。大家都主张以马克思主义的与时俱进的态度对一百多年来的现代西方哲学发展的实际状况重新作出评价,这意味着既划清马克思主义哲学和现代西方哲学作为无产阶级和资产阶级两个对立阶级的哲学之间的原则界限,又不简单否定现代西方哲学,而是从唯物史观出发对之作出求实的分析。我个人一直倡导这种观点,认为用马克思主义评价现代西方哲学的原则只能按照历史唯物主义关于意识形态的基本理论来确定。马恩在这方面有明确的论述。至于对他们在特定历史条件下对同时代西方哲学为什么主要作否定性评价,他们虽然没有直接作出回答,但我们完全可以,而且应当按照他们的历史唯物主义的基本原理对这种特定历史条件作出具体分析,然后作出合理的解释。这些我在上面大都已提及了。在一些专家评审过的上述书稿中,我对自己的观点作了更为集中的论述。

在书稿《绪论》中"马克思和恩格斯为什么没有对同时代西方哲学给予肯定评价"这个小标题下有如下一段话:

马克思和恩格斯在实现哲学上的革命变更时,对德国古典哲学等西方近代哲学,都是既批判它们不能越出为资本主义"理性社会"辩护的阶级局限性以及最后必然陷入独断论和怀疑论、主观主义和相对主义等理论的局限性,又肯定它们在促进资产阶级反封建民主革命和资本主义经济以及思想文化发展上起过的积极作用,特别是肯定它们在理论上可能包含的唯物主义或辩证法等合理因素。然而对于与19世纪中下期流行的西方哲学,他们则很少给予肯定评价,而往往只是激烈的批判。这主要是因为他们当

时认为西方资本主义制度已经腐朽没落,甚至行将灭亡,无产阶级革命在主要资本主义国家取得胜利的决战时刻即将到来。因此他们最关注的是指引革命无产阶级怎样从政治和意识形态上去进行反对资本主义的斗争,而不是去探究作为革命对象的资产阶级还能否对现存资本主义社会进行某些有效的改革、在一定程度上尚能推动社会进步,当然也不会去深入研究当时的西方哲学家是否还能够对陷入困境的近代哲学做出某种具有积极意义的改造,提出某些合理的思想,对西方哲学的进步做出新的贡献。事实上,他们对同时代西方哲学家和流派(例如孔德等人的实证主义、叔本华等人的非理性主义、朗格等人的新康德主义)的研究主要是后者对当时工人运动的损害,哲学研究直接服从于当时无产阶级的革命斗争的需要。从维护革命无产阶级的思想统一、使之不受敌对阶级在哲学和社会思想上的消极影响来说,他们对这些哲学流派采取坚决的批判态度是理所当然的。如果当时西方资本主义制度和资产阶级的统治的确行将被推翻,那对与之相应的哲学等意识形态怎么可以不作坚定批判,反而给予肯定的评价呢!

在第一篇第三章中第一节"西方哲学的现代的转型的历史和理论根据"中,在"重新认识西方近现代哲学转型的理论取向"小标题下有如下一段话:

马克思和恩格斯从解放无产阶级和全人类的神圣使命出发,把推翻资本主义制度和资产阶级的统治、进行社会主义革命当作他们关注的核心。在哲学和思想理论上,他们所关注的是在批判继承以往优秀哲学遗产的基础上建立关于无产阶级革命的世界观和方法论的理论,并与同时代的一切资产阶级哲学理论(包括各种改良主义和空想社会主义等其他形式的社会主义理论)严格划清界限,甚至与之针锋相对。《共产党宣言》和他们当时的其他论著都体现了这种倾向。这具体表现在:他们无论是对孔德等人的实证主义思潮、还是叔本华等人的非理性主义哲学思潮以及一切以继承休谋和康德、黑格尔等近代哲学的某些成分结构起来为特征的同时代的哲学，一律采取坚决否定的态度。正像他们当时并未考虑这些国家的资产阶级是否还能对现存社会作出某些有效的改革、从而在一定程度上尚能推动社会进步一样，他们同样没有去深入研究这一时期的资产阶级哲学家是否还能够对陷入困境的西方近代哲学作出某种具有积极意义的改造，是否还能够提出某些合理的思想，对西方资产阶级的哲学的进步还能够作出某种贡献。出于资本主义行将灭亡的预计，这些问题必然不为他们所特别关注，甚至可能处于他们的视野之外。总的说来，他们对同时代西方哲学家的态度主要是着眼于这些哲学家及其理论与当时工人运动的关系，哲学斗争直接服从于当时的政治斗争。

之所以引出上面两段话，是因为它们大体上能体现我关于马克思和恩格斯当年为什么会没有对同时代西方哲学给予肯定评价的观点，也是因为一位评审专家曾引其中的词句来批评我的观点"包含有大量的猜测，而不合事实"，说我把马克思《跋》中的论断"撇在一边，根据自己的想象为马克思的依据另立标准"。为了澄清是非，我觉得必须进一步作出辨析。

澄清是非的关键还是如何合理解释马恩对同时代的西方哲学未作肯定评价。在此首先必须明确：从历史唯物主义的求实态度看，对19世纪中后期以来的西方哲学是否只能全盘否定，是否应当继续坚持以往对现代西方哲学全盘否定的态度？

假定人们坚持过去流行的简单否定态度，那他们当然不需要解释为什么马恩当年没有对同时代的西方哲学作出肯定评价。但这种全盘否定的态度明显偏离马恩的原意和历史唯物主义，还将全盘否定我国哲学界改革开放以来重新研究现代西方哲学的方向。这样他的立场就与我国哲学界绝大部分人都不同了。

假定他们并不坚持全盘否定的态度，而在不同程度上肯定现代西方哲学中可能存在合理因素，那他们显然不应当把马克思的《跋》与他的历史唯物主义的意识形态理论割裂开来,不应把马克思的《跋》扭曲为仅仅根据利害原则对整个现代西方哲学简单否定,而应当对马恩当时没有肯定这些合理性的原因作出合理解释。

在肯定与马克思和恩格斯同时代的西方哲学可能存在某些合理性的前提下,怎样解释马恩当时对它们却没有肯定呢? 除了我上面提到的解释外,似乎只有如下两种解释,但它们都难以成立。

一种解释是:马恩对这些哲学作过深入具体的研究,从而也在不同程度上发现了这些哲学存在某些合理性,由于因某种原因而故意不肯定它们(或者不便于肯定它们)。但这种解释与马克思和恩格斯一贯的求实态度不一致。作为具有伟大人格的无产阶级革命导师,他们在理论上不可能采取这种虚假的态度。

另一种解释是:马恩虽然对这些哲学作过深入的研究,却并没有发现其中的合理性。但这会使人觉得他们在这方面缺乏洞察力。其实马恩对他们以前的西方哲学作过深刻研究,他们正是从无产阶级革命立场出发在批判继承西方哲学的优秀传统的基础上实现哲学上的革命变更。如果他们对同时代西方哲学流派作过深入全面的研究,却未能发现其中的确存在的积极因素,这是不可设想的。

除此之外似乎难有其他解释。

尽管某位评审专家认为我们在书稿中的说法"包含有大量的猜测,而不合事实",但只要不断章取义,上面所引两段话及其前后文中就已包含了相关的理论和事实根据。我再补充说明两点。

一是作为无产阶级的革命导师,在欧洲无产阶级反对资产阶级的革命处于决战关头的时期,马恩在哲学理论上最关注的必然是与革命的成败密切相关的问题。当他们在40年代提出了他们的哲学的基本原则、实现了哲学上的变革以后,他们的理论研究更加着重于资本主义社会的现实状况,为革命无产阶级制定推翻资本主义制度的战略和策略,并与作为敌对阶级意识形态的资产阶级意识形态作坚决的斗争。他们对同时代资产阶级哲学家的理论批判越来越具有政治和意识形态批判的性质。马恩在哲学上对敌对阶级意识形态的这种批判态度正体现了他们的哲学是无产阶级的革命世界观的理论。

二是从对同一时期资产阶级哲学家的批判的实际情况来看,马恩当时的批判主要也是将其作为敌对阶级的意识形态的批判,较少涉及这些哲学家的理论的具体内容。在他们的著作中,对同时代哲学的批判主要是对在工人运动内部的各种反马克思主义的错误倾向的批判,其中突出的有马克思对拉萨尔的批判、恩格斯对杜林的批判。至于对同时代西方哲学家的哲学理论的具体论述,只要这些哲学家的理论没有明显影响到当时无产阶级的革命斗争,马恩大都没有对其作具体评析。马克思在不少地方提到过密尔、边沁等人,但主要从经济学角度对他们的评论。恩格斯鄙弃叔本华,但只是几笔带过。马克思对孔德的批判在马恩对同时代哲学家的批判中大概具有典型意义,也为一些与上述评审专家立场相似的人所引述。我在书稿中曾作如下解释。

马克思曾多次提到并批判过孔德。他在 1866 年 7 月 7 日给恩格斯的一封信中谈道:"我现在在顺便研究孔德,因为对于这个家伙英国人和法国人都叫喊得很厉害。使他们受迷惑的是他的著作简直像百科全书,包罗万象。但是这和黑格尔比起来却非常可怜(虽然孔德作为专业的数学家和物理学家要比黑格尔强,就是说在细节上比他强,但是整个说来,黑格尔甚至在这方面也比他不知道伟大多少倍)。而且这种腐朽的实证主义是出现在 1832 年!"[1]在为总结巴黎公社起义的经验教训而写的《法兰西内战》初稿中,有一节《工人和孔德》,其中谈道:"巴黎工人知道:孔德在政治方面是帝国制度(个人独裁)的代言人;在政治经济学方面是资本家统治的代言人;在人类活动的所有范围内,甚至在科学范围内是等级制度的代言人;巴黎工人还知道,他是一部新的教义问答的作者,这部新的教义问答用新的教皇和新的圣徒代替了旧教皇和旧圣徒。"[2]前一段话批判的主要是孔德企

[1] 《马克思恩格斯全集》第 31 卷,人民出版社 1972 年版,第 236 页。
[2] 《马克思恩格斯选集》第 3 卷,人民出版社 1995 年版,第 106 页。

图建立的无所不包的实证主义体系,而这正是孔德哲学中最消极的部分。在以黑格尔的无所不包的绝对理性主义为顶点的近代体系哲学因与现实严重脱节而陷入不可解救的困境以后,孔德却企图用新的形式建立体系哲学,可以说是哲学上的一种倒退。马克思的这段话鲜明地体现了他对体系哲学的否定态度。然而,孔德哲学中所包含的对黑格尔的绝对理性主义批判和反形而上学立场,孔德之要求对社会现象进行实证研究及由此成为社会学创始人的作用,却完全没有为马克思所提及,说明他根本没有考虑这一方面。至于后一段话,则更明显地表现出马克思完全是从总结巴黎公社起义中孔德理论对工人运动的消极作用的角度来评价孔德的。这种批判必然是一种否定性的政治批判。

对马克思和恩格斯为什么未对同时代西方哲学家给予肯定评价的问题作出解释应当采取极为严肃的态度。既必须遵守马克思主义历史唯物主义的基本原则,又必须对与马恩同时代的西方哲学的发展状况作出具体的研究和分析。我的书稿力图这样做,我们的解释力图有理论和事实根据。我们在这方面不见得做得很好,完全可能存在种种片面性。但像某些专家那样撇开了马恩对待哲学等意识形态的阶级属性的基本原则,又不顾与他们同时代的西方哲学发展的实际状况,更不顾我的书稿的上下文,仅靠摘引书稿的某一句话,搬出并未直接涉及对同时代资产阶级哲学的评价的马克思的《跋》就在这个问题上指点是非,实在使人感到不可思议。

四、马克思和恩格斯在评价现代西方哲学上是否与时俱进

在是否应当把马克思和恩格斯在特定历史条件下对同时代西方哲学的否定当作评价现代西方哲学的普遍原则上,我与某些专家的分歧除了对马克思的《跋》等中的话语的意义的理解外,还包括对恩格斯《卡尔·马克思〈1848 年至1850 年的法兰西阶级斗争〉一书导言》的理解。这主要表现在如何回答如下问

题:一、马克思和恩格斯后期是否随着欧洲资本主义发展出现的新情况而在无产阶级的革命策略上作了某些改变? 二、上述改变是否会导致他们在对同一时期西方哲学的评价上有所改变?

前一个问题恩格斯在《导言》中已有明确指示。我在书稿《绪论》"马克思恩格斯与时俱进的品格"小节中已引述了《导言》的有关论述。只要不断章取义,其中的意思与恩格斯的论述完全一致,根本就没有什么引申。其实,马恩在他们的许多著作中都一再指出要以发展着的观点来看待他们的理论。马克思晚年在坚持其无产阶级革命的基本立场的同时,对无产阶级斗争策略应当适应新的历史条件而有所改变作过许多论述。这些是众所周知的。

在此补充说明的是:我对《导言》的解释与近年来报刊上关于恩格斯是否赞成民主社会主义的讨论没有任何牵连。我曾明确地指出马克思和恩格斯后期适应资本主义发展的新形势在无产阶级革命策略上的改变是在坚持马克思主义基本原理和实现共产主义伟大目标前提下的改变,与一切形式的修正主义和机会主义没有任何共同之处。

后一个问题其实就是是否真正相信历史唯物主义关于社会存在决定社会意识这个基本原理。既然恩格斯明确地指出他们后来已认识到"当时欧洲大陆经济发展的状况还远没有成熟到可以铲除资本主义生产的程度",资本主义的经济基础"还具有很大的扩展能力",我能够说他们在这个时候还会把资本主义的意识形态看作像"阶级斗争在实践方面和理论方面采取了日益鲜明的和带有威胁性的形式"的时期(马克思)、"资产阶级和现存国家同工人阶级处于公开敌对地位的时代"(恩格斯)那样只能是否定性的吗? 当恩格斯在《导言》中明确地讲到"历史表明我们也曾经错了"时,他指的不只是法国二月革命的具体方式错了,也包括(而且更重要的是)对当时欧洲资本主义仍有发展余地估计不足。这从这句话的前后文可以明显看出。因此,这一句话"适用于他们对当时西方资本主义的估计"并非我的引申,而是恩格斯本人说得一清二楚的观点。

至于"也适用于他们对西方资产阶级哲学"也并不完全是我的引申。恩格斯就曾明确指出资本主义在往后的发展中在道德领域内的进步:"资本主义生产越发展,它就越不能采用作为它早期阶段的特征的那些小的哄骗和欺诈手段。……这些狡猾手腕在大市场上已经不合算了,那里时间就是金钱,那里商业道德必然发展到一定的水平。"[1]道德与哲学密切相关,道德领域的进步在一定程度上蕴含着哲学上的进步。当然,马恩晚期也同他们早期一样因种种原因而未能对同时代的哲学作系统的研究,在对后者的评价上也仍不可能有系统的表述。我们对他们在这一时期对待同时代哲学的态度,只能根据他们的唯物史观、特别是他们这一时期关于关于无产阶级革命斗争的策略的论述来认识。如果说这是引申,那这种引申完全符合唯物史观关于社会存在决定社会意识的基本原则和马恩当时所指出的无产阶级斗争的策略上的某些改变。

在对待恩格斯的《导言》以及马克思和恩格斯后期关于无产阶级革命的斗争策略上是否有所改变上,我认为应当反对两种极端态度,一种是夸大这种改变,以致把恩格斯和第二国际修正主义以及民主社会主义相提并论。近来报刊上发表了许多文章批评这种观点,我赞成这种批评。另一种是否定马克思和恩格斯在坚持其马克思主义和无产阶级革命立场的前提下后来对某些问题的看法有所改变。这与马克思和恩格斯本人一再明确指出的他们的理论是发展着的理论、应当与时俱进的观点格格不入。这种观点在理论上和实践上都会遇到极大困难。如果固守马克思和恩格斯某些过时的观点,在理论上就根本谈不到列宁后来对马克思主义的发展;在实践上就无法解释往后西方资本主义(包括其哲学)的发展。至于马克思主义在中国的发展,就更无法解释了。

某些专家提出意见的方式和内容使我们再一次感到,在我国还有个别人以教条主义方式曲解马克思主义、仅凭片面理解的马克思的片言只语来指点现代西方哲学研究的是非。这种人不可能是研究本学科的专家,在我国西方哲学界不可能找到支持者。但由于他们以维护马克思主义的名义出现,在不具体从事现代西方哲学研究、对改革开放以来本学科的进步和前进方向缺乏了解的人群中暂时可能产生影响,而这在我国用马克思主义指导现代西方哲学研究,特别

---

[1]《马克思恩格斯选集》第4卷,人民出版社1995年版,第419页。

是在对将本学科研究提高到与马克思主义哲学相结合、更好地为丰富和发展马克思主义哲学服务的新阶段,是一种不能忽视的干扰。写这篇文章就是将有关问题向学界提出,促使学界通过讨论来辨析是非。

(《河南社会科学》,2010 年第 1 期,《新华文摘》2010 年第 11 期、中国人民大学复印报刊资料 2010 年第 6 期转载)

重新评价实用主义

由于各种原因,特别是由于长期以来"左"的思想的影响,我国哲学界过去对实用主义基本上是全盘否定的,把实用主义作为一种反面理论。这是不客观的。本文从几个方面对实用主义进行了重新评价,指出不能把实用主义归结为帝国主义的反动哲学;实用主义不是十足的唯心主义;不能把实用主义归纳为市侩哲学;不能把实用主义归纳为诡辩论。运用马克思主义实事求是的观点重新全面地、客观地评价实用主义,不仅有助于我们对西方其他哲学流派作出公正的评价,而且对我国目前的改革也有某些启迪。

一、为什么要提出重新评价实用主义

提出重新评价实用主义,是认为过去对实用主义所作的评价有片面性,把实用主义当作了一种纯粹的反面理论。重评不是企图全盘肯定实用主义,更不是为了宣扬实用主义,而只是主张应当按照马克思主义的实事求是的原则全面地、客观地评价实用主义。实用主义与马克思主义在各个方面都有着原则的区别,实用主义的不少理论的确是片面的、错误的,甚至是荒唐的。但是,实用主义无论在理论上还是社会基础和作用上都是很复杂的,其中不仅有合理的、积极的因素,甚至也包含可资我们借鉴的因素,因而将它们全盘简单否定显然是不妥当的。

提出重新评价实用主义之所以必要,还因为对实用主义的评价必然影响到对其他西方哲学流派的评价。实用主义并不是一个孤立的哲学流派,它与现代西方(特别是美国)的不少哲学流派有着极为密切的联系。美国著名实用主义者莫利斯说,当代美国流行的主要哲学流派,即逻辑实用主义、英国语言分析哲学、现象学、存在主义,同实用主义"在性质上是协同一致的",这四种哲学"每一种所强调的,实际上是实用主义运动作为一个整体范围之内的中心问题之一……这四种运动各自表现的关注,实用主义者都分担了"[1]。这种说法是否有褒实用主义贬其他流派之意,暂可不论,但实用主义与这些流派在理论上相通这一点确是事实。因此,如果对实用主义采取简单地全盘否定的态度,又怎能谈得上对其他流派作出实事求是的评价呢? 值得指出的是,在现在西方哲学各流派中,实用主义还是一个比较开明的流派,至少不是最保守的和反动的,如果对实用主义全盘否定,又怎能谈得上对其他哲学流派作出包含着某种肯定的评价呢?

实用主义早已不是现代西方的时髦哲学流派了。但它在西方各国的实际影响并未有多大衰退。至于在中国,在所有的现代西方哲学流派中,影响的领域最广、程度最深,甚至时间最长的,当首推实用主义。如果说在专业队伍以及某些爱好者以外,人们对现代西方哲学的大部分流派所知甚少的话,那么,对于实用主义,大部分人(至少是思想理论界)并不陌生。人们往往按照对实用主义的评价来估量其他哲学流派。

我国哲学界对现代西方哲学长期存在着"左"的倾向,原因当然是多方面的。对待实用主义上的过左态度的影响显然是原因之一。在50年代中期,我国开展了一场大规模的对胡适实用主义的批判运动,这场运动当然也有积极成果,但由于基本上是采取简单否定的态度,对其消极影响也是不容忽视的。在一定程度上甚至可以说,这场运动在我国形成了一种批判现代西方哲学的"左"的模式,长期以来,这种模式在我国哲学界几乎起着支配作用,至少在评价实用主义上起着支配作用。从那时以来,我国哲学界发表和出版的评价实用主义的

---

[1] Charles Morris: *The Pragmatic Movement in American Philosophy*, New York: George Braziller, 1970, pp.148—149.

论著很多,但突破这种模式的论著少见。我自己近几年来在谈论实用主义时虽然已感到这种模式不实事求是,也企图能有所突破,但终因种种顾虑而未敢迈出大步。

对于我国哲学界在评价实用主义方面所存在的"左"的倾向,应当有历史的态度。实用主义在中国和在美国所发生的影响显然有着较大差异。实用主义与马克思主义大体上是同时传入中国的,二者一开始就处于对立地位,而且这种对立与我国不同阶级在政治上的对立直接相关。从五四时期著名的"问题与主义的论战"开始,反对和批判实用主义,不仅是使马克思主义在中国思想领域取得支配地位的重要条件,在一定程度上甚至也可以说是中国共产党领导下的革命势力取得政治上的胜利的重要条件。在这种情况下,对实用主义的批判是必要的,在评价上出现一些"左"的偏向,也是不难理解的。而且,五四以来胡适等人对实用主义的介绍也并不全面,这也促使人们对实用主义难于有所肯定。在我国革命取得胜利以后,特别是50年代对实用主义作了大量批判,实用主义已不再成为威胁马克思主义的支配地位,更不成为威胁我国革命成败的力量以后,"左"的倾向仍未得到克服,有时在政治的干预下还有所发展,因而未能对实用主义作较全面的、客观的研究。

近几年来,我国哲学界对现代西方哲学的研究取得了重大进步,越来越多的人认识到,全面地、客观地研究现代西方哲学,对于丰富和发展马克思主义哲学,对于促进我国的四化建设,特别是社会主义精神文明的建设是极为重要的。经济体制改革的进一步发展对思想文化领域以及政治体制等方面也提出了进行改革的迫切要求。改革需要"引进","引进"不仅是经济的、技术的,也包括思想文化的。哲学当然也包括在内。正是改革的客观需要促使我国在思想文化领域内现在出现了难得的宽松、和谐、融洽的局面。这种局面为我国哲学界对现代西方哲学的研究提供了最好的条件。现在我们可以从马克思主义的实事求是的原则出发对现代西方哲学进行全面的、客观的研究,引进值得我们借鉴的成果。也正是这种局面使我们可以提出重新评价实用主义的问题。我认为,如果在对实用主义的研究中能打破过去"左"的模式,那它将促使对整个现代西方哲学客观的、实事求是的研究。

二、不能把实用主义归结为帝国主义的反动哲学

认为实用主义是适应帝国主义时代腐朽没落的资产阶级的需要的哲学,这在我国哲学界曾一度成为定论。50 年代中期,我国翻译出版过美国哲学家哈利·威尔斯一本批判实用主义的著作,书名就叫《实用主义——帝国主义的哲学》。这种观点曾被普遍接受。在许多人心目中,实用主义始终与马克思主义哲学处于尖锐对立的地位。从实用主义盛行于帝国主义时代,从垄断资产阶级利用实用主义以及一些资产阶级哲学家利用实用主义来反对马克思主义来说,这种观点不是毫无道理的。我们过去的失误在于往往把这种观点绝对化,不加具体分析,而这必然导致与客观事实相背离。

就实用主义产生和形成的背景来说,不能简单地说它只是适应帝国主义资产阶级的需要的哲学。美国由资本主义转化为帝国主义发生在 19 世纪末,实用主义的主要代表詹姆士和杜威是在帝国主义时期活动的,他们的理论在某些方面可以说是适应了当时美国垄断资产阶级的需要,不少美国政治的上层人物,垄断集团的代表们公开承认他们信奉实用主义。但也不能由此得出结论说詹姆士、杜威的理论就是垄断资产阶级的意识形态。至于实用主义的创始人皮尔士,他提出实用主义是在 19 世纪 70 年代初,当时美国并未进入帝国主义,就更不能说是为了适应帝国主义的需要。就皮尔士、詹姆士、杜威等人的政治态度说,也并非都是垄断资产阶级的代表。例如皮尔士主要是作为一个自然科学家活动的,对政治过问不多。他之提出实用主义,主要是当作一种科学方法,即在科学实验中使概念清楚明确的方法,并无使之适应某一阶级私利的意图。杜威把实用主义运用于广泛的社会政治领域,其中有的言论的确适应了垄断资产阶级的需要,但就其主要倾向来说更体现了资产阶级自由派的呼声,例如他反对垄断制度和极权主义,强调民主自由。

美国实用主义产生和流行有着多方面的背景,它与美国资本主义历史发展

的特殊条件密切相关,有人认为它在一定程度上体现了主要由欧洲移民构成的美国资产阶级的轻视传统,崇尚实际,鄙弃抽象的空论,强调有效的行动,反对守旧,鼓励开拓的精神。这种说法虽有些过头,但也不无根据。不管怎样,实用主义的产生和流行绝不能仅由垄断资产阶级的需要来解释。更值得注意的是,实用主义像任何其他哲学一样,除了阶级根源外,还有其他根源。当代美国实用主义者莫利斯在讲到美国实用主义的背景时指出了如下四点:1.科学方法在19世纪所享有的威望;2.当代哲学中经验主义力量相应的上升;3.生物进化论的流行;4.美国民主制理想的流行。许多实用主义者以及其他西方哲学家经常把实用主义说成是体现了美国的科学与民主精神的哲学。这与莫利斯的说法大体一致。实用主义在五四时期传入中国后之所以曾被许多人接受并发生较大影响(这种影响不纯粹是消极的),主要原因之一就在于它的科学与民主精神和五四所提倡的科学与民主精神有相一致之处。

现代西方社会是存在着阶级分化和阶级斗争的社会,对现代西方社会的哲学应该作阶级分析,但是,不能把阶级分析绝对化、简单化、庸俗化。哲学毕竟是一种离物质经济基础较远的意识形态,远非仅由某一阶级或阶层、集团的需要就能充分解释。无论是对于实用主义或其他什么西方哲学流派,生硬地套上一顶阶级帽子都是不妥当的,需要我们作具体分析。就实用主义来说,它既有适应垄断资产阶级需要的内容,也有反映资产阶级自由派要求的内容,还有超出资产阶级狭隘的利害关系范围之外而在一定程度上反映认识和科学进步要求的内容。因而无论是把哪一点绝对化而忽视其他都是片面的。

实用主义是不是一个反马克思主义的哲学流派呢? 当然是。因为实用主义的理论与马克思主义有着原则的区别,有的实用主义者(主要是当代的实用主义者)还有不少直接攻击马克思主义的言论。但是,如果像过去那样认为实用主义始终同马克思主义处于势不两立的地位,似乎实用主义的攻击目标就是马克思主义,那就错了。从皮尔士、詹姆士和杜威提出其基本理论的思想背景来说,他们都主要不是针对马克思主义,而是针对以德国古典唯心主义为代表的理性派思辨唯心主义的,詹姆士和杜威都是从背叛他们原来所接受的理性派唯心主义的立场而走上实用主义道路的。他们在提出和论证自己的理论时,还与当时理性派唯心主义的代表英美绝对唯心主义者进行了论战。詹姆士、杜威等人之用实用主义来反对和取代理性派唯心主义,主要不是像我们过去常说的那样是为了更好地反对唯物主义,而是因为理性派思辨形而上学不符合当时已取得重大成就的实证自然科学,特别是达尔文进化论的精神。因此,也不能像我们过去那样认为他们仅仅是抛弃以往哲学的优良传统而走向反动方面,而毋宁说他们在一定程度上体现了一种进步。我们甚至可以说,在反对理性派思辨形而上学上,实用主义与马克思主义尽管有原则区别,但也未尝不存在某些共同之处。

在评价各种现代哲学思潮时,我们必须抛弃曾长期被采用的这么一个逻辑:不是属于革命无产阶级的,便是属于反动资产阶级的,不是马克思主义便是反马克思主义,不是进步就是反动。对于实用主义不能如此地评价,对其他流派也不能如此地评价。

三、实用主义不是十足的主观唯心主义

实用主义是一个主观唯心主义哲学流派,这在我国哲学界已是得到公认的说法。实用主义者像实证主义者、马赫主义者、新实证主义者一样,拒绝对思维和存在、精神和物质何为第一性的问题作出明确回答,认为这是一个可以不了了之的形而上学问题,他们的哲学则以经验所及范围为限,而经验超出心物、主客对立之外。因此他们宣称自己的哲学是超出唯物和唯心对立之外的中立的,或者说第三条路线的哲学。长期以来,我们一直把这种所谓中立的、第三条路线的哲学当作是隐蔽的唯心主义,是贝克莱主观唯心主义的变种。实用主义也正是由此而被当作主观唯心主义哲学的。从归根到底的意义上来说,这种说法不是毫无根据的。列宁在《唯物主义和经验批判主义》中就曾把马赫主义当作十足的主观唯心主义。但是,从直接的意义上说,这种说法显得牵强,甚至不尽符合客观事实。皮尔士、詹姆士、杜威等实用主义者的哲学观点虽然归根到底

可以归属于主观唯心主义的范围，但从直接的意义说，他们都不是纯粹的主观唯心主义者，在一定意义上甚至还包含某些自发的或者自然科学的唯物主义的因素。

先看看皮尔士的观点。

皮尔士一生在哲学观点上变化较多。他早年不是实用主义者，晚年超出了实用主义的范围。就他在 19 世纪 70—80 年代提出和发挥实用主义的时期来说，他的观点也存在着不少矛盾。但有一点是很明确的，作为一个杰出的自然科学家，他从来就没有像露骨的主观唯心主义者一样认为整个世界仅仅是个人的主观经验或者由主观经验派生，从来就没有否认在个人经验以外还有外在的世界存在。他同其他实用主义者一样接受了实证主义的经验主义传统，强调应当反对思辨形而上学（特别是笛卡尔从普遍怀疑出发用逻辑推理的方法所构造出来的形而上学体系），认为应当把全部哲学建立在经验科学的基础上，依据经验研究和判断一切命题。只有可以用科学的观察方法（即经验方法）来证实的概念才是真正有意义的概念。但是，他又明确指出他不同意一般实证主义笼统地反对形而上学的做法，而认为经过用科学方法加以改造以后，形而上学还是可以保留的，他由此要求建立一种既与传统哲学不同，又与一般实证主义不同的科学的形而上学，其中包含了实在论。在皮尔士的实在论中，既有与把一般概念、共相当作实在相关的柏拉图主义因素，又有与把人的主观感觉（不仅包含色、声、味等经验性质，也包括人的各种主观感受）当作实在相关的主观唯心主义因素。但与此同时，他又肯定苹果、桌子等等具体事物具有独立存在的意义，而且唯有这种具体事物才是现实的存在。他把实用主义当作是一种科学方法，而科学方法的基本假设则是："存在着现实事物，它们的特点完全不以我们对于它们的意见为转移。这些现实事物按照永恒的规律作用于我们的感官。……我们能够通过讨论来确定事物实际上和真正是什么。每一个人只要有充分的经验和思考，就可得出同样真实的结论。"尽管皮尔士在解释什么是现实事物的问题时存在着许多糊涂观念，例如他往往把事物使人产生感觉的实际效果当作是现实事物存在的证明，从而把人的感觉当作事物存在的标准，而这在一定条件下(或者说归根到底)可以导致主观唯心主义。但是就直接的意义说并不如此,因为皮尔士在此不是把感觉当作纯主观的东西,而肯定它们是由外部世界刺激人的感官所引起的。

在实用主义者中,詹姆士哲学的主观唯心主义性质几乎被认为是毋庸置疑的。他的著名的意识流学说和彻底经验主义一直被当作主观唯心主义的典型。其实,实际情况也并非完全如此。先从他的意识流学说谈起。

詹姆士的意识流学说是作为一种心理学理论提出来的。但它同时具有明显的哲学意义。詹姆士心理学的一个重要前提就是认为人的心理意识活动依赖人的机体的生理活动。他反对把意识活动神秘化,认为它们是人的大脑的功能,相应于大脑的活动的变化而变化,二者之间的关系是因果关系。他具体地考察了大脑的多种状态怎样决定心灵的状态,并反对将精神过程与物质过程割裂开来的二元论。他在论及自我概念时,认为自我有不同层次的意义,它们都以人的生理活动为基础,他一再强调人的意识不能独立存在。例如他在《"意识"存在吗?》一文中明确地说,"意识是一个无实体的空名,无权立于第一本源的行列中。"尽管詹姆士对意识的解释有种种缺陷,但他显然是不赞成主张意识第一性的唯心主义的。他也正是在这个基本前提下来提出和发挥他的意识流学说的。然而我们过去评价他的意识流学说时却恰恰撇开他再三强调的这个重要前提。

詹姆士的意识流学说是他在反对所谓构造主义心理学中所提出的。后者是洛克、休谟以来的心理联想主义传统的继续,其最大特点是用原子主义来看待意识活动,即认为人的精神世界是彼此严格划分的原子性的"观念"或"知觉"的总和。各种心理现象和事实即是根据联想律由这些原子性的"观念"、"知觉"构成。詹姆士的意识流学说是针对这种观点而发的,它肯定人的精神意识世界是不间断的,是一道不可分割的流。詹姆士在具体论述这一学说时,指出意识(思想)具有如下五个特征:(1)意识总是属于个人,既不属于这个人,又不属于那个人的纯粹意识是无法证明的;(2)意识永远是变化的,总是处于流动变化之中,永远不会静止于某一点;(3)意识总是连续的,没有间断,没有裂痕,没有分离状态,意识不是彼此衔接的链条,而是不断的流;(4)意识必有不以意识为转移的对象,意识总是关于不以它为转移的对象的意识;(5)意识总是有选择性的,总是与人的利益、兴趣相关。詹姆士认为,人所面对着的外部世界本身是一个混沌的,没有区分的,绝对连续的世界。至于作为人的意识对象的东西则是人们按照自己的兴趣和注意采取世界这一部分、撇开其余部分而构成的。

詹姆士的意识流学说,当然有很大的片面性。例如,他往往把意识的选择性夸大了,以致认为意识的对象出于意识本身的创造(尽管不是凭空创造),这的确将引向主观唯心主义甚至唯意志论。他在强调意识的连续性(不间断性)、流动性时忽视了其间断性和相对稳定性,这将陷入相对主义,而相对主义往往通向主观唯心主义和非理性主义。但是,我们不要忘记,詹姆士是在首先肯定意识是人的大脑的功能,不是第一性的存在这个前提下来谈论意识流的,他并未企图把外部世界本身当作是出于意识的创造。他所说的意识的创造只是意识对象的创造,而意识对象是处于人的意识之中的对象,不是客观的对象本身。同样一个客观事物在不同的人的意识中,由于这些人的注意和兴趣不同,便成了不同的对象,但这并不意味着客观对象本身因此发生了变化。因此,我们不能从直接的意义上说詹姆士的意识流的学说是主观唯心主义的和唯意志主义的。

詹姆士的彻底经验主义是由他的意识流学说演化而来的。在一定程度上可以说,意识流学说是他的彻底经验主义的科学根据,彻底经验主义是他的意识流学说的哲学论证。关于什么是彻底经验主义。我国的有关论著已作过不少具体介绍,不需要过多引述了。我们过去说詹姆士的彻底经验主义陷入了主观唯心主义并带有明显的非理性主义以致唯意志主义色彩。从归根到底的意义上说是可以的。但这里有两点值得我们注意。第一,詹姆士彻底经验主义中所说的作为一切经验对象来源的纯粹经验指的正是意识流(他有时称为"感觉的一种原始混沌"、"主观生活之流"),它不是一种精神实体,不是本源性的存在,而是人的大脑的活动、功能。第二,彻底经验主义强调哲学和科学的对象均是经验对象,均以纯粹经验为素材,但这并不等于说外部世界本身是由纯粹经验构成的,关于外部世界是否存在的问题在此虽未明确肯定,但更没有否定。如果考虑到詹姆士肯定心理意识活动(意识流)受生理活动的支配,而生理活动是一种物质活动,那么他实际还是肯定了经验以外的世界的存在。不过是没有把这个世界当作哲学的直接的对象。作为哲学和科学的对象的总是人化了的世界,即经验世界。总之,不能把彻底经验主义简单地归为纯粹唯心主义。

与詹姆士相比,杜威在哲学上的客观性更明显一些。杜威也是一个经验主义者(他自称其哲学为经验自然主义或者说自然主义的经验主义),从归根到底的意义上说他的经验主义是主观唯心主义的(他否定经验是客观对象的主观印象)。但也应看到,在杜威对经验的许多直接论述中,他往往企图避免主观唯心主义。例如,他在《哲学光复的必要》一文中反对把经验看作纯粹主观的、心理的东西,而认为它是客观世界进入人的行为遭遇里通过人的反应所引起的变化。一句话,是客观和主观相互作用的结果。他在《实验逻辑论文集》中甚至标榜自己与"实在主义"一致。因为他承认在人的经验和思维之外还存在着"无理性的存在"(brute existence),这种存在是由思维发现的,"但绝不是由思维或任何精神过程产生的"。在《经验与自然》中,他固然强调经验与自然的连续性,即认为二者是不可分割的,不能离开经验去谈论自然,但他的意思主要是指在认识论范围内自然不能离开经验,人类认识所及的自然总是他们经验中的自然,离开经验,自然界就不能作为人的认识和行动的对象而存在。因而他认为正是人的经验为人创造认识对象。当然,离开自然界的第一性这个基本前提来谈论经验和自然的连续性是错误的,但这也并不等于说杜威认为经验成了造物主,世界上的一切都是出于经验的创造。他只是认为作为认识和行动对象的东西才是经验的创造。至于在认识范围以外是否有自然界存在,他并未否定,有时甚至还承认自然界存在于经验之外,认为应当把经验同自然区分开。例如他说:"经验是关于自然的,也是发生在自然以内的。被经验到的并不是经验而是自然——岩石、树木、动物、疾病、健康、温度、电力等。"[1]当杜威谈到人类经验

[1] 杜威:《经验与自然》,商务印书馆1960年版,第4页。

产生与环境、自然界的关系时,他有时甚至承认后者是在先的。他认为经验是指有机体(主体)和环境(对象)之间的相互作用,这种相互作用以预先存在着生物有机体以及生物有机体所依赖的环境为条件。他说:"没有一个忠实于科学的结论的人会否认经验作为一种存在,乃是只有在一种高度特殊化的条件下才发生的事情,例如它是发生于一个有高度组织的生物中,而这种生物又需要有一个特殊的环境。没有证据证明无论在任何地方和任何时间都有经验。"[1]杜威的这些议论无疑具有客观的色彩,与贝克莱关于存在就是被感知的观点以至精神创造物质的一般唯心主义观点都显然有所不同,甚至可以说在一定程度上接受了某些自然科学和常识的唯物主义的因素。胡克就杜威的这种立场说:"照杜威看来,经验是一个生物和一个环境之间交互作用的关系……。作用总是以某种被作用的事物为条件的。因此经验的过程不是一种完全的创造活动,于是,贝克莱主教的上帝和创世纪的上帝一下子排除于真正的创造的过程之外。"[2]当然,我们不能凭杜威、胡克的这些议论否定杜威哲学的实质。但是这些议论毕竟告诉我们,对杜威的关于经验验的论述不作具体的实事求是的分析,简单地斥之为纯粹的主观唯心主义是不妥当的。

总之,无论是皮尔士、詹姆士还是杜威,都把哲学局限于经验范围,对经验的解释都与唯物主义有着原则的区别(都反对反映论),但也都没有把经验看作纯粹主观自生的东西,更没有把整个客观世界都归结为主观经验世界,因此与本来意义的主观唯心主义还是有所不同。他们不接受唯物主义,也不赞成唯心主义。这种在经验的旗号下超越唯物主义和唯心主义之外的企图固然不能成功,最后往往倒向主观唯心主义。但不能因此就把它们在最后倒向之前的全部哲学谈论都当作唯心主义的胡说。事实上,在认识论范围内,实用主义者对于主体和客体的关系所作的不少论述,特别是他们对主体的能动作用的强调,是包含有积极因素的。实用主义之所以被当作崇尚行动,鼓励进取和开拓精神的哲学,而被那些崇尚行动和开拓的美国人所欢迎和利用,也可以说正是由于它

[1] 杜威:《经验与自然》,商务印书馆1960年版,第3页。
[2] 胡克:《杜威在现代思想界的地位》,转引自《现代美国哲学》第239页。

告诉了他们应当怎样去发挥主体的能动作用，来达到自己的目标。这一点也许是实用主义一类哲学的优点。这个优点本来是马克思主义哲学同样具备而且比实用主义高明得多的。因为马克思主义哲学不仅同样承认主体的能动作用，而且是在唯物主义基础上承认的。然而，事实上，由于我们往往过分强调了唯物唯心划分的问题，甚至把这种划分当作哲学研究的根本内容和目标，而忽视了不直接涉及这种划分的广泛领域，特别是忽视了对主体性(或者说主观能动性)问题的研究，从而使我们的研究变得贫乏。我认为，为了丰富我们的哲学研究，并使这种研究更能促进我们的行动，很有必要在坚持唯物主义的基本前提下研究和借鉴现代西方哲学家(包括实用主义者)在这方面的论述。

四、不能把实用主义归结为市侩哲学

长期以来实用主义被认为是一种最为集中，最为突出地体现了资产阶级的贪得无厌、唯利是图的利己主义阶级本性的哲学，是一种只讲功效不讲原则、只讲私利不讲信义的庸人哲学，是把资产阶级的大利大干、小利小干、无利不干的生意经、处世诀上升到哲学理论高度的市侩哲学。实用主义也正因此而声名狼藉。应当认为，对实用主义的这种评价是有一定根据的。因为实用主义的确具有这样的阶级基础，实用主义者(特别是詹姆士)的不少理论(主要是其真理论)的确具有这样的色彩(例如詹姆士把观念的有用性等同于其真理性)，并因此而受到资产阶级庸人以及具有类似世界观、人生观的人的欢迎。这点不仅已为我国哲学界所公认，即使在西方，实用主义也受到这样的批评。在研究实用主义时，我们当然应当指出它的这种特性并进行严肃的批判。问题是，我们在这方面不要简单化和绝对化。因为，这不是实用主义的全部理论，甚至也不是实用主义的全部真理论。皮尔士和杜威甚至还竭力使自己的理论不具有上述特性。如果我们比较客观地考察实用主义的有关理论，便可以发现它除了上述消极方面外，还具有更广泛的内容。

还是先从皮尔士说起。

皮尔士把实用主义当作一种使科学概念的意义清楚明确的科学方法或者说逻辑。他明确地指出,他的实用主义"不试图确定事物的任何真理性。它只是一种发现实际的词和抽象概念的意义的方法"。他所关心的并不是个人或者集团能否获得利益、效果、成功,而主要是使人们的思想、概念清楚明确的逻辑技巧和方法。他不满意詹姆士在实用主义(pragmatism)这个名称下把真理等同于有用的庸俗说法。为了与之划清界限,他甚至放弃使用实用主义这个概念而代之以"实效主义"(pragmaticism 或译实用化主义)。皮尔士曾就此事的始末说:"在 1871 年,在马萨诸塞州的剑桥的形而上学俱乐部,我把这一原则(指他的实用主义——引者)当作一种逻辑的真理……在交谈中我称它为'实用主义'……但是在 1897 年,詹姆士教授把事情作了改变,使它成了一种哲学理论,其中有的部分我高度赞赏,而其他部分,也是更重要的部分,我过去认为,现在仍认为违背健全的逻辑……我不得不得出结论,我的不幸的学说应当改用另一个名称。于是在 1905 年 4 月,我改称它为实效主义。"据他说,这个名称丑陋不堪,不会再被人拐骗了,也就是说不会再被人歪曲了。单从这一点就可看出,不分青红皂白地把包括皮尔士理论在内的全部实用主义归结为市侩哲学是违背事实的。

正是由于皮尔士把实用主义当作一种使名词和概念的意义清楚明确的方法,因此他把意义理论当作其实用主义的核心。什么是皮尔士的意义理论呢?这首先与他对符号学的研究密切相关,也就是概念和词的意义被当作一种符号关系(如符号与对象以及思维者之间的关系)来研究。尽管皮尔士的符号学有不少缺陷,但在符号学的发展上,他作出了非常重要的贡献。其次,皮尔士还企图提出一种关于词和概念以及命题、论断的意义的实际标准,这一标准就是它们所引起的实际效果。他说:"为了获得理论、概念的意义,人们就要考虑从这一概念的真理必将得出什么样的可以设想的实际效果,这些效果的总和将构成这个概念的全部意义。"一个名词、概念的意义,就在于它可以由它所引起的感性后果来确定。例如,"硬"这个概念的意义就在于它不可为许多其他东西所刺破,后者正是表示"硬"的感性的效果,或者说,是对"硬"的经验证实。

由概念可能引起的实际效果来确定概念的意义这个原则被称为"皮尔士原则",是使皮尔士成为实用主义创始人的重要原则,而这也正是后来被詹姆士发挥为有用便是真理的实用主义的一条根本原则。应当指出,皮尔士的这条原则与詹姆士的有用(有效)便是真理的原则有着内在的联系,由皮尔士的原则可以逻辑地发展为詹姆士的原则。因而,不能认为我们过去对皮尔士的批判都不符合实际。但是,我们也应当看到,他们两人毕竟还有所区别。当皮尔士讲到实际效果时,他很少考虑到对个人或集团的利害得失关系,而主要只是考虑证实经验概念的意义的经验证据,而这种经验证据的范围比利害得失要广泛得多。例如,不可为其它东西刺破的就叫"硬"的论证就是超出利害关系的。因此,皮尔士的理论并不直接带有市侩和庸人色彩。还应当指出的是,当皮尔士提出可感觉的效果是概念的意义的标准时,他特别强调对这种效果应当从行动、实验中去把握,感性效果就是引起行动、实验的效果。换言之,一个概念的意义可以从它所引起的行为习惯来衡量。他由此提出了为后来的操作主义者所发挥并作为其理论基础的观点;一个概念或命题的意义在于一套与之相应的操作,获得关于某一对象的意义的过程是一系列相应的行为的过程,一套相应的操作的过程。在这方面,皮尔士既犯有后来操作主义者所犯的错误,又包含有他们的理论所包含的那些积极因素。

在实用主义者的理论中,市侩和庸人习气最浓的莫过于詹姆士了。如果我们在把实用主义者当作一种市侩哲学、庸人哲学时单指詹姆士的理论,可以说是比较恰当的。但是,即使对于他的真理论,我们也不能简单地归结为资产阶级生意经、处世诀的堆积。为了使自己的理论能言之成理,詹姆士不能不作出各种论证。这些论证虽然从整体上说是错误的,但局部地说不是一无是处。下面简单举出几点。

第一,詹姆士反对唯物主义关于客观真理的理论,反对反映论。这当然是错误的。但他为此而对那些把真理等同于客观对象本身的观点提出指责,强调真理是观念的属性则不是没有道理的。客观事物本身的确无所谓真伪,真伪总是相对于人们关于事物的观念而言,也就只能是观念的属性。可是在我们的一些著名的哲学文献中,为了强调真理的客观性,有时把客观真理与客观实在等同起来,这至少应当说是概念不清。第二,詹姆士把真理等同于它们对人的功效(即把观念的有用性当作其真理性的唯一标志),这当然是错误的,但肯定真理具备有效、有用的属性则并不算错。人们在获得了正确的认识,即真理以后,就可以用来指导自己的行动,使之取得成功,这正是真理的功用、效果。而且与那些把真理仅仅当作抽象思辨概念,不问其是否能给人们带来实际效果的倾向相比,詹姆士之强调真理必具有效用也许更积极些。因为我们追求真理、认识世界只能是为了达到我们某种预期目的的一种手段,而不能是目的本身。第三,詹姆士把对真理的检验、证实归结为被当作真理的观念是否有满足人的需要、利益的实际功效,这当然是错的,但他肯定实践是检验真理的标准则显然有合理因素。第四,詹姆士反对绝对真理、普遍真理的存在,在真理问题上宣扬相对主义,但他对绝对主义者、抽象主义者的缺陷的揭露,他之强调真理的相对性、具体性,则包含积极的因素。

杜威在真理与认识问题上的观点(即他所谓工具主义)与詹姆士的真理论并无本质区别。但是,他也同皮尔士一样,企图把工具主义变成一种科学方法论,并尽量避免詹姆士理论所具有的那种市侩和庸人色彩。他在《哲学的改造》中针对实用主义在这方面受到的批评作了一段著名的辩解。他说,实用主义真理论之被人憎恶,部分原因是说明不当。"例如当真理被看作一种满足时,常被误认为是情绪的满足、私人的安适、纯个人需要的供应。但这里所谓满足却是观念和行动的目的和方法所由产生的问题的要求和条件的满足。这个满足包含公众的和客观的条件。它不为乍起的念头或个人的嗜好所左右。又当真理被理解作效用的时候,它常被认为对于纯个人目的的一种效用,或特殊的个人所着意的一种利益。把真理当作满足私人野心和权势的工具的概念是非常可厌的,可是批评家们竟将这样一个臆想归诸健全的人们,真是怪事。其实,所谓真理即效用,就是把思想或学说认为可行的拿来贡献于经验的改造那种效用。道路的用处不以便利于山贼劫掠的程度来测定。它的用处决定于它是否实际尽了道路的功能,是否做了公众运输和交通的便利而有效的手段。观念或假设的效用所以成为那观念或假设所含真理的尺度也是如此。"[1]杜威在他的许多其他著作中也有类似的申诉。例如他在《美国实用主义的发展》一文中提到,人们常把实用主义当作"使思想与理性活动从属于利益和赢利的一些特殊目的",这是一种误会。而他则认为,"实用主义决不赞成那种被视为美国生活的特点的为行动而行动"、"不赞成把行动本身当作目的,把目的看得太狭窄、太实际的美国生活的某些方面。"

杜威的这些话过去在我国的有关批判实用主义的论著中曾被广泛引述,但大多数被当作杜威对实用主义所作的虚伪的粉饰而简单地予以否定。现在看来这样做有点片面性。尽管有不少实用主义的信奉者是从"私人安适"、"纯个人需要的供应"、"满足私人野心和权势"等等意义上来接受和鼓吹实用主义的,但对杜威本人来说,主要不是抱着这样的目的。至少,他的工具主义比对这种目的的适应要广泛一些。他曾指出,已证实的真理,即使不符合人们的利益,仍不失为真理,仍具有工具的效能。

关于认识和真理的理论是实用主义理论的核心部分。实用主义理论的消极方面和积极方面在此都表现得最为突出。与其他西方哲学流派相比。实用主义的确可以说是最为集中和突出地体现了资产阶级的贪得无厌、唯利是图的利己主义阶级本性。"有用就是真理,真理就是有用",这既是资产阶级的真理观的突出表现,也是对实用主义理论的一种概括。因此,一方面,不管皮尔士、杜威等人自己的主观目的如何,他们的理论在某些方面客观上适应了资产阶级市侩和庸人的精神状态。在这种意义上我们未尝不可以说实用主义是一种市侩哲学和庸人的哲学。另一方面,与其他西方哲学流派相比,实用主义是一种最为强调理论与实践的统一、最为强调发挥人的主观能动性(或者说主体性)、最为反对脱离实际的抽象思辨以及消极无为的机械论的哲学。因而不能说实用主义这些理论不包含任何积极因素。

---

[1] 杜威:《哲学的改造》,商务印书馆 1958 年版,第 85 页。

五、不能把实用主义归结为诡辩论

在方法论上,实用主义一直被认为是一种以诡辩来代替科学论证的反辩证法哲学。在实用主义者(特别是詹姆士)的著作中的确不乏玩弄诡辩的文字。詹姆士关于人是否绕着松鼠走以及他所推崇的意大利实用主义者帕比尼关于实用主义像旅馆中的走廊的著名比喻,被公认为是玩弄诡辩和搞调和折中(这本身就是诡辩)的典型例证。应当认为,对实用主义在方法论上的这种评价大体上符合实用主义的实际。问题是我们不能把整个实用主义的方法论都归结为玩弄诡辩。在实用主义方法论中也还有许多其他内容,其中不乏积极因素。至少皮尔士和杜威如此。

皮尔士把实用主义当作一种使名词和概念、命题的意义清楚明确的科学方法。这种方法的目的是帮助人们确定信念。他认为人们只要确定了坚定的信念,便可据之采取行动,并进一步达到人们所预期的效果。他由此把确定信念当作人的认识的根本任务。认识过程就是确立信念的过程,即通过探索(研究),使人由缺乏信念(即怀疑)而达到确立信念。这就是他的著名的由怀疑到信念的探索理论。这一理论已被广泛介绍,我在此仅指出两点。第一,尽管由于皮尔士没有自觉地接受唯物辩证法而使他有某些糊涂观念,但总的说他强调确定信念不能是随心所欲,而必须有客观根据。在谈到确定信念的具体方法时,他不赞成所提及的固执的方法、权威的方法、先验的方法,而提倡科学方法,后者的根本前提就是从客观实际出发。第二,皮尔士这一理论是他对自然科学研究方法所作的一种总结和概括。尽管不甚完善,但毕竟在一定程度上反映了科学研究的实际进程。因为在一定意义上我们可以说,科学研究的过程是由怀疑(未知)到信念(知)的过程。

值得注意的是,皮尔士的探索理论非常强调人的认识需要不断进步和发展,反对保守和停滞。这突出地表现在他所提出的可误论(fallibillism)上。这一理论认为,用科学方法得出的任何结论——信念都可能包含错误而被推翻,因而都处于不断修正的过程中。那些已确立了的真理在很大程度上需要改变。任何一种可以称为真理的假设都需要改进,任何信念的确定性都相对于其证据。随着新的证据的发现,这些信念也需要改变。任何经验命题都不是绝对可靠的。甚至数学和逻辑的推理也不能排除错误的可能性。他说:"存在着三种我们绝对不能达到的事物,……即绝对的确定性、绝对的精确性、绝对的普遍性。"皮尔士坚决反对科学研究中的故步自封,一再要求"不要阻塞探索的道路"。他鄙弃崇拜权威,主张自由讨论和自由研究。对某些形式的独断论和怀疑论他还作了不少批判,认为它们是科学研究的主要障碍。皮尔士的这种理论显然是合理的。

杜威在方法论上基本上是继承和发挥皮尔士的思想。他自称他的观点是对皮尔士观点的一种自由的转述。这最突出地表现在他所提出的著名的思想五步法上。对于他的这一理论(以及胡适对这一理论的概括和转述:大胆假设,小心求证),近年来已有一些同志撰文指出应当适当予以肯定,因为它大体上符合科学研究的程序。我同意这种意见,在此就不多说了。

在方法论上,在实用主义者中,很少值得肯定的莫过于詹姆士了。他除了经常玩弄诡辩和折中主义以外,还对以黑格尔为代表的辩证法一再公开进行攻击。但是,也不能因此把詹姆士的著作当作是诡辩伎俩的堆积。在方法论上,詹姆士一再声称他反对各种形式的独断主义、绝对主义,提倡求实和开放精神。他说,实用主义方法的胜利,意味着"极端理性主义的导师一定会受到排斥,正如朝臣式的官僚在共和国中被排斥那样,又如主张教皇有绝对权力的神父在基督教国家中会被排斥那样"[1]。当然,真正能克服各种独断主义、绝对主义,发扬求实和开放精神的方法只能是唯物辩证法,而不是詹姆士的实用主义方法。但詹姆士对独断主义和绝对主义所作的种种揭露中有些论述还是可供参考的。列宁说,当一个唯心主义者反对另一个唯心主义者的唯心主义基础时,对唯物主义是有利的。詹姆士之反对和批判独断主义和绝对主义也可起这种作用。

---

[1] 詹姆士:《实用主义》,商务印书馆 1981 年版,第 29 页。

此外,实用主义提倡的反对抽象空谈、注重实际功效,对一切有助于达到实际目的理论、方法采取兼收并蓄,这种态度尽管是资产阶级世界观的表现,但它客观上适应美国资产阶级采取一切可能的手段,通过一切可能的途径来发展其事业的需要,也适应了使美国社会形成为一个开放社会的需要。这一点是值得我们批判地加以研究的。

当然实用主义者在方法论上的某些积极因素,是不能与马克思主义唯物辩证法相提并论的。但我们仍应具体地加以研究,从正反方面吸取有益的东西。

实用主义的理论内容是多方面的。在社会政治、伦理宗教、教育等方面,实用主义者(特别是杜威)都作了不少阐述。过去我们同样对之采取全盘否定的态度,其实在这些领域他们也有积极方面。例如,杜威的社会政治理论尽管带有明显地为资本主义制度辩护的性质,但他之鼓吹实现普遍的民主、自由、和平等,他之要求官吏民选并始终对选民负责、接受选民监督,他之反对官吏的任何特权,要求他们的"私欲"服从"公德",他之反对官吏的终身制、世袭制而主张任期制,这些都不是没有道理的,甚至还可以给我们的改革以某些启迪。关于这方面问题,这里就不说了。

(原载《现代外国哲学》1987 年第 10 期)

再论重新评价实用主义

——兼论杜威哲学与马克思主义哲学的同一和差异

我在 1987 年写过一篇以"重新评价实用主义"为题的文章,对长期流行的全盘否定实用主义的评价模式提出了全面的质疑,引起了一些同行专家的共鸣,中国现代外国哲学学会因此于 1988 年在四川成都举行了全国实用主义讨论会,就如何对之作求实评价达成了与我的观点非常接近的共识,它们成了我国几十年来对实用主义研究的一个重要转折点。从 1996 年发表《西方哲学的近现代转型与马克思主义哲学和当代中国哲学的发展道路(论纲)》起,我的研究重点转向现代西方哲学与马克思主义哲学的比较研究,发表了系列论著,主要是提出和论证了如下两个观点:第一,西方哲学从近代到现代的转化是西方哲学发展史上一次具有划时代意义的哲学思维方式的转型,标志着西方哲学发展到了一个新的、更高的阶段。第二,这一转型与马克思在哲学上的革命变革在阶级基础和理论形态上都有原则区别,但又存在着重要的共同之处。这两个观点与国内外马克思主义学界长期流行的关于马克思主义和现代西方哲学的关系的观点同样大相径庭,也引起了哲学界的广泛关注。它们实际上是我重新评价实用主义的观点的进一步发挥,但反过来又深化了我对实用主义的重新评价,特别是在马克思在哲学上的革命变革的背景下来重新评价。本文就是这种深化了的重新评价之一。

一、实践的观点是杜威实用主义哲学的基本观点

实用主义是一个广大家族。其中各个成员的某些观点互不相同,同一位实用主义哲学家在各个时期的观点也不尽一致。但所有的实用主义者在不同程度上都强调人的实践在哲学上的首要的、决定性的作用。这一点在杜威哲学中表现得更为突出。

杜威从不同角度明确地把实践的观点当作其整个哲学的基本观点。他在《确定性的寻求》第一章中就指出了传统哲学的各种片面见解的根源"都是由于人们(为了寻求绝对的确定性)把理论与实践、知识与行动分隔开来了"(LW-V4-p.19)[1],而他这本书的主题正是"考虑到用通过实践的手段追求安全的方法去代替通过理性的手段去寻求绝对的确定性的方法"(LW-V4-p.20),也就是从实践的观点出发来研究哲学,论证理论(认识)与实践的统一、知识与信仰(价值)的统一。在杜威看来,人作为整个自然界的一种生物处于永远活动之中。人的认识(感觉、思维)、情感(喜怒哀乐)和欲望(理想、目的)以至人的整个生活世界,都是从人的活动中产生的,也都是通过人的活动本身而得到实现。当人生活着的时候,"在他的行动中有些行动产生了理解而有些事物发生了意义,因为这些东西成为互相间的记号了;成为期望和回想的手段、对于未来的准备和对于已经过去的东西的赞美了。活动具有了理想的性质。引力和斥力变成了对于优美东西的爱好和对于丑恶东西的憎恶。这种活动寻求着和创造着一个人们可以在里面安全生活的世界。希望与恐惧、欲望与厌恶和认知与思维一样,都是对事物的真正反映。"(LW-V4-p.237)由于杜威把人的所有这些活动都看作是实践的表现形态,因此他实际上是把实践当作人的全部生活的杠杆。也正是在这种意义上,他明确提出"我们应该把实践当作是我们用以在具体可经验到的存在中保持住我们判断为光荣、美妙和可赞赏的一切事物的唯一手段"

---

[1] 考虑到《杜威全集》中译本即将出齐,中译本有与英文原版页码相应的边码,为便于查阅杜威原著,本文凡引杜威著作,均以中译本边码作注。LW指晚期著作,MW指中期著作,V指卷,p.指页。

（LW-V4-p.26）。

杜威的哲学有经验自然主义、工具主义、实验主义等不同的名称,也有存在论、真理论、方法论、政治理论、教育理论、美学、伦理学、社会学等各个不同方面的理论。贯彻于所有这些名称和理论中的则是行动、活动、行为、生活、生命、探究(探索)的决定性作用,而这些在他那里都是实践的别称。

例如,杜威的经验自然主义从名称上说具有存在论意义,但是他的这种存在论与传统哲学的存在论有根本性的区别。它的经验所涉及的不是作为具有实体性存在意义的物质或精神,它的自然也不是与人无牵涉的自在的自然界(尽管他并不否定人以外的自然界本身自在地存在),而是与人的活动、行为、生活直接相关(牵涉)的对象,后者也只有在与人相关时才具有现实意义。在杜威看来,真正的经验、即现实的和活生生的经验只能是作为有机体的人与作为环境(自然环境和作为自然一部分的社会环境,甚至也包括思想环境)的对象之间的一种交互活动。任何人都不可能孤立地、抽象地存在,他总是生活在一定的环境(情境)之中,受到环境(情境)的制约;而环境也总是由人所处的环境,离开了人,作为环境的自然就不能作为现实的环境而存在,而只能是抽象的、自在的存在。人所处的环境总要对人产生刺激,而人对环境的刺激也必然要产生反应。这种刺激和反应是不能分开的,总是形成一个相互作用的过程,而这正是生命、生活、活动、行动、行为,即实践的过程。这种过程是不断延续的。人的生命正是在人与其环境的相互作用中存在并得到延续的。因此,杜威的经验自然主义中的经验与传统哲学的认识论中谈论的经验也具有完全不同的意义。它不是指认识论中的某一个环节或者阶段,而是人的整个生命、生存所牵涉的一切。这种牵涉正是与环境(自然)的交互作用,即生活、行动、过程,也就是实践。

又如,杜威的真理论与传统哲学的真理论虽然大致用同样的词句来指称,却同样有完全不同的意义。杜威所谓真理既不是以往唯物主义者所谓对不以人为转移的客观事实或规律的正确反映,也不是以往唯心主义者所谓绝对精神的体现或人的主观感觉,而是人在探究(实践)中得出并使人的生活、行动、行为、实践得以进行的某种观念、理论、方法、手段,或者说适应环境的工具。杜威由此称他的真理论是一种工具主义理论。换言之,按照杜威工具主义真理论,观念、理论等不是个人主观自生的,而是处于环境(境遇、情境)中的人为着适应环境(发现和解决环境给人所提出的问题以及对人的行动所造成的困难,找到解决这些问题和克服这些困难的方法,使人的行动、实践得以继续进行下去)而探究出来的。他认为,人总是处于一定环境之中,人为了生存和发展,必须探究应付环境的手段、方法和理论。如果这些手段、方法和理论能够帮助我们应付环境,克服环境所加的障碍(困难、问题),使我们得以生存和发展,或者说使人得以有效地行动、生活、实践,那就是经得起实践的检验,那它们就是真理。杜威的这种真理论也就是他的探究理论,而这是一种特殊形式的实践论。因为它是指真理以实践的需要为背景,通过实践(探究本身也属于实践)而获得,经由实践来检验,以达到为实践服务的目标。

在杜威看来,人们建立科学和哲学的目的归根到底都是为了探究出使人们得以生存和发展的适当的方法、手段和理论。人的生存和发展都是一个延续的过程,会不断地碰到新的环境、新的问题和困难,需要人们不断地探究出应付新环境、解决新问题和克服新困难的新的工具。杜威由此倡导不断地发展科学,改造哲学,使它们不断地符合人的生存和发展的目的。也正因为如此,杜威在真理问题上坚决反对一切封闭的、静止的、绝对化的观点,肯定对真理的探究是一个开放、多样化、发展的过程。

应当指出,对杜威关于真理是行为(行动、生活、实践)的工具、真理就是具有效用的观点,常常被人作了极端利己主义的解释,似乎只要能满足个人的私利,就可把任何荒诞的观念和理论都宣布为真理。过去人们之指责实用主义是垄断资产阶级和帝国主义的哲学也正是基于这一点。这种指责用在粗俗的实用主义上是有根据的,用在杜威身上就不妥当了。因为把真理看作满足个人私利的工具根本不符合杜威本人的旨意。杜威在许多著作中都一再指出他所谓有效、有用都是相对于行动、行为、生活、实践本身,而行动、行为、生活、实践并不是仅仅是属于个人的,更重要的是属于社会,或者说共同体的。他一再明确指出私利必须服从公益。关于这方面的情况,杜威本人在《哲学的改造》、《确定性的寻求》、《新旧个人主义》等论著中作了许多声辩,此处就不列举了。

杜威等实用主义哲学家其他方面的理论同样以生活和实践为中心。例如,杜威的探究方法既不同于传统的经验派和理性派哲学家的方法(例如传统逻辑的经验归纳法和理性演绎法),也不同于现代分析哲学家的逻辑或语言分析方法和现象学家的现象学方法,其根本之点就在把探究过程当作是知和行、认识和实践统一的过程,而这正是行动、生活和实践的过程。如果说皮尔士和詹姆士等其他一些实用主义哲学家对现实生活和实践的强调大体上只是当作哲学的一般原则的话,杜威哲学的突出特色就是把这一原则贯彻于人类现实生活和实践的各个重要领域。与胡塞尔、海德格尔等人通过曲折的道路才返回生活世界不同,与只关注逻辑和语言的意义分析的分析哲学家更不同,杜威的哲学直接面向现实生活。杜威一生在哲学上所关注的不是去建构庞大的体系,也不是去从事语言和逻辑的意义分析,而是满腔热情地从哲学上去探究人类在现实生活和实践各个领域所面临的各种问题及其解决办法。在杜威的全部论著中,关于政治、社会、文化、教育、道德、科学技术、审美和宗教等各个领域的具体问题的论述占了绝大部分。他的哲学的精粹和生命力大都是在这些论述中表现出来。正因为如此,杜威哲学对美国现实生活的许多重要领域都发生了深刻影响。也正因为杜威哲学直接面向现实生活这种特色,当它传入中国后,对中国的现实影响也远远超出任何其他西方哲学。

二、杜威的实践的转向体现了现当代西方哲学的基本走向

杜威等人的实用主义是现当代西方哲学中最具有代表性的派别,因为杜威等人对现实生活和实践的强调在西方哲学从近代到现当代的转向中具有较大的代表性,在一定程度上可以说它相当突出地体现了现当代西方哲学的基本走向。

在西方哲学史上,哲学的发展经历了大大小小众多的变更。后起的哲学家往往会对先行的理论作出某些新的变更或解释。研究这种变更和解释当然是

有意义的。但是,最值得哲学家关注的还是那些具有划时代意义的哲学思维方式的根本倾向上的转向,因为它们往往体现了社会历史时代及与之相应的政治、经济以及思想文化体制的转向。杜威等实用主义哲学家在哲学上的变革与他们的先行者相比,就具有重大的,甚至是划时代的意义。这是因为他们的哲学都是以已经陷入困境和危机的西方近代哲学为主要背景,他们所要求建立的哲学是能在不同程度上克服这种困境和危机的哲学,是在一定程度上能体现新的时代要求的哲学。

要了解杜威等实用主义哲学家所要建立的哲学的划时代意义,首先就应当了解他们所要取代的近代哲学的时代背景以及近代哲学本身的是非成败的状况,特别是它们的内在矛盾和危机。关于这一点,我在 2001 年发表的《西方哲学现代转型的历史和理论分析》一文中作了较为详细的分析,在我往后发表的众多有关论著中有更多发挥,这里只简单提及。

作为实用主义等西方现代哲学的先行者的近代哲学,一般是指从笛卡尔(也可前推到文艺复兴)到黑格尔时代的哲学。这是从资本主义在封建社会内部孕育、产生、成长到走向衰落和危机的时代。在政治上是资产阶级从反封建、与封建势力妥协、到与封建势力相勾结来反对无产阶级的时代,在经济上是由简单商品经济发展到较大规模的市场经济、并实现以工业革命为支撑的现代化、然后又陷入经济危机的时代。从哲学上说,这是在文艺复兴的口号下开展宗教改革和人文主义运动,由此以人所固有的理性代替神的启示作为哲学的中心,并通过所谓认识论的转向逐步建立以心物(主客、思有)分立为出发点,以基础主义、本质主义、主体性形而上学等为特征,以无所不包的体系哲学(思辨形而上学)为目标的时代。在这个时代,在理性主义的旗帜下,在哲学上出现过以17 世纪英国,特别是 18 世纪法国唯物主义以及 19 世纪德国的费尔巴哈的人本学唯物主义,出现过以德国古典哲学,特别是黑格尔哲学为代表的辩证法思潮,至于把哲学和政治及科学等相结合,以反对宗教蒙昧主义和封建专制主义为主要目标的启蒙主义在西方各国都有发生,推动了那里的革命和进步。但是,正如近代西方资本主义存在着在原有体制内不可克服的内在矛盾一样,近代西方哲学同样存在着在原有理论框架内不可克服的内在矛盾。非常巧合的是:正当19世纪30年代西方资本主义第一次爆发了空前的经济大危机时,作为集近代主体性形而上学、近代思辨形而上学大成的黑格尔逝世了。黑格尔学派立即解体,它像多米诺骨牌一样推动整个西方近代哲学大厦从整体上趋向倒塌。一个由近代到现代哲学转向的时代到来了。

在从近代哲学到现代哲学转向中,最具有标志意义的是马克思在哲学上的革命变革。这一点将在下面提及。这里先要指出的是:与马克思大致同一个时代,许多西方哲学家也在试图改变西方哲学发展的方向。早在黑格尔在世,甚至在其顶峰时期,叔本华、克尔凯郭尔、孔德等人就已在向以他为最高代表人物的近代哲学发动攻势了。他们攻击的不是近代哲学家的个别论点,而是近代哲学作为一种有较大普遍性的思维方式。至于与马克思同时或稍后的西方哲学家,对近代哲学思维方式的批判更是成了一种普遍风尚。叔本华以后的尼采、柏格森,孔德之后的密尔、斯宾塞等人无不向黑格尔发动进攻。即使是那些仍然与康德、黑格尔等有较多思想牵连的哲学家,也大都用新的时代的精神去改造康德、黑格尔的理论,并由此而被人称为新康德主义、新黑格尔主义。这些人对近代哲学的批判有一个共同点,即不是凭借某种新的物质或精神实体,而主要是凭借生命、生活、意志、力量、活动、行动、趋势、进化、变化等来重新解释近代哲学所谈论的心物主客思有等一切事物及它们之间的一切关系。换言之,他们要用一种立足于活动、行动、变化、趋势等的哲学来克服有着二元论、独断论、怀疑论、绝对论等诸多弊端的传统哲学。他们并没有取消存在论、认识论、方法论、价值论等传统哲学研究过的问题,而只是要求改变研究这些问题的方式,而这就是他们所要求的哲学的转向。西方哲学家们对转向的解释各有不同,但是,由于他们所谓生命、生活、意志、力量、活动、行动、趋势、进化、变化都与实践相关,是实践的不同的表现形态。因此他们所要求实现的转向可以概括为实践的转向。

关于西方哲学家们19世纪中期以来在哲学上实现的转向有着各种不同的提法。其中影响最大的是语言分析哲学产生以后,特别是罗蒂所编的《语言的转向》一书出版(1967)以后广泛流行的语言的转向。由于不仅分析哲学家把哲学问题归结为语言问题,欧洲大陆的现象学、存在哲学、阐释学、结构主义和解构主义等也在一定意义上把哲学问题归结为语言问题,因而把西方哲学的现当代转向称为语言的转向的倾向可以说已成了一种普遍的、占主导地位的倾向。

我并不否定语言的转向这种提法的意义。其实,语言问题也是杜威极为重视的问题。杜威所谓事物、自然、世界对人的意义,都是通过语言这个必不可少的工具得以存在的。思维、知识这些人类的认识以及人类各种形式的实践,甚至人类的产生和延续存在的先决条件就是语言。"说话的发生使得哑巴动物……变成了有思维和有知识的动物,并从而建立了意义的领域,这是一件十分明白的事实。"(LW-V1-p.133)。这里说的正是说话(语言)使人类成为现实的人类("有思维和有知识的动物")。"器具和应用、用具和使用总是跟指导、提议和记录联系着的,而指导、提议和记录之所以可能是由于有了语言,凡为人们所谈过的有关于工具作用的东西,都要服从语言所提供的一个条件,语言是工具的工具。"(LW-V1-p.134)杜威这些话都说明,他认为人类作为人类生存和活动都必须利用语言。从这种意义上说,语言在杜威哲学中似乎起决定作用。把他的哲学的转向说成是语言的转向具有一定根据。然而,杜威同时明确认为,语言不是什么终极的、最高的存在,也不是出于人的愿望,而是作为有机体的人的行为的产物。"语言、记号和含义的产生,不是由于谁的意旨和心愿,而是由于姿态和声音的扩展,是它们的副产品。关于语言的故事就是关于利用这些事情的故事。"(LW-V1-p.139)语言始于说话,而说话本身就是一种活动。语言是在利用语言这种人类实践的特殊形式中产生的。

总之,语言总是人在生活中所使用的语言,语言的使用既是人的生存和发展(而这实际上也是人的生活、行为、实践)的条件、又是人的生存和发展的产物。语言必然是与人的生活、行动、实践分不开的。因此语言的转向实际上没有超越实践的转向的范围,也可以说二者是统一的。而且单纯地分析语言并不能解决语言所表达的理论与实践、知识与信仰(道德、价值)等传统和现代哲学都必然要分析的问题,实际上也无法真正实现西方哲学从近代到现当代的转化。马克思在哲学上的革命变革是西方哲学从近代到现代的最有标志性的变革,这一点至少在信仰马克思主义的哲学家中是众所公认的。然而马克思却没有使用语言的转向这种提法或类似的提法。如果语言的转向果真是西方哲学从近代到现代的根本性的转向,马克思是不可能视而不见的。因此我认为,在谈论西方哲学从近代到现代的转向时,与其说它是语言的转向,不如说是实践的转向,只有后者才符合马克思的观点。要说明的是:我把现当代哲学的转向概括为实践的转向并无排他意义。语言的转向等各种转向的提法都有其成立的理由。但它们都不能离开实践的转向,或者说都是实践的转向的某种独特的表现形式。

如果实践的转向这种概括的提法能够成立,那我就认为,在马克思主义以外,在现代西方哲学派别中最能体现这种转向的是以杜威为突出代表的实用主义。其他现当代西方哲学流派在这方面的提法往往还不是那么直截了当,甚至只有在归根到底的意义上是如此。而杜威等人非常明确地把实践的观点当作是他们的哲学的根本观点。这点我在上面已经简单阐释了。如果我的这种说法能够成立,那么我认为以杜威等人为代表的实用主义是现当代西方哲学中最有代表性的派别。

三、马克思主义和实用主义在实现实践转向上的异同

在从近代哲学到现代哲学的转向中,最具有标志意义的是马克思在哲学上的革命变革,这一变革的核心在于提出了科学的实践观,从根本上实现了西方哲学的实践转向。关于这一点,众多的马克思主义哲学论著已有相当详尽的论述。我近些年对此也多次发文作过具体阐释。此处仅简单提及。

马克思和恩格斯对近代哲学的超越突出地表现在他们摒弃了黑格尔的唯心主义和费尔巴哈的形而上学,分别批判地继承了他们的辩证法和唯物主义,并将二者统一成为唯物辩证法或者说辩证唯物主义。这种以往通行的表述当然有理论根据,但还需要进一步追问:他们是怎样实现上述批判继承并将辩证

法和唯物主义统一起来的？现在大家都承认,这个变革的决定性环节在于他们批判地总结了近代哲学陷入困境和危机的教训,特别是在于深刻地分析了怎样才能使哲学适应无产阶级的革命实践,由此摆脱了抽象思维和感性直观、绝对理性主义和经验主义等的界限,强调了现实生活和实践在哲学中的决定性作用。他们对无产阶级的现实生活和实践的意义的深刻分析使他们对唯物主义和辩证法有了与以往哲学家根本不同的认识。这突出地表现在把唯物主义和辩证法都与人的"感性活动"、实践联系起来。

马克思的唯物主义不同于旧唯物主义的根本之点,在于他不是从纯粹的、抽象的物质出发,而是从人的现实生活和实践(人的感性活动)出发。相对于旧唯物主义之为自然主义的唯物主义而言,马克思的新唯物主义是一种实践的唯物主义。马克思的辩证法不同于黑格尔等以往辩证法的根本之点同样在于马克思是通过人的现实的感性活动,即客观的实践来理解辩证法的,因而既能揭示主观的辩证法,又能揭示客观的辩证法,并在实践的基础上达到主客观辩证法的统一。正是这种统一使辩证法具有充分的现实性和具体性。在马克思哲学中,通过感性活动、实践对辩证法的揭示与通过感性活动、实践对物质的客观性和先在性的揭示是统一的。因此马克思的辩证法是唯物主义的辩证法,而他的唯物主义则是辩证法的唯物主义。总之,现实生活和实践的观点是整个经典马克思主义哲学的根本观点。它不仅因强调人的实践在认识中的决定作用而具有认识论意义,还因强调人的实践使物质、自然界从抽象的自在的存在转化为与人发生牵涉从而对人具有现实意义的存在,并由此具有存在论(生存论)意义。马克思的社会历史观、人民群众观、价值观、文化观等理论也都是由其科学实践观而获得合理的解释。因此,马克思通过把实践的观点当作其哲学的根本观点标志着他在哲学上实现了一次全面的、深刻的革命,这也正是他的实践的转向。

马克思在哲学上的实践的转向与上面谈到的杜威的实践的转向具有原则区别。这突出地表现在如下两点上。首先,马克思把物质生产劳动看作实践的基本形式。物质生产劳动是使人类得以生存的基本前提,也是人类得以从事其他一切活动的基础。物质生产劳动既蕴含着对物质世界的先在性的肯定，从而肯定了唯物主义的意义；又蕴含着人对物质世界的改造，从而也肯定了人的主观能动性。人类的物质生产劳动必然是一种社会性的活动，蕴含着以生产关系为基础的人与人的各种社会关系，具有明显的社会性和历史性。马克思由此对人类实践作出了最科学的解释，是一种科学的实践观。其次，马克思的这种实践观与马克思主义哲学作为无产阶级和人类解放的意识形态是统一的。马克思一再明确指出旧哲学局限于解释世界，但更重要的是改造世界。马克思实践观所讲的改造世界既包括了对自然的改造，又包括了对社会的改造，后者正意味着无产阶级乃至人类的解放。

杜威的实践观也具有丰富的内涵，例如他也谈论人的社会性和历史性，甚至也谈论对自然和社会的改造。但他没有把物质生产劳动看作是人的实践的基本形式，而局限于把实践理解为人作为生物有机体的行为，他的实践观不是科学的实践观。更为重要的是，杜威虽然也谈到改造哲学以利于人的全面发展以及理想社会的建立，但作为资产阶级哲学家，他没有，也不可能把他的实践观与无产阶级和人类的解放统一起来。

但是，在划清杜威实用主义实践观与马克思的实践观的原则区别的同时，我们也应当看到，作为西方哲学近现代大转向时期的哲学，二者在把生活、行动和实践的观点当作全部哲学的根本观点，并以此来批判和超越近代哲学的种种局限性和片面性、实现由认识论的转向到实践的转向上有着重要的共同之处。正因为如此，这两种哲学能够产生任何其他哲学都无法比拟的实际影响。

关于马克思主义产生了比任何其他现代哲学学派更大的实际影响，可以见证于马克思主义产生以来一百多年出现的客观历史事实。马克思主义在发展中当然会遇到失败和挫折。但这不是马克思主义本身的失败和挫折，而是一些人背离了马克思主义的本来意义所必然受到的惩罚。但一旦拨乱反正，重新明确把实践当作是检验真理的唯一标准，又能继续取得伟大胜利。因此只要能坚持马克思的实践标准，马克思主义就是无往不胜的。在这方面，国内外都有大量例证，此处不再一一列举。

实用主义作为一个资产阶级哲学流派,其可能产生的影响当然不能与马克思主义哲学相提并论。但是我们不能因此否定它在资本主义的美国所产生的巨大作用。美国人民在不长的历史时期内几乎从空地上把美国建设成为世界上唯一的超级大国,其主要思想支柱正是实用主义。实用主义是美国最有代表性的哲学。现代欧洲各国哲学大都曾传入美国,并在美国占有一席之地,有的(例如分析哲学)在特定时期甚至可能在美国哲学讲坛占有支配地位。但它们几乎都毫无例外地被实用主义所同化、成为实用主义的组成部分。就实际影响来说,实用主义在美国哲学中始终占有优势。桑塔亚那等一些美国著名哲学家也承认,美国人不管其口头上拥护的是什么样的哲学,但骨子里相信的仍然是实用主义。只有实用主义才是美国建国以来长期形成的一种民族精神的体现。而实用主义的最大特色就是使哲学从玄虚的抽象王国转向人所面对的现实生活世界。实用主义的主旨就在指引人们如何去面对现实生活世界,解决他们所面临的各种疑虑和困扰。实用主义当然具有各种局限性,人们也可以从各种角度去批判,但正是实用主义使美国能在许多方面取得成功,这大概是一个不争的事实。

在美国以外,实用主义也能产生广泛而长远的影响。这在中国可以说是最突出的了。自从实用主义传入中国以来,它的关注现实生活和实践的根本特征使它产生的影响远远超出马克思主义以外的任何其他哲学流派。关于这方面的情况,我在其他地方已一再阐释。在此仅指出,实用主义超越纯思辨领域而关注现实问题的特征,使它更多地卷入了现代中国社会的政治和文化冲突。它长期与马克思主义处于对立的地位,必然受到在中国占意识形态主导地位的马克思主义者的批判。然而这种涉及政治和文化等领域的现实问题的批判反过来又使这些领域受到实用主义的影响。实用主义所主张的解决现实问题的方法与马克思主义所主张的方法有时会发生重叠,以致人们有时难以明察它们之间的区别。毕竟人们在面对现实问题时,除了应当关注一般原则外,还应当关注,甚至首先应当关注解决问题的方法,探究如何使问题的解决既能符合社会和公众发展的利益,又能保障个人的合理要求。例如,在向市场经济体制转向时,应当首先关注的是如何发展市场经济,至于"姓社""姓资"的问题可以暂时搁置,放在市场经济建设的过程中去解决。而在探究解决问题的方法(例如建设市场经济的方法)方面,实用主义和马克思主义之间仿佛存在着一种张力:二者都把现实生活和实践放在首位,都主张一切从实际出发,都反对各种形式的教条主义和主观主义。我们既不能为了肯定这种张力而忽视二者的原则界限,也不能为了划清二者的原则界限而否定这种张力。

关于杜威的实用主义与马克思主义的关系问题是一个值得从各种不同角度和层面研究的重要问题。除了在上述实践标准问题上存在着某些共同之处外,在其他一些理论问题上也并不都是针锋相对的。例如,杜威的经验自然主义所谈论的自然界在一定程度上可以说接近于马克思所强调的那个"人化的自然界";杜威在肯定自然界不以人的存在为转移而自在地存在的前提下提出的关于主客(有机体和环境)相互制约、主体的创造性和能动性的理论与马克思的相关理论也不直接抵触。又如,马克思主义的发展观是保障社会和个人的共同利益,而杜威从来不主张在损害社会、公众利益的条件下去维护个人私利。相反,他一直提倡私利要服从公益,个人和社会应当相得益彰。杜威的社会理想也并不是维护现存资本主义,而是建立一种能保障所有社会成员都具有民主和自由的权利、受到平等和公正的对待、获得全面发展机会的"伟大共同体"(Great Community)(参见 LW-V2-pp.315-350, Search for the Great Community)。尽管杜威的这种理想社会在现存资本主义制度下并不能实现,但它仍能获得社会上许多阶层,特别是下层群众的同情;更重要的是杜威一再主张要对现存资本主义制度进行改造,他也由此被认为是资本主义制度下的社会改革家、左派思想家。正因为如此,在中国,在不同程度上接受和利用实用主义的人,并不都是资产阶级庸人和鸡鸣狗盗之徒,也包括许多忧国忧民和务实求真之士。这也就是为什么实用主义在中国会有挥之不去的影响。这里的关键仍然是我们应当怎样看待马克思的哲学和杜威的实用主义哲学的根本意义。如果按照被教条化的马克思主义哲学论著的结构来理解马克思的哲学、按照近代哲学的眼光去看待杜威的哲学,则二者除了对立以外很难还有其他。但如果按照这两种哲学的根本意义去理解它们,作为体现同时代哲学发展趋势的哲学,它们之间在一些方面存在着一定的张力是一种客观存在的事实。

四、马克思主义与实用主义的对立统一
是当代哲学发展的主要趋势

苏东剧变后,随着冷战的结束,世界形势发生了很大的变化。这种变化在哲学上必然会得到反映。马克思主义哲学在它过去的重要据点苏联被公开抛弃,在跟随苏联的那些国家以及跟随苏联马克思主义哲学模式的马克思主义哲学家中也产生了多米诺效应,世界马克思主义运动由此落入低潮。但中国马克思主义者在中国共产党领导下,特别是在党的改革开放方针的指引下,不仅坚定地抵制住了这种效应,对苏联模式的马克思主义的失败作了必要的反思;同时还适应当代社会发展的新形势,对马克思主义在当代的发展道路,特别是使马克思主义中国化的道路进行了深入、全面和系统的探索,取得了极其重大的成果,使马克思主义哲学重新焕发出了其灿烂的光彩,特别是促进了中国特色社会主义建设实践的大发展,使中国在很短的历史时期内发展成了世界第二大经济体。其他国家的许多忠诚的马克思主义者同样在根据他们各自的社会政治和文化背景在探索有他们自己特色的马克思主义发展道路,同样取得了可喜的成果。因此,尽管出现过低潮,马克思主义由于适应社会历史的发展规律,不仅不会衰落下去,反而会在新的形势下获得新的发展。改革开放以来中国马克思主义发展所取得的重大成就以及国外马克思主义者在更为困难的条件下所取得的成就都是最好的明证。随着科学技术的飞速发展和社会和思想文化新变革的出现,马克思主义哲学必然要在某些方面改变自己的形态,但马克思主义哲学的根本精神不会改变。细察当前、展望未来,我们完全可以相信,马克思主义哲学仍是最能经得起各种考验和检验,并持续获得发展的哲学,是最能体现当代时代精神的精华的哲学。

至于现当代西方哲学,哲学界中大多数人也已不再像以往那样简单地用全

盘否定的话语来形容。只要西方资本主义制度还能在较长时期内存在下去,与之相适应的西方哲学也仍然有存在的土壤。由于西方资本主义国家发展的不平衡性和不稳定性以及各种复杂的政治、经济和文化发展中的变故,各种具体的哲学流派的兴衰起落时有发生。但 19 世纪中期西方哲学的近现代转型发生以来一直存在的那些主要思潮还会以新的形态出现,因为它们除了与社会政治等易变的因素相关外,还与科学和人类认识的发展、文化传统,特别是哲学本身的传统等因素相联系。例如存在哲学对存在的研究、语言哲学对语言的研究都有很大的持久性和现实性,不会随着一些易变的因素的变化在而迅速消失。至于最近几十年来出现的对政治哲学、心灵哲学、生态哲学等的研究更具有重要的现实意义。

自 19 世纪中期西方哲学出现具有划时代意义的哲学思维方式的转向以来,实际影响最为经久的哲学流派莫过于实用主义了。这是因为实用主义在众多的现当代西方哲学流派中最能体现西方哲学从近代到现代的转向,即我们在上面已论证的实践的转向。这里需要补充的是:杜威等美国实用主义影响的经久性还在于它的包容性和开放性。

美国建国的历史不长。它的哲学和文化,特别是那些影响较大的哲学和文化大都是从欧洲传入的,但它们传入美国后又必然与美国本土哲学和文化,特别是和实用主义这种在美国影响最大的哲学和文化融合起来。发源于欧洲的分析哲学、现象学、存在哲学、结构主义和解构主义(后现代主义)本来主要是在一部分上层知识分子中流传的,影响范围有限。但当它们传入美国并与在公众中广泛流行的实用主义融合后,很快也成了影响范围广大的哲学派别。与此相关,一批从事现象学、存在哲学、分析哲学研究的欧洲哲学家大都只有得到美国学界的认可后,才能成为真正享有世界声誉的哲学家,他们的哲学也才能产生较大的现实影响。这些都标志着美国事实上成了现当代西方哲学的大本营。这既与美国在政治、经济、军事、文化等方面成为西方世界的超级大国相关,也与美国实用主义能够包容各种不同哲学的开放性相关。

如果上述的论点能够成立,那么以杜威为最大代表的美国实用主义就成了当代西方世界流传最广、影响最深的哲学流派。马克思主义者与西方哲学的关系突出地表现为与实用主义的关系。这当然不是看轻现象学、存在哲学、分析哲学这些在西方上层哲学界的显学地位,更不是否定用马克思主义观点分析和研究这些哲学的必要性;而只是说这些哲学的影响只有传入美国,并与美国实用主义相融合后才能成为影响范围更大的显学,用马克思主义观点对这些哲学流派进行分析和研究最好与对实用主义的分析和研究结合起来。在当今美国,甚至西方世界,实际上只有实用主义才是广大范围的民众最易接受的哲学。马克思主义者无论是从划清与西方现当代哲学的界限并批判其消极影响来说,还是从批判地吸取它们可能包含的合理因素来说,最应当做的是深入持久地研究最能与众多西方哲学流派相融合的实用主义。

当今的世界是多极并存的世界。美国是最大的发达国家,中国是最大的发展中国家。中美关系在世界的多元格局中起着主导作用。在哲学上的表现大体上与此相适应。在中国得到创造性发展的马克思主义哲学与在美国继续发生最大实际影响的实用主义哲学的关系也是当代哲学发展中最突出、最值得关注和正确处理的关系。换言之,实用主义与发展着的马克思主义哲学的关系是当代资本主义与发展着的社会主义的关系在哲学理论上最集中的体现。在改革开放时代,我们在经济、政治上仍然必须严格划清与美国的政治和经济体制的界限,坚定对社会主义的优越性的信念;但又要与我们的对方展开对话,寻找共同的空间,达成适当的协议,促进互利合作。与此相适应,在哲学等意识形态上,我们更必须严格划清马克思主义哲学与实用主义等资产阶级哲学的界限,坚定对马克思主义优越性的信念。但这不能是简单地去进行空洞的口号式的斗争,而是在真正把握马克思主义哲学的根本原则和深入研究对方理论的基础上去和对方展开对话,既注意揭露和批判对方的错误和片面性,也注意发掘并批判地吸取对方理论中与现代科学和社会发展相适应的因素。应当看到,作为资本主义意识形态的实用主义和作为无产阶级意识形态的马克思主义哲学,必然存在根本性的对立;但二者作为同时代的哲学,它们之间在某些节点上毕竟可能存在着彼此相通的张力。因此我们应当学会善于把西方敌对势力对我们实行西化和自由化的企图和西方哲学中的确存在的积极因素严格区别开来,使我们在防范西方现当代哲学的消极作用的同时也看到其中可能与马克思主义哲学相通的因素,借鉴后者对我们建设中国特色社会主义和实现中国梦能起到一定的促进作用。这意味着马克思主义哲学与实用主义等西方哲学流派的关系是既是根本对立、又存在着一定的统一的关系。在这种对立统一中,马克思主义哲学占有主导地位,它将取得越来越大的优势。这正是当代世界哲学发展的主要趋势。

(《天津社会科学》2014 年第 3 期)

现当代西方哲学发展趋势及其对中国的影响

第五篇

后现代主义与西方哲学的现当代走向

20 世纪 60 年代以来,在对传统西方哲学的批判和超越以及对 19 世纪中期以来的现代西方哲学的反思和发展的浪潮中,在寻找克服现代西方哲学矛盾、解脱其所处的困境以及探索它们的新的发展道路的各种尝试中,西方各国出现了一些大小不一的"新"哲学思潮和流派。其中最为引人注目的是所谓后现代主义。一些西方哲学家曾对之加以广泛炒作,认为它克服了现代西方哲学的种种矛盾,使之摆脱了困境,也调和了"科学主义"和"人本主义"等不同思潮的对立。有的人甚至把它的出现说成是西方哲学发展中的一次新的转型。然而,另一些哲学家则往往对其投以鄙薄的眼光,甚至称某些后现代主义议论是"胡说八道"[1]。中国学者对后现代主义的理解和评价也是互不相同。在一些人士中(特别是文艺界人士中),后现代主义受到青睐。某些当代后现代主义者杜撰的那些费解的概念和话语往往被当作时髦而被广泛使用。究竟应当怎样看待这种哲学思潮? 它是否真的具有上述重要意义,并体现西方哲学在当代的发展方向? 它与我们平常谈论的现代西方哲学处于何种关系? 这些问题都值得从不同层面和视角加以思考和研究。下面主要从西方哲学现当代转向的角度作些考察。

一、后现代主义的多重含义及当代后现代主义者的基本理论倾向

后现代主义是一个相当模糊的概念。它的内涵和外延是什么? 这在西方

---

[1] Dallas L.Ouren, "Founders of Constructive Postmodern Philosophy", SAAP Newsletter, No.72, 1995, Oct.

哲学界(甚至在被公认的主要后现代主义哲学家中)并无一致看法。为了讨论上述问题,先要对这个概念的所指加以限定。

"后现代主义"(postmodernism)本来是指称一种以抛弃普遍性、背离和批判现代主义的设计风格为特征的建筑学倾向,后来被移用于指称文学、艺术、美学、哲学、社会学、政治学,甚至自然科学等诸多领域中具有类似倾向的思潮。在欧洲,由于结构主义哲学在某些方面与人类文化的研究、文艺创作甚至建筑设计有一定联系,而德里达、福柯、巴特等后结构主义哲学家又都企图由批判早期结构主义的一些基本观念出发来消解和否定整个传统西方体系哲学(首先是"现代"哲学)的基本观念,因而后结构主义被认为是后现代主义哲学的典型形式。以伽达默尔为代表的哲学解释学把理解当作一种具有历史性的主体间的视界融合,以此取代和超越建立在主客二分基础上的传统哲学的认识论,而这被认为是后现代主义倾向的一种重要体现。在美国,蒯因、罗蒂等从分析哲学中分化出来的所谓新实用主义哲学家则企图通过重新构建实用主义(特别是强调杜威等人的工具主义)来批判和超越近现代西方的哲学的传统,他们的哲学也被认为是后现代主义的主要形态。一般说来,当代后现代主义哲学大多是指60年代以来在西方出现的具有反西方近现代体系哲学倾向的思潮。

然而,在理论上具有上述反传统倾向的哲学家在现代西方的各个哲学流派中都能找到。而有些后现代主义者(包括法国后现代主义的干将利奥塔等人)很难归于某一确定的哲学流派。不少西方学者由此对后现代主义作了较广义的解释,认为凡是具有上述倾向的都可列入其内。当代美国活跃的后现代主义者之一格里芬(D.R.Griffin)就说:"如果说后现代主义这一词汇在使用时可以从不同方面找到共同之处的话,那就是,它指的是一种广泛的情绪而不是任何共同的教条,即一种认为人类可以而且必须超越现代的情绪。"[1]这样一来,不同时期具有这种理论倾向的哲学家可都归属后现代主义。除上面提到的外,其中比较重要的还有海德格尔、伽达默尔、德鲁兹、哈贝马斯、弗洛伊德、马尔库

---

[1] 大卫·格里芬编:《后现代科学——科学魅力的再现》英文版序言,中央编译出版社1995年版。

塞、阿多诺、维特根斯坦、奥斯汀、戴维森、波普、库恩、拉卡托斯、费耶阿本德、贝尔、伯恩斯坦(R.J.Bernstein)等人,克尔凯郭尔、尼采、狄尔泰等一些 19 世纪思想家则被当作后现代哲学的重要先驱。在格里芬编辑的《建设性后现代哲学的奠基者》(1993)一书中,被当作这样的奠基者的有老一代实用主义哲学家皮尔士、詹姆士和杜威,生命哲学家柏格森、过程哲学家怀特海和哈茨霍恩。一句话,19 世纪中期以来西方最有影响的反传统的哲学家大都被当作后现代主义者。有的人甚至把后现代主义追索到帕斯卡尔、维柯和卢梭。由于这些哲学家分属不同哲学流派,其理论重点和目标也互有差异,后现代哲学自然就成了一个范围广泛的概念。

从"后现代主义"一词的西文语义说,人们有理由把其所指由 20 世纪 60 年代以来的特定思潮扩展为 20 世纪上半期甚至 19 世纪中期以来西方哲学中一种广泛的思潮。

"后现代主义"(postmodernism)一词中的"后"(post)一般是指现代之后之意,"后现代主义"自然应归属现代主义之后的另一个哲学时代。但也有人说这里的"后"是指现代主义的"后期"阶段,从而后现代主义仍是现代主义的一种继续或变形。还有人认为它是指现代主义已经结束,新的哲学时代尚未正式形成的某种"间歇"、"过渡"时期。另外,也还有一些哲学家(包括著名的法国后现代主义者利奥塔)提出后现代主义只是表示一种不同于现代主义的思维方式,而不是时间概念。同一时代的不同哲学理论有的属于现代,有的属于后现代。

然而,无论根据上面哪种说法,都可以在时间界限上将"后现代"上推到 20 世纪 60 年代以前的时期。因为在英语等西文中,"现代"(modern)通常是泛指西方"现代化"(modernization)运动开始以来(以 17 世纪产业革命为标志,甚至可上推至文艺复兴)的整个资本主义时代。是相当于 ancient(古代)和 medieval(中世纪)而言的。中文通常译为"近代"(modern history 相应译为近代史,modern philosophy 译为近代哲学)。如果仅指具有当代意义的现代,英语文献中较多地是用 contemporary,而不是 modern。至于 modern 时期何时结束或者其后期何时开始,虽然也可以有不同说法,但都很难说是以 20 世纪 60 年代(或者说二战以后)为界限。因此,postmodern 所表示的"后现代"显然不局限于 20 世纪 60 年代以来的当代,而可以上推到当代以前的"后近代"。"后现代"哲学同时具有"后近代"哲学之意。从西方哲学的实际发展来说,既然从 19 世纪中期特别是 20 世纪初起就已先后出现了各种类型的批判和否定近代哲学的思潮,自然可以说从那时起就出现了后现代(后近代)主义哲学。

由此可见,"后现代主义哲学"一词并不是单义的,而可以有不同所指。如果抽象和一般地谈论它、或者只看到和强调它的某种特殊意义,就可能误解它的真实意义,不能对之作出正确评价。在认识和研究西方后现代主义上,也正像在认识和研究其他问题上一样,我们必须抛弃从概念出发的抽象推理方法,而应当"回到事实本身",即针对它的具体所指作出具体分析。只有这样,我们才能在它的某种确定含义下揭示其在西方哲学中所处的地位及其所实现的"转向"的性质。

如果它被用来泛指 19 世纪中期以来整个西方以反传统哲学为特征的哲学,那它所实现的转向从属于现代西方哲学的转向。从这种意义上说,当代后现代主义哲学只能算是从那时以来的现代西方的一部分,也可以是它的"后期阶段"或者说它的继续。

如果把它限定为 20 世纪 60 年代以来的当代后现代哲学,认为它实现了新的转向,那意味着把它当作超越现代西方哲学的一种新的哲学思维方式,代表了西方哲学发展中一个最新阶段。由于它是后于具有"后现代"("后近代")意义的现代西方哲学,有些西方哲学家认为应当称它为"后后现代主义"(post-postmodernism)[1]。

当西方学术界把福柯、德里达、伽达默尔、利奥塔、蒯因、罗蒂等人当作当代后现代主义哲学家,并强调他们的哲学是对现代哲学的超越和转向时,显然是把他们归属于这种后后现代主义。因为这些哲学家在否定现代哲学时既指向 19 世纪中期以前的"近代",又指向以后的"现代"。因此考察他们是否实现了西

---

[1] 大卫·格里芬编:《后现代科学——科学魅力的再现》英文版序言,中央编译出版社 1995 年版。

方哲学发展的新转向以及这种转向是否和怎样体现当代哲学的走向,既要揭示他们是否以及怎样超越笛卡尔以来的西方"近代"哲学,更要考察他们是否以及怎样超越19世纪中期,特别是尼采以来的西方"现代"哲学。这就需要从与现代西方哲学相比较的角度对其一些主要理论加以剖析。

当代主要后现代主义哲学家在理论上各有特色,他们实际上属于不同的哲学流派,甚至不同的哲学思潮。但他们又存在着重要的共同之处,而且正是这些共同之处才使他们都被当作后现代主义者。这些共同之处突出地表现在他们几乎都有反对(否定、超越)传统形而上学的体系哲学、心物二元论、基础主义、本质主义、理性主义和道德理想主义、主体主义和人类中心论(人道主义)、一元论和决定论(唯一性和确定性、简单性和绝对性)等理论倾向。估价当代后现代主义在西方哲学转向上的意义,最重要的就是考察他们的这些否定和超越与西方近现代哲学的关系。

二、后现代主义的否定性理论及其与现代西方哲学的同一性

当代后现代主义者尽管分属于不同哲学流派,但在要求超越以心物、主客分立为出发点的基础主义、本质主义等传统哲学的主要特征上又有着重要的共同之处。无论是法国后结构主义者福柯、德里达以及利奥塔,德国解释学最大代表伽达默尔,新实用主义者蒯因和罗蒂等人的哲学都有这种倾向。其中不同形式的反基础主义又是他们的哲学的最基本的观点。有的西方哲学家甚至认为"后现代主义可以说就是反基础主义"。[1]

基础主义(Foundationalism)泛指一切认为人类知识和文化都必有某种可靠的理论基础(或所谓"阿基米得点")的学说。这种基础由一些不证自明、具有终极真理意义的观念或概念(罗蒂称为"特许表象")构成。学术研究的目的就是发现这个基础。从认识和方法论上说基础主义往往表现为将现象与实在(本

---

[1] Bill Shaw: "virtues for a postmodern world" (*business ethics Quarterly*), Vol.5, No.4, 1995, Oct.

质)、外在与内在分裂和对立起来的本质主义。17世纪以来,由于心物、主客之间的分离和对立以及二者之间是否存在屏障的问题被突出地提了出来,基础主义便以本质主义的形式在哲学中占了支配地位。

在当代后现代主义者对基础主义的批判中,罗蒂所作的批判有较大的代表性。他在其代表作《哲学与自然之镜》"导论"中明确提出:"本书的目的在于摧毁读者对'心'的信任,即把心当作某种人们应对其具有'哲学'观的东西这些信念;摧毁读者对'知识'的信任,即把知识当作是某种应当具有一种'理论'和具有'基础'的东西这种信念,摧毁读者对康德以来人们所设想的'哲学'的信任。"[1]在1982年出版的《实用主义的后果》中他更把上述批判扩大到整个柏拉图主义传统。

罗蒂把几乎全部传统哲学都归属于基础主义,认为它们之间的区别只是在何种形态下以什么(例如以一般概念或经验)为基础的区别。在各种形态的传统哲学中,他认为柏拉图、笛卡尔和康德哲学最具代表性,集中地对之加以批判。他把它们都看作以心物、主客等分离和对立为前提的视觉中心论(镜像论)。柏拉图关于真理和知识的学说把哲学看作是关于表象的一般理论。掌握表象意味着人的意识(人心)摹写作为对象的外物,犹如人眼的看,这就是把人心当作照耀外物的一面镜子。笛卡尔把"我思"作为出发点意味着认识是从人的内心发生的,人心成了一面映照外在世界的内在镜子。康德企图消解主客等二元分立所导致的近代哲学中的各种对立(如经验论和唯理论,唯物论和唯心论的对立),目的仍然是由人心为科学、艺术、道德和宗教等提供一个可靠的基础。在科学和认知领域为自然立法,在道德领域颁布绝对命令。他的三大批判实质上就是检查、修理和照亮这些领域的镜子。

总之,按照罗蒂的解释,只要是把人心(主体)与其对象(客体)区分和对立起来,把哲学的任务看作由心灵去掌握对象、并企图由此而为人们寻找知识和行为的可靠准则,那就是把人心当作自然之镜,就是遵循某种形式的基础主义,

---

[1] 罗蒂:《哲学与自然之镜》,三联书店1987年版,第4页。

而传统哲学的基本理论框架,无论是其存在论或认识论,几乎都以把人当作自然之镜为前提,从而也都是某种形式的基础主义。因此,对传统哲学的批判在罗蒂那里就表现为对作为自然之镜的人心的消解和摧毁。

罗蒂在批判基础主义的名目下对传统哲学的否定体现了当代后现代主义哲学家的共同立场。尽管他们批判的名目不同,批判的方法和方面也互有差异。例如德里达致力于对"逻各斯中心主义"、"言语中心主义"的"解构"(集中地表现为对结构主义语言模式的批判);福柯则致力于对传统"认识型"(episteme)的批判。利奥塔热衷于对叙事(narrative)的探讨,特别是对所谓元叙事的批判。就对后现代主义进行具体研究来说,这些差异是不应忽视的。但他们的批判与罗蒂接近。罗蒂也承认自己的观点与德里达、福柯、伽达默尔等人很是类似。并认为"德里达的反逻各斯中心主义不过是⋯⋯反本质主义的一个特例"[1]。就揭示当代后现代主义者对西方传统和现代哲学的超越的性质来说,最值得注意的正是他们的这种共同倾向。

从现当代西方哲学的大背景来考察,由反基础主义所体现的当代后现代主义哲学家的这种共同倾向在哲学思维的基本方式上与19世纪中期以来许多反传统的西方哲学家并无实质性区别,实际上是以某种不同的形态对后者的继承。

第一,他们在各种新名目下所批判的仍然是这些哲学家所一再批判过的传统形而上学思维方式中的那些理论,特别是其具有二元论倾向的本体论和认识论,只是有时对这些哲学家(特别是尼采、海德格尔等欧陆哲学家及杜威等实用主义哲学家)的批判作了某些局部的变换或者运用于某种具体领域。罗蒂就认为"德里达的大多数工作继续了一条始于尼采而一直延伸到海德格尔的思想路线。这条思想路线的特征就是越来越激进地拒斥柏拉图主义"[2],而德里达对逻各斯中心主义的批判则"是把尼采和海德格尔所共有的反本质主义运用到句

---

[1] 罗蒂:《后现代文化》,上海译文出版社1992年版,第149页。
[2] 同上书,第98页。

子和信念的特例上去。"[1]至于他自己的反基础主义和反本质主义则正是詹姆士和杜威等人表示过的立场。因为他们的实用主义"只是运用于像'真理'、'知识'、'语言'、'道德'这样一些观念和类似的思考对象的反本质主义。"[2]利奥塔对语言的批判大体上就是模仿维特根斯坦、特别是其语言游戏说。

第二,他们的新哲学理论在基本方向上也未越出这些哲学家的大范围。

罗蒂倡导的所谓"启迪哲学"("教化哲学")、"小写的哲学"、"后哲学文化"被认为是当代后现代主义理论的范例。然而他本人也一再指出它们源于杜威、维特根斯坦和海德格尔等人的理论,甚至是现代西方两大哲学传统(思潮)汇流的结果。从实证主义到分析哲学的传统"在以批评柏拉图主义开始而以批评(大写的)哲学本身结束这一点上与尼采—海德格尔—德里达的传统十分相似。"[3]德里达的解构主义从直接的意义上说是对他以前的全部哲学的"消解",但他并未因此而提出一种超越传统哲学范围的新哲学。他的"消解"主要只是对原有哲学文本由单义阐释转向多义阐释,而这并未越出原有哲学的框架。正因为如此,他对体现了近现代两种主要哲学倾向的黑格尔和尼采这两位哲学家都既不全盘肯定也未全盘否定,而游移于这对立两极之间。利奥塔明确地把他关于语言和知识的合法性的理论与维特根斯坦的语言游戏说联系起来。

后现代主义哲学家的其他否定性理论与上述反基础主义和反本质主义等"传统哲学"立场有着内在联系,甚至可以说是其表现形式或必然后果。它们也未越出西方现代哲学的范围。

例如,对近代哲学中主体性理论和人类中心论的批判是他们对传统哲学批判的重要方面之一。他们大都认为,以作为主体的人取代神的地位、以主体性取代神性是"现代"哲学最重要的特征。然而,不管这种特征曾起过多么重大的作用,要超越"现代"便必须超越主体性。德里达、福柯等人都致力于对主体的消解。德里达之否定主体在语言中的直接在场作用和福柯之提出"人之死"概

---

[1] 罗蒂:《后现代文化》,上海译文出版社 1992 年版,第 149 页。
[2] 同上书,第 245 页。
[3] 同上书,第 13 页。

念就是否定主体性的集中表现。这种否定正是源于对近代哲学的主客二元分立、实体本体论的否定。因为主体性原则和人类中心论正是以这种分立和与之相联的主体实体化为前提的。然而对主体性原则和人类中心论的批判是尼采以来的现代西方哲学中就已存在的。例如尼采认为主体无非是一种自我欺骗的产物。他所倡导的主人道德就是对维护这种主体性的奴隶道德的超越。维特根斯坦的语言哲学把主体和自我当作为语言的语法的一种特殊功能，弗洛伊德的精神分析学通过揭示自我意识之下的无意识把自我置于从属地位。

后现代主义哲学家大都还以非理性主义反对理性主义（包括以诗性哲学取代理性哲学），以非确定性（相对主义、无中心论、无整体性）否定确定性和整体性，以多元论和非决定论反对一元论和决定论。这些也都无不出于对基础和本质的否定，而它们也都早已为许多现代西方哲学家以不同形式提出过，我们在此就不一一评述了。

三、后现代主义对现代西方哲学的超越

但是不能由此认为，在批判近代哲学上，后现代主义哲学家只是简单重复前此的现代西方哲学家。二者之间在某些方面仍有重要区别。后现代主义哲学家不仅批判西方近代哲学，也批判现代哲学。后一种批判体现了他们对西方现代哲学一定程度上的超越。下面我们列出五个较为重要的方面。

第一，后现代主义者大都指责现代西方哲学家对传统形而上学的批判不彻底，在批判基础主义时往往又陷入另一种形式的基础主义，而他们力图克服这种不彻底性。

罗蒂在这方面表现得特别突出。他认为现代西方两大哲学思潮的一些最著名的哲学家都没有摆脱对科学和哲学等的最后基础的寻求。以罗素和早期维特根斯坦为代表的分析哲学企图通过语言分析寻找一种语言学上的精确表达（实际上就是一种具有规范作用的语言），而语言哲学家们提出的"语言的转向"也不过是用"语言"取代"心"的方式继承了旧的基础主义传统。以胡塞尔为

代表的现象学则企图通过本质还原和先验还原而获得一种绝对可靠的基础。他们仍然主张哲学的严格化和精确化,仍是基础主义的真实继承者。尼采、柏格森、狄尔泰、布拉德雷、罗伊斯、弗洛伊德等人对传统哲学虽然都进行过激烈批判,要求超越以主客、心物等二元分立为特征的基础主义,但无论是尼采的意志、柏格森和狄尔泰的生命、布拉德雷等人的精神或弗洛伊德的力比多,都无不是柏拉图式的理念的变形,仍然带有明显的基础主义痕迹。罗蒂同意海德格尔这样的话:尼采是最后的形而上学家,因而还不是能完全摆脱柏拉图主义的后形而上学思想家。

德里达等人也表达过类似观点。德里达以反对"在场的形而上学"和"逻各斯中心主义"等形式继承了海德格尔等现代西方哲学要求摆脱形而上学的立场。但他并不认为海德格尔等人获得了成功。他说:"没有海德格尔提出的问题,我想做的工作将是不可能的。"但他又说,正因为他受惠于海德格尔,他才要"在海德格尔的著作中寻找其属于形而上学或他所谓的存在—神学的印记"。德里达所说的形而上学印记,主要是指海德格尔用了"存在"这个概念。海德格尔把存在(在)和存在物(在者)区分开,在反形而上学上迈出了重要的一步。但在德里达看来,海德格尔所作的这种区分仍然受形而上学支配。为了把自己与海德格尔区分开来,德里达创造了"痕迹"(trace)、"延异"(differance)等一套晦涩的哲学术语来表达他对难于捉摸、隐喻和不断自我再构造的东西的称颂,并企图以此最终摆脱形而上学思维方式。

第二,后现代主义者对某些现代西方哲学家即已表现出的反主体性和人类中心论(人道主义、人本主义)倾向作了进一步发挥。

反主体性和人类中心论是西方现代哲学超越近代哲学的重要方面之一。由于主体性和人类中心论均以主客、心物等二元分立为前提,而后者往往导致人的异化(物化、对象化),使人失去其本真的个性,不少现代西方(特别是所谓人本主义思潮)哲学家要求重新认识人的存在及其活动的价值和意义,把人看作完整的人。后现代主义者继承了这种观点,但不同意现代西方哲学家仍然把人作为一种确定的存在,即具有实在性的主体的倾向,认为这未能摆脱形而上学。他们要求像消解其他实体性的存在那样消解人的存在。人在哲学中自然也失去了核心意义。他们由此要求以非人本主义取代人本主义。福柯之将尼采的"上帝之死"发展成为"人之死"在这一点上具有典型意义。他在《事物的秩序》一书的末尾中谈到，"随着语言的存在越来越明亮地照耀我们的地平线，人类便逐渐地消亡。"他认为不是人作为主体把语言当作自己的工具，而是语言的存在揭示了人的存在的意义。

其实，海德格尔早已表示过类似的思想。如果说他前期在《存在与时间》中对此在的追问还没有脱离以主客二元分立为特征的主体性的形而上学范围，他后期所一再谈论的"在的真理"就是一种排除了主客二分而达到主客融合（天人合一）的存在论。他认为西方近现代哲学中的许多概念（如真理、实在、文化、价值、世界）都是在主客二分的前提下提出的，必须加以超越。他经常援引未受二元分立框架约束的古希腊哲学和中国古代哲学，以便从中发现更具有始源性的真理。他认为人的本真的存在不是作为自然的主宰，而是与自然融合在一起，并由此要求不把人置于宇宙的核心和支配地位，而只能当作众多的在者之一。这也就是使人由自然的统治者、主宰者变成世界上其他一切存在的倾听者、守护者。

海德格尔的这种观点与福柯的人之死的思想和德里达的无中心和非在场的观点有所不同。德里达就不同意海德格尔走出"人"，即二元分立和主体性的道路，认为所需要的是一种"风格"的改变，这种风格能"同时说几种语言，产生几种文本"。尽管如此，在要求改变主客二元分立的思维方式、从而抛弃与之相关的主体性原则和人类中心论上，他们却是一致的。

应当注意的是，后现代主义者之提出人的消失并不是笼统地否定人的存在及其意义，而只是要求取消作为与客体相对立的主体的人的存在。也就是使人摆脱主客心物等等依存关系，摆脱对外在世界和普遍的理性观念的依赖。有的后现代主义者鼓吹要使人成为无中心、无本质、无长远的目标和理想、不担负社会和历史使命以及政治责任和道德义务的人，不受任何外在的或内在的制约，而只享用当下的、现实的生活的人。在他们眼中，只有这样的人才是真正自由和自主的人,才能充分展示人生的价值和意义。这些观点看起来是很荒唐的,实际上主要是反对以普遍理性和主客、心物等二元对立为特征的哲学思维模式的一种极端形式。

第三,后现代主义者不仅要求超越近代哲学的理性主义,而且要求超越现代哲学的实体性的非理性主义。

后现代主义者认为,一些现代西方哲学家虽然看到了理性主义把理性当作基础的错误,但又用意志、生命、无意识等非理性存在取代理性当作基础,这不仅仍然是一种基础主义,而且并未摆脱理性的制约。因为"意志"、"生命"、"无意识"等无非是在旧形而上学基础上用理性构建出来的非理性结构,是变了形的理性。后现代主义哲学家则要求在哲学中完全排除任何实在和本质(不管是理性的或非理性的),从而要求不仅超越传统的理性主义,也超越现代的非理性主义。他们大都不承认自己是非理性主义者。就实在性(实体)意义上说,他们也的确与一般非理性主义有别。不过,由于他们夸大人的理智的有限性和随意性,否定存在和认识的相对稳定性和确定性,从而也否定了任何理性的认识形式和方法的可靠性。一切都变成了变动不居的、非决定的、不可比较、不可通约的东西,人的认识成了一种无政府主义式的自由嬉戏。在这种情况下,当然也谈不到对真理的确定性和客观性的肯定。德里达明确地说:"没有真理自身,只有真理的放纵,它是为了我、关于我的真理,多元的真理。"这种观点显然仍具有非理性主义色彩。如果说叔本华、尼采等人的非理性主义是实体性的,后现代主义的非理性主义则可谓是功能性的。

第四,在方法问题上后现代主义者以语言游戏说和解构法发展了现代西方哲学家的主观主义和相对主义倾向。

他们大都认为近现代哲学(特别是实证主义和分析哲学等科学主义思潮)中追求普遍性的方法论是陈旧的、封闭的。那些以理性和逻辑为基础制定出来的实证科学方法实际上不过是某种类型的游戏规则。如果将其当作普遍规范,就必然束缚人们的想象力,因而不仅不适用于人文和社会学科,对自然科学也会成为一种束缚。只有个人的情感、体验和想象才是创造的泉源和真理的尺度,也是制定和评判游戏规则的尺度。利奥塔和德里达的观点在这方面很有代表性。

利奥塔否定整体性、普遍性和明确性,而热衷于模糊性和差异性。他号召人们:"让我们向同一整体开战;让我们成为那不可表现之物的见证人;让我们持续开发各种差异并为维护'差异性'的声誉而努力。"[1]他正是在这种思想指导下发挥了维特根斯坦的语言游戏说,认为语言游戏虽然要有规则,但这些规则不是固定的,而是参加者通过约定而形成的。参与者之间人人平等。都可以仅按自己的选择和自由想象去参与游戏和发表己见,无需遵守确定的规则和方法。他把语言游戏当作人们实现自由思考的重要途径,认为越是大胆想象,就越能最大限度地发挥自己的创造性,从而也越能使自己成为有个性和创造性的人。自然科学研究也无非是语言游戏。他援引20世纪50—60年代以来科学发展中出现的不确定性和突发性情况来论证科学研究中语言游戏的不确定性、相对性、不可通约性。

德里达用解构方法来取代传统和近现代哲学方法。他的解构实际上是对概念(语言符号)的意义进行批判性解释。它通过读解文本来发现其自身的矛盾,对其存在的等级秩序加以颠倒,进而改变和重新解释原有概念关系。换言之,它从揭露文本本身的矛盾出发来摧毁(消解、颠覆)文本的原有结构,发掘被其中心意义所排除、隐蔽或遗忘的意义,特别是那些普遍和确定的意义之外的意义。它强调意义的多向性和不确定性含混性,颠倒结构的中心和边缘的关系,消除结构中一切确定和固定的东西。这意味着解构方法是对原有文本作出多义的、不确定的、含混的解释的方法。也正因为如此,他也不仅接受了维特根斯坦的语言游戏说,而且使之更具主观随意性。因为他实际上否定了游戏需要遵循一定规则。认为这些规则并不制约游戏。"游戏的规则已被游戏本身替代。"[2]

第五,后现代主义者把对传统和现代西方哲学的超越发展成了对哲学本身

[1] 引自《后现代主义文化与美学》,北京大学出版社1992年版,第24页。
[2] 德里达:《结构、符号与人文科学中的嬉戏》,引自《最新西方文论选》,漓江出版社1991年版,第150页。

的超越,消解了哲学的本来意义,也就是使哲学变成某种非哲学的东西。

从表现形态上看,后现代主义哲学家大都一改传统哲学构建抽象和思辨概念体系的倾向。他们不仅用文学、艺术、心理学、社会学以及符号学等领域的语言来表述自己的哲学观点,而且超越哲学原有的意蕴和方法,将其融化于这些学科之中,使之具有超越和否定通常哲学的形态。罗蒂的后哲学文化就是一个典型。

所谓后哲学文化指的是在消解传统和近现代西方哲学后所建立的文化,相应于启蒙思想家在否定神学文化后建立的"后神学文化"(即哲学文化)。后神学文化以哲学打破和取代了神学在整个文化中的至高无上的地位,而后哲学文化虽然打破了哲学文化(后神学文化)的这种地位,但它本身不再具有这种地位,它已不是文化之王。它只能像一个封建社会中的国王在退位之后仍然可以作为一个普通公民那样继续存在。在此没有任何学科能取代原来哲学的地位。无论科学、文学或政治均如此。与原有的哲学文化(即所谓大写的哲学)不同,后哲学文化下的哲学所要做的只能是怎样将不同事物关联起来,只能"骑在文学的—历史的—人类学的—政治学的旋转木马"上行进。罗蒂对这种文化下的状况作了这样的描绘:"在这里,没有人,或者至少没有知识分子会相信,在我们内心深处有一个标准可以告诉我们是否与实在相接触,我们什么时候与(大写的)真理相接触。在这个文化中,无论是牧师还是物理学家或者诗人、还是政党,都不会被认为比别人更'理性'、更'科学'、更'深刻'。没有哪个文化的特定部分可以挑出来作为样板来说明(或特别不能作为样板来说明)文化的其他部分所期望的条件。"在这样一个文化中没有大写的哲学家,只有"能够理解事物如何关联的专家"。这样的专家所能满足的不是传统哲学的目标,而是对"人类迄今发明的各种谈话方式的利弊的比较研究"。后哲学文化时代的哲学家的专业"是理解宏伟图画之间,以及想弄清事物如何关联的各种努力之间的相似和区别。他是一个告诉你事物相互关联的各种方式本身如何相互关联的人。"

德里达等其他后现代主义者的观点与罗蒂大同小异。值得注意的是:他们把哲学和诗融合起来。他们对主客二元分立、主体性和人类中心论等的否定使他们强调以物我不分或物我皆忘为特征的直观、想象的情感境界,这往往就是诗的境界。这必然导致哲学的诗化。在这一方面,海德格尔后期关于诗化哲学的思想对当代后现代主义者产生了深远的影响。正是在海德格尔的启发下,德里达提出哲学与诗同源,并进一步要求消除哲学与诗的界限,认为从事哲学就是从事诗的创作。也正是在这种意义上,德里达把哲学当作隐喻之学。他认为在古希腊哲学中,哲学充满隐喻,可谓是充满隐喻的诗。柏拉图的洞穴喻中讲到眼睛如何借助太阳光而看到事物。人在洞穴中看不到太阳,只看到被太阳照亮的事物的影子。但从中知道外面有一光源(太阳),在其照耀下可以走向光明。德里达由此提出:哲学的作用就像这样的太阳。就是说,起隐喻的作用。然而,在传统形而上学中,隐喻被驱逐出去了,只有在诗和文学中才有其存在的余地,而哲学与诗和文学由此决然分裂了。他认为应当把二者重新统一起来。

如何评价后现代主义哲学家对现代西方哲学的上述超越是一个相当复杂的问题,对以上五个方面都可以而且应当从不同角度加以分析。我们无法在此展开讨论,但如下两点似乎是可以肯定的:第一,在对传统和近代哲学的批判上他们比前此的现代西方哲学家在某些方面更为彻底并揭示了后者的许多缺陷,但有时又往往更加走向极端,因而可能具有更大的片面性;第二,他们的批判和立论对现代西方哲学都有所超越,有的甚至是重要的超越,但又并未超越原有现代哲学思维模式的界限,并未形成一种不同于现代哲学模式的新模式,实现哲学上的根本性变革。

四、后现代主义与当代哲学的走向

在对后现代主义之所是及其对西方近现代哲学的否定和超越作了以上限定和阐释后,我再来对本章开头提出的问题加以考察。

"后现代哲学"概念既有多重含义,就必须按其具体所指分别给予评价。

如果它泛指后于笛卡尔、康德等人所代表的"近代"(modern)哲学,其所批判和否定的是由笛卡尔、康德等人的哲学所体现出来的基础主义、本质主义等传统形而上学倾向,那它不过是给 19 世纪中期以来就已存在的对近代哲学进行批判的广泛思潮加上了"后现代"这个新名称。在这种情况下,后现代哲学对"现代"(modern,实际上也就是近代)哲学的批判意味着要求以现代哲学思维方式取代近代哲学思维方式。在这一点上,我们可以把当代后现代主义当作 19 世纪中期以来整个西方哲学中以反传统为特征,也就是要求超越"现代性"(实即"近代性")的广泛思潮的新形态,并由此而肯定其在西方哲学发展上所具有的积极意义。

如果它是指后于 19 世纪中期以来的现代西方哲学,即被某些当代后现代主义哲学家声称为西方哲学发展的一个最新阶段的哲学,那对这种声称就很难予以肯定。因为如上所说它们在基本哲学思维方式上与前此的现代西方哲学并无实质区别,其在哲学上所实现的变革并未越出现代西方哲学所实现的变革的大范围。我们可以把当代后现代主义当作整个现代西方哲学发展中的一种新的思潮或倾向,但不能说它实现了对现代西方哲学的根本性超越或西方哲学的新的方向性转换。

后现代主义能否体现当代西方哲学的新走向呢? 这既要看西方哲学在当代的发展需要什么样的变革,也要看后现代主义能否以及在什么程度上适应这种变革的需要。前者涉及如何估计西方哲学在当代的发展状况和趋势,后者涉及如何估价后现代主义在当代西方哲学发展中可能发生的作用。

虽然西方现代哲学取代近代哲学是哲学思维方式的重大变革,标志着西方哲学发展到了一个更高阶段。但它也像被它取代的近代哲学一样本身包含着严重的缺陷和矛盾。这不仅就它的各个具体流派和思潮说是如此,就整个现代西方哲学说也是如此。我们经常可以看到,在一些现代西方哲学家宣告他们开辟了哲学的新纪元之后不久,他们的不少后继者,甚至他们本人就已开始为再次陷入难以摆脱的困境和危机(以及与之相应的理想和信念危机)而忧虑。

现代西方哲学的缺陷和矛盾有各种不同表现,其中较为突出的是:它在批判和否定近代哲学所表现出来的形而上学思维方式时往往要么不彻底,回到原来被它所批判的理论的立场;要么走向另一个极端,特别是相对主义和虚无主义,以致由否定传统哲学而取消了哲学本身的意义。一百多年来西方哲学有过重要的发展,但始终未能摆脱在这两个极端之间摇摆的局面。尽管现代西方哲学从整体上说体现了一种与近代方式不同的现代哲学思维方式,但这种体现远非完善。它的各种独特的哲学形态(各种流派和理论)带有更大的片面性,因而必然陷入困境和危机。为了摆脱这种局面,必须重新审视、批判、超越此前的各种哲学流派和理论,建构出符合现代社会各个方面(包括哲学本身)不断发展要求的新的哲学理论。

后现代主义哲学思潮的出现在一定程度上适应了对现代西方哲学的发展进行新的反思和变革的需要。后现代主义哲学家大都对尼采以来的现代西方哲学家的理论的矛盾和缺陷进行了揭露和批判,并以开辟哲学的新方向为己任。从揭露西方传统和现代哲学的缺陷和矛盾说,他们的工作是很有价值的,至少能给人以启迪。他们所提出的反体系哲学和绝对一元化、反二元分立、反人类中心论、反绝对化的理性主义和非理性主义等主张在一定程度上的确反映了现代哲学发展的一种趋势。

然而,尽管后现代哲学家不仅要求超越近代哲学,而且要求超越现代哲学,但如上所说,他们的哲学并未真正超越后者,仍然包含着后者具有的种种矛盾,不能完全适应对西方哲学发展进行新的变更的要求,也不能真正体现西方哲学的当代走向。正因为如此,尽管它在20世纪60年代以来在西方哲学界曾轰动一时,近几年来却因受到越来越多的批评而呈冷落之势。西方哲学家纷纷在讨论如何超越后现代主义,探索摆脱哲学困境的新的途径。

在此值得一提的是:1997年11月14—16日,在美国芝加哥大学举行了一次有93位哲学家参加的关于后现代主义之后,或者说后后现代主义(After Post Modernism)的学术讨论会。会议的主题正是针对近年来后现代主义的式微而探索哲学发展的新途径。早在这次会议举行前,就由会议的发起者、芝加哥大学的根德林(Gene Gendlin)和施伟德(Richard A. Shweder)通过互联网络组织了几个月的通讯讨论。参加者不仅有美国和其他西方国家的哲学家,也有众多发展中国家的哲学家,可谓是一次世界性的讨论。讨论非常热烈,人们通过互联网络或电子信箱几乎每天都可收到新的讨论信件。在会议之后,这种网络讨论至今仍在继续。由于参与讨论者的背景和哲学立场互不相同,他们对后现代主义的看法自然也互不相同。持赞成和否定态度的都大有人在。总的倾向则是超越后现代主义、为哲学的发展寻找新的道路。根德林在广泛征求与会者的意见后于 1998 年 2 月 18 日发布的(通过网络)关于芝加哥 APM 会议的报告显然就体现了这种倾向。下面我们摘引报告中的一些段落和提法:

"我们继续批判现代性,但我们要超越某些后现代主义支派所主张的那种任意性。我们怀疑一切确定的基础,但并不意味着什么都不值得一提"。这是在芝加哥举行的 APM 会议上 93 位与会者……的座右铭。

诚然,……,所有的词都带有不可避免的"形而上学"。问题显然不可能、也不应当"解决"。然而,我们能否比……以非中心化、不可确定性、断裂……做得更多一些呢?

我们现在所处的时期是破坏逻辑的基本原理及科学的"客观性"的时期刚刚过去。我们需要一种对科学的力量和限制的重新理解并找到使科学对象重新概念化的道路。借口科学无为并不能改变那些仍然决定着我们的社会政策和制度的那些假定和价值。而后哲学现在是、从来都是直接研究这些假定并探讨它们怎样才能可能的学科。

许多人现在都知道,每一个词都与旧有概念相联,我们可能落入这些概念之中。但这是否是后现代主义者所说的那样使我们根本失去与语言相关的新的道路呢? 后现代的批判及其所提出的问题已广为人知,而我们许多人也为不断的阻塞着恼,因为人们所使用的每一个词都可能显得是倒退到旧的形而上学。现在是摆脱这种半幽默、其实往往都是太实在的"后现代悖论"的时候了,这一悖论是:一旦我们拒斥任何确定的真理,就根本不会有其他真理存在。其实,在实践中,我们所做的都比这要好。

关于"真理"和"客观性"的一般陈述一直是含混的。但这并不是说就没有真理和客观性。……我们不要单纯的多元论,而可以创造出"多重真理的复合"。

理论和实践彼此开放。实践方面的优先性并不是只要实践不要理论这种呆板观念,而是我们在行动中都必有的一种感觉,即我们怎样在超越概念范围的情境下发现我们自己……。如果人们把一切归之于规则,那是坏消息,然而现在超越后现代主义的道路已经打开。我们怎样发现自己,这总是认识所不能穷尽的。为基础的模式和对它们的否定所忽视的多种可能性已经打开。背景的多样性避免了后现代主义的非此即彼。它们既不是纯粹逻辑的,也不是任意的。我们可以寻问我们如何认识背景以及它怎样影响我们的话语所指。

我们不再需要仅仅用否定的方式说话。

亲身认知(bodily knowing)的可能性及其与语言的关系终结了后现代主义关于要么是确定的基础、要么什么也不是的抉择。

报告还从科学、文化、历史、伦理、语言等各个方面对后现代主义的相关观点提出了质疑,甚至否定。我们不再一一引述了。

上面摘引的这些话语都表明,在美国和其他西方国家,已有为数众多的哲学家企图在"后后现代主义"的旗号下超越后现代主义,对当代后现代主义者的那些纯粹否定性、主观主义、相对主义、虚无主义观点提出了质疑和挑战,克服后现代主义者的极端性和片面性,为西方哲学的发展寻找较为合理和健全的道路。不过,他们并没有对自己的观点作出系统和充分的论证,多数还只是一些片断之见;他们彼此之间往往存在很大差异。因此,所谓后后现代主义还只是一种开始显露的朦胧的倾向,谈不到已为西方哲学的发展找到了新的道路。但是,这种后后现代主义倾向的出现毕竟可以表明:当代后现代主义者所提出的哲学发展的新道路是一条走不通的路。

西方哲学应当朝着什么方向发展、对现代西方哲学所体现的哲学模式应当进行怎样的变革,应当以何种哲学模式来取代它? 这些都是中外哲学界一直在讨论和探索,而又一时都难以达成共识的问题。也许并不存在(至少暂时不存在)单一的道路和模式。应当容忍,甚至倡导各种不同的道路和模式(包括东西方哲学、马克思主义与非马克思主义哲学等)共同发展、相互沟通和借鉴。事实上,随着冷战的结束、国际经济的进一步一体化以及许多现实矛盾的不断消解和克服,西方哲学中不同派系尖锐对立的情况也已有所缓解,越来越多的哲学家趋向于走求同存异之路。如果将来会有一种超越和取代现代哲学模式的新的哲学模式出现,那消解各种不同哲学倾向的对立、促进它们之间的交融和统一也许是通向它的最可行之路。

对于马克思主义者来说,无疑应当重新树立对马克思主义哲学的坚定信念,重新认识它之真实所是及其在哲学上所实现的变更的真实意义,恢复它作为现代哲学思维方式的本来面目。这也就是把它看作能摆脱西方现当代哲学的种种弊端、具有开放性、能吸取人类文化一切有价值成果、处于不断发展中的学说。只有这样的马克思主义哲学才能最鲜明地体现当代哲学的正确走向。这当然不是对以往马克思主义哲学的简单否定,不是在原有马克思主义哲学思维方式之外发现一种新的哲学思维方式。但它毕竟要求人们摆脱长期以来在各种复杂因素影响下对它的扭曲和误解,特别是摆脱它本来应当否定和超越,却又因种种原因而重新陷入的基础主义、本质主义等近代哲学思维方式所特有的倾向,因而在一定程度上具有哲学思维方式新的转向(或者说观念更新)的意义。在这一方面,深入研究和重新看待它与包括后现代主义、后后现代主义在内的现代西方哲学的关系将是十分重要的。尽管后现代主义、后后现代主义本身并不能体现当代哲学的正确走向,但它所提出的理论中包含着某些能促进走向新的哲学思维模式的因素,这是马克思主义哲学家应当予以重视和大胆借鉴的。

(原载《国外社会科学》1996 年第 3—4 期,中国人民大学复印报刊资料《外国哲学》1996 年第 10 期转载)

现当代西方哲学发展主要趋势论评

改革开放政策要求面向现代化、面向世界、面向未来。这三个面向密切相关、彼此蕴含。面向世界的目标主要就是更好地实现社会主义现代化,更好地促进未来的发展。面向世界的范围当然广泛,其中面向早已实现了现代化的西方发达国家显然占有重要地位。这种面向包含对这些国家的政治、经济、科学技术、文化等各个方面的全面深入的认识。哲学在一定意义上是对所有这些方面的总结和概括,在一定程度上能够体现这些方面发展的基本倾向。为了更好地做到面向世界,很有必要了解西方各国现当代哲学的发展趋势。

现当代西方哲学派系庞杂多变,各派理论彼此相异,甚至对立,不仅持不同哲学立场的人对之看法不同,即使是立场相近的人,例如在马克思主义者内部,由于视界不同,也可能有不同结论。但这不意味着它们没有任何确定性。它们毕竟是其所处时代的产物,与西方现当代社会发展的方向大体相适应。循着后者的轨迹,可以在貌似千差万别的西方哲学理论后面发现它们的不同层次的共性。有的共性使一些哲学家形成为某种特定的哲学流派,有的共性使一些哲学流派形成为某种有较大普遍性的哲学思潮,更高层次的共性则体现整个西方现当代哲学发展的主要趋势。后者表面上看来很是抽象,其实它们作为对各种哲学流派和思潮的共性的概括具有非常丰富的内容。如果我们抱着求实的态度对之加以探究,获得关于它们的较为准确的认识,那对我们较为准确地认识和理解西方现当代哲学,认识和理解它们与现当代马克思主义哲学发展的联系,以及认识与之相关的西方社会的各个方面,都将是很有意义的。关于西方现当代哲学的各种哲学流派和思潮的历史演变过程,我在《新编现代西方哲学》(人民出版社 2000 年 6 月版)中已有较为具体和系统的评介,本文限于在此基础上探讨西方现当代哲学发展的主要趋势。

一、20 世纪西方社会变革的复杂性与哲学现代转型的曲折历程

20 世纪西方哲学发展遇到了一系列新的矛盾和挑战、陷入了新的困境和危机,但其向现代转型的过程仍获得了新的进展。正像以认识论的转向为标志形成的近代哲学思维方式在其发展过程中历经曲折和反复一样,西方哲学在"语言的转向"、"后形而上学转向"、"生活和实践的转向"等名目下进行的向现代哲学思维方式的转型同样存在种种片面性,不时出现停滞和倒退;但转型过程仍在继续,许多哲学家仍在探索哲学发展的前进道路。

从整个世界历史发展的特征来说,20 世纪可以说是一个矛盾错综复杂、革命时起时落的世纪。西方各国已由近代自由资本主义转向现代垄断资本主义。资本主义所固有的矛盾在国内外都进一步激化,由此在经济、政治等各个方面造成了尖锐的阶级对抗。从国内说,它们在某些情况下使无产阶级反对资产阶级的斗争发展成了旨在推翻资本主义制度和资产阶级统治的革命,其中以俄国的十月革命影响最为深远。从国际上说,各国资产阶级为着自己的利益而在各方面展开了激烈争夺,第一次和第二次世界大战正因此而发生。

资本主义的这种深刻和不可调和的内外矛盾和危机本应导致它走向灭亡,促使社会主义走向全面胜利。事实上,随着二战后社会主义阵营的形成和壮大,曾经出现过实现这种前景的大好形势。然而这种形势后来却发生了不应有的逆转。原因是多方面的。一方面,苏联等一些原社会主义国家领导人由偏离、扭曲作为指导思想的马克思主义发展到公开抛弃和反对马克思主义,使这些国家由社会主义蜕化为资本主义,使一度强大的社会主义阵营由变质而瓦解。另一方面,资本主义各国为了缓和阶级和民族等矛盾,在许多方面都致力于自我调整和改革(从罗斯福的新政到当代社会改良主义都是如此)。尽管它

们不可能医治好资本主义的痼疾,毕竟使本来早已处于风雨飘摇的资本主义社会暂时能获得一定生机,在新的科技革命推动下,在某些情况下甚至能表现出一定的繁荣景象。

这些现象的出现要求我们认识社会主义必然胜利和资本主义必然灭亡这一历史规律在实现过程中的复杂性和曲折性。从哲学上说,则要求我们既重新认识作为社会主义理论基础的马克思主义哲学,特别是对它的各种偏离和扭曲造成的严重后果;也重新认识现当代西方哲学,看到它们既处于深刻的矛盾和困境中,又为了适应资本主义制度自我调整的需要而在理论上作出了某些变更,因而得以重新具有某些活力。

马克思主义者对社会主义以及作为社会主义事业的指导思想的马克思主义哲学都应当有坚定的信念。上述逆转现象不过是社会主义发展道路上的暂时性挫折,并非社会主义本身的失败;也不是作为其指导思想的马克思主义的缺陷。然而我们毕竟为这些挫折付出了沉重的代价,应当认真对之加以分析和研究,从中吸取经验教训,作为前车之鉴。在哲学上最重要的是努力做到善于区分马克思哲学的本来意义及对它的各种扭曲和误解。

马克思主义的产生实现了哲学上的革命变革。然而,对于这一变革的真实意义,从马克思主义产生之日起就有人抱着各种目的对之加以曲解。为了与那些打着拥护他的旗号来曲解他的学说的人划清界限,马克思本人当时只好宣布自己"不是马克思主义者"[1]。马克思逝世后,在社会主义和工人运动内部更是形成了各种曲解马克思理论的思潮。其中"左"的教条主义由于以"正统派"面貌出现,造成的损害更大。他们从多方面曲解马克思的理论,特别是按照马克思本人所批判和超越的近代哲学思维方式来解释马克思的哲学,把马克思从人的现实社会生活和实践出发建立的唯物主义,即历史唯物主义曲解为具有独断论(教条主义)和自然主义特征的近代唯物主义。值得提到的是:尽管马克思一再教导人们不要把他的理论当作教条、而只是当作行动的指南,而这种曲解

---

[1]《马克思恩格斯选集》第4卷,人民出版社1995年版,第695页。

的关键之点却正是把马克思的理论当作教条、使之脱离现实生活和实践,从而在拥护马克思主义的名义下严重损害、在某些情况下甚至断送了社会主义革命和建设的事业。因此如何正确认识并区分马克思主义的本来意义和对它的各种形式的扭曲,就成了我们能否真正坚持马克思主义、并在其指导下取得胜利的关键。在新的世纪中,面对着各种新情况、新问题,如何做到进一步坚持和发展马克思主义哲学,避免对它的各种误解和扭曲,我们更需不懈地作出努力。

对于与马克思主义哲学处于同一时代的西方哲学,过去对它们的评价主要是否定性的。这不无根据。马克思主义哲学的产生标志着无产阶级已由自在阶级成长为自觉地进行反对资本主义、建立社会主义新社会的革命斗争的自为阶级;而同一时期的西方哲学作为成了革命对象的资产阶级的意识形态,作为马克思主义哲学的对立面,往往具有保守,甚至反动的特征。事实上,在马克思主义哲学产生以来的一百多年中,西方各国一直都存在反对马克思主义哲学的哲学思潮。其中有的在表现形态上不仅与马克思主义哲学所体现的现代哲学思维方式不相容,甚至可能是早已为不少进步的近代哲学家所批判的陈旧哲学的复活。例如在英美德意等国出现过的某些具有独断论和唯意志论特征的哲学后来成了法西斯等右翼反动势力利用的工具。对于西方现当代哲学的这类消极方面,我们当然不应忽视。

然而,哲学毕竟是远离经济基础的意识形态,具有相对独立性,对西方现当代哲学不能仅仅用那里的阶级斗争来解释。尽管不是所有的哲学都能体现时代精神的精华,但时代精神的内容是多方面的,那些多少具有较大社会影响的哲学总是能在不同程度上体现时代精神的某些方面。西方现当代哲学也是如此。从19世纪中期以来,西方资本主义社会(包括社会生活、思想文化和科学技术等各个方面)发生了一系列重大变化,使在历史上曾起过重大进步作用的近代哲学遇到了一系列矛盾,甚至陷入危机。西方哲学为了继续发展并能对社会生活的各个方面起到推动作用,必须在哲学思维方式上进行具有根本性意义的改造。马克思在哲学上的革命变革正是在这种条件下发生的,而这种条件也促使马克思主义哲学以外的西方哲学发生相应的转型,即向现代哲学思维方式的转型。在 20 世纪,这一转型过程仍在继续。

对于现当代资本主义由于实行自我调整而能暂时缓和危机和困境,并获得一定的发展空间,许多马克思主义者过去长期估计不足,因而他们关于西方资本主义的概念与西方资本主义的现实发展往往脱节。在哲学上也有类似情况。许多马克思主义哲学家对于现当代西方哲学较之近代哲学所发生的变化的性质的认识,也往往脱离后者的实际所是。在很长一段时期内,大部分人都把这一变化简单地归结为转向更加极端的唯心主义和形而上学。一直到改革开放以后,这种近乎全盘否定式的态度才有了重大改变,越来越多的人开始肯定现当代西方哲学中存在的合理因素。

当前的主要问题是:究竟怎样看待这种合理因素。例如:是去寻找并肯定近代哲学思维方式视野下的那些唯物主义和辩证法等因素呢? 还是去发现和评判它们可能包含的符合现代哲学思维方式的因素(例如它们对近代哲学的思辨形而上学、绝对理性主义和独断论、抽象的自然主义等等片面性和局限性的超越,它们之以交互主体代替个体主体、以主体间性代替主体性、以主客相互作用和统一代表主客分离,特别是以人的现实生活世界代替抽象的自在的自然界和观念世界)? 而这取决于究竟怎样理解马克思的哲学、特别是其唯物主义的实际所是。如果仍然按照近代哲学思维方式来理解马克思主义哲学,那即使有对现代西方哲学作出求实评价的愿望,也会事与愿违。因为西方现当代哲学的一个相当普遍的特点是反对近代哲学思维方式,势必与按照近代哲学思维方式理解的"马克思主义哲学"相冲突。如果按照现代哲学思维方式来理解马克思主义哲学,那就会发现它在一些方面与西方现当代哲学有某些共同之处。

当然,在充分肯定西方现当代哲学的积极和合理因素时,也要注意防止以新的形式走向另一个极端:划不清马克思主义哲学和西方现当代哲学的界限,对后者遇到的矛盾和困境认识不够,甚至盲目地跟着其脚步走。尽管目前这种倾向并不突出,但如果我们在研究西方现当代哲学时缺乏马克思主义指导,或者对马克思主义的实际所是缺乏正确理解,在这方面是很容易迷失方向的。

总之,西方哲学进入向现代哲学思维方式转型以来,在各个方面都有重大的进步。但是较之马克思主义哲学的发展,它的各个派别走的都是一条更加曲折的道路。他们不断地遇到新的问题、新的矛盾和新的挑战,不断地陷入新的困境和危机。他们之间的各种争论以及各种哲学流派的此消彼长,归根到底都是在为摆脱困境和危机、寻找新的出路而作的探索。当代西方哲学的图景总的来说可以说是在不断地探索、不断地寻找新的出路的图景。在他们的这些探索中,可以说是真理与谬误并在、进步与倒退共在。马克思主义者应当充分关注他们的这些探索,从中吸取经验教训。

二、从反形而上学转向重建形而上学

对传统哲学的本体论和形而上学(二者意义相交,但又有差别,此处暂撇开其差别)的批判和拒斥,曾经是划分近代和现代西方哲学界限的重要标志之一,有的现代西方哲学家和哲学派别(特别是那些强调哲学与科学的联系的"科学主义"派别)甚至把拒斥一切形而上学当作其哲学的出发点,以致人们在一定意义上可以说现代哲学思维方式的形成意味着传统形而上学和本体论的终结,因为前者必然是对后者的一种超越。当海德格尔在谈到马克思完成了"对形而上学的颠倒"[1]时,他的意思正是指马克思对传统哲学作了根本性的批判和超越。德里达等其他当代西方哲学家也有类似的说法。

究竟什么是对传统形而上学的拒斥或超越(颠倒),不同西方哲学流派的具体解释有所不同。"科学主义"(实证主义)思潮的哲学家着重于哲学和科学的划界。他们继承了休谟早就提出过的思想:如果一种理论经不起数学和逻辑检验、或者不能由经验事实证明,那就是无用的形而上学。他们主张按照科学的模式来改造哲学,一切与科学方法相悖的哲学理论都应当看作是无用的形而上学而摒弃于科学的哲学之外。当然,不是所有强调现代自然科学的西方哲学派别都笼统地要摒弃一切形而上学。在各种形态的实在主义思潮中有的就保留

---

[1]《哲学的终结和思的任务》,《海德格尔选集》下卷,上海三联书店1996年版,第1244页。

着某些形而上学色彩。例如流行于 20 世纪上半期的美国自然主义思潮(广义地说杜威等人的经验自然主义也属其内)就具有形而上学倾向。

"人本主义"哲学思潮的哲学家同样反对传统形而上学,也同样要求将哲学与科学区分开来。但是他们并不笼统地拒斥形而上学,而是要求对之加以改造。他们大都认为新的形而上学、或者说新的本体论应当关注的不是作为绝对的本质或实体的存在,而应当是对存在的显现、过程、或者说生存。他们由此反对实体本体论及与之相关的基础主义、本质主义。我们在从尼采到胡塞尔和海德格尔等人那里可以很方便地找到有关这方面的大量论述。生命哲学家柏格森的一些论述更具有典型意义。

在当代西方哲学家中,在反对传统形而上学和本体论上有些人更加"彻底"。以后期维特根斯坦为代表的日常语言哲学家就是这样。在他们那里,哲学问题被归结为语言的用法问题,除此以外一无所有。以罗蒂为代表的所谓新实用主义、以福柯、德里达为代表的所谓解构主义以及将他们包括在内,但范围更广的当代后现代主义,有时就更加走向极端,以致对以往全部哲学几乎采取纯粹的虚无主义态度,有的人公开要求取消哲学。

究竟应当怎样看待西方现当代哲学中批判和拒斥形而上学的思潮,这是一个需要作具体分析的问题。从这种批判和拒斥的目标是针对传统哲学,特别是近代哲学中被绝对化和狭隘化的理性主义,以便摆脱后者所必然具有的思辨性和独断性,促进哲学和科学领域内的思想解放来说,应当肯定它们可能会起到一定的积极作用。近代哲学的理性主义精神本来是与科学精神和人文精神相统一的。近代早期(特别是文艺复兴时期)的思想家对理性的倡导,目标就是把人和自然从基督教神学和经院哲学的禁锢下解放出来。他们对理性本身以及运用理性对人和自然的解释都是丰富多彩的。然而在往后的发展中,理性越来越被狭隘化和绝对化,成了具有独断性的思辨理性,凌驾于现实的自然和人之上。以这样的理性构建的哲学被当作"科学的科学",具有判定科学的是非的无上权威,而人则沦落为这种理性形而上学体系中的一个环节,或者成为理性的工具。这种理性形而上学既成了科学进一步发展的桎梏,又成了人的现实生活,特别是人的自由的枷锁。因此,现当代西方哲学家之群起反对和拒斥这样的形而上学在一定意义上不能不说是一种进步现象。他们在这方面的工作与马克思对德意志意识形态等旧的意识形态的批判显然存在共同之处。

问题是:许多现当代西方哲学家在反对传统哲学的形而上学和与之相关的实体本体论,以便把科学和人从它们的束缚下解放出来时,却往往使科学和人失去了其立足的根基。他们在排除绝对化和抽象化的物质和精神实体时却由此排除了现实存在的物质和精神的关系。科学虽然不再受形而上学的束缚,成了实证(经验)科学,但科学也由此失去了它与客观存在的现实世界的联系。科学规律的名称犹在,但已不是指不以人的经验为转移的客观规律,它们由此被主观主义化、相对主义化,甚至虚无主义化了(例如认为科学只是假设、游戏规则、操作方法等)。至于作为主体的人的存在虽然被许多人一再强调,但由于同样脱离了客观和现实的物质的联系,特别是由于过分强调了人的自由和个性,把人当作孤立的个人,使人的自由和个性脱离了对现实社会关系的依赖,人的存在因此失去了现实性和客观性,在许多情况下甚至被归结为纯粹意识、纯粹主观性。既然科学与人都失去了现实性和客观性,以这样的科学或人为出发点的哲学也必然被主观主义、相对主义和虚无主义化。这样现当代西方哲学家在反对和拒斥西方近代哲学的片面性和局限性时却又陷入了另一种片面性和局限性。

对于在批判和超越近代西方哲学的片面性和局限性时走向另一个极端、特别是陷入相对主义和虚无主义等困境,一些较为求实的现当代西方哲学家也有所感。他们越来越发觉如果继续这样走下去,一切科学(包括自然科学和人文社会科学)和哲学(包括他们自己的哲学)理论都会由于缺乏任何确定性而无法成立,社会的政治和道德秩序由于缺乏确定的规则和规范而难以维系。更无法避免的是:从古代以来哲学所必然蕴含的对具有绝对、无限、永恒意义的理想的形而上的追求都将被完全排斥,哲学作为关于世界观、人生观和价值观的理论意义将被完全否定。这不仅对人的生活的理想、价值和信念等的关注以及对于善和美的追求将造成极大的损害,对人的现实生活和实践、对科学技术的发展也同样极为不利。德国杰出的物理学家和哲学家海森堡就曾高度评价人们对于"绝对"、"超越"等形而上的追求的意义,甚至认为它是德国在各个方面兴盛的原因。他说:"德国之所以在科学和艺术方面作出改变世界的贡献(这使我们情不自禁地想起黑格尔和马克思、普朗克和爱因斯坦、贝多芬和舒伯特)正是由于对绝对的热爱,由于对它们的终极原则的追寻。"

随着简单地拒斥形而上学的缺陷越来越明显暴露,西方哲学界中陆续发出了重建形而上学的呼声。除了现象学、存在主义等"人本主义"思潮的哲学家早已较普遍地提出过要重建与传统形而上学不同的新形而上学外,一些有"科学主义"倾向的哲学家也早已在不同程度上意识到不宜坚持简单拒斥的立场。例如皮尔士、詹姆士和杜威等实用主义哲学家在摒弃传统形而上学,把实用主义当作一种方法论时又都企图重建另一种形而上学。最近几十年来,这种重建形而上学的呼声越来越高。新实用主义、科学实在论等当代科学主义哲学流派更是明确提出要重新研究形而上学问题,甚至表示要重建一种形而上学来作为其哲学的理论基础。蒯因所提出的所谓"本体论承诺"在当代西方哲学界就曾引起过相当广泛的反响,被认为是对分析哲学传统的一种重要超越。斯特劳森提出的所谓描述形而上学理论一改以往分析哲学只注意分析语言的细节的倾向,而转向对概念框架和思想结构的系统的研究,这被认为在很大程度上改变了以往分析哲学对本体论和形而上学简单否定态度。

值得注意的是:在西方哲学界提出和赞成重建形而上学的,现在已不只是个别哲学家或哲学流派,而已发展成为一种广泛的潮流。它不仅存在于一般哲学领域,在伦理学、美学和社会哲学等各个较专门的领域都有所表现。这些哲学家们大都表示他们不是要回到传统的本体论和形而上学上去,而是要建立一种新形而上学。后者既可避免现代反形而上学思潮所往往陷入的相对主义和虚无主义,又可避免传统形而上学的绝对主义和独断论。

究竟怎样重建形而上学呢?各派哲学家的回答不同。具有"人本主义"倾向的哲学家致力于建立一种与人的存在及其活动相关、以人为中心的本体论,分别被称为人学本体论、生存本体论(生存论)、生活和行为哲学、实践哲学等等。另一些哲学家在建立其新的形而上学时并不直接涉及人,但其所指归根到底离不开人。例如语言分析学派的哲学家大都把哲学问题归结为语言问题,甚至把 20 世纪以来西方哲学的转向归结为语言的转向。然而语言总是人的语言,体现着人与世界的关系,是人与世界之间的交互活动的产物。语言虽然可以摆脱对个别人的依赖,却不能摆脱对人作为类的存在的依赖。西方哲学中的所谓语言的转向虽然被标榜为是对传统主体性形而上学的超越,归根到底仍是向人、即主体的回归。不过这不是回到个体主体,而是回到群体(类)主体,不是回到单纯的主体性,而是回到主体间性。也有一些哲学家企图走其他道路。总的说来,尽管他们之间存在着重要区别,但在强调不能简单地回到传统的形而上学上则大体一致。

许多当代西方哲学家由简单地否定和摒弃作为哲学的形而上学转向要求在新的基础上重建形而上学,说明他们多少已认识到对哲学不能采取纯粹主观主义、相对主义和虚无主义态度,这当然是值得肯定的;他们之主张把哲学回归到人也不无道理,因为作为哲学理论的世界观和人生观只能是属于人的。问题在于有的人往往把人看作是孤立的个人,甚至是作为纯粹意识的人。由这样的人出发建立的作为世界观和人生观的形而上学必然脱离人的存在的现实基础,显然不能作为人生的指导,也无法摆脱主观主义、相对主义和虚无主义等片面性。

但也应当看到,不是多数、更不是所有现当代西方哲学家都简单地把人归结为孤立的个人或纯粹意识的人,并由此去构建新的形而上学。例如杜威、海德格尔、萨特等一些著名哲学家在强调个人的同时又试图把个人与集体、社会联系起来,甚至还在一定程度上肯定个人对后者的依赖,这使他们由人的存在出发建立的新形而上学,或新本体论具有某些现实性和客观性色彩。尽管由于他们并未正确地解决个人、集体和社会的关系问题,使他们的理论必然存在很大片面性,但也不宜简单地把他们归结为唯心主义。

另外,还有一些左翼或对西方社会采取批判态度的哲学家,特别是卢卡奇等某些西方马克思主义者,在建立其新的哲学理论时往往援引马克思。他们对马克思理论的解释与所谓正统派模式(特别是斯大林模式)的解释有很大不同。他们一般都突出马克思的历史唯物主义,在对历史唯物主义的阐释上不无是处。但是他们往往不接受甚至否定辩证唯物主义,认为它不符合马克思对纯粹和抽象自然主义的批判。卢卡奇就认为马克思的本体论只能是社会存在本体论,而不是辩证唯物主义可能意味的自然本体论。他们对马克思主义的这类解释既包含了对马克思的曲解,但在某些方面却又击中了教条主义解释的某些弊端。究竟如何认识和对待这些人的理论,他们对马克思理论的解释与马克思理论的本来意义究竟有什么区别,这涉及我们如何正确认识和坚持马克思主义的大是大非问题,很值得作深入系统的研究。

三、从纯粹抽象思辨在不同意义上转向现实生活

哲学是否能以自己独特的方式面向现实生活、特别是能否体现现实社会生活发展的前进方向,是它能否具有生命力的关键所在。关于哲学面向现实生活的问题也因此一直成了先进哲学家关注的核心问题。从中世纪哲学向近代哲学的转向、由近代哲学向现代哲学的转向,在一定意义上都是向现实生活的转向。文艺复兴时代的哲学家之要求将哲学由彼岸的天国回到现实的人间,现当代哲学家对近代哲学的绝对理性主义等思辨形而上学的批判,其主旨都是使哲学面向现实生活。尽管西方现当代哲学派系庞杂,各派理论互不相同,但那些最有影响的哲学家大都以不同方式、在不同程度上把转向现实生活当作其理论的出发点或归宿。胡塞尔之提出哲学回到生活世界,海德格尔之强调"在世的在"的意义,维特根斯坦之转向日常语言,杜威之强调经验就是生活,虽然各有其独特含义,但在要求摆脱以往哲学的抽象性和思辨性,使哲学转向人所处的现实世界和所经历的现实生活上则有着很大的一致。

然而,西方现当代各派哲学之转向现实生活和实践走的是一条曲折的道路。他们大都以批判近代哲学脱离现实生活和实践为自己理论的出发点,但这些批判都有很大片面性和局限性,以致自己往往又以另外的方式走上了类似道

路。原因各有不同,从一般认识根源说,都与哲学作为一种独特的人类精神活动的特点有关。因为哲学总是企图从整体上来观察和认识人及其所处的世界。为了对人和世界有更为清晰和完整的了解,它往往必须暂时偏离具体和现实的事物及人的日常生活,而这种偏离一旦超越了一定限度,必然造成哲学脱离客观实际和人的现实生活的结局。西方哲学家作为资产阶级哲学家的阶级局限性也使他们必然有这样的结局,这一点是近代哲学陷入思辨形而上学和绝对理性主义的主要原因。许多现当代西方哲学家虽然揭示过并企图克服近代哲学的这类弊病,却又出于同样的原因自己又犯了类似的错误。

在科学主义哲学思潮中分析哲学学派曾占有重要地位,在其发展初期,他们竭力揭露传统哲学的独断性和思辨性,指责它们严重脱离实际。他们具体分析了传统哲学所使用的许多概念、理论和用以表达的语言,认为它们不仅含混、空泛、言之无物,而且晦涩、累赘,对人的现实生活和实践没有实际意义,应当代之以具有清晰、准确、简洁等特征的科学语言。他们要求对传统哲学进行根本性改造,也就是用科学方法来重构、重建哲学。这种主张当时曾使人耳目一新,首先在科学界得到了普遍响应,接着在哲学界也发生了深刻影响,形成了一种流传极广的思潮。然而在其后来的发展中,由于把语言分析绝对化,以致越来越具有他们本来所反对的抽象化和思辨化倾向。逻辑分析学派之企图用逻辑语言(或者物理语言)来当作一切科学和知识的语言,并由此统一科学,就是这种抽象化和思辨化倾向的突出例证。这种企图很快就遭到失败,以致使这一学派的哲学越来越转化成仅仅为少数哲学教授们所关注的学院派哲学。有的分析哲学家也企图将他们所建构的逻辑语言运用于现代科学技术,特别是信息技术,这种运用有时的确具有重要的实践效能。然而当他们从事这方面的研究时,他们的活动也就转化成了科学技术活动,不再具有直接的哲学意义。日常语言哲学学派外表上显得很是接近和关注人的日常生活。然而他们实际上不懂得日常语言体现的人的存在的社会性和历史性,必然使语言脱离了使用语言的人的现实生活和实践。他们把哲学的功能归结为日常语言分析在一定程度上意味着把哲学研究变成了玩弄语言和文字游戏,这当然同样脱离人的现实生活。

以面向本真的人为主旨的存在主义等流派原本是以关注人的现实生活为己任的。对于近代体系哲学简单地把人归结为抽象的自然体系或纯粹的概念体系中的一环，他们作了激烈批判，认为这必然限制个人自由和个性解放，妨碍个人发挥其能动性，而他们则主张从这种僵固的体系中解放人。这些主张不无是处。然而他们之过分强调个人自由和个性解放、以致将其作为全部哲学的出发点就片面了。他们虽然大都并不赞成，更不维护明显的主观唯心主义和极端个人主义，并各以自己的方式肯定个人不能脱离集体和社会而存在。然而他们大都只是从个人与他人共在(例如以群体，或类主体代替个体主体，以主体间性代替主体性)等角度来作论证，把复杂的人的社会关系简单化，并未因此正确解决个人与集体和社会的关系，有时甚至从消极的意义上把后二者当作对个人的限制。个人的存在仍然被抽象化和绝对化了，与现实生活和实践脱节。他们的理论不仅不能指引人们找到解决现实问题的正确道路，反而往往使人误入歧途，最后必然同样被人唾弃。例如在20世纪60年代，西方各国许多青年学生很是受到鼓吹个人绝对自由和反抗资本主义现实的萨特等人的存在主义的影响，并在其鼓舞下发起过对资本主义社会进行反抗的运动。这种脱离现实的哲学根本不可能为青年学生找到从事现实斗争的正确道路，尽管他们有很高的斗争热情，最后仍然归于失败。而斗争的失败不仅使他们抛弃了这种哲学，而且大大地打击了他们参与现实斗争的积极性，不少人因此回避政治、脱离现实，以致反过来接受了以与现实生活脱节为特征的结构主义以及各种形式的保守主义(特别是所谓新保守主义)。

总之，无论是科学主义思潮还是人本主义思潮、欧陆哲学还是英美哲学，都由强调现实生活和实践而反过来走上了重新脱离现实生活和实践的道路。正像近代哲学由此陷入危机和困境一样，现当代西方哲学同样由此陷入了危机和困境。为了能够继续起到作为当代资本主义意识形态的作用，甚至仅仅为了继续生存，它们都必须想办法重新回到与现实生活和实践相结合的道路上来。

正因为如此，最近一些年来，在西方哲学界中不断重新响起了转向现实生活的呼声。一些哲学家对于那些具有极端主观主义、非理性主义、相对主义、虚无主义等特征的思潮越来越采取批判态度。20世纪60年代以后一段时期,具有这类特征的后现代主义曾一度成为时髦,甚至被某些人视为体现了当代西方哲学的方向。然而,当这种思潮对西方社会的各种现实问题不仅未能提出任何可行的解决之策,反而加剧了人们的思想混乱以后,它的市场就变得越来越狭窄了。许多严肃的哲学家不屑于谈论后现代主义。在原来被认为是后现代主义代表人物的哲学家中,有的人(例如福柯)不承认自己属于后现代主义;有的人(例如利奥塔)对其所主张的后现代主义的所指作了澄清,排除了某些极端化的含义;有的人(例如美国一批所谓建设性后现代主义者)虽然保留后现代主义的名称,但赋予它以不同的意义;有的人(例如哈贝马斯)则直接而明确地批判后现代主义。正是由于后现代主义风光不再,以致一些西方哲学家在谈论应当走向"后后现代主义"(post-postmodernism,或 after-postmodernism)。尽管他们对后后现代主义之所是并无具体和确定的论证,更未达成共识,但他们在否定那些具有极端主观主义、非理性主义、相对主义、虚无主义等特征的思潮上大体是一致的。而这意味着他们都在不同程度上意识到要摆脱西方哲学发展的困境,必须走面向现实生活的道路。

与这种要求转向现实生活的倾向相适应,在西方哲学界,过去被忽视甚至被否定的应用哲学和哲学的应用化问题越来越引起哲学家的注意。这既表现在一些哲学家又在重新探讨哲学的基础理论研究(或者说"元哲学"研究)与应用哲学的关系问题,又表现在社会哲学、政治哲学、历史哲学、法哲学、道德哲学、经济和技术哲学、环境和生态哲学、女性主义哲学等等涉及现实社会生活的各个具体领域的哲学研究得到了很大发展。各派哲学在对认识论和方法论等传统哲学问题的研究中也越来越注重它们在科学技术和现实生活中的应用。例如,最近20多年来,对古老的心智(Mind)哲学问题的研究成了西方哲学家研究中的热点问题。它涉及神经和脑科学、生理学、应用心理学、语言学、逻辑学、计算机科学等许多具体和应用科学领域,往往具有应用认知科学的意义。即使是那些专事较为抽象的所谓"元"问题的哲学家也同样在考虑如何尽可能避免与现实距离过远的问题。

究竟如何使哲学面向现实生活和实践？哲学应当在什么意义以及何种限度和范围内面向现实生活和实践？对这些问题西方哲学家目前也还是众说纷纭，还在探索。但以某种方式把面向现实生活和实践当作哲学研究的方向，已得到越来越多的哲学家的认同。

面向现实生活和实践，促进各种现实问题的解决和现实生活的发展，这正是哲学的生命力的源泉。任何一种哲学如果脱离了现实生活，最后必然走向没落。现代西方哲学的形成和发展已有一百多年历史。期间遇到了种种困难和挫折，经历了种种矛盾和危机。主要原因正在于它们在不同方面偏离了西方社会发展的前进方向这个最基本的现实。正像当代西方资本主义为了继续存在必须不断从各方面作出自我调整一样，作为其意识形态的哲学为了能继续发挥其社会使命，并由此而获得新的生机，也不得不继续在这方面作出调整。当代西方社会是一个科学技术高度发达、社会生产力有了极大提高的社会，它在一定程度上为人的全面发展开辟了新的前景，也对哲学提出了新的要求。然而，许多西方哲学家也承认，当代西方哲学的发展陷入了新的困境和危机之中，其主要原因就在于它未能超越资本主义所固有的矛盾和危机，无法做到体现当代社会发展的前进方向。西方哲学的发展是由此走向其尽头，还是能再次摆脱困境，获得新的生机，这在很大程度上取决于它能否对自己作出新的调整，重新面向实际、重新面向生活，以便适应当代社会发展的新的要求。除此以外，别无其他道路。而这也正是当前西方哲学出现转向现实生活的呼声的根本原因。

四、全球化浪潮与各种不同哲学派别和思潮的对话及沟通

全球化是当前国内外学术界、经济界，甚至政界都极为关注的热点问题之一。尽管全球化概念最近十多年来才流行起来，但全球化这种现象却早已随着资本主义市场经济体制的兴起而开始出现。马克思和恩格斯早在《德意志意识形态》，特别是《共产党宣言》中就曾指出资本的扩张如何造就世界市场、使生产

和消费都日趋世界化。经济上的这种世界化又促进其他方面也世界化。例如与输出商品同时也输出西方资产阶级的政治、哲学、道德和宗教等观念。作为对西方资产阶级的反抗,全世界无产者和受压迫的人们也越来越团结起来,形成了另一种性质的世界化。马克思由此把共产主义的实现看作是"世界历史性的存在",一百多年来的世界史可以说是涉及众多领域的不同性质、不同程度的世界化,即全球化的历史。

这一百多年来世界化的历史进程是十分曲折的。不同时期具有不同的特征。与以往任何历史时代相比,甚至与在政治、经济、科学技术等各个方面都发生了一系列重大的、具有革命性转折意义变革的 19—20 世纪之交相比,二战以后的几十年来、特别是最近 20 多年来,随着跨国公司的兴起及其在经济、政治等各方面的影响不断扩张,特别是以信息技术为代表的新的科技革命的出现,全球化进程的势头显得空前强劲,并在各个方面都打上了深刻的烙印。在西方各国的哲学发展上也明显地表现出了相应的特征。

资本主义的市场经济从它开始发展时起就具有超越地域和国界的趋向,与之相适应的哲学等资本主义的思想文化的发展也同样如此。这从欧洲近代哲学的发展就可看出。尽管当时欧洲哲学有英国经验论和大陆唯理论等之分,它们各自继承了不同的哲学传统,在理论形态上有明显区别。然而它们却又相互渗透。霍布斯的机械论明显受到笛卡尔的影响,而洛克的经验论成了爱尔维修等法国唯物主义的重要理论来源。即使是当时相对闭塞的德国,哲学也同样具有明显的英法根源。休谟对康德的哲学道路发生了决定性的影响,卢梭的思想受到黑格尔的高度肯定。这些都是马克思早就指出过的不争事实。而这些哲学在当时就与这些国家的商品一道传入它们的势力所及的一切地方。总之,尽管西方资本主义各国的哲学都具有自己的民族特色,但它们一开始就同时具有资本所及的世界特色。在与资本主义制度相适应上,各种不同的哲学思潮是融合在一起的。

西方现当代哲学的发展状况同样如此。

从外表上看,与近代哲学相比,西方现当代哲学更显得派系纷呈,派系之间有时显得势不两立。对此人们可以举出许多例证。例如,关于以欧洲大陆为主要阵地的人本主义哲学思潮和以英美等英语国家为主要阵地的科学主义哲学思潮在某些情况下处于相互对立的地位,这在西方哲学界曾经得到相当普遍的认可。这不只是由于二者在某些理论观点,甚至基本理论框架上有明显的差别和对立,他们所研究和谈论的问题以及要求达到的目标有时也可以说互不相干。海德格尔之主张哲学的使命是澄清"在"的意义与维特根斯坦把哲学研究归结为语言游戏就大不相同。正因为如此,当前在西方各国,一些哲学家仍在强调这种对立,甚至认为二者之间依然难以找到共同语言。

然而,这两种哲学思潮及其他思潮和流派之间的差别主要也只是表层意义的、或者某些具体和特殊观点上的差别。在体现当代西方哲学发展的总体方向上它们有很大一致。这突出地表现在它们都以各自不同方式超越了近代哲学思维方式,在不同程度上实现了西方哲学向现代的转型。我在其他一些论著中对此已有较多议论。这里只补充一点:众多的现当代哲学思潮和派别对近代哲学思维方式的超越,说明他们在一定程度上都能从某一方面体现现代哲学思维方式,至少说明他们实际上并非势不两立,而是具有某种一致性,而这使他们在各种具体理论上也能够沟通和展开对话。

也正因为如此,关于人本主义和科学主义、英美哲学和欧陆哲学之间势不两立的传统观点最近一些年来受到了越来越多的人士的怀疑。无论在欧陆或英美都已有一些哲学家在作出将它们结合起来并超越它们的对立的努力。例如,当代哲学解释学的主要代表、法国哲学家利科就不仅企图将解释学、现象学和精神分析学融汇在一起,而且特别重视研究和借鉴分析哲学的成果(如奥斯汀、斯特劳森和塞尔的言语行为理论)。他认为,为了使自己的哲学研究赶上时代的潮流,必须学会将欧洲大陆的话语和语言理论同英美的语义学结合起来。著名美国哲学家罗蒂的所谓后哲学文化更是超越欧洲大陆哲学和英美哲学的对立的一个突出例证。尽管罗蒂对哲学的虚无主义态度即使在西方哲学家中也遭到非议,但就他关于超越两种主要哲学思潮的主张来说,却在一定程度上表现了当代西方哲学的一种重要趋势。这两种思潮各从一个方面对传统哲学作了超越和扬弃,但要从整体上超越和扬弃传统哲学,使哲学更能适应和推动现代社会的发展,就必须进一步超越和扬弃这两种思潮的对立,从而这种超越和扬弃体现了当代西方哲学的一种具有进步意义的趋势。

上面谈到,当代西方哲学的对立和冲突不只是存在于两大思潮之间,也存在于各个思潮内部以及各个派别内部不同哲学家之间,最近几十年来,这种对立和冲突的状况在某些情况下虽仍有加剧的表现,但毕竟越来越显示出了一些促使人们超越这种对立和冲突的趋势。例如,天主教过去与基督教新教及其他宗教(包括它们的哲学)处于势不两立地位,现在却开始变得相互宽容了。

更值得注意的是:人们对马克思主义哲学与西方非马克思主义哲学的关系的认识越来越变得较为合乎实际,或者较为接近实际。无论从社会阶级基础和理论特征来说,这两种哲学都有原则性区别,彼此处于尖锐对立和冲突的地位。不仅马克思主义者如此看西方哲学,西方哲学家也如此看马克思主义哲学。然而现在二者之间也开始出现了相互对话的形势。马克思主义者开始在重新研究、认识和评价现代西方哲学,并试图从中吸取积极的、合理的因素,用来丰富和发展马克思主义哲学,对现代西方哲学简单否定的情况已属少见。在西方哲学家中,也有越来越多的人在一定程度上试图排除偏见,着手认真研究马克思主义。尽管他们远不是马克思主义者,在政治上和基本哲学观点上与马克思主义者依旧有着原则的对立,但一些人(包括海德格尔、萨特、德里达、哈贝马斯等当代最负盛名的哲学家)不仅能够在一定程度上承认马克思在哲学上实现了根本性的变革,而且承认马克思在一百多年前就已为现当代哲学的发展开辟了新的道路,甚至由此认为马克思是当代唯一不可超越的哲学家。在 2000 年西方资产阶级媒体举办的千年伟人评选中,马克思居然能名列榜首。

之所以能出现上述情况,与最近一些年来世界政治格局的巨大变化和冷战趋于结束有很大关系。这种变化在一定程度上改变了哲学研究的趋向。随着东西方政治上直接对抗的降温、世界政治格局的多元化趋势的加强、经济上全球化进程的加速,哲学理论上的对立和冲突至少在表现形态上比过去和缓。双方之间有时能作出较多相互沟通和宽容的姿态。由政治尖锐对抗直接导致的那种哲学上的尖锐对抗局面有所改变。有一部分西方哲学家提出要超越冷战时期的思维方式，使哲学摆脱政治偏见，至少尽可能摆脱政治的直接制约，实现向哲学作为爱智之学这种本来意义的回归。由于当代世界的各种政治矛盾和冲突在短期内不可能消失，使哲学完全摆脱政治冲突的影响显然是不切实际的。然而，和平和发展毕竟是当代世界的主旋律；在哲学上加强对话和沟通，尽可能排除由政治偏见造成的误解，尽可能彼此借鉴而不是彼此简单否定，这毕竟正在成为越来越多的西方哲学家的共识。

当前全球化的浪潮在经济、科学技术、政治和思想文化等各个方面都在进一步发展，在这种浪潮下演化的西方哲学还会发生许多新的变化，将会出现大量值得我们研究的新问题。在这种情况下，我们既要解放思想，密切关注并认真研究西方哲学思潮和流派在当代出现的各种新的变化，对于有积极意义的变化当然应当肯定。但又要注意防止西方哲学思潮可能产生的负面影响。即使对一些当代西方著名哲学家发出的对马克思主义的赞词，也应当作具体分析。因为其中可能包含了对马克思学说的扭曲。口头上赞扬马克思的人并不一定接受马克思主义(更不用说是真正的马克思主义)；更要防止有的人打着马克思的旗号来反对马克思主义。冷战看来趋于终结，但其暗流仍在。在某些情况下仍可能兴起恶浪。更重要的是：资本帝国主义的本质并没有改变，霸权主义仍很猖獗，意识形态上马克思主义与反马克思主义的斗争并未终结，有时甚至还很激烈。因此，我们应当保持清醒的头脑，对西方哲学家的各种新的理论坚持采取马克思主义的批判态度，不能对之盲目肯定和接受，更不能由此放弃自己的原则立场。

(原载《江海学刊》2002年第2期，中国人民大学报刊复印资料《外国哲学》2002年第6期转载)

当代哲学的变革与后现代主义和西方马克思主义

后现代主义和西方马克思主义是现当代西方各国广为流行,并引起学界广泛关注的两种重要思潮,它们同现当代西方其他思潮一样不是单一的,都包括了各种不同派系。它们各有不同的理论特征,彼此之间不仅存在差异,有时甚至相互对立。但在超越和反对西方近代哲学的绝对主义和思辨形而上学等倾向上,在对所谓"现代性"的批判和超越上,它们却往往存在重要的共同之处,并由此使它们与西方近代哲学在具有划时代意义的哲学思维方式上区别开来。

后现代主义和西方马克思主义的产生和流行各有独特的社会和思想理论背景,但都是在马克思在哲学上的革命变革与西方哲学从近代到现代转型这个现当代哲学变革和发展的大背景下出现的,是这种变革和转型的特殊的,既包含着扭曲,又包含着发展的形态。为了对它们有较为深刻和全面的认识,就应当首先把握这个大背景,由此出发来考察和认识它们在不同的理论形态下所体现的现当代哲学的根本倾向,特别是较为准确地揭示它们与高度体现现当代哲学发展的正确方向的马克思主义哲学之间的复杂的社会历史和思想理论联系。

一、革命变革和现代转型是各种当代思潮的大背景

19 世纪中期马克思在哲学上实现的革命变革建立了作为革命无产阶级世界观的理论形态的马克思主义哲学,从根本上超越了以往西方哲学,特别是作为早期资产阶级世界观的理论形态的西方近代哲学,克服了它们的种种片面

性,开辟了哲学发展的新方向。同一时期的西方哲学家虽然无法摆脱他们所依附的资产阶级的眼界,但其中较为敏锐的人士毕竟在不同程度上察觉到了西方资本主义社会的内在矛盾以及由此所陷入的困境和危机。为了使资本主义社会能在一定程度上摆脱这种困境和危机、使之在不同程度上能继续存在和发展,必须进行某些改革。与此相适应,在哲学上也要进行某些变革,特别是要促使哲学从纯粹和抽象的思辨转向对具体的现实生活的关注,而这种变革有时具有划时代的思维方式的转化的意义。正是在这种情况下,西方哲学的发展出现了从近代到现代的转型。革命变革和现代转型在阶级背景和理论形态上都有原则区别,但二者在超越近代哲学思维方式、转向现代哲学思维方式上有着重要的共同之处,都标志着西方哲学进入了一个新的发展阶段,即现当代阶段。

尽管后现代主义的代表大都认为他们的哲学标志着哲学发展的新阶段,实际上各种形式的后现代主义的形成和发展都未能真正超越现代转型所开辟的哲学发展道路的范围,它们的变革实际上都是在这个范围内所发生的变革。尽管西方马克思主义者对马克思主义的解释与正统派马克思主义有不同之处,甚至有把马克思主义与西方哲学思潮融合起来,从而产生对马克思主义有所扭曲的情况,但只要他们还是作为现当代的思潮存在,他们的思想倾向同样没有越出革命变革和现代转型的范围,而是二者的某种特殊组合的形式。

由革命变革所开创的马克思主义哲学和在现代转型中建立的各派现当代西方哲学体现着现当代哲学发展中两条不同的路线。它们各有自己的发展道路,并以自己的独特方式适应新的社会历史条件和思想文化背景而不断提出新的理论形态。二者既相互对立,有时甚至作为直接对立的敌对阶级的意识形态而存在。但二者又存在着统一,都要回答同一个时代提出的哲学问题,并在这些方面相互联系,有时甚至是重要的联系。西方马克思主义和后现代主义等在现当代西方各国形成的各种思潮虽然各有自己的特殊背景,但它们毫无例外地以革命变更和现代转型这两种划时代的哲学变更为大背景。它们或者是革命变更的某种持续(其中包含着发展、也存在扭曲)的形态;或者是现代转型的某种同样包含了发展和扭曲的变种。它们彼此之间以及它们与其他各种思潮之间的各种联系和冲突，都是在这个大背景下发生的。

二、后现代主义与对现代性的批判

后现代主义是一个意义含混的概念，其使用范围很不确定。甚至在被公认为是后现代主义者的哲学家中，对究竟什么是后现代主义也没有一致的看法。正因为如此，人们对它的评价也必然不同。尽管如此，在不同的后现代主义定义中毕竟还是存在着重要的共同之处，特别是它们都包含了对现代性，即现代主义的批判和超越。

早在第一次世界大战后，在西方就有人用后现代（Postmodern）这个词来表示当时欧洲文化的虚无主义倾向。第二次世界大战后，西方出现了一种以抛弃普遍性、背离和批判现代性的设计风格和规范为特征的建筑学及相关的文学艺术思潮。这种思潮不久被移用于文化、哲学、社会学、政治学，甚至自然科学等诸多领域，使这些领域出现了类似的思潮，它们被认为是当代后现代主义的直接理论来源，甚至可以说是它的最初的形态。在法国，利奥塔、鲍德里亚、福柯、德里达等与后结构主义相关的一些哲学家纷纷通过批判从笛卡尔到启蒙运动的基本观念来消解和否定西方传统的体系哲学，他们的哲学观点由此成了后现代主义的典型形式。伽达默尔的哲学释义学从其把理解当作一种具有历史性的主体间的视界融合、以此取代和超越建立在主客二分基础上的传统哲学的认识论来说，也被认为具有后现代主义意义，甚至还是德国后现代主义的重要形态。英语国家的文化、历史，特别是文学艺术领域早已有后现代主义倾向，以蒯因和罗蒂为代表的所谓新实用主义被认为是美国哲学领域的后现代主义的标志性形式，而丹尼尔·贝尔、汉娜·阿伦特、齐格蒙特·鲍曼和查尔斯·泰勒等人则被认为是后现代主义在社会、政治、法律、道德等接近现实生活领域的重要代表。值得指出的是：后现代主义在美国的影响主要不在纯哲学层面，而在一些较为接近现实生活的具体和特殊的学科领域。一些欧洲的后现代主义者到了美国以后，研究兴趣往往也突破了纯哲学的范围而转向这些现实领域。

尽管后现代主义哲学家的学说各不相同,甚至可以划分出众多派系,又在不同领域从事研究,但是正如上面谈到的,他们在要求批判和超越现代性上有着一致之处。后现代之被称为后现代主要正是基于对现代性的批判和超越,而后现代主义与非后现代主义之间的争论也突出地表现在对现代性的不同态度上。因此,如何理解和对待现代性就成了关于后现代主义的讨论中最重要的问题之一。

现代性本身也是一个有着多方面内容的概念。西方哲学家对它的表述也各不相同。在西方后现代论著中颇有代表性的美国哲学家斯蒂文·贝斯特和道格拉斯·凯尔纳的《后现代理论》中有这样一段话:"现代性一词指涉各种经济的、政治的、社会的以及文化的转型。正如马克思、韦伯及其他思想家所阐释的那样,现代性是一个历史断代术语,指涉紧跟中世纪或封建主义时代而来的那个时代。在一些人看来,现代性与传统社会相对立,它具有革新和不断变动的特点。从笛卡尔起,贯穿着整个启蒙运动及其后继者,所有关于现代性的理论话语都推崇理性,把它视为知识和社会进步的源泉,视为真理之所在和系统性知识的基础。人们深信理性有能力发现适当的理论和实践规范,依据这种规范,思想体系和行动体系就会建立,社会就会得到重建。这种启蒙运动也在美国、法国以及其他一些国家的民主革命中发挥了作用,这些革命旨在推翻封建社会,建立一种体现理性和社会进步的公正平等的社会秩序。"[1]之所以引述这段话,是因为它能较好地印证我最近十多年来一再表述过的看法。

现代性在英文中为 modernity,从社会经济上说它泛指西方中世纪以后、资本主义生产关系开始萌芽以来的时代,特别是西方各国现代化运动萌芽、成长以致发展的时代;从政治和思想文化上说,泛指反封建的世俗思潮,特别是西方各国的启蒙思潮及与之相关的资产阶级民主革命思潮;从哲学上说,泛指从笛卡尔以来的崇尚理性、并由理性出发来构建无所不包的哲学体系的思潮。从理性就是主体性的角度说,崇尚理性的时代就是强调主体性的时代,由主体性出

---

[1] 该书中文版第2—3页。

发构建形而上学体系的时代,即主体性形而上学的时代。由于理性被认为具有普遍和绝对意义,是一切知识和科学文化的基础、本质,绝对理性主义同时具有基础主义和本质主义的意义,因此现代性也具有基础主义和本质主义的意义。

modern philosophy 在中国哲学界中以往一直译为近代哲学,特别是指从笛卡尔到黑格尔的哲学。与此相适应,modernity 指的就应是近代性;对现代性的批判和超越就其主要意义说实际上就是对近代性的批判和超越。对现代性这个概念,还可以有其他许多理解。例如,现代性可以意味着以同一性代替差异性、以普遍性代替特殊性、以必然性代替偶然性、以确定性代替非确定性、以绝对性代替相对性、以中心代替边缘等等;现代性也可意味着对基础、本质、本源、规律、公理等的肯定。对现代性的这些肯定实际上意味着对传统体系哲学,特别是从笛卡尔到黑格尔的主体性形而上学的肯定;而后现代主义之成为后现代主义,后现代主义对现代性的批判和超越,主要正是对从笛卡尔到黑格尔的主体性形而上学的批判和超越,对基础主义和本质主义的超越,对同时性(同时态)、必然性、绝对性等的超越。

国内外哲学界大都把哲学上的后现代主义限定为 20 世纪下半期由法国后结构主义(解构主义)、美国新实用主义所代表的思潮,而利奥塔的《后现代状况》一书的出版(1979)对后现代主义的正式流行被认为具有标志性意义。事实上,不少谈论后现代主义的论著往往以利奥塔、鲍德里亚、福柯、德里达等与法国后结构主义相关的一些哲学家以及同一时期的英语国家的哲学家为主要代表人物。尽管这些人对后现代主义的具体解释各不相同,例如利奥塔就不把后现代主义看作是时间上的后于现代主义,而强调它是与现代主义不同的一种思维方式。同一时代的思想有的是现代的,有的是后现代的。福柯等人不使用,甚至不接受后现代主义这个名称。但这些哲学家在要求批判和超越现代性上,特别是在反对和超越传统体系哲学、反对和超越作为近代哲学思维方式主要特征的二元论、基础主义、本质主义、绝对理性主义等方面却有着很大的一致。正是这种对传统和现代性的批判态度把他们联系在一起。还有一些人(例如以"新马克思主义"出现的美国哲学家詹姆逊)把后现代主义限定为他们所谓晚期资本主义的文化逻辑,而所谓晚期资本主义也有不同的说法,通常将其归结为帝国主义以后的资本主义,即所谓"第三阶段的资本主义";也有人将其看作冷战结束以后,特别是当代信息技术和网络等出现以后的最近几十年的资本主义。但是,不管对狭义的后现代主义怎样限定,它的主要理论特征仍然是反形而上学和对上述现代性概念的批判,而现代性概念则必然是广义的,即包括了与欧洲早期现代化运动相伴随的早期资本主义的范围。因此不管是作广义或狭义理解,后现代主义都具有反传统形而上学等西方近现代哲学的特征,都是西方哲学从近代到现代转型期的产物,与这一转型有着密切联系。

既然如此,为了要对后现代主义(包括狭义的后现代主义)有较为准确的理解,就应当把它们放在西方哲学从近代到现代的转型这个大的背景下来分析。因为反对传统体系哲学、或者说超越近代哲学思维方式并非上述狭义的后现代主义哲学独有的特征,也非它们所始创。自 19 世纪中期西方哲学发展开始出现哲学思维方式的转换、即现代转型以来,大多数新起的哲学流派在不同程度上都具有这种特征。只是它们没有使用后现代主义这个称呼。也正因为如此,一些西方哲学家把现象学和存在主义、各种类型的语言哲学和科学哲学等流派在不同意义上都归属于后现代主义,把一些较早出现的哲学流派的代表人物(例如实用主义哲学家皮尔士、詹姆士和杜威,生命哲学家柏格森,过程哲学家怀特海等人)当作后现代主义的奠基者,把尼采、狄尔泰等 19 世纪思想家当作后现代哲学的重要先驱,甚至是划分现代与后现代哲学的转折点。当解构主义、新实用主义等当代后现代主义者论证自己的理论时,几乎无不援引这些前辈的哲学流派。这样后现代主义就成了在哲学思维方式上与近代哲学(modern philosophy)不同的现代哲学(contemporary philosophy)的统称,成了一个可将一切具有反传统体系哲学(特别是笛卡尔和康德以来的近代哲学)倾向的哲学流派和思潮都归入其内的普泛概念。对普泛意义的后现代主义哲学的解读和评价实际上从属于对近代哲学思维方式采取批判态度、要求实现西方哲学的现代转型的现代西方哲学的解读和评价。

当然,人们完全可以从狭义上来谈论后现代主义;完全可以,甚至应当对解构主义、新实用主义等当代哲学流派的那些"后现代话语"加以具体的解读和研究;完全可以,甚至应当具体分析詹姆逊等人关于后现代主义作为晚期资本主义的文化逻辑、作为信息时代的资本主义文化的意义。但不应当把这种狭义的后现代主义与 postmodernism 一词可能包含的广泛的意义混淆起来,更不应当把前者声称的在哲学上的变革与后者所蕴含的变革混淆起来。如果肯定广义的后现代主义可以泛指尼采以来一切具有反传统体系哲学倾向的哲学流派和思潮,那就应当肯定它们在哲学上所实现的变革是根本性的哲学思维方式的变革,具有西方哲学从近代到现代转型的意义。当代后现代主义派别对这种转型也做出了贡献。但只要将他们的理论比照前此的现代西方哲学流派,就不难发觉他们所要求实现的哲学上的变革仍然没有越出西方哲学的现代转型的范围,并不是这一转型之后发生的另外一次具有划时代意义的哲学思维方式的新变革。

总的说来,如果我们肯定西方哲学的发展继近代转型(认识论转型)之后从19世纪中期开始出现了新的转型(现代转型),后现代主义思潮正是这一转型过程中出现的,而当代后现代主义在哲学上的变革正是这一转型在新的条件下的继续和发展,因此也应当从这一转型的角度去解读和评价其意义。

但是我并不因此主张把后现代主义与西方哲学的现代转型相提并论。后者的意义要确定和深刻得多,至少较易避免"后现代主义"这个普泛名称所导致的各种含混性。自19世纪中期以来,许多对时代精神的变革有一定觉察的西方哲学家纷纷起而对以黑格尔为顶点的西方近代哲学的局限性和矛盾进行批判,试图超越它们的界限,甚至从根本上改变西方哲学发展的方向。他们的理论当然远非完善,甚至还充满着种种矛盾,但它们在这方面毕竟有相当丰富的内容,而这是含混的后现代主义概念所难以涵盖的。

更为重要的是:马克思在哲学上的革命变更虽然与西方哲学家实现的现代转型有着原则的区别,但这一变更毕竟也是西方哲学从近代到现代的转化这个大背景下发生的,是这种转化中的最彻底、最完善的形态。有的西方哲学家、特别是一些当代西方马克思主义者由此把马克思说成是一个后现代主义哲学家。

由马克思对传统形而上学、二元论、独断论等的批判而把马克思看作是后现代主义的先驱。有的人却恰恰相反,他们把马克思主义扭曲为形而上学、二元论、独断论(特别是与之相关的"极权主义"),然后在批判和超越"现代性"等名义下对马克思主义大肆攻击。这两种态度表面上相反,实质上是从不同方面来扭曲马克思主义。当然,后现代主义作为一种批判和超越近代哲学思维方式的思潮,在这方面与马克思主义哲学的确存在共同之处。然而,他们在从事这样的批判和超越时往往走向了极端的主观主义和相对主义、虚无主义,这样他们就与马克思主义哲学根本对立起来了。不管对后现代主义作何解释,用后现代主义这个含混的概念来指称马克思主义必然会使马克思主义变得含混,混淆其与西方现当代哲学思潮的界限。

至于詹姆逊等后现代主义哲学家把西方马克思主义与后现代主义联系在一起,在一定程度上倒是有一定理由。西方马克思主义最早出现于 20 世纪 20 年代,那时狭义的后现代主义还没有出现,但马克思在哲学上的革命变革和西方哲学从近代到现代的转型都早已发生,以批判近代哲学思维方式为主要内容的对现代性(近代性)的批判的思潮已经出现。这意味着不使用后现代主义这个名称的广义的后现代主义早已存在了,而西方马克思主义者最显著的特点正是对马克思主义发展过程中出现的复活近代性的思潮的批判。他们的这种批判有时走向了另一极端,以致可能背离马克思主义,但这与后现代主义,特别是狭义的后现代主义对现代性(近代哲学)的批判大体一致。总之,在对现代性的批判上,西方马克思主义者与后现代主义者往往走到了一起。在一定程度上我们甚至可以说,某些形态的西方马克思主义(例如德里达、詹姆逊等人的马克思主义)是将马克思主义作后现代解释的马克思主义。

由于后现代主义思潮的出现与西方哲学的现代转型有密切联系,甚至也与马克思在哲学上的革命变革在某些方面相关。因此不宜对之简单否定,而应当实事求是地揭示其可能存在的积极意义。但后现代主义的出现是一种复杂而存在着种种矛盾的现象。上面曾谈到,有的后现代主义者在哲学上批判近代哲学思维方式的缺陷和所谓现代性的弊端时往往走向了极端主观主义、相对主义和虚无主义这另一个极端。这样他们就会把西方哲学的发展引入歧途。随着这种极端形态的后现代主义的破坏性弊端日益显露，许多西方哲学家企图与之划清界线。于是有的人提出要反对颠覆性（破坏性）的后现代主义、倡导建设性的后现代主义，更多的人反对继续使用后现代主义这个可以作出不同解释的模糊概念；以致后现代主义思潮已经风光不再，人们已在谈论西方哲学在后现代主义之后如何发展的问题了。还有的人鉴于全球化、信息化已成了当代世界势不可挡的潮流，于是就企图用时髦的全球化和信息化等话语来包容后现代，把后现代当作全球化、信息化的题中之意。后现代问题就成了全球化和信息化条件下的哲学发展方向问题，然而这样一来后现代主义就失去了它的拥护者们原来所强调的意义了。

三、西方马克思主义的定性与当代国外马克思主义的分野

西方马克思主义也是一个多义的概念。狭义的，或者说本来意义的西方马克思主义是指与经典马克思主义及被认为是其合法继承者的正统马克思主义相对应的非正统的马克思主义。它往往保留了经典马克思主义的一些重要原则，但又以反对后者发展中的教条主义和僵化倾向等为理由而放弃了经典马克思主义的另一些重要原则；它保留了马克思主义的名义，但又融入了现代西方哲学的一些因素，特别是后者某些超越西方近代哲学的因素。广义的西方马克思主义也可以泛指在西方国家得到研究和流行的马克思主义。这种意义的西方马克思主义者中有的是忠诚的马克思主义者，有的只是马克思主义的同情者，甚至只是一般的研究者。他们的理论观点有的可能接近正统马克思主义，有的就是狭义的西方马克思主义，还有的可能是非马克思主义，甚至反马克思主义，后者有时被称为西方马克思学。我国学界谈论的西方马克思主义通常是指其狭义的形态，即与正统马克思主义相异的非正统的马克思主义。它们是马克思主义在西方特定历史条件下发展的产物。

导致西方马克思主义产生的特定历史条件可以有不同说法，但大多与正统

马克思主义在西方国家遇到挫折，甚至遭到失败相关。其中最突出的是如下两个相关的历史事实：一是在列宁领导下俄国无产阶级取得了十月革命的伟大胜利，列宁主义由此被认为是马克思主义发展中的正统理论，十月革命的武装起义的道路也由此被认为是无产阶级革命的普遍道路；二是第一次世界大战后欧洲一些国家出现了有利于无产阶级革命的形势，但各国按照十月革命模式所进行的革命均遭到了失败，后来西方发达国家甚至没有再发生过革命。这种情况引发了欧洲国家一些马克思主义者对列宁主义和十月革命模式的普遍有效性的质疑，由此产生了与正统马克思主义有所不同的新的马克思主义思潮，它们被认为是西方马克思主义。在20世纪20年代，西方马克思主义者关注的正是如何看待上述两个历史事件。在30年代，西方马克思主义者中一些人关注从政治、经济，特别是从心理学上分析法西斯主义的起源。二次世界大战以后，他们中一些人致力于对发达资本主义社会的分析和对苏联模式的社会主义的弊端的批判。他们的这些活动都蕴含着对以列宁主义为标志的正统马克思主义有所偏离。

西方马克思主义者虽然大都有上述偏离，但他们内部并不统一，而包含了思想倾向各异的一些派别。有的虽然受到同时代西方思潮的较多影响，主要思想倾向仍属马克思主义，可以算是西方国家中出现的有不同见解的马克思主义派别。例如，西方马克思主义的创始人卢卡奇以及科尔施、葛兰西等人的理论是对经典马克思主义，特别是马克思本人的某些理论的重新解释和发展，他们在整体上并没有离开马克思主义和共产主义运动。葛兰西甚至还是意大利共产党的杰出领导人。有的人受同时代西方思潮的影响很大，甚至可能是某种西方思潮的代表，从原则上说他们不属于马克思主义派别，而只能归属于现当代西方哲学流派，只是在某些方面接近马克思主义。例如萨特的存在主义的马克思主义实际上仍然是存在主义的表现形态。在广义的西方马克思主义中，有的与在当代流行的后现代主义有着密切的联系，甚至可能是后现代主义的表现形态。詹姆逊的所谓新马克思主义同时又是后现代主义的一种特殊表现形态。至于最近一些年来在西方国家受到关注，并被当作西方马克思主义在当代的继续的所谓后马克思主义、生态的马克思主义,已不具有与经典马克思主义相对应的性质,与本来意义的西方马克思主义更有很大不同。西方马克思主义既然存在如此明显的歧异性,在评价它们时,应当分别不同情况作出具体分析。

对于西方马克思主义从 20 世纪 20 年代以来的形成和发展的历史过程以及它的各个代表人物的主要观点,自 1980 年初以来,国内学界已出版了多种教材和大量论著对之作了相当广泛和具体的介绍,有的专家还对其中的一些著名人物、包括后起的一些代表人物作了相当深入的专题研究。从整体上说,我国学界对西方马克思主义已不陌生。但是,在如何评价西方马克思主义上,一直还存在着较大分歧。主要是如何在理论上给西方马克思主义定性。这突出地表现在:西方马克思主义是否只能看成是与马克思主义根本对立的资产阶级思潮,从而与马克思主义只能是根本对立呢? 还是也可能是马克思主义本身发展中出现的与"正统"马克思主义不同的马克思主义的派别? 从西方马克思主义在 20 世纪 80 年代初被介绍到中国的时候起,在中国学界就存在这两种不同意见,双方还进行过热烈的争论。我个人接触西方马克思主义较晚,没有参与学界早期在这方面的讨论。一直到 90 年代中期,由于较多地从事马克思主义哲学和现代西方哲学的比较研究,不能不涉及西方马克思主义,才开始对西方马克思主义与马克思主义哲学和现代西方哲学的关系进行研究,并陆续发表过一些意见。其中较有代表性的文章是《从西方哲学的现代转型看当代西方马克思主义和后现代主义》(《天津社会科学》2002 年第 5 期)和《从经典马克思主义到西方马克思主义》(《求是学刊》2004 年第 5 期)。后一篇文章因曾被《新华文摘》(2005 年第 2 期)、《中国社会科学文摘》(2005 年第 1 期)、人大复印资料《马克思主义、列宁主义研究》(2005 年第 1 期)转载,影响较大;但我对西方马克思主义的定性问题上的基本观点在前一篇文章中就已明确提出来了。有兴趣更具体地了解我的观点的读者请参看这两篇文章。在此我将分两点对我的观点重新加以概述。

第一,西方马克思主义对正统马克思主义有所偏离并不意味着它们不可能再是马克思主义派别。

马克思主义是一种开放性的、不断发展着的学说。马克思和恩格斯一直根据他们所处西方资本主义社会的发展、无产阶级斗争条件的变化而不断修正和发展他们的理论。从他们实现了哲学上的革命变革时起,他们的哲学理论的基本立场既始终一致,但其具体解释又处于动态的发展过程中。无论在马克思和恩格斯之间或者他们各人在不同时期之间,由于所处具体条件以及现实要求等的不同而在某些方面必然存在、事实上也的确存在差异,而差异意味着某种形式的"偏离"。不承认这种偏离,无异于否定马克思主义哲学的发展;而肯定这种偏离不仅不会违背马克思主义的基本原则,反而是尊重了他们所一再强调的不把理论当作僵化的教条的基本原则。要使马克思主义理论生气勃勃、战无不胜,各国马克思主义者必须在坚持其基本原理的前提下紧密联系所处特殊时代和特殊地域的具体实际,不断提出新的理论。既然马克思主义在发展中必然存在差异和偏离,人们有时会按照不同具体条件对马克思主义的普遍原理作出各有特色的解释,从而出现不同理论,甚至形成不同学派。只要这些学派坚持马克思在实现哲学上的革命变更时所确立的那些基本原则,那不管它们是否有什么"偏离",是否符合"正统"马克思主义模式,都应当肯定其为马克思主义本身发展中出现的派别。

西方马克思主义对正统马克思主义的偏离是否意味着它们从根本上反对马克思主义,从而不能再归属于马克思主义呢? 这不能简单用是或否来下结论。应当在坚持马克思主义的根本原则的基础上,对西方马克思主义内部的不同派系的理论,特别是它们偏离马克思主义的具体情况作出分析,分别作出回答。

在广义的西方马克思主义思潮中,有些人的理论之被归入其内,是因为他们往往对西方资本主义社会及其意识形态的许多矛盾和弊端作了相当尖锐的揭露和批判,对马克思的理论,特别是关于现实生活和实践、人的能动性、人的自由和全面发展的学说作了高度的评价。但他们本身的基本理论倾向(例如萨特的存在主义和法兰克福学派的社会批判理论)与马克思主义又有本质区别。他们虽然也参与一些批判西方资本主义的活动,但与在马克思主义指导下的无产阶级的解放运动有较大距离。他们大都也并不自命为马克思主义者,而只能说是马克思主义的某种程度的同情者。严格说来,与其说他们是西方马克思主义者,不如说是西方各国马克思主义的阐释者和研究者,不应将其归属于马克思主义本身发展中的派别。西方马克思主义与西方国家的学者对马克思主义的研究(或者说西方国家的马克思主义)具有不同的意义。这就是本来意义的西方马克思主义与广义的西方马克思主义的不同。

在人们通常谈到的西方马克思主义的代表人物中,从卢卡奇、科尔施、葛兰西以来相当多的人都曾是西方各国共产党的著名理论家或者独立从事研究的马克思主义者,他们之提出不同于"正统派"马克思主义的理论,在很大程度上是由于前者不仅未能指导西欧各国的无产阶级取得社会主义革命的胜利,反而使之遭到了严重挫折。这促使他们超越这种理论模式而按照他们各自理解的当代西欧社会状况和无产阶级所面临的新形势对马克思主义理论作出新的探索和解释,为西方的革命寻找新的道路。由于他们的理论锋芒所向主要是资产阶级的意识形态以及国际共产主义运动中的教条主义和机械论倾向,并发挥了马克思对人的实践和能动性、人的自由和全面发展的强调,因而大体上符合马克思在哲学上的革命变革的方向,甚至可以说在某些方面对丰富和发展马克思主义作出了贡献。他们的理论的确往往存在很大的片面性,例如有的人在反对机械论时偏离了唯物主义立场,走向相对主义和主观主义;在强调马克思主义的实践性的同时却又使自己脱离了现实的政治实践。但不能因此将它们简单归结为资产阶级思潮,这正像不能因正统的马克思主义有时存在严重的教条主义和机械论倾向而将其简单归结为资产阶级思潮一样。

第二,西方马克思主义与现代西方哲学有联系并不证明它们与马克思主义只能是根本对立。

西方马克思主义的各个派别大都与现代西方哲学的某些思潮或派别有密切联系,但这并不意味着可以笼统地把它们归结为与马克思主义哲学根本对立的西方资产阶级思潮,认为它们只能是用唯心主义和形而上学来攻击马克思主义的唯物主义和辩证法。这首先是因为在不同的西方马克思主义派别那里上述联系的性质和程度不同。其中有的是从某种现代西方哲学流派的基本观念出发(例如萨特之从存在主义出发)来构建自己的理论,只是在某些方面接受了马克思主义哲学的某些因素,从整体上说它们的确可归属于现代西方哲学思潮。但也有些人本来就是马克思主义者,其理论目标也是发展马克思主义,他们往往只是在某些方面接受或借鉴了某些西方哲学的内容(例如卢卡奇等早期西方马克思主义者之借鉴黑格尔主义),显然不宜把他们的理论简单归属于某种西方哲学思潮。

其次,尽管西方马克思主义所接受或接近的现代西方哲学思潮与马克思主义哲学在理论特征上存在对立,但正如上面提到的,在超越近代哲学思维方式、走向现代哲学思维方式(也就是实现西方哲学的现代转型)上二者之间存在着重要的共同之处。即使是那些从整体上说应当归属于非马克思主义的西方思潮的西方马克思主义派别,在这方面与马克思主义哲学同样有着共同之处。如果把二者的关系仅仅归结为根本对立的关系,那必然会忽视二者的这种超越,从而必然扭曲二者的实际所是。

再次,西方马克思主义一些派别的确受到现代西方哲学流派所存在的唯心主义和形而上学倾向的影响,这种倾向无疑与马克思主义的唯物主义和辩证法相冲突。但无论是他们本人或对他们发生影响的许多现代西方哲学家,其基本理论倾向并非直接就是唯心主义和形而上学。对于以实体本体论、机械论、独断论等形态出现的传统唯心主义和形而上学,他们往往还采取反对和批判态度。说他们的理论仍然存在唯心主义和形而上学倾向,主要是因为这些理论在某些方面仍然脱离现实生活和实践。甚至一些称自己的理论为唯心主义的人,其唯心主义的意义也与传统哲学的实体性唯心主义有很大区别。因此我们既要善于识别西方马克思主义者所接受的现代西方哲学的唯心主义和形而上学倾向,划清马克思主义的唯物主义和辩证法与它们的界限,又要善于看到它们在反对和超越传统唯心主义和形而上学上与马克思主义的共同之处,从中吸取经验教训。

总之,我们既要看到西方马克思主义所接受的现代西方哲学与马克思主义哲学的差异和对立,又要看到二者之间存在的共同之处,根据不同情况分别作出具体分析。这里最重要的仍然是正确认识西方哲学的现代转型和马克思在哲学上的革命变更的真实意义,超越近代哲学的视野来看待西方马克思主义与现代西方哲学及本来意义的马克思主义的联系。

随着苏东剧变和冷战的结束,马克思主义在国外存在和发展的条件出现了很大变化。以往那种以苏联为代表、并作为其官方意识形态的正统马克思主义因其存在条件的变化而失去影响,在许多情况下甚至不复存在。在中国得到丰富和发展的马克思主义一开始就强调与中国革命和建设的具体实践相结合,不同于苏联模式的马克思主义,从而不具有与西方马克思主义相对应的正统性质。持正统马克思主义立场的当然还大有人在,但他们大都失去了原来的正统意义。至于原本与这种正统马克思主义相异,甚至相对立的西方马克思主义,由于不再处于与正统马克思主义相对立的地位,也就不再有作为原本意义的西方马克思主义而存在了。因此,把正统马克思主义与西方马克思主义作为马克思主义的两种主要形态来研究也就不再具有原本的意义。当然,从总结以往哲学研究的经验教训来说,对原有西方马克思主义作更为深入具体的研究当然仍然具有重要的意义。

西方马克思主义作为一种与正统马克思主义相对而存在的思潮不等于西方国家的马克思主义研究,更不等于国外马克思主义。后者的范围要广泛得多。除了本来意义的西方马克思主义以外,还有其他许多马克思主义和非马克思主义的学者在研究马克思主义。这种研究在苏东剧变以后仍继续存在。而他们的研究从基本倾向、范围、重点、目标等方面说,往往各不相同。对马克思主义哲学作一般性研究的人当然还有,但多数人宁愿去研究当代社会的一些具体问题,例如政治、伦理、宗教、种族、女权、生态方面的问题。所谓女权主义的马克思主义、生态的马克思主义等就是由此出现的。在本来意义的西方马克思主义已经停滞、甚至终结的情况下,如何突破西方马克思主义研究的范围,积极开展对各种类型的国外马克思主义的研究就成了我国马克思主义哲学和外国哲学研究的重要课题。

　　国外学者对马克思主义研究的状况比西方马克思主义的研究更加复杂。这些学者的哲学和政治立场各不相同,他们与各种西方哲学流派有着不同的联系,特别是他们研究马克思主义各有特定的目的。因此不仅难以用正统马克思主义作标准来衡量他们,也难以用原有的西方马克思主义作标准来衡量他们。应当从他们本来的哲学背景出发,根据他们对马克思主义的实际研究来对他们作具体评价。在这方面,我们应当避免两种极端倾向。一种是:仅仅根据他们说过一些赞成、甚至褒扬马克思主义的某些理论的话、特别是赞成马克思本人在特定条件下所说的某些话,就把他们看作是马克思主义的拥护者。因为他们很可能是由于这些理论和话语符合他们本来的理论的要求而表示赞成马克思和马克思主义的。他们所真正维护的实际上仍是他们自己的理论,而不是马克思和马克思主义。例如,著名的解构主义哲学家德里达说过不少褒扬马克思的话,有些话语听来甚至使人感动,但他之肯定马克思,是因为马克思哲学的批判性可以用来论证解构主义。如果我们过分相信他那些赞扬马克思的话,我们就可能有在维护马克思主义的意图下落入解构主义的陷阱,至少有这种危险。另一种是:仅仅由于某些西方哲学家说过一些反对马克思主义的话而简单地将其看成是马克思主义的敌人。因为有的西方哲学家所反对的马克思主义是由他们自己或其他人扭曲过的理论(例如实际上与马克思主义相背离的经济决定论、消极反映论、二元论、纯粹自然主义的唯物论),如果我们用马克思主义的名义维护这些理论,那我们就是站在扭曲马克思主义的人的一方了。

　　在当代新的历史条件下,各国社会的发展有着不同路线。马克思主义的基本原理仍然有效,但传统的社会发展模式的确受到了种种冲击。一些后现代主义哲学家关于现代文明的冲突、关于晚期资本主义发展的特殊性、关于信息技术和网络文化对社会发展的影响等等议论虽然都存在明显的片面性,但也往往包含了某些真理。这些都要求我们突破某些过时的思维框架,在发展着的马克思主义的指导下,以实事求是和与时俱进的态度对新的情况进行具体研究。正是由于各国的发展条件不同,各国马克思主义的研究也有着不同的发展路线。对中国马克思主义学者来说,我们既要坚持中国特色的社会主义和中国特色的马克思主义,又要放眼世界,关心各国社会的发展和各国马克思主义的发展。既要致力于马克思主义在当代中国的发展,又要了解马克思主义在国外的发展,加强国外马克思主义研究。这种研究包含了许多方面。例如,除了国外马克思主义者的研究外,还包括众多非马克思主义的学者的研究。他们从各自立场出发对马克思主义的研究并非仅仅是对马克思主义的攻击,有时还包含着可资借鉴的见解。即使那些对马克思主义明显存在扭曲的理论也可通过批判用来作为防止扭曲的材料。

（原载《社会科学战线》2012 年第 5 期,《新华文摘》2012 年第 17 期、中国人民大学复印报刊资料《哲学原理》2012 年第 8 期转载）

西方思潮与中国现代化

一、关于如何对待西方思潮和西方现代化的争论

现代化运动发源于西方并最早在西方取得成功,关于现代化的各种学说及相应的哲学理论最初也是由西方学者提出的。作为后起国家之一的中国的现代化运动无论在理论上或实践上都必然受到西方国家的影响,这一点从来都很少有人否定。但是,在如何估计这些影响,特别是对之应采取什么态度上,人们的观点却大相殊异。

在如何看待西方哲学等西方思潮对中国现代化运动的影响上,如下两种彼此对立的观点最为引人注目:一种是把中国的现代化简单地归结为西方化,认为只有冲破中国固有的历史和文化传统,全盘仿效西方,即利用西方思想当作唯一指导思想,才能在中国实现现代化。这就是所谓"全盘西化论"。从清末以来,某些受西方影响的非官方的激进派人物往往在一定程度上倾向于这种立场。

另一种是把中国的现代化主要当作是中国固有传统的自我更新,认为无需研究和借鉴西方的社会政治体制和思想文化,只要发掘中国固有的思想和文化,把它们当作基础,然后引进西方的科学技术,就可在中国实现现代化。由于科学技术并不属于社会思潮,因此,这些理论归根到底可以说是一种"拒斥论"。从道光、慈禧、袁世凯到蒋介石,中国近现代封建统治者及他们所支配的主流社会基本上持拒斥论。他们在经济、军事和科学技术,甚至教育等某些方面可以

表现出学习西方的倾向,但一涉及政治、伦理等思想文化领域,都无法摆脱封建传统思想的基本框架。洋务派和维新派所鼓吹的各种形式的"中本西末论"、"中体西用论"虽然并不简单地等同于拒斥论,但都与拒斥论密切相关。

上述两种观点的争论已持续了一个多世纪,有时还相当激烈,甚至越出学术范围而具有政治批判和斗争的意义。尽管它们的片面性早已被揭露,但其影响并未消失,往往一再以新的形态表现出来。

十年"文革"后,被极"左"思潮扭曲了的"马克思主义"受到了批判。马克思主义哲学要真正成为中国现代化的理论基础,就必须重新成为一种开放性的学说,这意味着它必须吸取人类哲学思维、包括现代西方哲学的一切有价值的成果。于是,从 70 年代末起,中国哲学界重新开始了对现代西方哲学的研究,并在之后的时期取得了巨大的成果。各种现代西方哲学流派都先后被介绍到中国,这对促进中国哲学研究的繁荣,特别是对克服教条主义和僵化倾向,起了重要的作用。

但是,有的人由此走向极端。他们无视中国的具体国情,因不满意被扭曲了的马克思主义而要求全盘抛弃马克思主义,对中国传统文化,也以存在不适应现代化的要求的因素而予以全盘否定。他们把西方的社会政治制度、意识形态、价值观念,特别是民主自由的观念理想化,认为它们完全适用于中国,在中国实现现代化就是按照西方的模式重建中国的社会和文化。这是一种新的全盘西化论,几年前曾一度被一些人鼓吹,但很快受到了严厉的批判。目前正面宣扬这种观点的人已较少见。当然,其实际影响短期内不会完全消除,还会以新的形式表现出来。

在对新的全盘西化论进行批判的过程中,似乎又出现了一种新的"左"的倾向。当然现在与"左"倾时期毕竟不同,即使是这些持偏"左"的观点的人也可能一般地承认西方哲学思潮具有某些积极因素。只是当具体谈到究竟那些可算积极因素时,往往采取怀疑态度,更不敢明确肯定。这就是所谓抽象肯定,具体否定。还有的人似乎是为了抑制西方思潮的影响,外表上高度评价中国传统文化,甚至对其中所包含的封建迷信成分也予以肯定(例如有的人把易经中的占卜学说与现代科学的预测学相提并论）。有的人认为,在传统的儒家学说中就已包含了实现现代化的基本思想,在这方面无需借鉴西方。为了使中国实现现代化,只需要学习和引进西方的科学技术和经济管理经验就行了。他们虽然表示拥护党的改革开放政策,但又企图使之局限于经济和科学技术领域,在思想文化领域实际上仍然主张实行封闭的政策。他们所支持的实际上仍是一种中体西用论。

上述情况表明,关于西方思潮在中国现代化过程中的作用问题,特别是如何看待全盘西化和全盘拒斥这两种极端倾向的问题,过去虽曾长期争论并被认为早已解决,然而在新的历史条件下却又以新的形式重新被提出来,要求我们重新对之加以研究,作出新的回答。

最近十多年来,由于实行了改革开放的政策,中国在经济上取得了举世瞩目的发展。然而,尽管各级领导一再号召要物质文明和精神文明一起抓,思想文化、特别是道德领域内的问题仍层出不穷,有的甚至十分严重,不仅不能适应物质和经济领域的飞速发展,反而将成为、在某些情况下甚至已成为经济发展的严重阻力。这就迫切要求人们排除各种偏见,对这方面存在的问题作出深入具体的研究。产生这些问题的原因也是多方面的。在改革开放中未能处理好经济和思想文化的关系,特别是未能处理好借鉴西方科学技术和管理经验同借鉴西方哲学等西方思想文化的关系,显然是最重要的原因之一。后者实际上就是如何估价西方思潮、或者更广义地说西方思想文化在中国现代化过程中的作用的问题。这可谓是一个老生常谈性的问题,然而它们却又由于种种复杂的原因而始终未能妥善解决。

二、现代化和西方化:它们的联系和区别

为了解决西方思潮在中国现代化中的作用问题,首先必须研究和揭示现代化与西方化的关系。如果现代化与西方化无密切关系,那中国的现代化自然无需借鉴西方,上面所提到的拒斥论就是有根据的了。如果现代化等于西方化,

那对西方的东西就不只是借鉴,而可能是照搬,这意味着必须接受全盘西化论。如果现代化既不等于西方化,又不能完全拒斥西方化,那就既不能全盘西化,也不能全盘拒斥,而要善于做到既接受,又超越。这三种不同观点都早已为中外学者们一再提出过。等同论和无关论的片面性早已受到尖锐批判,现在以直接的形式提出的已不多见。由于其实际影响有时仍然存在,甚至具有某些新的意义,因而仍应引起重视。不过,更为重要的是对第三种观点作更为具体的研究。

对现代化概念,人们可以有种种不同的解释。社会学家、政治学家、经济学家、人类学家、心理学家都可以从各自不同的角度给现代化下定义。当代美国著名社会学家帕森斯提出现代化包含市场经济、民主政治和个人主义三个不可分割的要素,科学技术的发展从属于这三个因素。有的人把这三个要素概括为器物(物质)、制度和心理三个层面。这实际上都是从经济、政治和意识形态(或者更广义地说思想文化)三个方面去看待现代化。这种说法有较大代表性。人们当然还可以提及现代化的其他一些方面,例如教育和人的素质以及对理性和科学技术的倡导。还有的人认为现代化意味着从传统农业文明向现代工业文明转变或者更宽泛地说从传统社会到现代社会的转变。

从哲学上给现代化下定义,似乎应当把它看作是从较落后的水平向达到和超越先进水平转化的动态过程。就整个社会和国家来说,其现代化过程大致可分为两个方面。一方面是经济和科学技术的发展,它主要表现为工业化。另一方面是人们的思想、价值观念、生活和行为方式等的变化以及相应的社会政治制度的变化。这两个方面是彼此关联、不可分割的。但是,人们在谈论现代化时,往往较多地关注第一方面。

从历史上说,现代化首先是在英、法、德、美等西方国家发生的,西方各国现代化的模式往往被当作现代化的基本模式。许多发展中国家在获得民族独立后,往往把在经济和科学技术的发展上以及人民的物质生活素质上达到西方国家的先进水平,当作它们实现现代化的主要标志,这样他们自然会把现代化和西方化联系起来,甚至把现代化等同于西方化。虽然中国的现代化被确定为社会主义现代化,但当人们把现代化当作是工业、农业、科学技术和国防现代化时,其所想的也是在这些方面赶上西方先进国家的发展水平。这自然具有西方化的意义。这种情况是中国历史上的全盘西化论在今天仍能找到市场的主要认识论根源。

但是,如果进一步考察现代化和西方化的关系,就可发觉二者虽然大致处于同一过程,但仍有不同意义,更不能相互等同。因为西方国家的现代化模式并不一定能使其他国家迅速实现现代化,而现代化的实现,除了采用西方模式外,还可以采用其他模式。尽管西方化是现代化的一个重要模式,在一定意义上甚至可以说具有典型意义,但它并不是可以无条件地普遍适用的模式。一个国家究竟选择怎样的模式来实现现代化较为恰当,要从自己的具体国情出发。它可以而且应当借鉴西方现代化中那些具有普遍意义的东西,但不能照搬西方。

西方化,或者更确切地说现代化的西方模式究竟具有什么含义呢? 这有不同回答。例如,英法道路、德国道路和美国道路所实现的现代化在某些方面就具有不同的含义。就其一般形式说,它是指各个国家大体上都要实现的如下的共同过程:冲破束缚社会生产力发展的落后的自然经济,开辟和发展国内外市场,发展商品经济。一句话,西方化或者说西方模式的现代化的过程是一个以商品经济体制代替自然经济体制的过程。这一过程必然伴随着社会生产力和科学技术的飞速发展和工业化的实现。从政治上说,这一过程往往伴随着进行反对封建专制制度的资产阶级革命,在自由、平等、博爱等旗号下建立符合市场经济要求的资本主义的民主制度。从思想文化上说,这一过程通常伴随着冲破被绝对化的传统和权威,提倡个性解放和思想自由。西方各国现代化过程中政治和思想领域的这些变化当然具有维护资产阶级利益的特征,但它们也是实行资本主义的市场经济制度所必须具有的条件。换言之,如果没有政治和思想领域内的相应的变更,由市场经济所体现的经济领域的变革就无法实行。

市场经济就是商品经济,即产品和劳务都作为商品并通过市场交换来实现的经济。人们在商品交换中彼此都只是作为商品所有者而存在。他们之间的关系在此表现为物与物的关系、即商品货币关系。后者正是市场经济的本质所在。在西方资本主义制度下,它不仅支配着人们在经济领域的关系,也支配着其他领域的关系,也就是人们之间的一切关系都被归结为商品交换(或者说现金买卖)的关系。显然,这种体制的形成、维持和发展都以商品交换为核心。

为了使市场经济的体制得以具体运作,必须有一定的前提和条件,后者至少应当包括如下几点:(1)每一商品或劳务的所有者(自然人或法人)都有独立的人格,能自主地走向市场并自由地与其他所有者进行交换。(2)每一商品所有者在市场交换上都是平等的,一切尊卑长幼上下级等等关系均被置后。(3)人们在商品交换中可以自由进行竞争,肯定"优胜劣汰"的原则。(4)进行交换的市场是开放的,一切妨碍交换的各种闭关自守和地方割据的状态都被打破。总之,肯定自由、平等、竞争、开放等原则并尊重与之相关的理性是实行市场经济的基本前提。只要是实行市场经济,就必须从哲学、政治、法律、道德等各个方面保障这些前提。

上述以实行资本主义市场经济体制为核心的西方现代化模式在西方国家可谓普遍适用。当德国和美国继英法之后先后走上现代化道路时,虽然各有其独特之处(尤其是德国),但都是以资本主义的市场经济体制取代自然经济体制,其基本过程大体类似。其他西方国家的情况也是如此。正因为西方国家现代化的模式大体一致,人们才把现代化与西方化联系起来,甚至把现代化看作是西方化。

但是,西方现代化的模式也只是在走资本主义道路的西方国家范围内大体普遍适用。对于具有十分不同的社会历史背景和文化传统的东方国家来说,即使同样是走资本主义现代化的道路,就不完全适用了。当西方的现代化模式及与其相适应的社会政治体制和思想文化输入到东方后,必然会与那里的社会的、政治的、经济的、体制以及文化传统发生激烈冲突,这使东方国家的现代化道路较之西方要复杂和曲折得多。为了实现现代化,东方国家不能简单地模仿,更不能照搬西方的模式,而必须根据自己独特的社会历史和思想文化条件来选择较为适当的模式。东方国家现代化的历史情况也正是这样。

在东方国家中,日本是一个最具西方特色的国家,以致人们有时把它归属于西方国家之列。但是,日本的现代化模式与西方国家有着很大的不同。19 世纪中期开始走上实行现代化的道路时,日本仍然是一个封建专制国家。作为西方现代化的意识形态前提的自由、平等、博爱等观念在日本没有引起很大关注。作为这些观念的基础并在西方被视为神圣的个人主义(更确切地说,个体本位观念)在这里也未得到鼓励,相反,整体观念,甚至为了整体的利益而甘愿自我牺牲的精神(这集中地表现为对天皇的狂热的忠顺)却被视为最高的品德。即使在第二次世界大战以后,虽然西方的民主自由等观念在日本已发生强烈的影响,日本各方面都越来越西方化,但仍然保持了许多不同于西方国家的特点。在日本,政府(特别是中央政府)对经济活动的调控比西方国家要严厉得多,广大人民群众对本国的历史和文化传统的保持和珍重的热情,对集体、国家的向心力,或者说民族凝聚力,都非常强烈。这也许正是日本人创造出所谓日本的经济奇迹的决定性因素。

60 年代中期兴起的亚洲四小龙在实现现代化过程中同样注意保持东方的历史和文化特色。在很长一段时期内,西方国家那套民主自由制度在此受到了很大的限制,政府的调控在国家经济发展中有时起着关键的作用。最近十多年来,这些地方的西方化趋势加强了,但与典型的西方国家仍有很大不同。

在十月革命后,俄罗斯走上了一条完全不同于西方资本主义的社会主义现代化道路。这种现代化的努力尽管付出了本来可以大大缩小的极大代价,但仍取得了巨大的成果。由过去落后和衰弱的俄罗斯及与之结盟的一些欧亚国家发展成了一个曾与美国抗衡的超级大国苏联。这一点至少表明社会主义的现代化道路有过成功的经验。最近几年来,那里的情况发生了激烈变化。俄罗斯当局抛弃了社会主义制度,企图重新走资本主义现代化的道路。我们在此不议论这种变革是否会取得成功,但有一点似乎可以肯定:苏联的解体以及社会主义现代化道路的被抛弃,原因是非常复杂的,其中重要原因之一是那里的社会主义现代化模式不完善,但这不能否定社会主义现代化模式在过去所取得的成功。

中国的现代化运动早在 19 世纪中期即已开始。它已走过漫长而崎岖的道路。各种西方的现代化模式都已试用过,都因不符合国情而未能成功。只是在 1949 年民主革命取得成功并在后来走上社会主义道路以后,特别是 1979 年起实行改革开放政策以来,中国的现代化建设事业才取得了举世瞩目的成就。当然,四十多年来中国的现代化道路是极为曲折的。期间存在过相对缓慢、停滞、甚至倒退的情况,这些都是值得引以为训的。然而尽管如此,四十多年来中国现代化运动所取得的成就,无论是与原有的经济基础相比,还是与同中国有类似之处的其他发展中国家相比,仍然是非常巨大的。而中国的现代化道路肯定是一条不同于西方国家的道路。

上面这些历史和现实的情况都表明,现代化并不等于西方化,也不等于资本主义化。除了西方各国的资本主义现代化模式外,其他国家也完全可以按照自己独特的社会历史和思想文化条件而创造出对它们更为适合的其他现代化模式。例如各种特色的社会主义现代化模式。还有一点重要情况需要指出:在按照西方模式实现了现代化的发达国家中,往往存在着种种由其引出的矛盾和危机。这一点连西方国家的学者和政治家都已指出。许多西方学者纷纷指出要借鉴东方的思想文化来医治西方的矛盾和困境。如果考虑到这种情况,就更不应把现代化等同于西方化了。

但是,不能由此而返回到另一个极端,即完全排斥西方化。现代化运动毕竟是从西方国家开始的。西方国家现代化运动中所总结和创造出的经验和理论中有些具有典型意义,是包括中国在内的东方国家进行现代化时可以而且应当借鉴的。这主要不是指人们首先看到和想到的西方先进的科学技术和管理经验。这些东西还只是西方现代化的结果,而不是使西方国家得以实现现代化的动因,后者只能是我们上面提到的经济(以市场经济代替传统的自然经济)、政治(以民主制度代替封建专制制度)和思想文化(以提倡个性解放和思想自由的开放性的文化代替被绝对化的,封闭的传统文化)领域的那些深刻变革。其中最重要的、可谓具有根本性意义的当然是经济体制方面的变革。但是,如果没有政治和思想文化方面相应的变革,经济方面的变革是难以进行的,更难以取得重要的成果。尽管西方政治变革所建立的资本主义民主制度和思想文化变革所形成的各种思潮都有很大的局限性,特别是带有资产阶级的阶级偏见,但它们毕竟为西方各国社会生产力和科学技术的飞速发展提供了必要条件。例如,资本主义的自由民主制度虽然带有很大的欺骗性,但它对个性自由以及公民在法律面前人人平等等基本人权的强调,比践踏人性和剥夺人的自由的封建专制制度要进步得多。更为重要的是:它以法律的形式肯定了人们进行商品交换的自由以及在市场上的平等,而这正是实行市场经济制度所不可或缺的。

历史和现实情况也正是这样。虽然我们在德日等国看到过在封建专制制度下发展商品经济和科学技术的先例,但这种发展都必然受到很大限制,甚至可能走上法西斯专政等错误道路,从而使现代化的成果遭到破坏。这些国家最后也仍不得不走上民主制的道路。亚洲四小龙的情况也说明了健全的民主制度对实现现代化的必要性。尽管它们在一段时期内并无这种制度,但到了一定发展阶段后,仍然不得不致力于建立这种制度。一些原社会主义国家的现代化运动之受到挫折、甚至放弃社会主义制度,重要原因也在于没有采用市场经济体制、没有建立与这种体制相适应的民主制度。我国社会主义现代化运动之所以走过一些弯路,原因也与此类似。

总之,在现代化运动中,既不应不顾本国的社会历史和文化传统盲目仿效西方,把现代化归结为西方化;也不应无视现代化运动的共同规律,把现代化与西方化绝对对立起来。

三、西方哲学思潮与西方现代化

关于西方思潮(特别是西方哲学思潮)在西方现代化中具有不可或缺的作用,这本来是不至于引起多大争议的问题。按照马克思主义关于经济基础和上层建筑相互依存和相互作用的学说,作为西方社会上层建筑组成部分的西方思潮,是适应以资本主义市场经济体制为核心的经济基础的要求而产生和发展的,并为这个基础的形成和发展服务。翻开任何一本马克思主义哲学教科书或按照马克思主义观点编写的西方思想史和西方哲学史教科书,都可以看到有关这方面的论述。之所以存在争议,原因似乎在对如何看待这种"服务"有不同理解。西方哲学,特别是现代西方哲学的功能,只能是辩护性的,还是同样(或者说同时)具有建设性? 这似乎成了一个人们往往回避正面和具体回答的问题。

对于在中国的现代化建设过程中必须学习西方的先进的科学技术,从来都没有人怀疑。对于西方的某些经济体制,特别是管理经验是否应当学习甚至采用,大家现在也作了肯定的回答。与国际市场接轨的客观需要促使人们考虑在有关经济体制上也进行相应的改革。然而,一涉及对有关西方政治体制和思想文化(西方思潮)的态度问题,就往往使人感到茫然。尽管改革被认为应当包括政治体制和思想文化领域,而且在这些方面也确实做了大量工作,并很有成果。但对是否可以在这些方面也借鉴西方,人们却往往存在种种疑虑。这是因为人们对思想文化领域的相应变化是否是西方实现现代化的必要条件还没有达成共识。人们往往只注意到了西方思潮的辩护性功能,而没有认真研究,甚至没有注意到其建设功能。不少人仍然抱着以往流行的一种观点:哲学思潮等西方思想文化的作用主要只是为资产阶级的阶级利益和资本主义制度作辩护。他们大都没有进一步思考:从对西方现代化运动的进行和发展(或者更广义地说,对西方社会和经济发展)的作用来说,这种辩护本身就具有建设性任用。而发挥这种作用恰恰是作为上层建筑的思想文化的最重要的功能。

哲学等西方思潮在西方现代化中的建设性功能主要表现在它们为西方市场经济体制的正常运行以至整个西方社会的稳定发展提供了必要条件。上面曾提到,为了使商品交换(而这正是市场经济的纽带)在市场上得以正常进行,必须肯定自由、平等、公平竞争等原则,必须倡导作为这些原则的思想基础的理性,而近现代西方哲学思潮正是以此为己任。

欧洲中世纪经济上是自然经济占统治地位,政治上是封建君主专制,思想文化领域是神学支配一切。个体(个人)在政治上对整体(由从家长到君主的层层等级体现出来)处于从属地位,在思想文化上被神学禁锢,在经济上被限制于分散和孤立的田园。在这种条件下当然既谈不到尊重个性自由和发挥个体的创造性,也谈不到自由竞争和等价交换。如果不反对和改变这种局面,当然就谈不到实行市场经济体制,也不会有西方后来所实现的现代化。

从文艺复兴时代以来,近现代西方哲学思潮的主要倾向正是反对中世纪的原则,维护和论证上述符合市场经济要求的原则。随着西方社会的发展,其市场经济体制的表现形式也不断在发生变化,19世纪末以后的西方资本主义的市场经济与早期自由资本主义的市场经济就有很大区别。但上述市场经济对社会政治和思想文化的基本要求大体相同。近现代西方哲学也有很大发展,就理论形态来说,西方现代哲学与早期哲学就有很大不同。但只要西方市场经济体系没有根本性改变,它们仍然具有维护和论证这种体系的原则的功能。只不过是适应变化了的情况,对其维护和论证的层面、方式和角度有所改变罢了。例如适应解决西方现代化实现以后出现的种种经济和社会问题的需要,在西方哲学中就出现了所谓后现代主义思潮。它不仅不同于19世纪中期以前在西方哲学中占统治地位的理性主义及与之相应的本质主义,也不同于19世纪中期以后出现的反理性主义和反本质主义。

西方哲学为西方市场经济及由其所实现的现代化提供理论论证的方式、层面、角度是多种多样的。对主体性原则(或者说个体本位原则)及与其相应的个人主义的论证就是其重要表现之一。下面我们就以此为例再作些说明。

从西方新兴的资产阶级开始走上历史舞台起,他们的哲学家就纷纷把个体本位原则当作哲学中的一条根本原则。文艺复兴时期的思想家们之把从神学枷锁下解脱出来的人(指的是作为个体存在的人)当作其哲学的核心,笛卡尔之把"我思"作为哲学的出发点,莱布尼茨对单子的论证,洛克、休谟等人对个体的经验的作用的强调,甚至贝克莱的"存在就是被感知",都是从不同角度强调了与个体本位原则相应的所谓主体性原则。这一原则对于西方市场经济发展的的主要意义在于它为个性自由和平等(自由地进行竞争和走向市场,平等地进行交换等等)等市场经济的必要前提和条件提供了理论根据。

近现代西方哲学思潮所维护和论证的个体本位原则,从认识和实践的角度说就是主体性原则,从世界观和人生观的角度说就是个人主义原则。在我国,对主体性原则,近几年来一直在进行着相当热烈的讨论。对这一原则理论内涵和现实意义,理解得越来越深刻了。尽管也有不同意见,但较少引起学术讨论以外的麻烦。对个人主义就不同了。它一直被认为是资产阶级世界观的核心,从而也是近现代西方哲学的核心。这种评价当然符合事实,绝大多数西方哲学家对此也不会否认。其所以出现偏颇,是由于长期以来个人主义在我国常被等同于纯粹的利己主义,从而理所当然地被完全否定。人们之不愿对西方哲学思潮的建设性功能、或者说积极作用加以适当肯定,重要原因之一可能正是由于对作为其理论基础的个人主义不敢作出肯定。

其实,如果实事求是地从历史上和理论内涵上对西方哲学家主张的个人主义加以具体分析,就可发觉我们在这一方面的确存在误解。

从历史上说,西方哲学家之倡导个人主义是为了适应新兴资产阶级反封建的需要。其主要目矛头是针对被封建势力绝对化,甚至被神化了的传统的整体主义。其所起的进步作用上面已有所提及。这一点也较易达成共识,在此就不多谈了。

从理论内涵来说,最值得提出的一点是:绝大多数西方哲学家都注意将其所倡导的个人主义(Individualism)与利己主义(Egoism)区分开来。个人主义主要是意味着把个人(或者说"个体")当作思想和行动的出发点和归宿,其所强调的是使个人摆脱各种外在的约束以及对外在力量的依赖,最大限度地发挥人的个性,即个人的自主性、创造性和能动性。它虽然高度肯定个人的追求。但这种追求(目的)既可能是个人私利,甚至是最卑鄙的个人私利,在这种情况下它自然就是利己主义。但也并不一定是个人的私利,而可能像实用主义哲学家杜威等人所说的那样只意味着个人在事业上的成功(成功并不等于占有,而可能只是克服困难,继续前进,或者说成功本身就是目的),或者是将个人的利益与他人利益和社会利益结合起来。甚至也可能是为了他人和社会的利益。在这种情况下就很难说它是利己主义了。这种区别往往被人忽视,以致由此引起不少误解。下面我结合近现代西方历史发展的情况对此进一步作些说明。

当西方新兴资产阶级最初从个人出发来反对封建的传统权威时,他们的确是把最大限度地追求个人的物质利益(包括尽可能发财致富等)和物质享受(包括享乐主义式的纵欲)当作人的自然权利,也就是对人的自然本性(或者说人的天性)的发挥。因而认为它不应受到任何约束。薄伽丘《十日谈》中所描绘的个人对现实利益和现实物质生活的追求,就是倡导与封建禁欲主义相对立、肯定和发扬人的个性。然而,如果把个人的任何追求当作出自人的天性,以至认为每一个人都可以漠无限制地去追遂自己的利益,那必然会把自私、贪婪、虚伪、欺诈等等恶行合理化,这样势必引起人与人之间的深刻的矛盾和冲突,以至把动物界的弱肉强食的法则移入人类社会。正像霍布斯所描述的"自然状态"下的情况那样,人们之间只能是彼此敌视("人对人是狼"),从而会出现"一切人反对一切人的战争"。欧洲原始积累时期的斑斑血泪史在一定意义上可谓是对这种状态的写照。

西方资产阶级思想家们(特别是哲学家们)很快就发觉,对个人追求的无限制的倡导不仅不能保障每一个人发挥其个性,反而扼杀了多数人的个性、甚至导致人人自危的局面。因此必须加以限制。霍布斯等17世纪许多西方思想家之纷纷提出所谓自然法学说就是为了对"自然状态"下个人的这种任意妄为的追求加以限制。在西方哲学往后的发展中,尽管有个别哲学家(例如尼采等非理性主义哲学家)在反对旧的传统以及与之相应的意识形态对人的个性的压抑时走过了头,以致认为为了充分发挥人的个性,对个人的任何追求都不应加以限制,但绝大多数西方哲学家都避免采取这种极端立场。

从哲学上说,当时许多思想家都从不同角度并在不同名称下维护和论证主体性原则,很少有人把这种主体性绝对化,以致认为主体可以任意妄为。他们都企图以某种方式对之加以限制。例如他们都讴歌理性,而理性正是对主体性的限制。在这方面,笛卡尔对"我思"的理性主义解释就很有代表性。尽管在笛卡尔的哲学体系中"我思"是出发点,但他的"我"是绝对不能任意妄为的,而必须遵守他所揭示和制定的理性的规律和方法。即使在著名的主观唯心主义哲学家贝克莱的哲学体系中,自我的活动范围也同样受到限制。它不仅要服从上帝,也要服从理性和逻辑的规律。17—18世纪的西方哲学家有唯物主义和唯心主义、经验论和唯理论之分,他们之间的争论有时相当激烈。但是,在肯定人的自我的活动要受到理性的制约上则是大体一致的。在西方现代哲学中,萨特的存在主义被认为是一种典型的主观唯心主义。其实,他的体系中的"自为"是既决定"自在",又为"自在"所决定的。极端的主观唯心主义无疑是利己主义的哲学理论表现形式,然而在近现代西方哲学史上,真正极端的主观唯心主义者非常少见。

从伦理学角度说,资产阶级革命时期的西方思想家大都持功利主义立场,而功利主义正是个人主义在伦理学上的一种体现。不用说,他们都肯定并倡导个人对自己的现实利益和幸福的追求。作为功利主义先驱的霍布斯公开把与这种追求相关的利己心看作出自人的天性。但他并不像有些学者所认为的那样是最典型的利己主义哲学家,因为他不仅认为任何个人的追求都应受到理性的制约,而且认为这种追求应以尊重他人同样的追求为前提,也就是作到"己所不欲,勿施于人"。18—19 世纪的功利主义思想家边沁、密尔等人在这一方面更进了一步。他们不仅不赞成、反而反对狭隘的利己主义,倡导某种形式的利他主义。他们认为,尽管人首先是利己的,但如果不关心他人的利益,自己的利益也不会有保障。利己必须利他。人的行为的善恶的标准不只是它能否给个人带来幸福,更重要的是能否给全体人,至少是给大多数人带来幸福。功利主义应当是关于"最大多数人的最大幸福"的主义。他们认为,为了使人按照这种道德原则行动,必须建立行为的社会制约体系(包括政治、法律、宗教,特别是道德上的制约)。而所有这一切都是为了适应市场经济制度对人的行为方式的双重要求:既要为个人追求功利作辩护,又要对这种追求加以限制,以此保证社会秩序的稳定。

功利主义伦理学当然存在着许多片面性。他们所标榜的利他主义在西方现实生活中并不能实现。无论是在自由竞争或垄断的条件下,人们之间外表上的平等必然掩盖着事实上的不平等。功利主义者对此不能作出令人满意的回答。于是他们的许多后继者对其理论作了不少修改。其主要倾向是使之具有更多公正的、非利己主义的色彩。

还应注意的是:功利主义只是西方伦理道德思潮之一。在哲学上反对经验主义、奉行非理性主义和直觉主义的思想家大都不直接支持功利主义。他们往往批评功利主义过分强调了行为的经验效果而忽视或轻视了道德义务的重要性。康德以后,这种强调道德义务的伦理学("道义论","正义论"等等)在西方可谓更占上风。较之功利主义,这种伦理学的利己主义色彩更少。

当然,在强调不能片面地把近现代西方哲学家倡导的个人主义在一般哲学原则上归结为纯粹主观主义和在伦理学上归结为利己主义时,不应走向另一个极端,以为西方资产阶级哲学家能够克服主观主义和利己主义。资产阶级的世界观和人生观在本质上只能是个人主义,而个人主义在本质上也必然是与主观主义和利己主义相联的。西方思想家之所以要从一般哲学原则上和伦理学上对个人主义加以限制,是因为不这样做就不可能有相对稳定的社会秩序,就不可能实现西方社会的现代化,从而便无法真正保障资产阶级的阶级利益和要求。

总之,就作为西方资产阶级世界观和人生观的出发点的个人主义(或与之相关的个体本位)来说,不管是表现为一般的哲学理论(如主体性原理),还是表现为伦理道德学说(如功利主义和道义论伦理学),其所起的作用都是双重的:既要为资产阶级的阶级利益和要求(例如对功利的追求)作辩护,又要对其加以限制。二者实际上是相辅相成的。后者的直接功能是促进建立一种相对稳定的、使市场经济以至整个社会得以正常运行的社会秩序体系,而这归根到底符合前者的目的。从这种意义上说西方哲学(包括作为其组成部分的伦理学)关于自由、民主、平等等原则的论证,归根到底是辩护性的,但也只是归根到底如此。从功利主义者等早期西方哲学家和伦理学家到实用主义者等现代西方哲学家,大都企图建立一种维护大多数人的幸福以至整个社会发展的利益的理论,至少是使少数人的利益与大多数人以至整个社会的利益协调起来。他们的这种企图在现实生活中往往不能实现。西方社会中的各种阶级矛盾和冲突仍是层出不穷。多数人的利益往往得不到保障。但是,西方思想家的这些理论对调节西方社会的各种社会关系,稳定社会秩序,提供思想和行为指导等等方面,毕竟起了重要的,甚至是关键性的作用。否则,西方社会的发展,西方现代化的实现,都是不可能的。从这种意义上说,应当把西方思潮,特别是哲学思潮的作用,看作是具有建设性的。在研究西方现代化时,应当同时研究使其得以实现的西方思潮,特别是西方哲学思潮。

四、西方哲学思潮与中国现代化

如果我们能够肯定西方现代化以哲学等西方思潮为理论基础,并肯定二者之间存在着内在联系;如果我们还能够肯定西方现代化模式在一定程度上具有典型意义,因而为了顺利地实现中国现代化,可以,而且应当学习和借鉴西方现代化的经验,吸取其教训,那我们就同样应当肯定,研究和借鉴西方哲学思潮,特别是现代西方哲学思潮,对于促进中国的现代化事业具有不可或缺的意义。

毫无疑问,西方哲学思潮只能作为西方现代化的理论根据,不能作为中国现代化的理论根据。我们既不能照搬西方现代化的模式来作为中国现代化的模式,更不能照搬西方哲学思潮作为中国现代化的理论根据。西方哲学思潮对于中国现代化是否具有积极意义不在于它是否可以成为中国现代化的理论基础,而在于它有助于建立和完善中国现代化的理论基础。中国的现代化是社会主义性质的现代化,能充当它的理论基础的只有马克思主义。西方哲学思潮对于中国现代化的意义首先在于它们有助于丰富和发展马克思主义,特别是有助于丰富和发展适合中国现代化实践的马克思主义现代化理论。因此,西方哲学思潮与中国现代化的关系主要表现为它们与作为中国现代化理论基础的马克思主义哲学的关系。

西方哲学思潮与马克思主义哲学的关系问题是一个可以而且应当从不同层面上来加以探讨的复杂问题。从与中国现代化问题相关的角度说,如下两个层面更为突出。首先,从整体上说,西方哲学思潮,特别是现代西方哲学思潮与马克思主义哲学处于怎样的关系中? 其次,在现代化的各个具体方面以及相应的理论层面,二者处于怎样的关系中? 上述两个层面的问题又是相互关联的。

从整体上来看待西方哲学思潮与马克思主义哲学的关系,这是一个解放以来一直为学术界所关注的问题。在"左"倾思潮占支配地位的时期,这个问题并不是经过客观和科学的探讨、而是以从上到下的方式由领导部门和权威人士按照既定的原则(例如把哲学史归结为唯物主义和唯心主义、辩证法和形而上学斗争的历史等)来回答的。西方哲学大体上被划分为西方哲学史(指马克思主义哲学产生以前的西方哲学)和现代西方哲学(当时称为现代资产阶级哲学)两大部分。前者中的某些哲学流派和哲学家的理论被认为体现了历史上的进步阶级的利益和要求,其中可能包含唯物主义和辩证法的合理因素(特别是德国古典哲学的最大代表黑格尔的辩证法和费尔巴哈的唯物主义),从而具有一定的进步和积极意义,可以为马克思主义哲学所批判地继承。后者只能代表腐朽没落的资产阶级、特别是帝国主义时代垄断资产阶级的利益和要求,其理论内容只能是唯心主义泛滥、形而上学猖獗,谈不到存在任何合理和积极因素,因而与马克思主义哲学必然处于绝对对立的地位。对西方哲学、特别是现代西方哲学的这种独断的评价,即使在"左"的思潮占支配地位的时代,也并非没有人怀疑,只是迫于政治和意识形态的压力,很少有人敢于公开对之提出异议,以致这种独断的观点被"公认"为是唯一正确的"马克思主义"观点。在这种情况下,当然谈不到如何通过研究西方哲学,特别是现代西方哲学来促进中国现代化的问题,尽管后者当时也早已为人们所谈论。

改革开放以来,我国的哲学研究,特别是现代西方哲学研究尽管有时还存在困难、与其他领域相比较还显得滞后,但毕竟已发生了根本性变化。对"左"的思潮和教条主义及僵化观念的批判促使人们对马克思主义哲学本身重新加以认识和研究;对现代西方哲学简单否定的倾向越来越被克服,哲学界普遍地感到应当根据客观事实来重新研究马克思主义哲学与现代西方哲学的关系的问题。也正是在这种情况下,关于如何通过对现代西方哲学思潮的研究来促进中国的现代化的问题也开始被明确地提了出来,要求我们对之作出具体的分析和回答。

既然中国的现代化的性质是社会主义的,充当其理论基础的只能是马克思主义哲学,作为西方资本主义现代化的理论基础的西方哲学思潮不可能直接用来当作中国现代化的理论基础。研究现代西方哲学对中国现代化事业的促进作用,主要只能通过它对丰富和发展马克思主义哲学所起的积极作用来实现。这方面的研究所要解决的问题主要就是怎样看待现代西方哲学研究对丰富和发展马克思主义哲学的积极作用,而后一个问题实际上就表现为如何重新认识现代西方哲学及其与马克思主义哲学的关系。

既然对现代西方哲学不能简单否定,那么对之应当怎样具体评价呢? 怎样看待它与马克思主义哲学的关系呢? 这也许正是问题的关键所在。

如果仍然采用以往那种把应当归入唯物主义还是唯心主义、辩证法还是形而上学作为评价标准,并由此把马克思主义哲学仅仅归结为一种彻底的唯物主义,那很难从根本上改变以往对现代西方哲学的评价。因为西方现代哲学不同于近代哲学等传统哲学的最主要特征就在于它们大都企图超越后者以心物、思有等二元分立为出发点来构建无所不包的哲学体系的思维框架,也就是反对哲学脱离人的现实生活(人的此岸性)而去追究绝对的物质或精神、去建立与之相应的唯物主义或唯心主义体系,而要求返回到人所感受和经验到的现实世界(不管是经验世界还是非理性的世界),返回到人的现实生活和实践。如果把马克思主义哲学归结为类似传统哲学那样的哲学体系,它们也必然反对马克思主义。这一点也许正是以往把现代西方哲学与马克思主义哲学根本对立起来的主要根据之一。

这里问题在于:我们是否应当按照传统的哲学思维模式来理解马克思主义哲学? 如果是,那我们实际上无法改变以往对现代西方哲学及其与马克思主义哲学的关系的评价;如果不是,那我们就必须对马克思主义哲学的本质所在及其与现代西方哲学的关系重新作出解释。这一点也许正是近几年来我国哲学界的许多争论(例如关于"实践唯物主义"的争论)都必然要涉及的焦点问题之一。尽管大家迄今还没有达成共识,但至少把问题提出来了并作了许多有益的探索。

我个人认为后一种观点更加符合马克思本人的思想。马克思早在他的《关于费尔巴哈的提纲》、《德意志意识形态》等论著中就已明确地把强调"人的感性的活动"、"实践"、人的"思维的此岸性"、"现实性"当作他的哲学不同于以往哲学的根本特征。而这种强调正是马克思超越了以德国古典哲学为顶点的传统哲学、实现了哲学上的革命变革的具体表现。马克思在哲学上所作出的革命变革,无论从科学性和彻底性来说,都是任何西方哲学家或哲学流派所无法比拟的。但是,如果我们能抱着实事求是的态度,就不难发觉,现代西方哲学的许多流派在要求以生活和实践哲学来超越近代哲学等传统的思辨形而上学上与马克思走的是同一方向。尽管他们在这一方面存在种种不彻底性,但他们在许多具体问题上作出了不少有益的探索。研究他们的这些探索、从中吸取经验教训,对丰富和发展马克思主义哲学显然是有积极意义的。

既然我们把马克思主义当作我们的现代化的理论基础,那现代西方哲学的上述积极意义在一定程度上也正是它们对于实现中国现代化的积极意义的主要所在。

当然,研究现代西方哲学思潮对于中国现代化的积极意义不能局限于现代西方哲学和中国现代化的整体意义上。中国的现代化包含了经济、科学技术、政治、法律、道德等不同具体层面,而西方哲学思潮也都有相关方面的理论。研究这些具体理论有助于丰富和发展马克思主义的相关理论,从而对中国现代化的各个具体方面产生积极影响。例如,完善和发展适应社会主义市场经济要求的道德规范体系是实现我国现代化的重要的一方面,因而必须丰富和发展马克思主义有关这方面的理论,而西方思潮中有关这方面的理论对我们就具有借鉴意义。因此,从促进中国的现代化的角度上说,我们应当把对西方思潮的整体研究与对其各个具体方面的研究结合起来。

[本文英文稿发表于由国际价值和哲学学会(RVP)1997年在美国出版的 *Philosophy and modernization in China* 一书]

市场经济与实用主义的道德理论

一、问题的提出

之所以把市场经济和实用主义的道德理论放在一起来谈论,是因为我认为二者之间存在某种联系、甚至是密切的联系。在西方市场经济的发展中,始终有一定的道德规范体系与之相适应,它们是稳定和调节西方社会秩序的一种重要的精神力量,是西方市场经济体系得以运行的必要条件。这些规范体系都必以一定的伦理道德理论为基础。而实用主义的道德理论正是这样的理论中较有代表性的一种。不过,这里所谓实用主义不是指那种被许多人误解的、似乎仅仅主张追逐个人私利的理论,而是杜威等实用主义哲学家本人的理论。

当前中国在经济上正转向市场经济轨道。为了使其能顺利地运作和健康地发展,同样必须有一定的道德规范来维系。中国的市场经济被确定为社会主义性质的,并且一再被强调应具有中国特色。这与西方的市场经济自然有重要区别。用来维系它的道德规范体系必然具有相应的特征,它必须把马克思主义作为指导思想,它也必须继承和发扬中国优秀的传统道德思想。然而,既要与市场经济相适应,它就必须借鉴那些体现了市场经济特征的西方道德理论。

尽管市场经济在中国封建社会中早已有萌芽,但作为一种经济体制的现代市场经济毕竟是西方首先发展起来的,与市场经济相适应的道德规范体系也是由西方最早较为完整地建立起来的。这些道德规范虽然打上了西方文化传统以及各种独特的意识形态的烙印,与中国国情不尽适应,但它们毕竟体现了市场经济体制的许多共同规律和规则对道德的要求。换言之,它们在一定程度上能适应不同条件下的市场经济对道德的需要。因此,正像建立社会主义市场经济体制必须借鉴西方市场经济体制一样,建立与社会主义市场经济体制相适应的道德规范体系也必须借鉴西方的有关理论。在这方面,实用主义为我们提供了一个在西方较有典型意义的道德理论体系的标本。因为它可谓较为集中地体现了西方市场经济的道德要求。

二、近现代西方市场经济及其道德理论的主要倾向

1. 市场经济的一般特征及其内在矛盾

在考察西方市场经济及其相应的道德理论倾向前,我们先分析一下市场经济的一般特点及其所包含的矛盾。

市场经济和商品经济是同质概念,指的是产品和劳务都作为商品并通过市场交换来实现的经济。它不同于以自给自足为特征的自然经济,也不同于由国家机构按实物分配的计划经济。在此,商品的交换不是按照它们的用途,而是按照它们所包含的价值来进行的。而价值又表现为一定量的货币,货币作为一般的价值形态,是商品交换的唯一尺度。在商品市场上,任何事物价值的高低均可由数量不等的货币来表现,在商品交换中,人们之间仅仅是作为商品所有者发生关系,人与人之间的关系表现为物与物之间的关系。这种商品货币关系是市场经济的本质所在。在不同历史时代和社会条件下,市场经济会有不同的特点,但上述基本关系则是共同的。

为了使人们在商品市场上的交换活动得以具体运作,必须有一定的前提和条件,这些前提和条件至少应当包括如下几点:(1)必须假定每一商品或劳务的所有者(自然人或法人)都有独立的人格,能自主地走向市场并自由地与其他所有者进行交换。(2)每一商品所有者在市场交换上必须是平等的,一切尊卑长幼上下级等等关系均被置后,在货币面前人人平等。(3)必须允许在商品交换中进行自由竞争,肯定"优胜劣汰"的原则。这意味着只有那些在自己的活动中

具有高效率和应变力的人，才能在市场上站住脚跟。（4）进行交换的市场必须是开放的，必须打破妨碍交换的各种闭关自守和地方割据的状态。总之，自由、平等、竞争、开放以及作为它们的思想基础的理性就成了市场经济所体现的商品货币关系的基本前提。只要是实行市场经济，就必须从各个方面（包括哲学、政治、法律、道德等）维护这些前提。

在这些前提下所实行的市场经济必然包含了作为商品所有者的人与人之间深刻的矛盾和冲突。如果彻底地贯彻这些前提，就会把动物界的弱肉强食的法则移入人类社会，就会仅仅发挥人性的"恶"的方面：自私、贪婪、虚伪、欺诈、残酷。尽管如黑格尔就整个社会所说的那样，这种"恶"也许是市场经济运行的某种动力。但如果只是发挥人性的"恶"，整个社会就会出现霍布斯所谓"人对人是狼"的局面。而这意味着整个社会必然处于严重的动乱，甚至面临崩溃。因此，无论在何种社会条件条件下，都必须对自由、平等、竞争等前提加以限制。在道德上也是如此。必须从这些前提出发制定道德规范体系，而道德规范又必须对这些前提加以限制。

2. 西方古典经济学的形成及功利主义伦理学的基本倾向

现在我们来考察一下与西方市场经济相适应的道德理论是怎样形成的。

西方市场经济已有长远的历史。其走向成熟则是随着近代资本主义的形成而发生的。为这种经济制度作直接论证的西方经济学早在16—17世纪即已出现了。当时英法的重商主义理论在一定程度上体现了西方原始资本积累时期市场经济发展的要求。较后的法国重农学派即已正式提出了为自由资本主义辩护的经济学体系。作为西方自由资本主义市场经济的典型理论形式的是18—19世纪在英国出现和盛行的以亚当·斯密和大卫·李加图为代表的所谓古典经济学。与其相应的伦理学则是以休谟思想为主要理论来源，以耶勒米·边沁及稍后的约翰·密尔为主要代表的所谓功利主义。功利主义是近现代西方伦理道德理论的一种最主要思潮之一，可谓最能体现西方市场经济的道德要求。它也是实用主义道德理论的主要理论来源。因此下面首先对它的由来和主要特点作些介绍。

古典经济学强调把促进经济发展当作国家的根本职能,甚至当作国家的本质和目的。是否有利于经济的发展,财富和利益的增长,不仅是判断国家经济和其他政策好坏的主要标准,也被当作人的行为善恶的道德标准。在工业和贸易上的自由竞争被认为符合人的本性的要求,从而也符合道德的要求。这种思想与伦理学上的功利主义正好一致。马克思和恩格斯由此把功利主义看作是古典经济学的"心照不宣的前提"[1]。

但是,对这种与市场经济相适应的伦理学从理论上作系统论证的则是那些既对经济问题感兴趣又是哲学家和伦理学家的人。边沁、密尔就是这样的人。他们在经济学上与古典派经济学家大体一致,在某些方面还作出了重要的发挥。在哲学上则继承了洛克和休谟的经验主义传统,特别是关于可感觉到的经验效果是实在的唯一标准的观点。在经济活动中,最可感觉的莫过于人们所追求的现实利益和功效。因而能否取得利益和功效就成了判断其成败的基本尺度。他们的功利主义伦理学的根本任务则是从经验主义的哲学原则出发为这种经济追求作出道德上的辩护并为保证这种追求的顺利进行而制定人们的行为规范。边沁、密尔等人的功利主义观点互有差异,但在如下几点上大体是一致的。

第一,他们都认为,追求快乐和幸福,避免痛苦和不幸(所谓"趋乐避苦"),是人人皆有的欲望,出于人的天性,他们由此把是否导致可感觉到的预期效果,特别是能否给人带来快乐和幸福,也就是能否带来"功利",当作人的行为是否为善的根本标准。边沁如下的话很有代表性:"功利原则指的就是:当我们对任何一种行为予以赞成或不赞成的时候,我们是看该行为是增多还是减少当事者的幸福。"[2]密尔称功利主义为"最大幸福主义"。认为行为的是或非分别与它增进幸福或引起不幸的倾向成正比。

第二,他们虽然都把个人的追求当作其理论的出发点,但不仅不赞赏,反而

---

[1] 参《马克思恩格斯全集》中文 T3P479。
[2] 周辅成编:《从文艺复兴到达 19 世纪资产阶级哲学家政治思想家有关人道主义人性论选辑》,第 582 页。

竭力反对狭隘的利己主义,倡导某种形式的利他主义。他们认为,尽管人首先是利己的,但如果不关心他人的利益,自己的利益也不会有保障。利己必先利他。因而,人的行为善恶的标准主要不是它能否给个人带来幸福,而是能否给全体人,至少大多数人带来幸福。功利主义应当是关于"最大多数人的最大幸福"的主义。

第三,他们都认为,为了使人们都按上述道德原则行动,必须建立行为的社会制约体系。因为尽管利己必先利他符合人的理性要求,但这并不是每一个人都能认识到,有的人即使认识到了也未必自觉遵行。这种制约可以是多方面的。除了政治、法律、宗教等制约外,道德制约同样具有重要的作用。至于如何进行道德制约,他们并无一致意见。有的人强调外在制约(如对名誉、信誉等的影响),有的人强调内在制约(如唤起人们的道德责任感和同情心)。而这些制约的基本倾向则是抑恶扬善。

功利主义思想家的上述共同观点较为集中地体现了西方市场经济对道德的双重要求:既要为个人追求功利(快乐、利益、幸福)作道德上的辩护,又要从道德上为这种追求保证一个稳定的社会秩序。这就需要为人们的行为制定一些规范,对个人的追求有所约束和限制。因此,尽管他们的伦理学建立在个人主义的基础上,但并不只是坚持纯粹的利己主义,而是企图将利己和利他结合起来。他们之所以要做这种结合主要不是为了掩盖利己主义,而是企图以此来维持正常的社会和经济秩序。有人以为西方市场经济秩序是一种利己主义可以横行无阻的社会秩序,西方道德学家必然是利己主义的卫道士,他们关于限制利己主义,倡导利他主义之类言论都必然是虚伪的,这种说法其实是没有看到西方伦理学的真实矛盾。

以追求个人目的为出发点的资本主义的市场竞争法则必然导致出现"人对人是狼"的局面。但这并不意味着西方学者们要维护这种局面。相反,他们都认为,如果让这种局面延续下去,整个社会就会失去稳定,甚至陷入混乱。当然就谈不到有市场经济发展的正常条件,也谈不到保障每一个人的幸福追求。因此必须通过法律和道德等手段对这种状况加以限制,使个人在享受权利的同时也承担义务。霍布斯等 17 世纪思想家之提出社会契约论,边沁、密尔等 18—19 世纪思想家之提出利他主义就是出于这种原因。

3. 近现代西方伦理学的发展与实用主义伦理学的形成

功利主义伦理思想在边沁等人以前就早已在西方存在了。他们所做的主要是适应 18—19 世纪成熟的自由资本主义的历史条件、使这种思想更为系统化。他们的理论即使在当时就已暴露出种种缺陷,随着 19 世纪末 20 世纪初西方经济体制的巨变,其片面性就更加突出了。例如,无论是在自由竞争还是在垄断的条件下,外表上的平等竞争必然造成个人之间财富分配上的事实上不平等的效果。对此他们并未作出令人满意的回答。于是,他们的一些后继者企图对它作出不同程度和范围的修正。例如,有的人企图把功利主义与关于财富的平等分配的主张结合起来。19 世纪末和 20 世纪初的边际效用说和新古典经济学、第二次世界大战以后的新自由主义等学派都试图改进和发挥古典经济学的自由竞争理论和相应的功利主义道德理论。

近现代西方伦理学流派是多种多样的,功利主义只是其中流传最广的思潮之一。在哲学上反对经验主义、奉行理性主义或非理性主义和直觉主义的思想家大都不直接支持功利主义,他们往往批评功利主义伦理学过分强调行为的经验效果的作用而忽视或轻视了道德义务的重要性,从而要求以其他形式的伦理学来取代功利主义。在近现代西方哲学上具有可谓举足轻重影响的康德在伦理学上也不赞成功利主义。他的著名的"善良意志论"或者说道义论所强调的是超经验的,先天的道德义务。20 世纪 30 年代以后,西方社会的激烈变化使国家干涉主义大为得势,在伦理学上,一些强调道德义务的理论成了最具影响的理论。最近几十年来,功利论和道义论之争呈此消彼长之势。后者(例如罗尔斯的"正义论")似乎更占上风。

不过,几乎所有近现代西方伦理学都包含了市场经济对道德的上述双重要求:既要从道德上肯定个人的追求,又要为个人的追求设定道德义务。他们之间的不同主要是对这两方面的具体论述,强调哪一方面以及如何强调的不同。

否定道德的经验性、强调道德律的先天性的康德及他的许多后继者同样强调人是目的而不是手段，肯定人的自由、平等以及获得财产等权利。

以杜威为最大代表的实用主义伦理学，正是在上述近现代西方伦理思想的大背景下提出的。了解了这一背景，我们对它的理论就易于有一种新的理解了。

三、实用主义道德理论的基本倾向

1. 实用主义的反形而上学倾向及其在道德领域的表现

实用主义道德理论的基本倾向与其整个哲学一致，主要特点是否定西方传统哲学理论(特别是传统理性派思辨形而上学)对超经验的，抽象的本质，实体等的寻问而转向研究与人的现实的生活和实践相关的经验世界，从而使哲学成为一种面向现实生活并有助于解决现实生活问题的理论。而这正是杜威声言要致力的哲学中的"真正的哥白尼变革"的根本含义。其实，这种观点是许多标榜反对形而上学的现代西方哲学家所共有的。

这种排斥传统形而上学、提倡面向经验和生活世界的观点在中国哲学界曾长期被当作隐蔽的唯心主义。其实，这里的情况相当复杂。就杜威而言，他并没有否定人以外的自然界的存在。在《经济与自然》等著作中，他一再肯定在人类出现以前自然界早已存在了，人和人的经验归根到底都是自然进化的产物。尽管作为人的对象的世界(自然界)的存在以人(经验)的存在为前提，但世界本身是不以人为转移的。这种观点与一般唯心主义的观点显然有很大区别，但这却是他反复声明的观点。

不过，杜威倒的确认为，哲学所应当研究的世界只能是处于与人的关系中的世界，即人的视野所及的世界，这也就是人的现实生活的世界，经验世界。这个世界的情况如何，则是由人的视野(也就是人经验)所决定的。从这种意义上说，自然界(不是自然界本身，而是经验中的自然界，即人所经验到的，处于人的视野之内的世界)的存在以经验为转移。哲学如果要成为一种关于人的现实生活世界的理论,就应当只研究人的视野(经验)所及的事。这也正是他所谓经验自然主义的基本观点。

杜威等实用主义哲学家不同于持类似观点的当代其他西方哲学家(例如胡塞尔)之处,主要在于他们对经验概念的独特理解。与传统认识论以及当代其他一些哲学家不同,杜威等人所谓经验指的既不是作为认识结果的知识,也不是与客体分离的主观意识(包括具有存在意义的理性或非理性意识),而是指人的生活、行为和实践本身,或者说主客、心物的统一过程。可见,杜威等人特别强调行动、实践、生活的意义。哲学所研究的经验世界,存在实际上都统一于行动、实践。这种观点与所谓过程哲学家以及存在主义等"非理性主义"哲学家大体一致。不同的是,实用主义哲学家(特别是杜威)在肯定经验中可以包含非理性的内容时,更强调其理性性质。杜威认为,人的行为、实践不同于动物的本能活动,它们总是在追求某种目的,并为反省思维,即智慧所指导。哲学所应做的即是为人们的生活、行动、实践提供指导和帮助。因此,哲学无非是人们的生活、行动、实践的方法论。它的基本使命就是探索人们怎样在其行动和实践中达到预期的目的。从这种意义上说,哲学即是科学的探索方法或者说实验逻辑。

杜威的上述基本哲学观点正是他改造传统道德理论、建立他自己的道德理论的出发点。实用主义的道德理论之所以能较为典型地体现市场经济对道德的要求,主要的原因正在于这种哲学观点使它与其他西方哲学流派相比,更能贴近西方社会的现实生活。其中如下两点更是如此。(1)它反对脱离现实生活去抽象地思辨地谈论一般的道德观念,而是明确地把道德领域限定为与人们利益相关的现实生活领域。就是说,道德应属于现实生活世界,即人的理性和科学所研究的世界。(2)它反对用神秘的,绝对化的方法,而要求用理性的方法来制定道德行为规范。具体说来,在道德问题上,它既反对传统形而上学的道德绝对主义,又反对否定道德观念的可规范性和受制约性的道德相对主义,而市场经济的道德秩序必须以这两点为前提。下面就这两点再作些说明。

2. 实用主义论道德与科学的关系

关于第一点,重要的是说明道德与实验科学究竟处于什么关系中。这是近现代西方哲学和伦理学中长期争论的重要问题之一。休谟早就提出了关于"是"或"不是"与"应当"或"不应当"之间,即科学事实与道德价值之间的区分的问题。他和他的一些后继者(特别是功利主义者)强调了道德的经验效果,但他们的狭隘经验主义立场使他们不能对道德领域的特点作出说明、使二者沟通。康德在休谟的启发下进一步将二者割裂,把道德领域当作超出经验和科学之外的先天领域。他的许多后继者(特别是文德尔班等新康德主义者)更使这种分裂绝对化。20 世纪以来,崇尚经验和科学的分析哲学家们以道德和价值判断不能用经验和事实来证实为理由而把它们置于经验和事实之外。英国哲学家 G.摩尔、A.J.艾耶尔有关这方面的观点在分析哲学家中就很有代表性。直觉主义、存在主义等流派则从批判科学的角度来把科学和道德割裂开来。总的说来,这两个领域的关系问题在西方哲学界一直是众说纷纭,但以主张分裂的居多。杜威等实用主义哲学家的目标则是把这两个被分裂的领域重新统一起来。

杜威自早期从黑格尔主义和正统宗教转向进化论立场以来,一直竭力反对传统和当代道德理论把道德领域当作与科学领域绝对不同的领域,把道德研究当作与科学研究根本不同的研究的倾向。他说:"归根到底,我们不过是要在道德思考中也运用那种对于物理现象下判断时业已证明是妥当、严密而有效的逻辑罢了。"[1]这种逻辑正是他企图从自然科学领域引入人文和社会科学,包括伦理道德领域的所谓实验逻辑,即他所谓科学探索方法。他认为,利用这种方法,可以将过去被分裂开来的自然科学研究与伦理道德研究,或者说对事实领域的研究和价值领域的研究统一起来。

按照杜威的理论,人在自然领域和道德等精神领域的活动都是由理智、即实验逻辑指导的。无论科学判断或道德判断都是经验判断。它们都是人的行为,实践,或者说生活的工具。"当物理学、化学、生物学、医学有助于人的具体

---

[1]《杜威中期著作集》第 12 卷英文版第 174 页。

的苦难的检测,有助于医治它们并改善人的状况的发展计划时,它们就成了道德的东西,就成了道德探索和道德科学的工具的组成部分。"[1]一句话,道德领域不是与其他领域割裂开来的独立的领域。在自然科学和道德科学之间、知识和价值之间,并无一道鸿沟。

杜威也并不否定上述两个领域的区别,更未把二者等同起来。他承认,人们的道德态度有时无法用科学方法来统一。虽然大家都崇尚理性,但很可能按不同的态度来行动。在这种情况下,人们的道德判断往往以某种信念(faith)为基础。不过他又认为,人们会为了科学的利益而在科学方法的基础上使他们的立场统一起来。

总的说来,杜威虽然承认道德与科学之间的区别,但他仍然过分强调了自然科学和伦理学等人文科学之间的统一性,而忽视了它们的差异性和特殊性。超越现实利益的崇高的道德情感、理想等实际上被忽视了。他也因此受到了许多西方学者的批评。但是,与他所批判的直觉主义、情感主义以及神秘主义等将道德领域与科学领域完全对立起来的那些伦理思潮相比,他的理论似乎具有较大的现实性,较能适应经济生活的要求。因为在这个领域中,人们所关注的主要是现实的效果和利益。在此,伦理学的主要使命不是要人们撇开现实利益而仅仅崇尚理想(这实际上也是做不到的),而是使人们的道德行为更加理性化,并用合乎理性的道德规范来对人们的行为加以制约。

3. 对道德绝对主义和相对主义的批判

第二点是对第一点的引申。第一点是就道德的范围来说,第二点是就道德的方法来说。杜威激烈批判西方传统的理性派哲学的绝对主义,后者用绝对化了的一般概念去概括各种特殊情境,把多种多样的、特殊的、具体的、处于不断变化中的情境归属于单一的、固定的、抽象的一般概念之下。在伦理道德领域也是如此。他坚决反对传统理性派伦理学的如下观点:存在着独一无二的、不

---

[1]《杜威中期著作集》第 12 卷英文版第 178 页。

变的、终极的道德目的、至善或者说最高道德规律和原则,伦理学的任务就是发现这种至善和目的。这种观点就是道德上的绝对主义。其表现形式是各不相同的。有的人认为这种道德目的就是对最高权力或权威的忠顺或服从;有的人认为是神意或世俗统治者的意志等等。但他们在找寻这种最高目的和原则上是一致的。

杜威认为,上述理性派的观点是不能成立的,因为人的行为和遭遇总是特殊的、具体的、变化的。对它们作出道德判断也应如此,即针对不同的道德情境作出不同判断。如果强使它们服从那些不变的,一般的道德概念,只会在道德领域引起一连串没有意义的争论,妨碍人们去解决所面临的现实的道德问题。这样做即使打着推崇理性的旗号,也会降低理性的力量,因而会妨碍人们用科学的方法去对现实的、具体的道德问题进行探索。

杜威在反对道德绝对主义时,也并不赞成道德相对主义和主观主义。按照他的观点,虽然人们不能把具体的、特殊的道德情境归属于普遍的、固定不变的和最高的概念,但也不可走到另一个极端,即把一般概念归属于特殊情境。我们不应把具体的、特殊的道德情境绝对化,以致把每一这样的情境都当作独特的、与其他情境毫不相似和毫无联系的东西。因为这样就会简单地排斥一般概念和原则的作用,导致道德相对主义。杜威明确地反对这种道德相对主义。他说:"断言道德情境都是一个具有其不可移易的善的独特情境这样的愚蠢的论断,不仅是愚蠢的,而且是荒谬的。因为已有的传统告诉我们,正是由于特殊事件的无规则性,才使行为必须由普遍原则来指导,而有道德倾向的本质就是愿意用一种确定的原理来审定每一特殊事件。因此,把普遍的目的和法则隶属于具体的情境来作出决定,会导致彻头彻尾的混乱和漠无节制的放纵。"[1]

上面这段话告诉我们,在强调按照特殊的情境来作出特殊的道德判断时,杜威并未否定一般概念和法则,原理在作出道德判断中的重要性。在这一点上,杜威实际上所要求的是:不要像传统思辨形而上学一样把一般概念、原则等

---

[1]《杜威中期著作集》第 12 卷,英文版第 173 页。

绝对化、甚至实体化;而应当把它们当作帮助人们在行动和实践中取得成功的工具。这也是他的工具主义的主要含义。后者在中国也长期遭到误解,不过本文无法在此多论及了。

应当怎样评价杜威等实用主义哲学家的上述道德倾向? 不同立场和观点的人自然会有不同的回答,本文不可能多涉及。但有一点大概可以肯定:当杜威主张把道德领域限定为现实生活世界,即可以为人所经验到的世界时,当他要求把道德研究建立在他所倡导的科学方法论的基础上,用以帮助妥善解决人们所面临的各种具体的、现实的道德问题时,他的确使他的道德理论具有了较大的现实性。至少,这种理论与讲究现实利益和效果的西方市场经济体制有更为紧密的联系。在西方伦理学界和整个哲学界,实用主义的道德理论并不始终居有主导地位,但在西方现实生活中,它确实为许多人所接受和奉行。

四、实用主义论道德与经济的关系

与边沁、密尔等上一辈功利主义伦理学家不同,杜威和其他著名的实用主义哲学家并不同时是经济学家。尽管他们的理论适应西方市场经济的道德要求,但关于怎样为市场经济体制制定道德规范体系,他们的具体论述不多。不过,在杜威和芝加哥学派的另一重要代表塔夫茨(J.H.Tufts)合著的《伦理学》(1908)的第三编中对伦理学与经济的关系问题有较为集中的论述。这一编大部分是塔夫茨执笔的,但经杜威修改,应能体现他们的共同观点(全书作为杜威著作被收入《杜威中期著作集》第 5 卷)。有关实用主义在这方面的理论在中国很少有人提及。我们在此简要介绍其中两个方面的理论,即关于经济过程的道德含义和经济活动中应当遵循的道德原则。

1. 经济过程的道德含义

关于经济过程具有怎样的道德意义,本书作者提出了如下三点。(1)经济过程为人们提供满足物质和精神需求所必须的手段,从而是人们获得幸福的前提;(2)经济过程影响人的道德素质的形成和培育;(3)经济过程是人们发生各种社会关系的条件,是道德由个人转向社会的桥梁。

第一点涉及经济与道德上的幸福观的关系。在这点上,实用主义哲学家大体上继承了古典功利主义伦理学的传统,把经济、财富当作获得幸福的前提。塔夫茨说:"由工业和商业所满足的需求在伦理学上是一种善。生产和消费的不断增加至少是一种更完满的生活的可能因素。财富即使不可无缘无故地与幸福(weal)等同,也是它的一个可能的条件。"[1]在此值得指出的是:实用主义哲学家所谓幸福不只是物质上的享受,也包括(而且更强调)理智的,美的等精神上的满足,后者同样需要一定的经济条件。既然幸福以经济为条件,是否可以为了获得这种条件而不择手段地攫取财富呢? 回答是否定的。如果财富只是靠剥削或掠夺而得,为少数人所控制,无法做到公平分配,那就不能成为多数人获得幸福的条件。为此,塔夫茨把财富(Wealth)和财产(Property)区分开来。财富指可供满足需要的产品,而财产指对产品的占有,而不一定直接供享用。"财富意味着对产品的享用和需求的满足,而财产具有排除利用或占有的意义。因此,财产的增加可能要减少公众占有的份额,尽管财产占有者可能增加自己的享用。"[2]财产的占有和利用方式是多种多样的。它是否成为幸福的手段,主要取决于它是否用来增加或减少用来供享用的财富,即是否可增加人们获得幸福的条件。而这涉及分配是否公正的问题。这样,关于幸福的问题就与伦理学上的正义(Justice,或译公正)问题相关了。总之,在经济与幸福的关系问题上,实用主义哲学家所关心的是如何增加保障满足人们的需求的物质条件,财富如何占有较为恰当,也以其能否提供这种满足为标准。他们的这种观点与中国学术界长期以来加于实用主义的观点似乎有较大距离。

第二点涉及经济与人的道德品行的关系。这里主要包含两层意思。一是经济过程能够影响人的道德品行的形成,即经济对道德有制约作用;"通过其所体现的困难,所涉及的工作,以及所产生的刺激,经济过程对培育技能,远见卓

[1][2]《杜威中期著作集》第5卷第436页。

识和对自然的控制,对形成品德和刺激出类拔萃的抱负,具有强大的影响。"[1]
在此,作者实际上表达了这样一个意思:道德领域并不是一个独立的领域,它在
一定程度上是由经济状况所决定的。

二是经济过程对人的道德品行的形成可以有不同的方向。伦理学的使命
是使其朝向健康的方向。尽管经济(财富,财产等)是道德的前提,但并非一切
经济活动(包括生产,需要的满足,财产的占有等)本身就是道德的。例如,就财
产占有来说,它既意味着使人具有力量,享有自由,从而是肯定人的人格的必要
条件。但它又促使人贪婪,对他人冷酷无情。经济活动和过程究竟是否合乎道
德还要看它们是否能尊重人的人格,保障人的自由。"即使从满足人的需要方
面说,生产数量也不是唯一要考虑的……并不是任何一种和每一种需要的满足
在道德上都是善。这要看需要的性质,由于需要的性质反映了有此需要的人的
性质。经济过程及由它所提供的财富的道德价值就必然取决于产品与人的关
系。作为经济学家,我们根据外在产品或商品来估价,作为伦理学者,我们根据
一定的生活质量来估价。我们首先必须问需要的满足是怎样影响消费者。"[2]
这就是说,对经济活动的评价不能只看它的市场价格,还要看它的道德价值,它
是否尊重人的人格。对任何经济过程,我们都应当寻问:"它促进还是窒息智
慧,它是否必然使工作变得单调乏味,它促进还是妨碍自由。"[3]如果只是立足
于占有财富而忽视人的自由,那实际上停留于动物的本能冲动的水平。这当然
是不足取的。

上述第一、二两点最后都涉及应当以及如何在经济活动和过程中贯彻正义
原则问题。而这正是塔夫茨提出的道德的经济意义的第三点所要谈论的。经
济活动既是个人的活动,又是集体的,社会的,活动,是个人走向社会的必经之
道,从而也是道德的社会性的决定因素。"经济过程具有一项重要的社会功能。
通过分工,合作,产品和劳务的交换,它赋予社会有机体性质一个基本的表现。

---

[1] 《杜威中期著作集》第 5 卷第 435 页。
[2] 同上书,第 437 页。
[3] 同上书,第 438 页。

在社会中,各个成员彼此互为目的。财产也不只是一种占有,而是一种'权利',如同其他权利一样,它涉及社会为什么以及在何种程度上支持个人的利益和要求。"[1]这里作者实际上要表达这样一个思想:经济关系(特别是市场经济关系)是人的各种社会关系的纽带。他认为,人类从其历史早期起,就是处于相互依赖关系之中。每一个人都不能离开他人而生存。"如果没有友谊,爱,怜悯,同情,沟通,合作,正义,权利权利,责任,人就会失去几乎所有给予生命以价值的东西。"[2]如果说在历史早期人们靠血缘纽带联系,后来又通过"主奴关系"来联系,那么从近代以来,他们之间的关系就是建立在"现金交易基础上",也就是市场基础上。他们的一切需求都可以通过市场买卖来满足。甚至自己的劳动力也可像其他商品一样出卖而无损自己的人格。因为这种交易以自尊(self-respect)和平等为特征[3]。作者由此认为,人们在市场上也可为自己的行为找到道德评判标准。通过市场经济,个人的行为在道德上就具有了社会意义。

2. 经济活动应遵循的道德原则

市场经济是否会自发地建立起"正义"的道德规范体系呢? 回答是否定的。在本书以及杜威后来的许多著作中,作者一再对西方市场经济所造成的道德失落现象进行了揭露和批判。他们认为,虽然经济活动为人们的行为的社会意义奠定了基础,但要使这些行为成为正义的道德行为,必须为经济活动确定恰当的道德规范。这正是伦理学的任务。如何为经济活动的各个环节和领域制定道德规范,本书也有所论述。这里就不一一介绍。下面提一下他们关于一切经济活动和过程都必须遵循的一般道德原则。在本书中他们提出了如下七条。

第一,"财富和财产应从属于对人格的尊重"。这一条强调的是不应过分看重物质生活,尤其是少数个人的物质生活,而应更多地注重精神生活,尤其是人的道德情操。"一个人如果只是满足于口腹之欲而失去生命力和效率,就是不

---

[1] 《杜威中期著作集》第 5 卷第 435 页。
[2] 同上书,第 439 页。
[3] 参见上书第 440 页。

道德的;一个社会如果把财富和财产看作终极的东西,那不管用'自然权利'的名义或其他名义,就都是把手段置于目的之上,从而是不道德的或非道德的。"[1]

第二,"财富应以活动为转移"。指的是人们应当把创造性的行动,实践和生活本身看作最高目的,而对财富等具体的物质的满足则是次要的。"就个人来说,生活的最高方面在于积极和确定的成就,在于在行动中实现目的。思想,发现,创造较之欲求的满足或对产品的迷恋标志着更高的价值。"[2]这是实用主义的一条根本原理(生活和行为的过程比其结果更为重要)在经济—道德问题上的运用。

第三,"公共服务应与财富同步"。作者声明,他并不是主张财富应当按比例用于社会服务,而只是认为,无论是斯宾塞式的"个人主义者"或主张"各尽所能,按需分配"的"社会主义者",都在不同程度上同意应当有公共服务。这包括两方面。一方面,社会必须在经济上为产品的生产和分配,公共秩序和教育以及美和宗教需求的满足等作出贡献。另一方面,个人也必须给社会作出贡献。并以此将自己纳入社会中,成为社会有机体的一员,与社会同步前进。任何人均可以而且应当这样作[3]。

第四,"工商业中由个人方式向集体方式的转变要求在道德上也有由个人类型向集体类型的转变"。这也就是在道德上由个体本位转向集体本位。"个人不可能单独是道德的。现代实业的集体主义导致了集体的道德。正如个人不可能反对合并一样,个人道德必然让位于更健全的或社会型的道德。"[4]这里主要意思仍是认为个人应当纳入集体和社会之中,与之成为一个有机的整体。正因为如此,尽管实用主义哲学家维护个人主义,但又要求对之加以改造,使之成为一种"新个人主义"。这点我们下面将详细谈到。

第五,"为了适应向联合体和联合所有制的变化,必须找到恢复个人控制和

---

[1] 《杜威中期著作集》第 5 卷第 460 页。
[2] 同上书,第 460—461 页。
[3] 参见上书第 461—462 页。
[4] 同上书,第 462—464 页。

个人负责的道路。"[1]这里所强调的是在西方经济的社会化和集团倾向化日益加强,个人日益为集团所吞没的情况下,如何保持和发挥个人(包括公司的经理,股东以及集团中的各种人员,等等)的个性和人格,特别是个人在道德上的权利和义务,例如作出决定的权利和承担的责任。由此作者提出要反对所谓"有限道德责任"的理论。

第六,"为了对付非人格的机构,社会必须要有更大的公众性,更完备地用法律来表达道德规范。"[2]这里指的是将道德和法律结合起来,对那些非人格的经济机构加以制约。目的还是保障人的个性的自由。作者强调舆论监督和立法在这方面具有重要的作用,

第七,"社会每一成员都应当分享社会的财富及由其所造成的价值。"[3]这一条可以说是作者所提的几条原则中最重要的一条。作者把关于社会成员究竟按怎样的比例以及什么方法来分配财富当作未决问题。但指出其基本的原则是尊重每一个人的价值和尊严。也就是必须做到公正(Justice)和民主。"财富的生产,分配,占有都必须是公正的。就是说,促进每一社会成员发挥个性,同时每一个人的作用总是作为一个成员,而不是一个人。"[4]在本书以及杜威后来许多著作中,他们一再强调经济过程的基本道德准则在于公正。例如给予每一社会成员所必须的服务,使他们能保持自己内在的人格,在分配上防止过剩与不足。

实用主义哲学家提出的上述道德原则是否虚伪,在其后面是否还有其他隐蔽性的东西,这当然是可以讨论的。但至少从其正面的、直接的意义上说,他们是企图给以自由竞争为基础的西方市场经济制定较为公正合理的道德规范原则。这一点与他们个人的道德品质(如他们是否具有善良意志的人)也并无直接联系。他们之所以大声疾呼"公正"、"平等"等原则,是因为只有宣传这些原则,才能建立起使市场经济体制得以正常运行所需要的道德规范。

---

[1]《杜威中期著作集》第 5 卷第 464 页。
[2] 同上书,第 465 页。
[3][4] 同上书,第 466 页。

五、市场经济与实用主义的个人主义

1. 市场经济与个人主义的联系

市场经济与个人主义有着相当密切的联系,这是现实生活中几乎每日每时都可遇到的事实。如果对市场经济笼统肯定,对个人主义笼统否定,这在理论上必会显得有些矛盾。这种矛盾实际上表现了市场经济及其相应的道德理论所包含的内在矛盾。它们既以个人主义为出发点,又要超越和批判个人主义。杜威等实用主义哲学家有关这方面的理论也体现了这种特点。

关于实用主义维护资本主义的市场经济制度,实用主义世界观和人生观的基础是个人主义。这无论在中国学术界还是实用主义哲学家本身中大概都不会有多大异议。美国是一个典型的实行市场经济的国家,个人主义在美国也被公认为与这种经济体制有着内在的联系。作为最具有美国特色的实用主义哲学也自然最能体现这种联系的特征。事实上,当杜威、塔夫茨等人谈论以自由竞争为特征的市场经济体制时,总是将其与个人主义联系在一起。有时把这种经济就叫作"个人主义经济",把这种个人主义叫作"经济个人主义"。但是,作为哲学家和伦理学家,他们对市场经济本身的矛盾及其在道德上的矛盾都有所察觉。因此对这种个人主义,他们既有所肯定,又企图超越。企图对它们加以改造,使之更能适应西方社会的发展和人本身的发展的要求。这集中地表现在他们对旧的个人主义,即所谓"经济个人主义"的批评上。

2. 对"经济个人主义"的评判

杜威和塔夫茨等人把早期功利主义思想家亚当·斯密、边沁、密尔等人所主张的以自由竞争为特征的经济体制看作是经济个人主义的典型形式。并明确肯定它在历史上所起过的积极作用。例如,由于它强调了个人的自由和人格,为个人摆脱了各种限制,从而调动了个人的创造性和责任感,促使他们去积极地行动。他们在市场上的自由竞争促进了产品在数量和品种上的增加和质量上的提高以及各种服务的改进,从而使整个经济得到发展。这种经济上的发展又促进了人们在政治,宗教和道德上的自由[1]。

但是,他们同时又强调不可夸大这种作用。指出"把上世纪财富生产的巨大增加仅仅归功于个人主义","把这一个世纪在文明和自由上的所有成果归功于个人主义",都是"荒唐的"[2],他们认为,这种经济个人主义存在着两个主要缺陷。一是它不能为人保证真正的自由,二是它不能实现公正的分配。

保障人的自由,使人摆脱各种外在的,超经济的力量的依赖,曾经是密尔等早期功利主义者的美好目标。他们天真地相信,通过市场上平等的竞争,可以实现这个目标。然而,实用主义哲学家认为,自由竞争只能提供形式上的、外表上的自由,不能提供实际的、真正的自由。例如,自由竞争的经济体制促进了分工和机器的使用,而这使人们的技艺更专门化和狭隘化,越来越失去寻找工作的自由。"从理论上说来,谁也没有被强迫去劳动。每一个人都可以自由地选择是否工作以及作什么工作。实际上,选择的自由就其价值说取决于可供选择的是什么。如果意味着要么干这个,要么挨饿,那这种自由就没有多大价值。"[3]个人的人身依附和暴力威胁虽然被排除了,但饥饿的威胁比暴力更使人失去自由。自由订立契约外表上双方平等,实际上契约无非是强者剥削弱者的手段。[4]

"公正"的情况也是这样。尽管个人主义的思想家们相信在市场交易中,交易双方是平等互利的,因而是公正的。然而,"在大部分商业和服务的交易中,双方是不平等的"[5],因为他们所处条件不同,实际所得并不相同。那些支配着大的经济机构和先进技术的少数强者往往可以压倒其竞争对手。因此,"在现在的条件下,个人主义不能保证,也往往不能允许公正的分配"[6]。通过竞争,少数强者的人性可以得到充分的发挥,但这以牺牲多数弱者的人性为代价。

---

[1] 参见《杜威中期著作集》第 5 卷第 468—472 页,另参见杜威《新旧个人主义》McDermott 本第 610 页。
[2] 同上书,第 471 页。
[3] 同上书,第 472 页。
[4] 参见上书第 473—474 页。
[5] 同上书,第 473 页。
[6] 同上书,第 476 页。

尽管杜威等实用主义哲学家对个人主义的批判不见得深刻和全面,但他们(特别是杜威)对个人主义并不是一味赞颂,对把通过市场竞争来获取经济利益,特别是追逐个人私利为主要内容的个人主义表示非议,则是没有疑问的。这当然并不意味着他们不赞成市场经济和个人主义,而只是意味着他们要求克服所指出的那些缺陷,把个人主义建立在更为健全的基础上,使之更能符合人的全面发展,特别是人的良好的道德品行的培育的需要。这也就是要建立一种新型的个人主义。

3. 对利己主义和享乐主义的批判

这里值得指出的是:在中国思想界,对杜威等实用主义哲学家所倡导的个人主义长期以来存在着深刻的误解。当人们批判以利己主义、享乐主义等为特色的个人主义时,往往把实用主义当作典型。其实,杜威等人一直竭力批判利己主义和享乐主义,并把这种批判当作建立其新个人主义的前提。这里我们通过杜威关于幸福和功利的观点来进一步加以说明。

杜威等人非常强调谋取幸福在人的道德生活中的重要性,认为道德观念中的种种变化会集中地表现在幸福观上。他们反对排斥人的现实幸福的禁欲主义,认为任何道德理论都不应,也不可能不谈幸福。那些外表上轻视幸福,以为它不值一顾的道德家也往往是在某种神圣的面纱下谈论有关幸福的问题。因此,对于幸福、满足、享受这些东西,应当从道德意义上予以肯定。杜威说:"无幸福的善,无满足的勇气和德行,无享用的目的,这些东西在理论上是自相矛盾的,在实践上同样是不可接受的。"[1]但是,杜威特别注意使自己的观点与露骨的利己主义和享乐主义的幸福观区分开来。他一再反对,甚至谴责把幸福归结为单纯的物质享受和个人财产的获得,他说:"幸福不是纯粹的占有,它不是一种固定的所得。如果是这样的,这个幸福就是道德家所严斥的自私,或即使贴上'福佑'的标签,也不过是一种无聊的怠惰,脱离了各种斗争和劳苦的幻想的

---

[1]《杜威中期著作集》第12卷第182页。

安闲世界。它只能满足那些放荡的懦夫。"[1]"任何一种可贵的幸福都是以美的感觉和享乐为主要成分。但完全与精神的更新,心力的培养和情绪的净化脱离的美的鉴赏,是一种体弱多病的东西,因而必然死于饥饿。"[2]值得指出的是,杜威的这些话并非个别的搪塞之词,而是他从早期到晚期一贯的观点。

究竟什么是实用主义的幸福观呢?杜威如下一段话是一个很有代表性的回答:"幸福只存在于成功,而成功就是做事顺利,步步前进的意思。它是主动的进程,而不是被动的成果。因此它包括障碍的克服,缺陷和弊病的根治。"[3]这里值得我们注意的是:杜威所强调的成功并非个人获得物质利益或物质享受,而只是指人们在行动中克服了种种障碍和困难,因而得以继续前进。因此,幸福,成功即存在不断克服困难和进步之中,存在于与各种困难和障碍作斗争之中。也正是在这个意义上,杜威声称:"生长、改善与进步的历程较之静的收成和结果更为重要。""只有生长自身才是道德的'目的'。"[4]总之,不断地奋斗、不断地进取、不断地成长,这就是杜威实用主义幸福观的核心思想所在。

功利观与幸福观是密切相关的。对幸福的态度决定了对功利的态度。这里我们再提一下杜威对西方功利主义思潮的态度。

杜威对近代西方功利主义伦理学给了很高评价。对后者之强调法规和制度服从人的需要,把道德由彼岸世界移到现实世界以及支持各种改革等等,都表示赞赏。但他认为,"它的最大功绩是把社会福利作为最高标准而引入人的思想里。"[5]在此,杜威所最称赞的是把社会福利,而非个人利益放在第一位。

但杜威认为功利主义还有很大缺陷,它未能摆脱传统伦理学的一种理论倾向:为道德行为设立一个终极和最高目的。它把获取最大限度的快乐当作这一目的。这样一来,它势必不把具体的活动和行为当作本身就具有幸福意义的东西,而仅仅把它们当作获取快乐和幸福的手段。快乐和幸福成了这些活动和行为的结果。这也就是把它们当成了可以占有和享受的东西。追求快乐和幸福不是去进行创造,而是获取创造的结果。这样功利主义就与享乐主义及财产占

---

[1][2][3]《杜威中期著作集》第12卷第182页。
[4][5] 同上书,第181页。

有欲分不开来了。尽管功利主义者批判了封建等级制度及其种种罪恶,却又默许了资本主义制度下的类似罪恶。"它为如下的倾向作了理智的确认:'实业'不是充当社会服务的手段和个人创造力发展的机会,而是积累私人享乐资料的途径。"[1]总之,杜威对功利主义的批判正在后者的理论未能摆脱坚持享乐主义和财产占有欲这个所有他所谓旧式的个人主义的根本倾向。杜威称这种个人主义为"粗鄙的个人主义"(rugged individualism)。它虽然也打着维护所有人的自由以及他们的平等之类招牌,实际上却被占统治地位的"金钱文化"(pecuniary culture)所歪曲了。后者恰恰维护了不平等和压迫。

4. 新个人主义的基本含义

但是,杜威没有因为反对自私自利(利己主义)、享乐主义等而要求根本否定个人主义。他认为,个人主义不是一个固定不变的概念。它在不同的历史时代有不同的表现形式。这是因为个人的精神和道德结构,他们的欲望和目的的形态,会随着社会结构的变化而变化。尽管以利己主义、享乐主义为特征的旧式的个人主义应当予以否定,事实上,它早已不符合历史发展的潮流而受到了多方面的谴责。但尊重人的人格和个性、发挥人的创造性和主动精神这些原则是应当保持和发挥的。杜威把这些原则当作他所主张的个人主义的根本原则。他认为现在应当作的就是建立一种新型的个人主义。

究竟何谓新型的个人主义,杜威没有下过明确的定义,但他的基本观点是很清楚的。其中主要包括如下两点内容。第一,强调道德行为的社会性,它们不应服从私人的"金钱利益",而应服从社会改造的利益。杜威认为,旧个人主义的克服和新个人主义的建立不是仅靠把少数人对私利的追逐扩大为多数人追逐就可以达到的,"也不能通过慷慨、善意和利他主义的进一步发展来达到"。重要的是"改造社会,促进形成新型的个人"[2],第二,强调个人的能动性和创造性。要使现代社会,特别是科学技术和生产力的发展成为个人发挥其创造作

[1]《杜威中期著作集》第12卷第184页。
[2]《新旧个人主义》,引自 J.J.McDermott 编《杜威哲学著作选集》1981 年英文版第612、615 页。

用的条件,而不应成为奴役他们的外部物质力量。个人要使自己的行为服从社会的改造,而社会也应保障每一个人的民主自由的权利,使他们的人格受到尊重。这也正是人的能动性,创造性得以发挥的先决条件。杜威在道德理论上的新个人主义与他在政治理论上所主张的所谓"民主社会主义"完全一致。它们虽然与马克思主义的相关理论大不相同,但也与利己主义、享乐主义等腐朽的道德思想有别。

六、实用主义的道德学说与当代中国的道德建设

当代中国的道德建设是一项多方位、多层面、并需要通过多种途径来实现的系统工程。研究和借鉴体现了市场经济的道德要求的西方伦理道德学说是重要途径之一。如果以上对近现代西方伦理学和实用主义道德学说的介绍大体准确,那从这些理论中我们也可得到一些启迪。其中如下几点也许是较为重要的。

第一,更全面地看待西方伦理学的社会功能。

关于西方伦理学的主要社会功能是为稳定西方的社会经济秩序服务,这大概不会有多少人提出异议。问题是:这种功能是"善"呢还是"恶"? 如果把西方资本主义社会仅仅看作由少数资产阶级剥削和压迫占社会大多数的无产阶级及其他劳苦大众的社会,那维护这种社会秩序的西方道德学说自然只能是"恶"。然而这种过去曾经流行的观点不符合西方社会的实际情况,也不符合马克思主义对资本主义的评价。

西方资本主义的社会制度是一种建立在市场经济基础上的社会,也是标志着市场经济已发展成为一种较为成熟的经济体系的社会。尽管市场经济并不等于资本主义,但它形成为较完整的经济体系毕竟是与资本主义同时发生的。二者之间存在共同特点。代封建制度而起的资本主义制度完全符合实行市场经济的那些基本要求。如果简单否定资本主义也必然会否定市场经济。同样,简单否定近现代西方伦理学也必然否定市场经济。这与目前转向市场经济的

潮流也是不相符合的。其实,如果我们有较为实事求是的态度,对西方伦理学为资本主义和市场经济作道德上的辩护这种情况就要敢于肯定。

这里关键的问题是:从早期功利主义到实用主义,近现代西方伦理学大都主要不是为资本主义的那些"恶"辩护,而是要求限制它们,发扬能推动商品经济和整个社会的发展的那些"善"。其实,即使就它们为实行市场经济的那些前提作辩护(例如对竞争和个性自由的充分肯定)来说,也并不等于是维护恶。因为这些原则只要不绝对化(例如不把个人主义发展为利己主义和享乐主义),并不就是恶,甚至可以转化为善。西方社会中的确存在大量的"恶",从霍布斯所说的"人对人是狼"到萨特所说的"他人就是地狱"都是对这些恶的非常形象的揭露。但这绝不意味着这些哲学家赞成这些现象。恰恰相反,他们的理论正是为了防止和限制这些现象。

如果我们对近现代西方伦理学的功能有一种较为实事求是的态度,就能从中学到许多对建立与我国的市场经济体系相适应的道德体系非常有用的东西。事实上,只要我们不抱成见,认真研究杜威等人这方面的著作,就会发现其中有些论述是很有借鉴意义的。

第二,更加关注对现实的道德问题的研究。

究竟如何评价杜威等西方哲学家的反形而上学理论也许是一个较为复杂且不易达成共识的问题,可以暂放一边。但他们强调哲学(包括伦理学)首先应当研究与人们的生活和行动休戚相关的现实世界(不管这是叫"经验世界"还是"生活世界")的问题,这似乎是合理的。从早期功利主义到现代实用主义,西方伦理学研究的一个最重要动向是把对现实生活的道德问题的研究放在首要地位。就杜威来说,他虽然不反对对所谓元伦理学问题的研究。但他把这些问题主要当作道德行为的方法论问题,而他所谓方法论指的首先是他所倡导的试验—探索方法,这仍然是解决现实道德问题的方法。他对道德绝对主义等的批判,他之要求在哲学(包括道德)领域进行"改造",主要目的正是回到现实生活世界。

杜威等西方伦理学家的理论自然存在着各种缺陷,彼此之间也经常相互批评甚至攻击,但这些理论在研究西方社会的现实的道德问题,以便确保有一个大体稳定的道德秩序方面,仍然起了极为重要的作用。当然,西方社会的道德秩序从来没有真正稳定过。许多西方学者也不时惊呼西方社会的道德危机。"人对人是狼","他人就是地狱"之类现象在西方社会中屡见不鲜。在一个把个人自由和竞争视为神圣的社会中存在(甚至较多地存在)这类现象也并不奇怪。尽管如此,西方社会的道德秩序仍然能保持相对稳定,至少未严重失控。正是这种相对稳定的道德秩序为西方社会经济的不断发展创造了较好的条件。不管人们对实用主义之类的西方道德理论可以提出多少确有根据的指责,对它们在制定适应现实生活的道德规范方面的研究成果却是难以否定的。杜威等人这种强调道德研究面向现实的态度以及由此取得的研究成果也许正是最值得中国哲学界借鉴的。当前中国道德研究的最迫切的任务似乎不是维护还是反对那些传统的道德原则,而是研究向市场经济转化中出现的大量现实的道德问题。

第三,深入研究社会主义市场经济的特点及其在道德上的矛盾。

当前中国最大的现实是向市场经济的转化。道德研究的主要课题也应是这一转化所引起的问题。中国的市场经济由于被确定为社会主义性质的,自然与西方有很大不同。但上面提到的市场经济的一般特点及与其相关的道德问题在这里同样是存在的。自由、平等、竞争、开放等原则同样要发生作用。尽管社会主义性质未变,由单一的计划经济转向市场经济仍是经济体制上的根本性变化。它必然在法律,道德等方面也引起深刻变化。例如,在市场经济体制下,调节个人与个人之间、个人与组织之间、企业与企业之间以至企业与政府之间的关系的主要是价值规律,而不再是传统的谁服从谁的组织原则。与这些关系相应的道德规范自然也必须改变。与西方的情况相类似,在中国,道德与市场经济的关系同样是二重的:它既要维护市场经济的那些可能具有"恶"的意义的前提和原则,又要对之加以调节和限制,以减少其破坏作用,后者同样是市场经济能否在中国顺利实行的必要条件。因此,要使中国的道德研究卓具实效,就必须深刻揭示和分析这种二重关系。对市场经济的那些"恶"的方面,既用不着掩饰，也用不着担心，它们甚至还可能像黑格尔所说的那样是推动经济发展的动力。但与此同时，应当旗帜鲜明地从道德上对这些"恶"加以限制和批判。从早期功利主义到杜威等西方哲学家都把抑恶扬善当作其理论的重要方面之一，在中国也应如此。

第四，重新从道德上研究人性的善恶和个人主义的矛盾性。

与单一的计划经济体制相适应，把个体(这里所谓个体首先是指个人。但相对于国家和社会，一个由个人组成的单位，如一个企业，也具有个体的意义)融化于整体之中，成为整体的螺丝钉，个体利益服从整体利益，先公后私，大公无私，等等，这些长期以来是中国道德教育和道德宣传的指导方针。随着向市场经济的转化，这种把个体处于从属地位的道德教育和宣传就显得有些片面了。自我设计、自我选择、自我实现等这些前几年还被当作个人主义的表现而受到尖锐批判的口号似乎更符合市场经济所鼓励和要求的竞争和创业精神。于是，个人主义是万恶之源还是发展的动力这个可谓"古老"的问题就重新被提了出来。这个问题又涉及如何从道德观念上来分析人性的善恶问题。因为个人主义与作为人性的重要体现的个人冲动有一定的渊源关系，对个人主义的分析必然涉及对个人冲动的分析。

个人冲动无疑包含了"恶"，与支配生物界的生存竞争规律有一定的联系。如果任其自发发展，那的确可能成为万恶之源，人类社会就可能沉落于动物界的水平。然而，人的个人冲动毕竟不同于动物的本能冲动。人的理性，特别是人的社会性，使以个人冲动为心理基础的人的个人追求能超越动物的本能"追求"。人的这种追求总要受到理性的制约；人除了物质的追求，还有多种多样的精神追求，其中既有卑劣的，又有崇高的。随着社会的发展，精神的追求会显得越来越重要。人类精神文化，特别是伦理道德的重要作用，就是促使人的追求更加理性化，更朝向崇高的方向。这样，个人冲动就可谓转向善了。从这种意义上说，人性的善恶本来就是矛盾的统一，是可以转化的。如果把个人主义看作是对个人冲动的一种理性的升华，它的善恶也是矛盾的统一，同样是可以转化的。

从早期功利主义到实用主义,多数西方伦理学家所致力的主要目标之一,正是这种转化。尽管他们大都把个人主义作为其理论的出发点,却又强调将其与极端的利己主义和享乐主义区分开来。这意味着他们企图抑制人的个人冲动以及个人主义的"恶"。他们对理性的倡导,对利他心,同情心等的颂扬以及对"旧个人主义"的批判和"新个人主义"的论证,实际上也就是扬人性之善。

不管人们对伦理学家们的工作如何评价,个人冲动(包括竞争心和对名利或崇高事业等的追求等等)归根到底是人类各项事业的推动力。在一定程度上可谓不可替代。因为无论是整个社会或一个团体,都是由个人组合而成的。各项工作最后都要落实到个人身上。离开了社会的个人必然是无所作为的。但如果不能调动个人的积极性,任何集体的工作也不可能有实际的成果。如果把人的行为当作道德行为,那其主体归根到底是个人。在任何社会和群体中,对道德行为的选择和评价都是通过个人实现的。因为任何道德行为的发生以及人们对它们的选择和评价都必然与特定的人的目的、需要或对满足的感受相关。离开了个人的抽象的群体是不可能有这样的目的和感受的。代表集体的法人归根到底也要落实到具体的个人。因此,大到整个国家和社会,小到一个企业和班组,能在何种程度上激发每一作为道德主体的个人的内驱力和追求,并把它们组成合力,是它们在何种程度上取得成功的尺度。事实上,谁如果要想取得成功,谁就不得不回到这个可能是令人可恶的个人冲动以及作为其理性升华的个人上来。

对中国的经济体制由单一计划经济转向市场经济可以而且应当从不同层面上加以研究和论证。从哲学和伦理学的动力论上说,它实际上是由整体主义转向个体主义。从国家对企业来说,是充分调动每一企业的积极性,从企业对个人来说是充分调动每一职工的积极性。由于这种积极性说到底是一种以个人冲动为特征的个体的内在追求,在这种情况下,如何看待与这种追求不可分割的个人主义的问题就重新被突出地提出来了。对个人冲动以及个人主义的"恶"的方面,在任何时候和任何情况下都应当采取限制和批判的态度。对高尚的道德情操和理想的倡导也绝不可放松。但笼统地把个人主义当作"恶"显然不符合发挥市场经济的活力的要求。对哲学家和伦理学家来说，重要的也许不是去诅咒或赞美个人主义，而是去具体地研究其发生的社会的和心理的基础，将其引导到正确的方向，也就是在尽可能大的程度上做到抑其恶，扬其善。

市场经济之要求充分发挥人的个性和竞争意识使它与个人主义必然存在着密切联系。如何处理好个人主义的矛盾性也始终是市场经济发展中极为重要的问题。这正是从早期功利主义到实用主义的多数西方哲学家如此重视对个人主义研究的主要原因。不管个人主义怎样使人厌恶，它在中国市场经济的运行过程中是必然要出现并且发生重要影响的思想倾向。尽管中国的国情与西方大不相同，但个人主义出现和发生作用的基础和条件是大体类似的。只要我们抱着实事求是的研究态度，就会发现西方哲学家这方面的理论与中国当前存在的许多现实问题是非常贴近的。具体的研究和借鉴比盲目的批判拒斥更符合建立适应中国社会主义市场经济发展的道德规范的要求。

（原载《河北学刊》1995 年第 4 期，中国人民大学复印报刊资料《伦理学》1995 年第 8 期转载）

西方哲学研究与当代中国马克思主义哲学的发展

一、西方哲学研究与当代中国马克思主义哲学的发展

西方哲学思潮之传入中国,从严复等人开始,就是出于中国现实的社会和政治变更的需要,因此也必然受到中国现实的社会和政治环境的制约,中西哲学和文化的碰撞始终与现代中国的社会政治冲突联系在一起。戊戌变法之后维新思潮之被禁绝和维新派人士之被追杀,正是中国腐朽没落的封建专制制度及其意识形态的政治反应。

五四时期,中国旧的一统的封建君主专制制度已经动摇,新的全国统一的政治格局尚未形成。由军阀混战以及各派政治势力之间的争夺造成的多元的政治格局在一定程度上为当时的多元的意识形态格局的暂时存在提供了条件,人们的学术取向较少受某种确定的政治结构所左右,或者说能从多元对抗的空隙中找到某种立脚点,马克思主义和各种具有启蒙倾向的西方思潮由此得以与守旧的封建反动思潮在有限范围内共存。

然而这种共存中同样充满了摩擦和斗争。五四运动促使代表了中国社会发展前进方向的中国共产党正式成立(1921),也促使孙中山等中国资产阶级革命派改组了国民党(1924)。这极大地推进了中国社会的进步,也使中国的政治斗争出现了新的转向。在国共联合的革命力量与反革命的北洋军阀之间、在国民党左中右派之间、在国共之间,存在着错综复杂的斗争,这些斗争在哲学等思想文化领域同样表现出来。这种情况在科玄论战中就有所表现。李大钊 1927

年之死于北洋军阀的屠刀下更意味着马克思主义在中国的敌人不仅利用中国传统哲学和文化,而且直接用政治暴力来对之封杀。

1927年蒋介石发动反革命政变破坏了国共合作,由此造成国共两种政治势力相对抗的政治格局,包括西方哲学研究在内的各种思想文化研究总的说来也受制于这种格局。在国民党统治中国大陆的时期内,马克思主义哲学研究不仅受到限制,大部分时期内甚至被视为非法,西方哲学研究则往往沦为国民党的思想工具。在1935年左右进行的关于民主与独裁的讨论中,五四时曾经高歌民主科学的一些人(如马赫主义在中国的传播者丁文江)这时却在加强国家凝聚力、迅速实现统一的借口下,主张实行"新式独裁";1940年以后出现的所谓"战国策"派更把叔本华,特别是尼采的唯意志论作为独裁政治的理论依据。与此同时,五四时期受到"西学"冲击的许多旧文化垃圾又被重新搬上文化祭坛,中西哲学和文化的冲突似乎出现了某种程度的"倒转"局面。如果说孙中山的三民主义源于西方资产阶级民主主义、他后期新三民主义更是受到俄国十月革命的启发,那么他逝世后打着他的旗号的所谓戴季陶主义以及用蒋介石本人名义提出的力行哲学则是重新把某些西方思想(特别是非理性主义哲学思潮)置于中国传统文化的框架中,这意味着五四以前就已遭到维新派批判的中体西用论的借尸还魂。

当然,这一时期仍有不少学者力图撇开政治偏见、潜心研究西方哲学或作中西哲学的比较研究,一些学者甚至还提出了某种与马克思主义不同的哲学体系(例如冯友兰的"新理学"、贺麟的"新心学"等)。尽管他们大都并无反动的政治意图,有的人在政治上甚至还有某种进步的表现,但他们终究无法摆脱当时的现实的政治斗争的制约。他们的工作如果无益于国民党的统治,往往得不到支持。一些早年在国外研究时成绩卓著的学者回国后因不能适应国民党政府的需要,就得不到应得的支持,因而无法作出他们本来可以作出的成就。因此,在五四以后近30年内,中国的西方哲学研究虽并非空白,但真正有价值的成果屈指可数。近年来有的学者提出30年代前后一段时期是学者们可以安心治学的平静时期,这似乎是不符合实际的。当时国民党当局支持的学术研究如果不是用来直接对抗、至少也是用来冲淡马克思主义。

对于五四以后中国思想文化领域形势的剧变,近年来一些学者认为意味着新文化运动的断裂或五四启蒙的夭折,有的人还提出了所谓救亡压倒启蒙之说。这些说法虽也可找到某些根据,但似无充足理由。如果把五四启蒙简单地理解为对民主和科学精神以及个性解放的倡导,那五四以后这种声音的确有所减弱,而与之相反的声音有时会重新刺人耳目。然而任何关于民主和科学等的启蒙理论都只能初步唤起民众的醒觉,要达到其目标,不仅需要进一步研究各种现实条件,更需要有现实行动。西方各国从出现启蒙思潮到实现资产阶级革命都经历了一个充满了各种矛盾和冲突的曲折而漫长的过程。包括马克思主义在内的五四启蒙思潮是从西方传入的,它们不仅必然与中国的传统的思想文化和社会政治体系发生尖锐的矛盾和冲突,而且要真正发生实际影响还必须使自己适应中国的特殊的社会和文化环境。这些都必然是一个曲折、反复的过程,不可能一蹴而就。五四以后中国思想文化领域出现的变故(包括某些方面的倒退)正是这种曲折和反复的表现。

五四时代的中国社会是一个半封建半殖民地社会,要在此实现民主和科学以及个性解放等启蒙目标,必须进行反帝反封建的政治革命。当日本侵略者的铁蹄踏进中国国土时,由中国共产党所发动和领导的救亡运动就不仅成了这种革命的前提,也是它的重要组成部分。它不仅没有压倒启蒙,反而是启蒙的继续和发展。由于五四以后国内政治斗争的基本形态由军阀混战转向国共对抗,思想文化领域的论争也不再像五四时期那样多元并立,而主要表现为马克思主义与非马克思主义或反马克思主义的论争。五四时期,各种西方哲学思潮彼此既争论激烈,又具有倡导民主和科学的共性;五四以后,特别是国共合作破裂以后,这些哲学思潮原来具有的上述共性越来越被忽视,而反对马克思主义的共性却因某些人的强调而变得越来越突出。同一种尼采哲学,五四时期的思想家利用来倡导个性解放、反对旧传统(鲁迅当时之推崇尼采反传统和倡导解放个性是人所共知的。有的人因为受到把尼采哲学看作是腐朽没落的帝国主义反动哲学的偏见的影响,觉得鲁迅推崇尼采难以解释,于是便认为鲁迅当时误解了尼采。其实鲁迅恰恰是相当准确地理解了尼采哲学的真谛);而在 30—40 年代,一些人却用之来论证蒋介石独裁统治(尼采哲学中的某些词句的确可以如此利用,德意法西斯主义就曾为此推崇尼采,然而这些倒并非尼采思想的真谛所在)。当时在国统区所进行的各种哲学论战大都带有反马克思主义的性质。

总之,五四时代和五四以后,西方哲学在中国的研究状况,特别是其价值取向表现得很是不同。这不是由于西方哲学本身的内容和价值变了,而是由于国内政治斗争形势的剧变使对它们在中国的地位和意义变了,人们对它们的评价,特别是它们与马克思主义哲学的关系的认识变了。这种状况的出现正表明了中国的西方哲学研究一直受到现实的政治斗争形势的制约。哲学作为一种意识形态,在存在政治对抗的条件下归根到底要受到这种对抗的制约,因此中国的西方哲学研究出现上述变化是一种很自然的现象。然而哲学毕竟具有相对独立性,简单地、笼统地将它们纳入政治斗争的框架也会造成对它们的扭曲。只有既做到结合中国的现实背景,特别是政治斗争的背景来研究西方哲学,又不使这种结合简单化和绝对化,不偏离西方哲学的实际所是,才是真正符合马克思主义根本原则的态度。

二、西方哲学研究与中国马克思主义者的政治思想倾向

中国马克思主义者对待西方哲学研究的态度始终与他们的政治思想倾向密切联系在一起,后者是否存在偏向在很大程度上决定了前者是否存在偏向。马克思主义自传入中国后,经过以中国共产党人为代表的中国马克思主义者近80 年的学习和研究,特别是结合中国革命的具体实践所作的丰富和发展,取得了举世公认的极其伟大的胜利。然而这种胜利是不断地克服各种"左"和右的偏向而取得的。这些偏向,特别是各种形式的"左"的偏向对中国的马克思主义及其指引下的革命和各项事业造成了很大的损害,在对西方哲学的研究上也是如此。

中国马克思主义者强调用马克思主义观点研究和评价西方哲学,使之服从

于马克思主义和中国革命发展的利益,这就为西方哲学研究在中国的发展,特别是发挥其积极作用和克服其消极作用确定了正确的方向。西方哲学传入中国后之所以能主要发挥积极作用,在很大程度上正是由于遵循了这一方向。例如,由于五四时期中国马克思主义者既坚持了自己的革命学说,又能与因接受了实用主义等西方思潮的影响而具有民主和科学要求的人士建成统一战线,从而使五四运动发展成为一个既具有广泛群众基础,又具有新的革命方向的伟大革命运动。这正是既利用了这些西方思潮的积极作用,又避免了其消极作用。

然而,中国马克思主义发展中右和"左"的偏向往往导致在对待西方哲学研究上也出现类似偏向。其中同样以"左"的偏向造成的危害最突出。从 20 年代后期起,随着中国共产党被叛变革命的国民党政府视为非法,许多西方哲学流派被后者用来攻击作为其理论基础的马克思主义,促使马克思主义者对这些哲学(特别是现代西方哲学)也更多地采取了敌对和否定态度;正好从这时开始党内连续出现三次"左"倾机会主义路线,以苏联为代表的国际共产主义运动中也在这个时期形成了一套相当完整的"左"的思想理论体系,这些都促使中国马克思主义者对西方哲学,特别是现代西方哲学越来越表现出笼统否定的倾向。

作为苏联当局对待西方哲学的态度"左"倾化的一个突出例证,在此不妨提一下他们怎样纯粹因政治原因而对同一个实用主义哲学家杜威前后采取截然相反的态度。

十月革命后的苏联对曾与俄国马克思主义者处于对立地位的马赫主义等西方哲学流派作了激烈批判,但对在美国被当作"左"派学者的杜威却基本上抱友好甚至赞扬态度。1928 年杜威应邀访苏,不少党政高级官员与他亲切会见,称他为"进步人士",杜威的许多理论(特别是教育理论)更受到他们的肯定;杜威对当时苏联的许多革命措施也抱同情态度,他在回国后发表的著名的《苏俄印象》中称它们为"伟大的实验"[1]。然而,到 30 年代后期,由于杜威对在斯大林控制下进行的对托洛茨基等人的审判抱怀疑态度,甚至还与一批美国自由派

---

[1] 参见 John Dewey: Impressions of Soviet Russia, The Later works, V3, P243, Southern Illinois University Press, 1984。

人士一道组织调查并宣布托洛茨基无罪(杜威在政治和哲学上与托洛茨基并非同道,曾撰文批托,他只是不同意斯大林对托的审判方式)。苏联当局对杜威的态度由此骤变,立即指责杜威是"苏联人民的凶恶敌人"、"帝国主义反动资产阶级的辩护士",他的实用主义哲学也由此被宣布为"帝国主义反动哲学"。由于杜威本人在现代西方哲学家中被一些人当作"左"派,杜威哲学在现代西方哲学的各种流派中算是较为主张社会进步和变更的哲学,既然杜威及其哲学被从根本上否定,那对其他现代西方哲学家和哲学流派就更难有所肯定了。事实上,30年代以后的苏联哲学论坛上,对现代西方哲学家和哲学流派不再有肯定的声音。

苏联当局这种纯粹由某种政治态度分歧来否定杜威及其哲学,并进而简单否定整个现代西方哲学的"左"的倾向直接影响到了中国,更由于上述中国国内本身的原因,促使中国马克思主义者大致也是从30年代后期起对实用主义以及其他现代西方哲学流派越来越趋向于全盘否定。只是由于几十年来都处于战争环境下,很难顾及从理论上对这些哲学思潮进行系统的批判。除了在与当时中国的反马克思主义的理论家不得不进行的论战中有时涉及某些西方哲学的内容外,很少有关于后者的系统论著。然而,在上述影响下导致的对西方哲学,特别是现代西方哲学的否定和敌视情结却是深深地埋下了。

正因为如此,当中国共产党领导的革命战争取得了决定性胜利、中华人民共和国正式成立以后,意识形态领域内的斗争就被确定为政治斗争的一种主要形式。毛泽东等领导人一再强调要在政治思想领域内继续进行革命,而用马克思主义哲学思想来批判以现代西方哲学为核心的资产阶级哲学思想就成了这种革命的主要内容。由于解放以前各大学所讲授的哲学大都是西方哲学,被认为与马克思主义哲学格格不入。于是在1952年左右按照苏联模式进行的高校院系调整中,除了保留北京大学哲学系外,所有其他大学的哲学系全被撤销。少数有声望的哲学教授集中到北大,以便于改造,其他大都被迫改行。

50年代中期,在毛泽东的亲自领导下,从上而下发动了一场大规模批判实用主义的运动。从政治上说这样的批判在当时可以说是必要的。如果不肃清实用主义等资产阶级学术思想的消极影响,就难以在各个思想文化领域确立马克思主义的指导地位。它在一定程度上也可以说达到了预定的目的,但在理论上,特别是对西方哲学的研究上却产生了很大的消极后果。主要问题在于当时的许多批判往往脱离了杜威等人的理论的实际所是,然而却被认为符合马克思主义。于是在马克思主义的名义下,形成了一种以"左"的政治标准代替学术标准、以抽象的主观武断代替具体的客观分析的对西方思潮的批判模式。在往后二十多年内,这种批判模式在中国思想领域一直占支配地位。现代西方哲学流派几乎都被归结为纯粹的唯心主义和形而上学哲学、腐朽没落的反动哲学。在这种气氛下,现代西方哲学这一领域极少有人再敢涉足。除了因政治需要发表的批判文章及为批判的目的而出版的少量现代西方哲学家的论著外,极少有深入系统的研究之作,现代西方哲学的研究实际上被中断了。

不过,为了配合马克思主义哲学的学习和研究,对被认为可能具有唯物主义或辩证法的合理因素的古典西方哲学,特别是被认为是马克思主义哲学主要理论来源的德国古典哲学,还是开展了较多研究并有重要成果。从1956年起,一些重点综合性大学陆续恢复或新建了哲学系,西方哲学史被确定为必修的重点课程,有条件的哲学系还开设过关于康德、黑格尔、费尔巴哈等人的哲学的专题课或讲座。一些专家写了评介康德黑格尔费尔巴哈等人的哲学的论著。一些西方哲学名著被重新翻译出版,北京大学哲学系还精心编译了一套多卷本的《西方古典哲学名著选辑》。然而在十年"文革"中这方面的工作同样被迫中断。

总的说来,在对待西方哲学,特别是现代西方哲学的态度上,中国马克思主义者一直力图坚持马克思主义根本原则,但在具体运作上往往有所偏离。他们走的是一条前进却又曲折的道路。主要问题就在于"左"的政治思想倾向妨碍了对西方哲学的全面认识。使西方哲学研究服从自己的政治目标,这本来是中国马克思主义者最突出的优点;然而简单地把政治标准当作评价西方哲学的标准使他们难于对这些哲学的实际所是做深入具体的研究、不会区分其中的消极方面和可能具有的积极方面,对前者可能不否定,对后者倒反而否定,这就成了他们突出的缺点。其消极后果之一,是把马克思主义哲学及以其为指导思想文化领域长期处于封闭状态,与当代世界的发展脱节,而这势必不利于它们的丰富和发展。"左"的政治思想之所以长期在我国占支配地位,改革开放政策之未能更早实行以及实行中遇到种种障碍,原因当然很多,哲学和思想文化领域的这种封闭状况未尝不是重要原因之一。

三、西方哲学研究与实践哲学和体系哲学的争论

中国马克思主义者在某些情况下对西方哲学,特别是现代哲学出现简单否定的偏向,除有上述政治原因外,还有理论原因。后者主要表现在他们对马克思主义哲学的理解有时偏离了其本来意义,难以做到以马克思主义本来应有的求实态度来认识西方哲学的实际所是。他们在这方面的偏向既受到国外影响,又与马克思主义在中国的发展中遇到的问题密切相关。

当马克思在19世纪中期提出他的哲学理论时,就已非常明确地把对人的现实生活和实践的强调当作其核心。他在《关于费尔巴哈的提纲》中一开始就指出,包括费尔巴哈在内的以往一切唯物主义的主要缺点是没有看到作为人的感性活动的实践的作用,唯心主义由于脱离实际因而同样不了解真正现实的实践,而他则肯定实践的观点在哲学研究中的决定性意义。因为"人的思维是否具有客观的真理性,这不是一个理论的问题,而是一个实践的问题","全部社会生活在本质上是实践的。凡是把理论引向神秘主义的神秘东西,都能在人的实践中以及对这个实践的理解中得到合理的解决。"[1]

《提纲》还明确指出实践不能是人作为孤立的个体的活动,也不能是作为体现人的自然共性的人的"类"的活动,而应是社会化了的人的活动。"人的本质并不是单个人所固有的抽象物。在其现实性上,它是一切社会关系的总和。"马克思由此把人的实践性与人的社会性联系起来,这为他后来建立更为完备的唯物史观奠定了坚实的基础。马克思的哲学的根本使命是为无产阶级改造世界

---

[1] 《马克思恩格斯选集》第1卷,人民出版社1995年版,第55、56页。

的现实斗争服务。因此它不把理论当作教条,而当作行动的指南;不恪守任何与现实生活和实践相背离的抽象原则,而是把原则与现实生活和实践紧密联系起来,既用来指导现实生活和实践,又在现实生活和实践中受到检验、得到丰富和发展。从这种意义上说,马克思的哲学是一种以社会化了的人的现实生活为基础的实践哲学。马克思的哲学当然是一种唯物主义哲学,但这不是近代哲学中那种立足于自在的自然的唯物主义,而是"把感性理解为实践活动的唯物主义"[1],也就是立足于现实的人的历史性的实践的唯物主义。

正因为如此,马克思不仅不企图为他的哲学理论建构貌似严密完整、实则僵固封闭的体系,而且一直反对建构这样的体系。《提纲》最后一条指出:"哲学家们只是用不同的方式解释世界,而问题在于改变世界。"[2]这不仅是《提纲》的结论,也可以看作是他的整个哲学的结论。他的根本目标就是为无产阶级改造世界服务。因此它不把理论当作教条,而当作行动的指南;它不恪守任何与现实生活和实践相背离的抽象原则,而是把它的原则与现实生活和实践紧密联系起来,既用来指导现实生活和实践,又在现实生活和实践中受到检验;它反对并超越任何封闭、僵化的体系,自然也避免构建易于变得封闭和僵化的那种全面完整的体系,而坚持采取一种能动地面向现实生活和实践、面向未来的开放的思维方式,并由此使自己的理论不断得到丰富和发展。他和恩格斯对德意志意识形态的批判就其直接意义说是对费尔巴哈、鲍威尔等人的形而上学的批判,但就其实质说也是对全部传统形而上学,特别是笛卡尔以来近代理性派形而上学的批判,而后者的突出特征就是脱离现实生活和实践来建构关于整个世界的无所不包的哲学体系。

与马克思主义哲学大致同时出现的一些西方哲学思潮也在不同程度上企图超越作为体系哲学的传统形而上学的界限,并以某种间接和不彻底的方式使哲学转向具有能动性的人及其生活。因而由体系哲学转向强调人的现实生活和实践的哲学可以说是西方哲学发展上具有思维方式转型意义的变更。马克

---

[1] 《马克思恩格斯选集》第1卷,人民出版社1995年版,第60页。

[2] 同上书,第61页。

思和这些西方哲学家在这一点上既有着重要的共同之处，又存在原则性的区别。我个人关于这方面问题的意见已在其他一些地方较多论及[1]，这里就不多说了。

马克思的哲学除他本人外，还为恩格斯等无产阶级革命导师和杰出的马克思主义者所丰富和发展。恩格斯完全同意马克思《提纲》中的观点，认为《提纲》是"包含着新世界观的天才萌芽的第一个文件"[2]。他后来还强调指出："马克思的整个世界观不是教义，而是方法。它提供的不是现成的教条，而是进一步研究的出发点和供这种研究使用的方法。"[3]他关于在抛弃形而上学以后哲学所剩下的只有辩证法和形式逻辑的著名论断也正是把马克思主义哲学看作是一种方法。作为俄国无产阶级进行现实的革命斗争的领袖，列宁毕生都把现实生活和实践当作其全部理论的出发点。在他的最有代表性的哲学著作《哲学笔记》中，他最为关注的是发掘黑格尔等人的辩证法，处处强调人的实践性和能动性，反对为体系哲学所固有的独断性和封闭性。也正是在这种意义上，他在《哲学笔记》中提出了聪明的唯心主义比愚蠢的唯物主义更加接近唯物主义的著名论断。这些都是人所共知的。

然而马克思主义哲学的发展道路是不平坦的，充满了各种误解和扭曲。尚在马克思在世时就有人以颂扬他的名义曲解他的理论，以致他为了与这些人划清界限曾不得不宣称"我自己不是马克思主义者"。[4]在往后的一百多年中，围绕着如何看待马克思的哲学，除了马克思主义者和非马克思主义者之间以外，在马克思主义者内部，也一直都在进行着激烈的争论，马克思的哲学也一再受到曲解。其中有的人是公开的修正主义者，他们在反对独断论错误等名义下抛弃马克思主义的基本原则、将其与实证主义、新康德主义、马赫主义等西方哲学流派相提并论；有的人主观上忠实于马克思主义，他们往往为了维护马克思主

---

[1] 参见《西方哲学的近现代转型与马克思主义哲学和当代中国哲学的发展道路》(论纲)、《当代哲学走向：马克思主义与现代西方哲学的比较研究》。
[2] 《马克思恩格斯选集》第4卷，人民出版社1995年版，第213页。
[3] 同上书，第742—743页。
[4] 同上书，第695页。

义而反对和批判这些西方哲学流派,但又未能充分从理论上深入了解它们的实际所是,更未能充分认识它们与马克思主义哲学的真实关系,以致在反对某些有现代特色的哲学流派时反而把马克思主义哲学拉回到近代哲学思维模式之下。后者在第二国际理论家和普列汉诺夫那里就有所表现。作为无产阶级革命导师的列宁无疑是伟大的马克思主义者,他在《唯物主义和经验批判主义》中一再表示他所强调的是辩证的唯物主义,而不是辩证的唯物主义,并且高度地强调了实践的作用。这是对马克思观点的发挥。但他为了反对马赫主义企图超越唯物唯心而走所谓中立的道路而一再阐述一般的唯物主义原理,甚至还一再援引狄德罗等近代唯物主义,这为一些人按照近代哲学思维方式来误解他的哲学留下了余地。在斯大林时代的苏联,这种把马克思主义哲学近代化的倾向有了更大的发展。斯大林在《联共(布)党史简明教程》(1938)第4章第2节中对马克思主义哲学所作的著名概括长期以来被认为具有权威性。尽管其中包含许多内容是马克思主义的,却又存在明显的封闭性和独断性,对马克思哲学的本来意义有所偏离,从哲学思维方式来说它更接近近代西方哲学,这在一定意义上返回到了体系哲学。

马克思主义哲学发展中关于实践哲学和体系哲学的对立倾向同样影响到了中国。在中国共产党长期领导中国革命的历程中多次进行过反对右和"左"的机会主义斗争,这种斗争从哲学理论上说就是反对放弃马克思主义的根本原则和扭曲马克思主义哲学的实践性的斗争。因为"机会主义和冒险主义,都是以主观和客观相分裂,以认识和实践相脱离为特征的"[1]。由于"左"的教条主义打着维护马克思主义的招牌,欺骗性和危害性更大。甚至像毛泽东这样伟大的马克思主义者有时也未能幸免受其影响。

毛泽东在领导中国的现实革命活动中所写的许多论著都极大地丰富和发展了马克思主义辩证法,在将马克思主义的普遍原理与中国革命的具体实践相结合上作出了杰出的贡献。他为反对以教条主义为主的机会主义在党内的影

---

[1]《毛泽东选集》第1卷,人民出版社1991年版,第295页。

响而写的《实践论》、《矛盾论》等论著更是以立足于现实生活和实践的哲学来反对"体系哲学"的光辉典范。然而毛泽东后期由于过分强调继续进行政治思想上的革命而在一定程度上脱离了中国的现实条件。这在哲学等理论上也明显地表现出来。1953年斯大林逝世时,毛泽东发表了《最伟大的友谊》的纪念文章,其中把《联共(布)党史简明教程》当作最有权威性的马克思主义经典著作,其中的第4章第2节《辩证唯物主义与历史唯物主义》自然被看作是对马克思主义哲学的最有权威性的概括。中国的马克思主义哲学研究本来就已受斯大林时代苏联模式的影响。解放初期许多苏联哲学家被邀请来中国讲学,他们由此把斯大林模式的马克思主义哲学全盘带到中国。经过毛泽东的肯定和提倡,更进一步促使这种模式成了中国马克思主义哲学的"法定"模式。后来中国学者出版过不少介绍马克思主义哲学的教科书,它们在局部方面也许有所变动,但整体理论框架并没有根本性的改变。

由于对马克思主义哲学的本来意义有所偏离,这种模式(哲学界通常称之为"教科书模式")的马克思主义哲学虽然在一定程度上还能起到传播马克思主义的作用,但同时也必然导致一系列背离马克思主义的消极后果。这在对西方哲学的研究和评价上就突出地表现出来了。这里关键的问题是:在马克思主义哲学的名义下,不是按照其实际所是的现代哲学思维方式,而是按照为其所超越的近代哲学思维方式来作为评判的标准。对于马克思主义产生以前的西方哲学(也就是我们平常所说的西方哲学史),这种模式除了对之作出唯物唯心、辩证法形而上学等划分外,难以揭示其丰富多彩的内容。斯大林时代苏联共产党领导人之一日丹诺夫1947年《在关于讨论亚历山大洛夫著〈西欧哲学史〉一书讨论会上的发言》中对哲学史下了一个被认为是经典的、毋庸置疑的定义:"科学的哲学史是科学的唯物主义世界观及其规律的胚胎、发生与发展的历史。唯物主义既然是从与唯心主义派别斗争中生长和发展起来的,那么哲学史也就是唯物主义和唯心主义斗争的历史。"这个定义意味着用马克思主义的名义把本来是丰富多彩的全部西方哲学纳入被简单化和绝对化的唯物唯心斗争的理论框架中,把许多不符合唯物主义公式的哲学笼统地斥之为唯心主义而简单予以否定。它对哲学史研究的消极作用是显而易见的。

对于在某种程度上超越了近代哲学视野的现代西方哲学,人们更是只能笼统地将之归结为唯心主义反动哲学而予以全盘否定,认为它们不可能包含任何合理和积极因素,只能作为供批判用的反面材料。50 年代中期那场对实用主义的批判运动之所以会出现偏差,除了简单地用政治批判取代学术批判外,还由于当时用来作为批判武器的正是这种教科书模式的,或者说受到近代哲学思维方式扭曲的马克思主义哲学。当时的批判不是按照马克思主义的求实态度去揭示实用主义在超越近代哲学、适应现实生活和实践等方面上的成败得失,而是按照近代哲学思维方式和简单化的阶级分析给它贴上主观唯心主义、帝国主义反动哲学等标签。对现代西方哲学的其他流派的态度同样也是如此。

这里值得一提的是 1957 年 1 月在北京大学举行的那次哲学史方法论讨论会。这本来是一次正常的学术讨论会。由于与会有的专家提出了一些超越了斯大林—日丹诺夫哲学史模式的见解(例如冯友兰先生的抽象继承法,贺麟先生关于唯物唯心的斗争不同于政治斗争、二者的关系可以是师生朋友的关系等提法),却被一些人认为是反对马克思主义,为此对之进行了严厉的批判,一些赞成过这些见解的先生后来甚至在政治上受到了追究。上面曾谈到,从 50 年代中期开始,为了配合马克思主义哲学的学习,对西方哲学史的研究有所恢复和加强。哲学史讨论会后,人们对这方面的研究也感到难以为继。随着反右、反右倾机会主义和反修等运动的开展,"左"的倾向在理论上也越来越加强,我国哲学研究中对马克思主义哲学的本来意义的背离也越来越远,对西方哲学的简单否定态度倾向也越趋激烈。到十年"文革"中,这种情况可谓登峰造极。

四、改革开放与西方哲学研究的新阶段

百年来我国的西方哲学研究在经历了约 80 年的曲折历程后,到 20 世纪 70 年代末,随着"左"的禁锢的解除和改革开放政策的实施,出现了新的生机。

改革开放涉及政治、经济、科学技术、文化等许多方面,但首先必须有作为

指导思想的马克思主义本身的开放,而这意味着必须克服它的被扭曲的形态,在更高的基础上恢复它的本来意义。邓小平所开创的中国特色社会主义理论正是这样一种既恢复了马克思主义的本来意义,又体现了当代世界和中国的发展趋势的理论;而它的根本之点正是要求打破各种僵化的教条,强调立足于现实生活和实践。70 年代末关于实践是检验真理的标准讨论之所以能引起广泛注意和发生深刻影响,就在于它正好体现了邓小平理论的要求,远远超越了单纯的认识论问题的范围,而涉及不仅把马克思主义哲学重新理解为马克思本人所强调的那种意义,而且要使之体现当代中国和世界的发展。

我国的西方哲学研究正是在这种背景下恢复的,因而一开始就必然带有对以往的研究加以批判和超越的性质。1978 年和 1979 年先后在芜湖和太原举行的两次全国性大规模西方哲学讨论会(这是前所未有的)都具有这种性质。芜湖会议的主题之一是哲学史方法论。除了一般地重新肯定马克思主义的指导作用外,大家特别关心的是如何真正贯彻"百家争鸣、百花齐放"的方针,冲破教条主义的束缚。最值得注意的是:大家对上述斯大林—日丹诺夫定义提出了疑问。太原会议集中讨论恢复实际上长期被当作禁区的现代西方哲学研究,大家都原则上肯定了本学科研究具有积极意义,批评了对本学科全盘否定的虚无主义倾向。尽管这两次会议还只是对西方哲学研究重新评价的开始,但新的一页毕竟已经打开了。

对于我国西方哲学学科研究在改革开放以来的二十多年所取得的重大成就,即使是最冷眼的旁观者,恐怕也不会视而不见。因为从学科研究的整体和各个分支的研究状况、研究机构的设置和研究队伍的扩大、研究的广度和深度以及研究成果产生的理论和社会影响等各个方面说,其成绩都是可圈可点的。可以毫不夸张地说,在我国本学科百年的发展史上,这二十年是它最辉煌的时期。这方面的具体材料信手可拈,这里就略而不论了。

当然,对我国西方哲学研究发生关键性影响的那些问题,例如本学科研究与现实的政治环境的关系、与作为其指导思想和服务目标的马克思主义哲学的关系、本学科研究与中国传统哲学和文化的关系、本学科中近现代哲学的关系,都不是很快就能解决的,需要有一个较长的重新研究和探索的过程,其间必然存在各种疑虑、动摇,甚至失误。解决这些问题只能循序渐进,无法一蹴而就;但又不能原地踏步,而必须因时夺势,争取有更快更大的进步。二十多年来本学科研究的实际情况也正是这样。

西方哲学史的研究在编译材料上过去毕竟有较好的基础,这二十来年的工作主要是使研究更为全面系统和深入,进一步重新审视斯大林—日丹诺夫批判模式的是非,力求做到在指导思想上更为正确、能更好地体现我国改革开放的新形势和时代发展的新要求。与此不同,现代西方哲学研究过去长期被迫停顿,需要从无到有地加以重建。在 70 年代末 80 年代初,主要工作是收集本学科的基本材料,探索建立学科的基本理论框架。到 80 年代中期,学科的有无问题大体上已经解决,许多学者(特别是青年学者)开始对一些主要流派作深入具体的个案研究,有的研究在深度上不仅已超过前辈学者,在一定意义上甚至已能与国际接轨。在这种情况下,如何克服过去那种僵化的批判模式,如何坚持用真正的马克思主义观点来研究和评价现代西方哲学,特别是如何通过这方面的研究来丰富和发展马克思主义哲学,就显得越来越迫切了。

然而,尽管我国马克思主义哲学研究在这一时期也已取得了不少进步,但关于如何将其本来意义与其被扭曲的形态区分开来、如何用前者取代后者来指导西方哲学研究,仍然有待进一步探索。在马克思主义的被扭曲的形态支配人们的头脑如此漫长的时期后,人们对其本来意义反而生疏了。有时人们往往仍在不自觉地把早已为马克思扬弃的某些观念当作马克思主义,而把符合它的本来意义的理论当作背离或反对马克思主义。这种理解上的含混必然使人们对西方哲学及其与马克思主义哲学的关系也难有正确和全面的认识,而这必然对西方哲学研究造成消极影响。

我国改革开放以后最早转向西方哲学研究的学者大都有从事马克思主义哲学教学和研究的经历,对过去被当作马克思主义的评价和批判模式已习以为常。在 70 年代末 80 年代初,他们基本上仍然是按照这种模式来评价现代西方哲学的。随着研究的深入，许多学者在不同程度上发现，用这种被扭曲的马克思主义来评价现代西方哲学，有时会出现文不对题，甚至是非颠倒等弊端，应当加以克服。为了既排除这种以马克思主义名义出现的"左"的批判模式，又不与之发生冲突，避免带来意识形态和政治上的麻烦，有些人在自己的研究中往往不再强调，甚至回避与马克思主义的联系。至于"文革"以后成长起来的年轻一代，虽然旧的包袱较轻，但同样难以超越对马克思主义的实际所是没有明确概念这种时代的局限性，大都同样在不同程度上撇开和回避了其与马克思主义哲学的联系。

这种暂时撇开与马克思主义哲学的联系来研究西方哲学的方式在一定程度上的确可以使人达到上述目的，在一定范围内甚至也是必要的。为了了解某一哲学流派或某种哲学理论的究竟，的确需要暂时撇开它们的各种外在联系，单独对其自身所是进行个案研究。但这种研究难以使人对西方哲学有全面深刻的理解，不利于对其积极和消极作用作出准确评价，归根到底不符合本学科研究的根本目的，在某些情况下甚至可能产生负面影响。例如它可能使一些人由于不了解这些哲学的片面性而盲目接受它们而不接受马克思主义，也可能引起一些受"左"的评价的模式影响较深的人对本学科研究的意义产生误会，以为它必然冲淡，甚至排斥马克思主义。当思想文化领域内出现了某种麻烦或动荡时，这种方式的研究往往被人看作是引起麻烦和动荡的根源，并由此受到非难。

近些年来，尽管我国本学科不少同行的个案研究有出色成果，但整个学科显得被冷落。专业队伍在有了较大发展后又重新呈萎缩之势，有的重点大学的哲学系连开设本学科课程也很困难，全国仅有的一份不定期专业刊物《现代外国哲学》因得不到经济支持而早已停出，学会活动也难以为继。原因当然是多方面的。其中最引人注目的是：在经济体制由计划经济转向市场经济后，如何适应新的体制来开展哲学等远离经济基础的人文学科研究、使有关方面认识到这类研究对我们的整个现代化事业的不可或缺的意义，成了一个有待探索的新问题。在这个问题没有解决前，这些学科的研究都要受到影响。然而，在哲学学科的各二级学科中,西方哲学学科的情况近几年来的处境更加困难。无论是领导部门还是企事业单位,对马克思主义哲学、中国传统哲学、科技哲学等学科的研究有时还肯给予较大的支持,而对西方哲学研究则大都停留于口头表示。这种情况大概难于用经济转轨来说明。根本原因还在人们尚未能从整体上认识西方哲学的实际所是,特别是未能认识其与马克思主义哲学的真实关系,从而也未能消除以往在这方面存在的误解和偏见,更未能看到这种研究不仅对丰富和发展马克思主义哲学、对我们更好地认识当代世界有不可或缺的意义,而且对我们的现代化事业的顺利开展,特别是市场经济体制的健全和发展,都是必不可少的。

作为对西方近现代哲学及其作用的误解的一个实例,我简单提一下它们有关个人主义的理论。

许多西方近现代哲学家(包括伦理学家)的确都肯定个人主义(individualism),实用主义等流派甚至把个人主义当作其全部哲学的基础或出发点,但他们又大都把个人主义和利己主义(egoism)区分开来。在谈到个人主义时,他们强调的是肯定个人作为独立主体的地位,维护和尊重个人的自由和尊严,发挥个人的能动性和创造性,同时也要求个人不仅要对自己,也要对他人和社会负责。正因为如此,他们大都注意把个人主义与贪婪、自私,甚至为了个人私利不择手段地损害他人和公共利益的利己主义区分开来,对后者持反对态度。一个主张个人主义的学者同时可以是利他主义者,这种情况在近代功利主义思想家那里就已存在。至于在现代西方哲学中,由于多数哲学流派企图超越传统的主体性形而上学,倾向于由个体主体转向交互主体,由强调主体性转向强调主体间性,因而把个人主义等同于利己主义的情况就更少了。不少人甚至强调要使个人利益服从群体利益,或者说私利服从公益。当然,他们这种可能与利他主义相容的个人主义仍然存在片面性,应当加以批判。还应当看到,某些西方思想家也的确有把个人主义和利己主义混为一谈的倾向,对之就更应当批判了。但不能以此忽视大部分西方思想家是把二者区分开来的。

　　资本主义市场经济体制几乎使每一个人都成了私利的追逐者,彼此之间必然进行激烈的竞争,出现霍布斯所谓"人对人是狼"、"一切人反对一切人的战争"的状态。在这种状态下,市场经济体制实际上无法运行,个人对私利的追求也实际上无法实现。于是不得不对个人的私利追逐和竞争加以限制,当时的资产阶级思想家们正是适应这种要求而在法律、道德等方面提出了与市场经济体制的运行相应的理论。功利主义伦理学家之把个人主义和利己主义区分开,正是维护资本主义市场经济得以现实运行的需要。[1]他们的这种理论对于促进以市场经济为基础的西方社会的发展起了极其重要的作用。

　　因此,把西方资产阶级思想家的个人主义理论的意义笼统地归结为利己主义,不仅有偏于这种理论本身的实际所是、看不到它们与西方市场经济体制发展的必然联系,也会妨碍我们从整体上认识近现代西方哲学和伦理学。更为重要的是:它不利于我们从西方市场经济发展与其道德理论的联系中吸取经验教训,即借鉴其积极方面,克服其消极方面,以更好地建立与我们的社会主义市场经济体制相适应的伦理道德体系,促进我国社会主义市场经济的发展。遗憾的是:在我国学术界,把个人主义与利己主义混为一谈的状况还相当广泛地存在。

　　对近现代西方哲学及其作用的误解的情况几乎在每一方面都有表现,我们无法在此更多论及。出现这些误解的原因很复杂,不少人的确出自他们对马克思主义的忠诚,深恐受到西方哲学的污染。只是他们在对马克思主义哲学的理解上受旧的模式的影响太深,对近现代西方哲学的实际所是存在的偏见太多,因而必然难以较为客观和准确地认识二者之间的关系。这大概就是历史的悲剧吧!总之,对西方哲学研究在所有这些方面的认识的不足不仅使西方哲学研究本身难以获得应有的发展,而且会不利于其所涉及的其他方面的发展。因此,无论从何种意义上说,重新认识西方哲学,特别是与马克思主义哲学处于同时代的现代西方哲学的实际所是,重新深入研究并正确认识西方哲学与马克思

---

[1]　参见《市场经济、市民社会、个体主体和现代化》、《西方哲学的近现代转型与道德和价值观念的变更》,其中我对这方面的问题作了较具体的论述。

主义哲学的关系,将对它们的研究推进到一个新阶段,已是当务之急。我个人关于这方面问题的一些想法在《迈向现代西方哲学研究的新阶段》[1]一文中已有较多论述,这里就不多说了。

(原载《东南学刊》2001 年第 3 期)

---

[1]《社会科学战线》2000 年第 6 期。

刘放桐生平和学术年谱

1934—1940 年夏(出生—六岁)

1934 年 5 月 2 日生于湖南省桃江县(1950 年由原益阳县析出,仍属益阳市)金光山乡。家庭世代为贫苦农民。父亲刘澍生养育三子一女,刘放桐居幼。家庭均为文盲,幼年时没有受教育的环境。

1940 年秋—1946 年(六岁—十二岁)

1940 年秋起入读家附近半里地的石仑小学,一至四年级(初小)的学生均由一个老师教,1944 年秋转入离家较远的益阳龙图师范学校附属小学读五年级(住读),因病第一学期未能读完,1945 年春重读,1945 年秋转入被认为较好的益阳县桃源乡中心小学,1946 年终毕业。因完成课程学习较轻便,四年级时识字已较多,开始广泛阅读课外书(主要是当时能借到的《封神演义》、《三国演义》、《西游记》、《水浒传》等中国古典小说以及《七侠五义》、《隋唐演义》、"征东"、"征西"、"平南"、"扫北"一类传统的武侠小说)。课程学习表现一般,唯独与数学和与自然科学相关的课程相当突出,每次数学考试总能名列第一。

1947 年—1949 年夏(十三—十五岁)

1947 年春进入湖南私立育才初级中学。该校为追随过孙中山革命的留日学生代表龚心印创办并任校长。龚深受日本武士道精神影响,对学生管教严厉,但尚能以身作则。例如他要求所有学生每天必须早起攀登校园后面山峰

（女生爬到半山腰）。他当时已年过花甲，也照样攀爬。但该校一位刘姓训导主任极为蛮横霸道，刘放桐因恐受害而于 1948 年春转学到了地处益阳市区的资江商业学校初中部。因家庭经济困难，交不起学费，在此只读了一个学期即辍学。1948 年下半年进了一所学费很低的私塾。学习内容是背读部分《古文观止》、《论语》、《孟子》、部分《春秋左传》。半年时间内刻苦自学完初中后三个学期的主要课程（数理）之后，1949 年春跳级考上地处益阳市的五福中学（由资江流域的五个县合办）高中部。学费由父母想法筹措。因续学机会来之不易，学习更为刻苦，数学成绩在班级里仍是优秀。

1949 年秋—1950 年夏（十五岁—十六岁）

1949 年 8 月初益阳解放。因为家庭经济困难，学费难措，再加上所读中学要拼班，刘放桐同当时多数中学生一样选择了参加工作。1949 年 8 月下旬，参加益阳县人民政府举办的小学教师培训班，9 月被分配到他幼年就学的石仑小学作教师。自学完高中主要课程之后，于 1950 年 8 月赴长沙参加东北和华北地区高校的统考、湖南大学和武昌华中大学（教会大学）的单独招考，均被录取，最终选读湖南大学经济系。

1950 年秋—1954 年夏（十六岁—二十岁）

1950 年代初期，党和政府提出一切向苏联学习，各科系都把俄语作为第一外语。刘放桐发奋学习俄语，从二年级起已具有较熟练地阅读书刊的能力，陆续在刊物上发表了几篇译文。

二年级时经济系开设哲学课，由研究中国哲学的著名哲学家杨荣国讲授，中国最著名的马克思主义哲学家、时任湖南大学校长李达也多次在校内讲解马克思主义哲学，这促使刘放桐把马克思主义政治经济学和哲学的学习结合起来，由此开始真正走向马克思主义理论学习的道路。1953 年，中南地区的大学按照苏联模式实行院系大调整，湖南大学经济系并入在武汉新成立的中南财经学院，并划分为政治经济学理论和国民经济计划两个专业。刘放桐选择理论专业。1954

年毕业,分配到中央出版总署外文出版社,不久又转到财政经济出版社。

1954 年秋—1956 年冬(二十一岁—二十二岁)

进入财政经济出版社后,先在校对科工作了几个月,旋即被调到第二编辑室。该室当时出版的一份不定期刊物《农业经济译丛》较长时期由他作执行编辑,由他选题(从翻阅大量俄语书刊中选择)、选择译者、审稿,部分文章由他自己翻译。该室出版的一些农业经济,甚至农业技术的翻译书稿也有不少由他根据俄文原稿校订。这使他对如何作翻译有了较多的研究与实践,深得领导和同事的赞扬,1956 年被选为文化部系统(出版总署后来并入文化部)在京单位青年社会主义建设积极分子。这两年他还完成了两个转变。

一是研究方向由经济学转向哲学。1954 年冬起在全国兴起的批判胡适和杜威的实用主义的运动对他有较大触动。这场运动是毛泽东主席为了进一步清算资产阶级思想在中国的影响、扩大马克思主义的权威而亲自发动的。刘放桐对此完全拥护。但运动发展过程中出现了对实用主义和对马克思主义的阐释简单化的偏向。为了探知实用主义的究竟,刘放桐找到了一些实用主义材料认真阅读,发觉大部分批判文章都脱离杜威等人的原意,不符合毛主席在《实践论》等著作中一再强调的马克思的实事求是原则。虽然他当时没有能力,即使有能力也不敢公开对这些文章表示异议,但却使他明白哲学这门学科的高度重要性,因为它涉及所有学科的是非,由此产生转向哲学研究的意向。

二是放弃当时已得心应手的编辑工作而重返大学做研究生。1956 年教育部恢复学位研究生,按照苏联模式,尝试招收四年制的所谓“副博士研究生”(相当于美国获得资格论定的博士候选人,即 Candidate)。中央号召大学毕业生重新进大学深造,报考副博士研究生成了一股潮流。刘放桐选报了中国人民大学西方哲学专业研究生,并获得录取(当年全国西方哲学专业只录取了 3 人)。

1956 年底—1960 年冬(二十二岁—二十六岁)

1956—1957 年冬春之间,刘放桐告别经济学,来到中国人民大学,开始他的西方哲学研究生涯。

刘放桐的导师是在党内有极高声誉的何思敬教授(延安时期是毛泽东主席亲自参与的哲学研究小组的主要成员,人大建校后仅有的两位一级教授之一),由刚从北大调来、当时尚是讲师的苗力田先生协助指导。刘放桐刚去人大时,人大哲学系本科生的西方哲学史课程尚未开,更不可能为他单独开课。经他本人申请、由系行政出面与北大哲学系联系,允许他就近到北大哲学系自由选择听课(解放初全国各大学哲学系撤销时,一些最著名的研究西方哲学的教授被安排到仅存的北大哲学系,郑昕、冯友兰、任华等部分教授获准授课)。

1957年夏,反右运动开始,不久反修运动也开始。按苏联模式招收副博士研究生的制度被认为是修正主义的产物,1957年即停招。人民大学的副博士研究生始终只有两个,这样也没有为之定制度和要求,学什么和怎样学,只能由刘放桐自己选择。四年内他利用在人大和近北大的有利条件听了不少名家讲演,更精读了亚里士多德《形而上学》、斯宾诺莎《伦理学》、康德《纯粹理性批判》、黑格尔《小逻辑》以及其他一些经典,这为他后来毕生从事的西方哲学研究打下了较好的基础。

另外,刘放桐结合自己的学习和当时国内的哲学动态撰写了十多篇文章。多为当时参加大批判运动的文章,也有当时《光明日报》"哲学"专刊发表的《关于哲学史研究的两个问题》(1959年5月3日)、《亚里士多德的认识论》(1960年1月31日)以及当时所写后来也发表在《光明日报》"哲学"专刊的《论唯物主义和唯心主义的同一性》(1961年1月31日)、《从斯宾诺莎看唯理论的性质》(1962年3月13日)。

1959年至1960年,刘放桐把研究重点转向当时被当作禁区的现代西方哲学,正好这时人大哲学史教研室(中外哲学史并在一起)决定编写一部从五四到1949年建国时期的《中国现代哲学史》,由中哲的教师负责执笔,西哲的教师配合。分配给刘放桐的任务是和刚从马克思主义基础系本科提前毕业分配到哲学史教研室工作的龚兴一道,负责收集和整理五四以来西方现代哲学在中国的流传状况的资料。两人查遍了人大、北大和北京图书馆(现在的首都图书馆)可能找到的材料,精选出了几十万字的资料(后来由人大哲学系分多册内部印行,在全国高校流传)。

1960 年秋,已近刘放桐毕业的时期,当时苗力田先生组织西方哲学专业的教师编写西方哲学史教材,刘放桐被分配与李武林一道负责编写经验论和唯理论部分,在完成教材编写的任务后(交了 6 万—7 万字初稿),越级直接向教育部呈交了一个报告,以身体原因希望分配到上海或广州。教育部很快同意并通知人大将刘放桐分配到上海复旦大学哲学系。

1961—1965 年(二十七岁—三十一岁)

1961 年元旦前后,刘放桐来到复旦大学哲学系,在此一直工作至今。

到复旦哲学系后,西方哲学史教研室主任全增嘏教授在了解了刘放桐的大致情况,特别是得知他有接触现代西方哲学的经历后对他寄予厚望。当时全增嘏正以"现代外国资产阶级哲学批判"的名义获准给哲学系的高年级学生讲授现代西方哲学,这在国内是独一无二的(因为现代西方哲学从解放初起就被当作是资产阶级反动哲学而实际上被禁绝,连集中了全国这一领域顶级专家的北大哲学系也一直未能开课)。他当即要求刘放桐当这门课程的助教,并尽快接手负责这门课程。从 1962 年开始,刘放桐就在复旦哲学系全面负责这门课程了,直到 70 年代末起才有比他年轻的教师参与。他后来在复旦哲学系几十年的主要精力都是从事这门课程讲授和学科建设。

到复旦哲学系后,除了从事有关西方哲学的各门课程(西方哲学史、西方哲学原著选读、西方哲学专题等等)的讲授外,也短期讲授过马克思主义哲学。1961 年底到 1964 年秋,还在校外做了两件学术性工作。

1961 年冬至 1962 年春,在中共上海市委主导下,《辞海》编辑部邀聚上海地区以及部分外地的顶级专家,集中在浦江饭店修订《辞海》。全增嘏是哲学卷外国哲学分卷的主编,他要求刘放桐也全力参与。西方哲学的大部分条目由全增嘏亲自动手编写,刘放桐除了协助找资料和核对外,还负责编写了部分现代西方哲学条目和有关苏联东欧、拉丁美洲、非洲哲学的绝大部分条目,总计超过百条。

1962 年夏至 1964 年秋,除了完成校内现代西方哲学课程的教学外,还被借调到上海市委宣传部临时成立的一个以李宝恒为首的编译自然辩证法(科学哲学)材料的小组。刘放桐在这个小组翻译(主要是英译中)的材料有近百万字,可惜,随着 1964 年小组解散、李宝恒在"文革"中又出事,译稿多散失。

1961—1964 年,应商务印书馆之约翻译柏格森的《形而上学导言》和怀特海的《思维方式》。前者篇幅较小,1963 年即由商务印书馆出版(包括了他写的一篇较长的对柏格森哲学的评介),后者 1964 年底交给商务印书馆,由于"文革"中译稿丢失、"文革"后仍有少量未找到、刘放桐又不愿补译等原因一直拖到 2004 年才出版。

同时期,他看到了刚出版的俄文版《苏联哲学百科全书》第一卷,建议上海人民出版社翻译出版此书,建议被接受。该卷中文估计有 130 万字以上,该社编辑汪裕孙先生请刘放桐翻译一个样板稿,供各译者参考。刘放桐翻译了其中长达万字的"亚里士多德",后来还翻译了其他一些部分(共 10 多万字)。但由于"文革",本书到 1984 年才出版。

1964 年冬至 1965 年春,先后两次分别随哲学系四、五年级学生参加上海市奉贤县和上海县的四清运动,学术活动停顿。1965 年夏至冬季,继续在 1962 年即已开始编写的以"现代外国资产阶级哲学批判"为名的讲义,并计划使其成为一部较完整的现代西方哲学教材。

1961 年至 1965 年,刘放桐的学术论文除了在北京做研究生时就已写好、到上海时才发表的两篇外,另外只发表过由上海《学术月刊》相约而写的《马克思主义以前西方伦理学的幸福观》(《学术月刊》1964 年第 1 期)、《复旦学报》相约而写的《文德尔班哲学批判》(《复旦学报》1964 年第 1 期)。

1966—1976 年(三十二岁—四十二岁)

1966 年 1 月,与周国维结婚。婚后不久因患传染性黄疸肝炎住进长海医院,入院后不久就陷入病危,医院大量输血急救,才得免于难。1967、1968、1969 三年,几乎在同一时期旧病复发,每一次都是从病危中急救过来。这四年重病使他不得不停止几乎一切工作,但也使他大体上摆脱了"文革"。1970 年起,他虽然也多次旧病复发住院,但均未致病危。70 年代初复旦哲学系开始招收工农兵学员,恢复了中断几年的教学,刘放桐也得以参与教学,甚至也被允许以批判资产阶级哲学名义讲一些现代西方哲学,并作为上海人民出版社 1973 年出版的《学点哲学史》的主要撰写人和《马克思、恩格斯、列宁、斯大林论哲学史》的主要编选人。

1977—1981 年(四十三岁—四十七岁)

1976 年"文革"结束,刘放桐计划在较短的时期内编写出一部系统的《现代西方哲学》教材,对恢复本学科在中国的建设,特别是恢复本学科课程在中国高校的开设起到推动作用。

刘放桐当时肝病仍未痊愈,经常无法伏案,便利用一块夹板支撑,躺在床上写作。这样写出的书稿除了他自己和妻子周国维外,别人根本无法辨认,于是都由周国维抄写。刘放桐再在上面修改和补充,周国维再照修改稿重抄。正是在周国维的支持和帮助下,在从 1976 年冬到 1978 年夏秋之际的一年多时期内,刘放桐夜以继日,努力拼搏,在原有近 20 万字底稿的基础上,完成了 30 多万字书稿,已占全书的一半多。于是他将已有书稿投向在北京的人民出版社。1978 年秋接到了人民出版社接受出版的回复。

1978 年冬向校系领导建议另外建立现代外国哲学研究室,获得同意,这个研究室后来发展为现代哲学研究所。刘放桐与研究室成员参加了 1979 年 11 月在山西太原举行的全国现代外国哲学讨论会,在新成立的全国现代外国哲学学会上被选为理事(后被选为副会长)。

现代外国哲学研究室的成立以及太原会议的鼓舞对刘放桐的教材编写是很大促进,特别是研究室有成员参与编写其擅长的流派,书稿得以在 1980 年春全部完成。人民出版社对他的书稿较为满意,向教育部推荐列入高校统编教材,获得教育部批准。1981 年 6 月,《现代西方哲学》(接近 60 万字,绝大部分由刘放桐执笔)正式出版。同时,他还应著名马克思主义哲学家、人民大学肖前教授之邀,为也在人民出版社出版的《辩证唯物主义原理》("文革"后第一部,以后为众多马哲教科书所仿效的最具影响的教材)在发稿前增补和修订了较多有关现代西方哲学的内容。

1977—1981 年,刘放桐也发表过多篇文章,大都是《现代西方哲学》一书的衍生品。

1982—1990 年(四十八岁—五十六岁)

1981 年出版的《现代西方哲学》,是 1949 年建国以来本学科第一部系统的教科书,甚至也是第一部系统介绍的论著。它是当时各大学哲学系刚开始讲授本学科课程唯一可供选择的教材,也是改革开放以后迫切希望了解现代外国哲学的人的难得的资料。出版后经各种报刊推介,很快成了畅销书。人民出版社多次大量印刷。香港的《壹周刊》后来将其列入 80 年代中国大陆最具影响的 20 部书之一。本书 1986 年获上海市首次社科评奖的优秀著作奖(相当于一等奖,因当时仅设优秀著作与著作两个等级),获第一届教育部优秀教材评奖一等奖。

另有独著《实用主义述评》(近 20 万字,天津人民出版社 1983 年)和《现代西方哲学述评》(20 多万字,人民出版社 1985 年)。前者是"文革"后国内的第一部评述实用主义的著作,已试图改变,但尚未突破以往的全盘否定模式,体现了国内这方面的研究的一个必经阶段;后者是在《现代西方哲学》的基础上按问题简写的,曾被中组部列入干部学习书目。由他组织主持、选择执笔人、集体署名的有《现代西方哲学概说》(复旦大学出版社 1986 年)。

参与或合著书籍十多部。其中在全增嘏主编的《西方哲学史》(下册)中撰写了约 30 万字,占全书"马克思主义以后的资产阶级哲学"中的绝大部分。这部《西方哲学史》1986 年获教育部优秀教材二等奖。

其他参与编写的还有《萨特及其存在主义》(人民出版社 1982 年)、《现代西方著名哲学家述评》(三联书店 1983 年)、《哲学小百科》(中国青年出版社 1986 年)、《存在主义哲学》(中国社会科学出版社 1986 年)、《西方著名哲学家评传》(山东人民出版社 1986 年)、《现代西方著名哲学家评传》(四川人民出版社 1986

年)、《中国大百科全书·哲学卷》(1987年)、《当代美国哲学》(上海人民出版社1987年)等十余部。

由于《现代西方哲学》一书出版后在学界产生了广泛影响,北京和各地的众多刊物纷纷向刘放桐约稿,这一时期发表的文章有40多篇,但他认为值得一提的只有三篇。

一篇是《关于现代西方哲学的评价问题》(《江西社会学》1982年第3期),由于较好地体现了80年代初期哲学界对现代西方哲学的基本态度,又较为务实,被《新华文摘》(1982年第8期)作为封面列目的重点文章全文转载,因曾引起过争论,他后来又发表了一篇《再论对现代西方哲学的评价》(《江西社会科学》1984年第2期),后文只是对原来观点的一些说明,意义不大。

另一篇是在《红旗》杂志(1982年第23期)上发表的《萨特及其存在主义》。当时国内出现了所谓"萨特热",有关意识形态部门要作表态,经中国社会科学院等单位的推荐,红旗杂志编辑部约刘放桐写一篇有关萨特的文章。红旗杂志将其作为重点文章发表。发表后当即为法新社等多家国外媒体报道,国内"新华文摘"等文摘类刊物都有不同程度转载。

再一篇是1987年发表在《现代外国哲学》(所属学会的不定期刊物)第10期上的《重新评价实用主义》。文章发表后,深得同行专家的同感,促使中国现代外国哲学学会于1988年召开实用主义专题讨论会,达成高度共识。

1990年出版《现代西方哲学》分上下册的修订本。修订本按照马克思主义的求实原则摆脱了传统的"左"的模式,受到了广泛欢迎,一直是其后十年国内同类论著中发行量最大的。教育部也维持其原有的高校优秀教材一等奖。

1982年,被教育部破格聘为评审高校系统学位委员会哲学学科评议组的成员,参与博士点和博士生导师的资格审定。1985年教育部成立全国哲学学科自学考试指导委员会,被当作现代外国哲学的唯一专家任委员,负责制定这门课程的教学大纲。1986年,复旦大学被国务院学位委员会批准设立现代外国哲学博士点,刘放桐领衔并开始任博士生导师。

1984年,由教育部直接审定,特批为教授。

1985 年,经由复旦大学党委批准加入中国共产党。

1991—2001 年(五十七岁—六十七岁)

《现代西方哲学》修订本出版后,关注点转向如何在坚持马克思主义的同时吸取现代西方哲学的经验教训、用来丰富和发展马克思主义。1992 年夏 1993 年春,先后到德法英美等国访问。

1995 年,撰写《西方哲学的近现代转型与马克思主义哲学和当代中国哲学的发展道路(论纲)》一文(下面简称为《论纲》,《天津社会科学》1996 年第 3 期发表,《新华文摘》1996 年第 8 期全文转载)。该文提出两个重要观点。第一,西方哲学从近代到现代的转化不能简单地归结为由唯物主义转向唯心主义、由辩证法转向形而上学、由进步转向反动,而是西方哲学史上一次哲学思维方式的重大转型,它标志着西方哲学发展到了一个新的、更高的阶段。第二,现代西方哲学与马克思主义哲学从阶级基础和理论形态说都有着原则区别,不能混淆,但也不能把二者的对立绝对化,二者在超越脱离实际的近代哲学思维方式而转向更为强调现实生活和实践的现代哲学思维方式上有重要的共同之处,在一定意义上可以说是殊途同归。《论纲》被西哲界的同行专家普遍叫好,也为马哲界的绝大部分中青年专家所赞同。此文后来获上海市社科评奖一等奖、教育部二等奖。

在此以后到 2001 年,发表近 40 篇文章,从不同方面对上文作进一步阐释。其中《后现代主义与西方哲学的现当代走向》(分上下两篇,《国外社会科学》1996 年第 3—4 期),为哲学界最早评介后现代主义的论著之一,曾收入《大参考》送中央领导。另外重要的还有《西方哲学的近现代转型与道德和价值观念的变更》(《天津社会科学》1998 年第 4 期,《新华文摘》1998 年第 12 期作为封面列目重点文章转载)、《西方哲学的近现代转型与道德和价值观念的变更》(《天津社会科学》1998 年第 4 期,《新华文摘》1998 年第 12 期作为封面列目重点文章转载)、《人本主义与人本主义哲学思潮随想录》(《学术月刊》1999 年第 10 期,《新华文摘》2000 年第 2 期转载)、《当代哲学走向:马克思主义与现代西方哲学的比较研究》(《天津社会科学》1999 年第 6 期,《新华文摘》2000 年第 3 期作为封面列目重点文章转载)、《对西方哲学近现代转型的历史与理论分析》(《学海》2000 年第 5 期,《新华文摘》2001 年第 2 期转载;《中国社会科学文摘》2001 年第 1 期)、《马克思在哲学上的革命变更对西方现当代哲学的超越》(《哲学研究》2001 年第 8 期,《新华文摘》2002 年第 1 期转载)。这些文章几乎也都由中国人民大学"报刊复印资料"的不同刊物转载。以这些文章为骨干,加上他本人的十多篇相关文章和他的同事和研究生的一些文稿,汇总成《马克思主义与西方哲学的现当代走向》一书,由人民出版社 2001 年出版(后获教育部二等奖)。

同时,再次修订《现代西方哲学》,主旨即在把现代西方哲学研究与马克思主义哲学研究相结合,为丰富和发展马克思主义哲学服务。2000 年以《新编现代西方哲学》为名由人民出版社出版(再获教育部优秀教材一等奖、国家级二等奖)。以这部教材为依托,由刘放桐创建并领衔的"现代西方哲学"课程 2003 年被评为国家级第一批精品课。

90 年代后期,利用担任教育部首届全国哲学学科教学指导委员会副主任的契机提出举行现代西方哲学与马克思主义哲学的对话会。在主任陶德麟教授和其他两位副主任的支持下获得教育部的批准,以委员会的名义于 2000 年在上海举行,并主持了有全国高校系统马哲和西哲最著名的老中青三代专家参加的大规模对话会(也是唯一的一次)。《论纲》中的观点得到这些著名专家的赞同和更深刻、更全面的发挥。中国的马哲和西哲的比较研究也由此得到推动,刘放桐所在复旦大学哲学系也以这种比较研究为重要特点。

从 1990 年代起,复旦哲学系的西方哲学史和现代外国哲学又重新统一为外国哲学学科,以刘放桐为学术带头人。该学科在 90 年代就被评为全国重点学科,在教育部推动 211 建设时,被列为复旦大学文科少数几个重点建设学科之一。为了求得学科的全面发展,刘放桐当时即决策编写十卷本《西方哲学通史》,并全部由本学科的教师负责编写。

90 年代前后继续担任校内外的较多学术职务。长时期担任复旦大学校务委员会、学术委员会和学位委员会的委员,担任过国务院学位委员会哲学学科评议组成员(第三、四届,1992—2003)、国家社科基金哲学学科评审组成员

(1996—2006)、国家人事部文科第一届博士后流动站评审组成员并参加教育部的各种评审活动。

2002 年以来(六十八岁一)

2002 年以来主要致力于从不同层面和角度进一步阐释、完善和发挥《论纲》中已大体提出的观点。应《求是》约稿发表《现代西方哲学的历史演变及发展趋势》(《求是》2002 年第 2 期)之后陆续发表 70 多篇文章。其中被顶级刊物《新华文摘》、《中国社会科学文摘》大体上全文转载,或两刊同时转载的有 10 多篇:《也谈马克思主义经典作家对现代西方哲学的否定性评价》(《学术月刊》2002 年第 8 期;《中国社会科学文摘》2002 年第 6 期);《对哲学上的革命变更和现代转型的认识》(《江海学刊》2003 年第 5 期;《新华文摘》2004 年第 2 期,封面列目;《中国社会科学文摘》2004 年第 1 期);《中国社会科学文摘》2004 年第 1 期)、《从经典马克思主义到西方马克思主义》(《求是学刊》2004 年第 5 期;《新华文摘》2005 年第 2 期;《中国社会科学文摘》2005 年第 1 期)、《西方哲学现代转型的科学背景》(《江海学刊》2006 年第 3 期;《新华文摘》2006 年第 18 期)、《重释马克思哲学变革的革命性意义》(《河北学刊》2008 年第 6 期;《新华文摘》2009 年第 6 期)、《再论马克思恩格斯对同时代西方哲学的否定》(《河南社会科学》2010 年第 1 期;《新华文摘》2010 年第 11 期)、《当代哲学的变更与后现代主义和西方马克思主义》(《社会科学战线》2012 年第 5 期;《新华文摘》2012 年第 17 期)、《西方哲学的现代转型:进步及其局限性》(《南方论丛》2013 年第 6 期;《新华文摘》2014 年第 10 期)、《〈杜威全集〉的出版翻译及其价值》(《中国社会科学报》2014 年 10 月 8 日;《新华文摘》2014 年第 23 期)、《从哲学史方法论高度改进和拓展现代西方哲学研究》(《中国社会科学评价》2015 年第 2 期;《新华文摘》数字版 2016 年第 2 期)、《从马克思主义哲学对现代西方哲学的比较研究增进对中国特色社会主义的"三个自信"》(《中国浦东干部学院》学报 2016 年第 2 期;《新华文摘》2016 年第 17 期)。这些文章等以及其他大量文章几乎大都被中国人民大学的"报刊复印资料"中的几个刊物分别或同时全文转载。

在时任教育部长袁贵仁教授主持的重大课题"当代学者视野中的马克思主义哲学"的《中国学者卷》所选的 20 多名当代中国马克思主义哲学家中也包括刘放桐,并选载了他的《论纲》等三篇文章。

由北京师范大学出版社出版的"当代中国哲学家文库"中刘放桐也被选入其内,并出版了他的《探索、沟通和超越:现代西方哲学》与《马克思主义哲学比较研究》(北京师范大学出版社 2010 年)。在袁贵仁主编的重大课题"马克思主义哲学基本理论研究"中,出版了刘放桐的专著《马克思主义哲学与现代西方哲学研究》(北京师范大学出版社 2012 年)。在由刘放桐参与主编的《西方哲学通史》中,出版了其 65 万字的《西方近现代过渡时期的哲学》(人民出版社 2009 年)。另外,他还在美国出版了 *China's Contemporary Philosophical Journey*:*Western Philosophy & Marxism*(2004),受到中国人民的好朋友、国际形而上学学会和价值的哲学协会会长麦克莱恩(G.McLean)教授等人的高度赞扬。

2000 年《新编现代西方哲学》出版后,刘放桐开始与美国哲学界联系,2002 年在复旦举行了大型的中美哲学家对话会。刘放桐在大会上提出在复旦大学成立杜威与美国文化中心,并组织力量着手翻译《杜威全集》的建议,得到与会专家和复旦大学领导的高度赞同。2004 年召开的另一次国际大会上,正式宣告复旦大学杜威和美国文化中心获准成立以及《杜威全集》的翻译开始着手进行。

在之后的时间里,除了继续推动十卷本《西方哲学通史》的编写外,还负责主持、组织和审核《杜威全集》(38 卷,约 2 000 多万字)的翻译两者均于 2014 年完成。

2004 年获上海市哲学社会科学首届学术贡献奖之后,即拒绝再申请任何评奖。由他主编并主要执笔完成的《现代哲学的变更与后现代主义和西方马克思主义》(49 万字,华东师范大学出版社)以及《杜威哲学的现代意义》(37 万多字,复旦大学出版社)分别属于教育部基地重大课题和 985 重大课题,都有较多独创性,但都没有申报任何奖项。

2004 年起,因工作需要延聘,不再担任校内外的学术职务。2008 年被复旦大学评为文科特聘资深教授(校内按院士待遇)。

图书在版编目(CIP)数据

现代哲学发展趋势/刘放桐著.—上海:上海人
民出版社,2019
(大家学术经典文库)
ISBN 978 - 7 - 208 - 14812 - 3

Ⅰ.①现… Ⅱ.①刘… Ⅲ.①现代哲学-研究 Ⅳ.
①B15

中国版本图书馆 CIP 数据核字(2017)第 240833 号

责任编辑 罗 俊
封面设计 零创意文化

大家学术经典文库
现代哲学发展趋势
刘放桐 著

出 版 上海人民出版社
(200001 上海福建中路 193 号)
发 行 上海人民出版社发行中心
印 刷 常熟市新骅印刷有限公司
开 本 720×1000 1/16
印 张 31.25
插 页 5
字 数 433,000
版 次 2019 年 5 月第 1 版
印 次 2019 年 5 月第 1 次印刷
ISBN 978 - 7 - 208 - 14812 - 3/B • 1295
定 价 148.00 元